丛书主编：缪树权

刑法常见罪名立案追诉标准与疑难指导丛书

扰乱公共秩序罪

立案追诉标准与疑难指导

国家检察官学院职务犯罪研究所 编

孟 睿 王桂欣 著

中国法制出版社
CHINA LEGAL PUBLISHING HOUSE

“刑法常见罪名立案追诉标准与疑难指导”丛书

总　序

2020年11月16日至17日，中央全面依法治国工作会议在北京召开。这次会议的一个重要成果，就是首次提出了习近平法治思想。习近平法治思想内涵丰富、论述深刻、逻辑严密、系统完备，深刻回答了新时代为什么实行全面依法治国、怎样实行全面依法治国等一系列重大问题，是全面依法治国的根本遵循和行动指南。当前，国际形势发生了复杂深刻的变化，我国经济发展进入新常态，社会结构发生新变化，违法犯罪也表现出一些新形式、新特点，政法工作面临许多前所未有的新情况、新问题，给政法队伍提出新的时代课题、赋予新的历史使命。面对形势任务新变化、党和人民新要求，政法队伍建设面临许多亟待解决的问题。习近平总书记强调，全面推进依法治国，建设一支德才兼备的高素质法治队伍至关重要。① 坚持建设德才兼备的高素质法治队伍是习近平法治思想的重要内容。为深入学习贯彻习近平法治思想、引导司法实务人员正确理解《中华人民共和国刑法》（以下简称刑法）和相关规定的真实内涵、分析解答司法实务人员在适用刑法当中遇到的疑难问题、提升司法实务人员办案的能力和素质，同时为了激发专家学者及司法实务人员对刑法理论和实务的研究热情、为广大读者提供学习参考，我们组织了相关领域兼具理论造诣和实践经验的专家和学者编写了这套“刑法常见罪名立案追诉标准与疑难指导”丛书。

本套丛书的设计和撰写着力体现三个特点：

一是聚焦刑法常见罪名，重点解决疑难问题。根据司法办案实际，本丛书重

① 习近平：《加快建设社会主义法治国家》，载《求是》2015年第1期。

点选择了近些年来司法实践中多发、高发、新增的罪名为研究对象，使丛书的研究更具针对性和实用性。同时，丛书坚持以问题为导向，全面梳理刑事案件在司法认定中常见的争议和疑难问题，分析观点要义、解读办案依据、提出解决方案或倾向性意见，切实提升司法实务人员办理疑难案件的能力和水平、开拓刑法学理论研究的深度和广度。

二是反映刑事立法的新发展，全面梳理各罪办案依据。丛书紧跟新时代刑事立法和司法工作的发展，结合新颁布的刑法修正案、司法解释、最高人民法院指导性案例、最高人民检察院指导性案例和其他司法文件编写，并将这些办案依据按罪名进行了全面、集中的梳理和列举，方便司法实务人员和法学研究人员查询参考，是很实用的桌边工具书。

三是注重理论实践密切结合，呈现刑法研究新成果。本丛书既不同于一般的教材讲义，也不同于法律法规汇编。丛书在阐明各罪一般理论、梳理办案依据的同时，将解决司法疑难问题作为写作的重点和亮点；在强调解决司法实务问题的同时，又着力进行刑事政策、刑法理论的分析解读，从而全面提升办案人员的政治素养、理论素养、业务能力，也使刑法研究更加贴近实务、有的放矢。

我们希望通过编写、出版本丛书，与广大司法实务人员和法学研究人员一道，促进对习近平法治思想的学习理解和贯彻落实，不断提升办案和研究能力，助力高素质法治队伍的建设，切实履行好维护国家安全、社会安定、人民安宁的重大责任，让人民群众切实感受到公平正义就在身边，为建设更高水平的平安中国、法治中国做出积极贡献。

缪树权

2022 年 7 月

目 录

Contents

第一章　妨害公务罪

【立案追诉标准】

妨害公务案（刑法[①]第 277 条第 1—4 款）

有下列行为之一的，应当立案：

1. 以暴力、威胁方法阻碍国家机关工作人员依法执行职务的；

2. 以暴力、威胁方法阻碍全国人民代表大会和地方各级人民代表大会代表依法执行代表职务的；

3. 在自然灾害和突发事件中，以暴力、威胁方法阻碍红十字会工作人员依法履行职责的；

4. 故意阻碍国家安全机关、公安机关依法执行国家安全工作任务，未使用暴力、威胁方法，造成严重后果的。

【犯罪构成及刑事责任】

妨害公务罪，是指以暴力、威胁方法阻碍国家机关工作人员依法执行职务或者阻碍全国人民代表大会和地方各级人民代表大会代表依法执行代表职务的，或者在自然灾害和突发事件中，以暴力、威胁方法阻碍红十字会工作人员依法履行职责及故意阻碍国家安全机关、公安机关依法执行国家安全工作任务，虽未使用暴力、威胁方法，但造成严重后果的行为。构成本罪需要具备以下四个要素：

---

① 《中华人民共和国刑法》简称为刑法，以下不再标注。

1. 客体要件。本罪侵犯的客体是复杂客体，既侵犯了国家的正常管理活动，又侵犯了国家机关工作人员、人大代表等人的人身权利。犯罪对象是正在依法执行职务、履行职责的国家机关工作人员、人大代表、红十字会工作人员、国家安全机关及公安机关工作人员。

2. 客观要件。本罪的客观方面表现为以暴力、威胁方法阻碍国家机关工作人员依法执行职务、阻碍全国人民代表大会和地方各级人民代表大会代表依法执行代表职务，或者在自然灾害和突发事件中，以暴力、威胁方法阻碍红十字会工作人员依法履行职责及故意阻碍国家安全机关、公安机关依法执行国家安全工作任务，虽未使用暴力、威胁方法，但造成严重后果的行为。主要包括以下三个要素：

（1）本罪的危害行为所针对的对象必须是在“依法”执行职务或职责。所谓依法执行职务，是指国家机关工作人员在国家规定的范围内，运用其合法职权从事公务活动。这种公务活动，不仅包括国家机关工作人员在工作时间或工作单位中所进行的公务活动，而且包括国家工作人员根据有关规定或命令在其他时间或场所内的公务活动。必须是在依法执行职务，即其所进行的管理活动，确实属于他的合法职权范围，并且活动的方式符合法律规定的条件。

（2）本罪的危害行为只能发生在国家机关工作人员、人大代表、红十字会工作人员及国家安全机关与公安机关工作人员依法执行职务或职责期间。阻碍红十字会工作人员依法执行职责，还必须发生在自然灾害或突发事件中。在事前或者事后对有关人员进行阻碍，不会影响职务或职责的履行，不能以本罪论处。

（3）针对不同的犯罪对象而实施的妨害公务行为，构成本罪的条件不同。阻碍国家机关工作人员、人大代表、红十字会工作人员依法执行职务或履行职责，必须使用暴力、威胁方法。“暴力”是指行为人对正在依法执行职务的国家工作人员的身体实施了暴力打击或者人身强制，如殴打行为、捆绑行为等。“威胁”是指行为人以杀害、伤害、毁坏财产、破坏名誉、扣押人质等事由对正在依法执行职务的国家机关工作人员进行威逼、胁迫，以迫使其放弃或者不正确履行职务或职责。值得注意的是，故意阻碍国家安全机关、公安机关依法执行国家安全工作任务，则不以行为人使用暴力或威胁方法为必要，但要求行为人的行为造成了严重的后果。

3. 主体要件。本罪的主体为一般主体，凡达到刑事责任年龄且具备刑事责任能力的自然人均能构成本罪。

4. 主观要件。本罪在主观方面表现为故意，即行为人明知对方是正在依法执行职务或履行职责的国家机关工作人员、人大代表、红十字会工作人员而有意以暴力、威胁方法加以阻碍，或者明知对方是正在依法执行国家安全工作任务的国家安全机关与公安机关工作人员，而有意进行阻碍，希望或放任使之无法正常执行职务或者履行职责的结果发生。

根据刑法第 277 条第 1 款的规定：犯本罪，处三年以下有期徒刑、拘役、管制或者罚金。

【疑难指导】

一、如何理解本罪的犯罪对象

依据刑法第 277 条的规定，本罪的犯罪对象应当包括国家机关工作人员、依法执行代表职务的各级人大代表、自然灾害和突发事件中，依法履行职责的红十字会工作人员、执行国家安全工作任务的国家安全机关、公安机关的人员，同时依据 2000 年最高人民检察院发布的《关于以暴力威胁方法阻碍事业编制人员依法执行行政执法职务是否可对侵害人以妨害公务罪论处的批复》[①]，依照法律、行政法规的规定执行行政执法职务的国有事业单位人员和在国家机关中受委托从事行政执法活动的事业编制人员也认定为本罪的犯罪对象。其中，依据全国人民代表大会常务委员会 2002 年发布的《关于〈中华人民共和国刑法〉第九章渎职罪主体适用问题的解释》，“国家机关工作人员” 应当包括依照法律、法规规定行使国家行政管理职权的组织中从事公务的人员，或者在受国家机关委托代表国家机关行使职权的组织中从事公务的人员，或者虽未列入国家机关人员编制但在国家机关中从事公务的人员。

（一）物业公司工作人员、保安、志愿者是否属于妨害公务罪的犯罪对象？

我们认为，小区物业、保安、志愿者等不属于“受委托的组织” 中的工作人

---

① 最高人民法院刑事审判第一庭：《刑事法律司法解释及其理解与适用》（2010 修订版），人民出版社 2010 年版，第 781 页。

员，但防疫期间从事的工作可能与受委托组织中的内部人员相同，对于这种情况，如果其与“受委托组织内”的工作人员在共同开展防疫工作的过程中遭受暴力、威胁时，可以成为妨害公务罪的犯罪对象，如果单独开展防疫工作而受到暴力、威胁的，情节轻微的可以依据治安管理处罚法处罚，情节严重，构成犯罪的可以以故意伤害罪、侮辱罪、寻衅滋事罪等罪名予以打击。

（二）辅警、综合执法工作中的协勤是否属于妨害公务罪的犯罪对象？

对于辅警能否成为妨害公务罪的犯罪对象，主要存在“身份说”“公务说”“身份、公务兼备说”等。“身份说”将妨害公务罪的犯罪严格限定在国家机关工作人员的范围内。“公务说”则认为妨害公务罪侵犯的主要是依法从事的公务活动，并参照渎职、贪污贿赂罪的相关司法解释，认为辅警、协勤属于妨害公务罪的法益保护对象。“身份、公务兼备说”认为在具备一定条件下的辅警、协勤可以成为妨害公务罪的法益保护对象。“身份、公务兼备说”能有效维护当下激烈对抗中风险社会的整体利益，也部分遵循了罪刑法定原则，因而更容易被司法实务部门所接受。[①] 但在司法实务中，应当注意考察其是否符合以下具体条件：一是辅警、协勤与公安部门或政府部门是否有合同关系，合同对工作内容的规定是否明确具体；二是民警是否在执法现场；三是辅警、协勤的执法行为在内容和程序上是否合法。值得注意的是，辅警不属于袭警罪的犯罪对象，袭警罪的犯罪对象为人民警察，而依据人民警察法第 27 条的规定，录用人民警察，必须按照国家规定，公开考试，严格考核，择优选用。因此，暴力威胁辅警只能构成妨害公务罪。

二、如何理解“依法执行职务”

判断公务人员执行职务行为是否合法，既要看其执行职务行为的内容是否合乎法律要求，也要看其行为是否具备法律所要求的必备形式。[②] 首先，要考察执行职务的行为是否符合法律规定，而且是否属于职责范围内的行为；其次，公务人员的职务行为必须符合法律上的重要条件、方式与程序。对于执法瑕疵对妨害公务罪的影响，我们认为在司法实践中应根据案件具体情节，予以综合评价。司法

---

① 王胜、沈琳海：《宜将警务辅助人员纳入妨害公务罪法益保护对象》，载《检察日报》2018 年 10 月 15 日。

② 陈兴良、曲新久：《案例刑法学教程》（下卷），中国政法大学出版社 1994 年版，第 402 页。

实践中，轻微的执法瑕疵不影响案件的定性处理，如税务人员在进行税务调查时忘记宣读有关政策的告知程序，或者是民警在现场调查有关案件情况作成笔录后忘记让见证人签字等，但是较为严重的瑕疵则可能会影响妨害公务罪的定罪量刑。

三、醉酒及精神疾病对妨害公务罪的影响

根据刑法规定，醉酒的人应负刑事责任，因此醉酒的人实施妨害公务行为，应按照妨害公务罪定罪处罚。但司法实务中，因民警制止行为人酒后滋事引起的妨害公务案件，多数行为人属于复杂性醉酒，因外部刺激，比如说民警对其滋事行为实施的劝阻、管制、抓捕，产生抵触情绪，进而实施暴力抗拒的行为，是典型的激情犯。激情犯由于激情爆发而丧失理智，一旦事发，便后悔不迭，相对的，人身危险性也较低。当然，对于激情犯也不能一概而论，还要考查行为人主观方面是否具有反社会性。比如说，同为酒后滋事引起的妨害公务，一个经常酗酒曾经被处以同类处罚的行为人，与一个偶有醉酒后失常的行为人的犯罪主观恶性程度是不同的。对于此类案件，我们认为不宜轻易定罪。根据治安管理处罚法第 15 条的规定“醉酒的人违反治安管理的，应当给予处罚。醉酒的人在醉酒状态中，对本人有危险或者对他人的人身、财产或者公共安全有威胁的，应当对其采取保护性措施约束至酒醒。”可见，对于醉酒人员的处理，应以实施保护性措施为主，醉酒人员对于自身控制能力减弱，很有可能在警察对其实施约束时有反抗行为，对于这种反抗行为如果不严重，就没有必要一概以妨害公务罪作为刑事案件处理，给予其适当行政处罚即可。

实践中也经常会碰到精神疾病患者的案件，由于其自身疾病的原因，极易与他人产生冲突，这类患者往往对警察的执法行为缺乏分辨能力，对于精神疾病人员，虽然经过鉴定在行为时具有刑事限制行为能力，但其与正常人仍有一定区别、对于自身行为的辨认及控制能力均较弱，对于妨害公务的主观故意认知不足，在定罪量刑时应当予以考量。

四、妨害公务罪中的赔偿及谅解问题

司法实践中，经常有赔偿后获得谅解从轻处罚的案例，法院也常常对双方进行调解。

我们认为，妨害公务罪被规定在刑法分则第六章妨害社会管理秩序罪第一节扰乱公共秩序罪中，其侵犯的客体并非执行公务人员的人身或者财产权益，而是国家的公务活动。虽然国家行为必然需要借助自然人或者机构组织来加以具体实现，但公务人员仍是国家拟制利益集合体的组成部分，相对于自然人而言，公务人员并不能自主代表国家对相关权益进行处分。比如，当发生刑讯逼供的情况时，作为公务人员的警察的个人行为因与国家权力的联系而使得国家对此负有了责任。在这一意义上，当国家的代理人代表国家权力侵犯了其他公民、法人的合法利益的时候，国家就需要进行赔偿，而不是由警察本人进行赔偿。同理可证，如果公务活动被阻碍，受损失的是国家权益，而不是具体执行公务活动的公务人员，有权选择是否追究责任的是国家，而不是具体的公务人员。也就是说，公务人员在妨害公务罪中不具备处权能力，不是本罪诉讼中的当事人，更不是被害人。公务人员不能因在执行公务过程中遭受身体伤害，就在刑事诉讼过程中收取被告人的经济补偿，更不能在收取财物后表示或者出具不予追究被告人刑事责任的证明。因当事人双方在刑事诉讼中的地位不对等，公务人员并不是相对于犯罪人的被害人，双方不具有刑事和解的基础，公务人员也不具备收取对方财物的依据。

五、如何评价抗拒抓捕行为

实践中，由于先前的违法犯罪行为而抗拒抓捕的情形时有发生，基于犯罪构成标准说，暴力拒捕行为是否构成妨害公务罪，不应一概而论，而要视具体案情，充分考量行为人主观方面和客观行为，判断是否按处断的一罪——牵连犯认定。第一，要考察行为人是否出于同一犯罪目的，如果犯罪目的被割裂开，出现两个或者两个以上的目的，则不属于处断的一罪。第二，要考察行为人是否实施了数个行为，而且行为之间存在着手段行为与目的行为、原因行为与结果行为的牵连关系。具体到妨害公务犯罪而言，在判断暴力拒捕行为是否单独构成妨害公务罪时，应首先考察抓捕行为是否是在被告人实施前犯罪行为当时延续的紧密抓捕行为，如果是，就要考察行为人是否突破了为了逃匿而实施的本能的抵抗行为，如果行为人只是在遭遇抓捕时为逃窜而反抗，就应视为前行为的延续，按牵连犯的原则处理；如果行为人的反抗行为已非仅为逃匿，而是实施了暴力对抗行为，就应单独追究妨害公务罪，数罪并罚。如果抓捕活动并非在前罪行为实施过程中延续出来的紧密抓捕行为，且使用暴力、威胁方法对抗抓捕活动，达到一定社会危害后果，则应按照对前罪与妨害公务罪进行数罪并罚的原则处理。

六、本罪罪与非罪问题

从目前的司法实践来看，妨害公务罪的入罪门槛过低是普遍存在的一个问题，刑法第 277 条第 1 款规定，以暴力、威胁方法阻碍国家机关工作人员依法执行职务的构成妨害公务罪，对于暴力、威胁的行为程度，刑法未规定该罪成立需达到情节严重或导致严重后果。最高人民检察院、公安部对于公安机关管辖的刑事案件基本上都会规定一个具体、明确的立案追诉标准，要求危害行为需达到一定的程度，方可纳入刑事案件范畴。而妨害公务罪却没有这一立案追诉标准的规定。对于以暴力、威胁方法阻碍公务的行为，哪些情形较为轻微应出罪由行政处罚手段治理，哪些情形危害较大应入罪由刑法调整，缺乏一个认定并区分的界限。实践中区分妨害公务的行为是作为治安案件还是刑事案件，在缺乏统一适用标准的情况下，就取决于各机关、各办案人员自己的理解，甚至可能出现有些情节显著轻微、危害不大的案件被作为刑事案件立案追诉的情况。

根据刑法第 13 条“但书”规定：“……情节显著轻微危害不大的，不认为是犯罪。”我们认为，只有当行为人的暴力、威胁行为足以妨碍国家机关工作人员执行职务时，才有可能被认定为妨害公务罪；如果行为并不明显阻碍国家机关工作人员依法执行职务的，就不应认定为犯罪。而且这也符合“少捕慎诉”的司法政策。

七、本罪与相关犯罪的界限

（一）本罪与分裂国家罪、武装叛乱、暴乱罪、颠覆国家政权罪等危害国家安全犯罪的界限

本罪与分裂国家罪、武装叛乱、暴乱罪、颠覆国家政权罪等危害国家安全犯罪在客观上都会对国家的正常管理活动造成干扰和破坏，在客观行为方面会有一些相似或者是交叉的地方，两者的主要区别表现在以下三个方面：

1. 客体不同。本罪侵害的主要客体是国家的正常管理活动，危害国家安全犯罪侵犯的主要客体是国家安全。

2. 客观方面不同。本罪犯罪对象是正在依法执行职务、履行职责的国家机关工作人员、人大代表、红十字会工作人员、国家安全机关及公安机关工作人员，

具有特定性，而危害国家安全犯罪的行为对象是国家政权，具有不确定性和随机性。行为方式上，本罪除针对国家安全机关和公安机关外，针对其他正在依法执行职务的国家机关工作人员必须是以暴力、威胁的方法实施，危害国家安全的犯罪没有手段方式的要求。最后，从犯罪的危害结果来看，本罪对于针对国家安全机关、公安机关的行为必须要造成实际危害后果才能够定罪，而危害公共安全的犯罪是行为犯，并不要求发生现实的危害结果，也不需要考察行为是否已引致危害国家安全的危险。

3. 主观方面不同。本罪在主观方面既可以表现为直接故意也可以表现为间接故意，而危害国家公共安全的犯罪则只能出自直接故意，且行为人必须具有危害国家安全的目的。司法实践中如果有危害国家安全的犯罪分子以暴力、威胁方法妨害、抗拒国家机关工作人员或红十字会工作人员依法执行公务的情形，则可能构成法规竞合犯，应以处罚较重的罪名予以定罪处罚。

（二）本罪与聚众阻碍解救被收买的妇女、儿童罪的界限

聚众阻碍解救被收买的妇女、儿童罪的界限，是指纠集多人阻碍国家机关工作人员解救被收买的妇女、儿童的行为。两者在行为方式上有时会有重合，主要区别表现在以下三个方面：

1. 主要客体不同。本罪属于妨害社会管理秩序罪，侵害的主要客体是国家的正常管理活动，聚众阻碍解救被收买的妇女、儿童罪属于侵犯公民人身权利的犯罪，侵害的主要客体是被收买的妇女、儿童的人身自由权利。

2. 客观方面不同。本罪不要求有聚众的行为方式，但有暴力、威胁的手段要求，聚众阻碍解救被收买的妇女、儿童罪则必须是以聚众的方式才能构成此罪，但不要求使用暴力、威胁的方法，对于少数人（3 人以下）以暴力、威胁方法阻碍国家机关工作人员解救被收买的妇女、儿童的，应当以妨害公务罪论处。

3. 犯罪的主体不同。本罪的犯罪主体是一般主体，凡是达到刑事责任年龄具备刑事责任能力的自然人都可以构成本罪，聚众阻碍解救被收买的妇女、儿童罪是特殊主体，只有在聚众阻碍解救被收买的妇女、儿童的活动中起组织、策划、指挥作用的首要分子才能成为此罪的主体。对于其他参与阻碍活动，若未使用暴力、威胁方法的，应依法不认定为犯罪。如果使用了暴力、威胁方法的，应以妨害公务罪论处。

（三）本罪与拒不执行判决、裁定罪的界限

拒不执行判决、裁定罪，是指对人民法院的判决、裁定有能力执行而拒不执行，情节严重的行为。本罪与拒不执行判决、裁定罪都是故意犯罪，两者都是妨害国家机关正常行使职权的活动，拒不执行判决、裁定罪中以暴力、威胁方法阻碍执行人员进入执行现场或者聚众哄闹、冲击执行现场的行为与妨害公务罪具有高度重合性，按照特殊法优于一般法的原则，应当定拒不执行判决、裁定罪。两罪的主要区别表现在以下两个方面：

1. 主体不同。本罪的主体是一般主体，拒不执行判决、裁定罪是特殊主体，必须是具有执行判决、裁定义务的当事人或者依照法律对判决、裁定负有协助执行义务的人。

2. 客观方面不同。本罪通常必须是以暴力、威胁方法实施，且行为人侵害公务人员的行为必须发生在后者依法执行公务期间，而拒不执行判决、裁定罪则不要求必须使用暴力、威胁的方法，可以是能够损害法院裁判约束力、权威性的任何方法，如欺骗隐瞒、消极抵制、无理取闹等。

【办案依据】

一、刑法规定

第二百七十七条 以暴力、威胁方法阻碍国家机关工作人员依法执行职务的，处三年以下有期徒刑、拘役、管制或者罚金。

以暴力、威胁方法阻碍全国人民代表大会和地方各级人民代表大会代表依法执行代表职务的，依照前款的规定处罚。

在自然灾害和突发事件中，以暴力、威胁方法阻碍红十字会工作人员依法履行职责的，依照第一款的规定处罚。

故意阻碍国家安全机关、公安机关依法执行国家安全工作任务，未使用暴力、威胁方法，造成严重后果的，依照第一款的规定处罚。

暴力袭击正在依法执行职务的人民警察的，处三年以下有期徒刑、拘役或者管制；使用枪支、管制刀具，或者以驾驶机动车撞击等手段，严重危及其人身安全的，处三年以上七年以下有期徒刑。

二、司法解释

（一）《最高人民法院关于审理破坏草原资源刑事案件应用法律若干问题的解释》（2012年11月2日，法释〔2012〕15号）[①]

第四条 以暴力、威胁方法阻碍草原监督检查人员依法执行职务，构成犯罪的，依照刑法第二百七十七条的规定，以妨害公务罪追究刑事责任。

煽动群众暴力抗拒草原法律、行政法规实施，构成犯罪的，依照刑法第二百七十八条的规定，以煽动暴力抗拒法律实施罪追究刑事责任。

（二）《最高人民法院、最高人民检察院关于办理非法生产、销售烟草专卖品等刑事案件具体应用法律若干问题的解释》（2010年3月2日，法释〔2010〕7号）

第八条第一款 以暴力、威胁方法阻碍烟草专卖执法人员依法执行职务，构成犯罪的，以妨害公务罪追究刑事责任。

（三）《最高人民法院、最高人民检察院关于办理妨害预防、控制突发传染病疫情等灾害的刑事案件具体应用法律若干问题的解释》（2003年5月15日，法释〔2003〕8号）

第八条 以暴力、威胁方法阻碍国家机关工作人员、红十字会工作人员依法履行为防治突发传染病疫情等灾害而采取的防疫、检疫、强制隔离、隔离治疗等预防、控制措施的，依照刑法第二百七十七条第一款、第三款的规定，以妨害公务罪定罪处罚。

三、司法文件

（一）最高人民法院、最高人民检察院、公安部、司法部《关于依法惩治妨害新型冠状病毒感染肺炎疫情防控违法犯罪的意见》（2020年2月6日）

二、准确适用法律，依法严惩妨害疫情防控的各类违法犯罪

（一）依法严惩抗拒疫情防控措施犯罪。故意传播新型冠状病毒感染肺炎病原体，具有下列情形之一，危害公共安全的，依照刑法第一百一十四条、第一百一

---

① 本书“办案依据”部分所标规范性文件的日期为该文件的通过、发布、最后一次修订后公布、实施日期之一，文件内容均为节选，以下不再标注。

十五条第一款的规定，以危险方法危害公共安全罪定罪处罚：

1. 已经确诊的新型冠状病毒感染肺炎病人、病原携带者，拒绝隔离治疗或者隔离期未满擅自脱离隔离治疗，并进入公共场所或者公共交通工具的；

2. 新型冠状病毒感染肺炎疑似病人拒绝隔离治疗或者隔离期未满擅自脱离隔离治疗，并进入公共场所或者公共交通工具，造成新型冠状病毒传播的。

其他拒绝执行卫生防疫机构依照传染病防治法提出的防控措施，引起新型冠状病毒传播或者有传播严重危险的，依照刑法第三百三十条的规定，以妨害传染病防治罪定罪处罚。

以暴力、威胁方法阻碍国家机关工作人员（含在依照法律、法规规定行使国家有关疫情防控行政管理职权的组织中从事公务的人员，在受国家机关委托代表国家机关行使疫情防控职权的组织中从事公务的人员，虽未列入国家机关人员编制但在国家机关中从事疫情防控公务的人员）依法履行为防控疫情而采取的防疫、检疫、强制隔离、隔离治疗等措施的，依照刑法第二百七十七条第一款、第三款的规定，以妨害公务罪定罪处罚。暴力袭击正在依法执行职务的人民警察的，以妨害公务罪定罪，从重处罚。

（二）最高人民法院、最高人民检察院、公安部《关于办理醉酒驾驶机动车刑事案件适用法律若干问题的意见》（2013 年 12 月 18 日）

三、醉酒驾驶机动车，以暴力、威胁方法阻碍公安机关依法检查，又构成妨害公务罪等其他犯罪的，依照数罪并罚的规定处罚。

（三）最高人民法院、最高人民检察院、公安部《关于办理组织领导传销活动刑事案件适用法律若干问题的意见》（2013 年 11 月 14 日）

第六条第二款　犯组织、领导传销活动罪，并实施故意伤害、非法拘禁、敲诈勒索、妨害公务、聚众扰乱社会秩序、聚众冲击国家机关、聚众扰乱公共场所秩序、交通秩序等行为，构成犯罪的，依照数罪并罚的规定处罚。

（四）《最高人民检察院关于以暴力威胁方法阻碍事业编制人员依法执行行政执法职务是否可对侵害人以妨害公务罪论处的批复》（2000 年 4 月 24 日）

对于以暴力、威胁方法阻碍国有事业单位人员依照法律、行政法规的规定执行行政执法职务的，或者以暴力、威胁方法阻碍国家机关中受委托从事行政执法活动的事业编制人员执行行政执法职务的，可以对侵害人以妨害公务罪追究刑事责任。

（五）最高人民法院、最高人民检察院、公安部、国家工商行政管理局[①]《关于依法查处盗窃、抢劫机动车案件的规定》（1998年5月8日）

一、司法机关依法查处盗窃、抢劫机动车案件，任何单位和个人都应当予以协助。以暴力、威胁方法阻碍司法工作人员依法办案的，依照《刑法》第二百七十七条第一款的规定处罚。

---

① 2018年3月13日，十二届全国人大一次会议审议《国务院机构改革方案》，不再保留国家工商行政管理局，组建国家市场监督管理总局。

第二章 袭警罪

【立案追诉标准】

袭警案（刑法第 277 条第 5 款）

暴力袭击正在依法执行职务的人民警察的，应予立案。

【犯罪构成及刑事责任】

袭警罪，是指暴力袭击正在依法执行职务的人民警察的行为。构成要件需要具备以下四个要素：

1. 客体要件。本罪侵犯的客体是复杂客体，既侵犯了人民警察正常的执法管理活动，也侵犯了人民警察的人身权利。犯罪对象是依法正在执行职务的人民警察。“人民警察”包括公安机关、国家安全机关、监狱管理机关的人民警察和人民法院、人民检察院的司法警察。

2. 客观要件。客观方面表现为暴力袭击正在依法执行职务的人民警察的行为。“暴力袭击”，仅指“对人民警察的身体不法行使有形力”，如对执法警察实施的撕咬、踢打、抱摔、投掷、持械殴打等，不包括以暴力相威胁等软暴力。暴力袭击主要包括下面两种行为方式：

（1）实施撕咬、踢打、抱摔、投掷等，对民警人身进行攻击的。

（2）实施打砸、毁坏、抢夺民警正在使用的警用车辆、警械等警用装备，对民警人身进行攻击的。

3. 主体要件。主体为一般主体，即凡达到刑事责任年龄且具备刑事责任能力的自然人均能构成本罪。

4. 主观要件。本罪在主观方面表现为故意，即明知人民警察包括公安机关、国家安全机关、监狱管理机关的人民警察和人民法院、人民检察院的司法警察是正依法执行职务的工作人员，而故意对其实施暴力或者威胁，使其不能或严重影响不能执行职务。

根据刑法第277条第5款的规定，犯本罪，处三年以下有期徒刑、拘役或者管制；使用枪支、管制刀具，或者以驾驶机动车撞击等手段，严重危及其人身安全的，处三年以上七年以下有期徒刑。

【疑难指导】

一、如何理解“人民警察”

本罪的犯罪对象是人民警察，如果不是人民警察，则不构成袭警罪。因此，合理界定本款中“人民警察”的范围，对于准确理解和适用袭警罪至关重要。在司法实践中，经常会出现辅警单独或与人民警察共同执法的情况，对于辅警能否成为袭警罪的犯罪对象，存在“肯定说”和“否定说”两种不同的观点。“肯定说”认为人民警察与辅警的区别是人事管理上的区别，并不是职权上的区别，当辅警协助人民警察依法行使职权时，二者行使的职权具有同一性，只是行使职权时的具体分工不同而已。[①]“否定说”认为，对于暴力袭击正在辅助人民警察依法执行职务的辅警人员，不应该作为袭警罪处理，理由在于辅警不具有“人民警察”身份，只能在公安民警的指挥和监督下开展辅助性工作。[②]

我们认为，袭警罪重点保护的法益是人民警察的执法活动，而不是警察的身份，这一点从刑法条文规定“暴力袭击正在依法执行职务的人民警察”而不是“暴力袭击人民警察”中可以看出。因此，判断辅警能否成为袭警罪的犯罪对象，重点在于判断辅警是不是依法执行其职责范围内的执法活动。

---

① 张永强：《袭警罪的规范演进与理解适用》，载《重庆大学学报（社会科学版）》2021年第7期。

② 时延安、陈冉、敖博：《刑法修正案（十一）评注与案例》，中国法制出版社2021年版，第361页。

司法实践中，辅警在协助人民警察维护社会治安、打击违法犯罪、开展行政管理和服务人民群众等方面做出了突出贡献，其在执法过程中若受到执法对象的暴力袭击也可能出现伤亡。当辅警和人民警察进行联合执法时，辅警的行为依附于人民警察的执法行为，二者是融为一体的，此时辅警的行为相当于是“人民警察”执法行为的延伸，应当受到刑法的平等保护。如果人为地将辅警排除在袭警罪保护的范围之外，既与社会治理的现实需要不相符，也与常识、常理、常情相违背。

二、如何理解“暴力”

对于袭警罪中“暴力”的理解，理论界争议很多，大多数学者的观点可以分为“狭义暴力说”和“广义暴力说”。“狭义暴力说”认为袭警罪中的“暴力”仅指对人民警察的人身施加的有形的力；“广义暴力说”认为袭警罪中的“暴力”不仅包括对人施加暴力，还包括对物施加暴力的情况，如采用砸毁警车、城管车辆，烧毁应当被没收的物品等手段，使公务难以顺利执行（的行为），并言明此处对物的暴力不是泛指一切，而是指通过对物暴力而间接施加于人身的情形。[①] 我们同意“广义暴力说”，认为这里的“暴力”应当既包括对人民警察的身体直接作用的有形力，也包括通过作用物体的传递，仍有可能侵犯到人民警察的人身安全的间接的力。例如，故意开车撞翻依法执行职务的人民警察驾驶的警车的情形，就极有可能在造成警车毁损的同时伤害到人民警察的人身安全。因此，对于指向人民警察身体的间接暴力，也即通过对警用设施、警用装备等物体施加作用力的方式间接袭击人民警察的情形，应当解释为袭警罪中的“暴力”，不然会对保护依法执行职务的人民警察的人身权利留下漏洞。

三、如何理解“正在依法执行职务”

“正在依法执行职务”是立法者为袭警罪从时间和职务性质上设定的限制条件，只有暴力袭击正在依法执行职务的人民警察，才能成立袭警罪，如果袭击的不是正在执行职务的人民警察，或者袭击的是违法执行公务的人民警察的，都不构成袭警罪。由此可见，如何正确理解“正在依法执行职务”这一限制条件，对袭警罪的认定非常重要。我们认为，对“正在依法执行职务”的理解，可以从职

---

① 参见黎宏：《刑法学各论》（第2版），法律出版社2016年版，第350页。

务的合法性和职务的时间点两方面进行把握。

第一，关于“职务行为的合法性”的认定标准，学界主要有三种学说：实质说、形式说及折中说。实质说认为，“职务行为只要在公务员抽象的权限之内，并且具备执行职务所需的一般形式，即具备了适法性”。[①] 形式说认为人民警察所执行的职务只要具备法律上构成要件即可。折中说指职务合法既要满足实质上职务具备一般权限和形式的要求，又要满足形式上符合法律构成要件的要求。我们认为，折中说兼顾了职务行为的实质要求和形式要求，应当予以采纳。对于人民警察职务行为合法性的具体判断，需要注意三个方面：一是人民警察在执行公务时应当在法定的抽象职务权限范围内进行，如公安民警非法越权干预经济纠纷，以查处诈骗犯罪为由，收审、扣押人质，以及参与强制征地拆迁活动（警察依法处置因强拆引发的治安、刑事案件行为除外）等都超越了其抽象的职务权限；二是人民警察执行公务时应当在法定的具体职务权限范围内进行，不同机关不同警钟的人民警察的职务权限不同，不能超越自身的具体职务范围和管辖范围越权行使；三是人民警察执行职务的行为履行法定程序和法定方式作出。[②] 值得注意的是，人民警察执行职务的行为不一定非要满足所有的形式要件，非重要要件缺失引起的执法瑕疵不影响职务行为的合法性。例如，交警在没有开启执法记录仪的情况下给违章车辆贴罚单，其执行职务的行为仍然具有合法性。与此相反，重要要件缺失引起的执法瑕疵会影响职务行为的合法性。例如，侦查人员在没有拘留证、逮捕证的情况下对不符合先行拘留、逮捕的犯罪嫌疑人实施拘捕，就不具有合法性。[③]

第二，对于依法执行职务时间点的把握，有观点认为履行职务的时间是从开始着手到实际执行再到最终完全执行完毕的全过程，有观点认为执行职务的时间应当是从为执行职务所做的前期准备开始，包括中期的实施，一直到后期执行结束，都包括在内。我们认为，依法执行职务必须发生在警察已着手执行某一具体警务工作而尚未完成之前。需要注意的是，警察的任何一项公务工作都是由一系列的行为组

---

① 左家盛：《暴力袭警之刑法解读》，载《政治与法律》2007 年第 6 期。

② 参见罗长斌：《袭警罪认定中若干问题探讨》，载《法制与社会》2021 年第 8 期。

③ 张永强：《袭警罪的规范演进与理解适用》，载《重庆大学学报（社会科学版）》2021 年第 7 期。

成的，从什么时间开始判断是否已经着手实施需要考虑具体职务行为的条件和性质等综合因素，凡是与该具体职务行为在时间上前后相继、不可分割的相关系列行为都应视为本职务行为整体的有机组成部分。另外人民警察法第 19 条规定：“人民警察在非工作时间，遇有其职责范围内的紧急情况，应当履行职责。”所以判断依法执行职务的时间不能根据上班时间确定，而应当充分考虑警察职业的特殊性，类似于交通民警回家途中遇见重大交通事故进行现场处置、治安民警偶然发现小偷进行抓捕等警察在非工作时间履行职责的情形，也应当认定为正在依法执行职务。

四、加重处罚的理解和认定

刑法第 277 条第 5 款规定了袭警罪的加重处罚条件“……使用枪支、管制刀具，或者以驾驶机动车撞击等手段，严重危及其人身安全的，处三年以上七年以下有期徒刑，”如果符合这一加重处罚条件，行为人就面临三年以上七年以下有期徒刑的刑罚，因此对于这一加重处罚情形的理解影响着刑罚裁量的轻重。

刑法规定了行为人只有在使用了枪支、管制刀具，或者以驾驶机动车撞击等手段”的情形下才能够实行加重处罚，这是对袭警罪加重处罚条件的手段限制条件。在理解兜底性手段的时候，需要考虑兜底性手段是否与枪支、管制刀具、驾驶机动车撞击这三种手段具有相当的暴力性、危险性和紧迫性。同时，要考虑手段是否“严重危及其人身安全”，不能认为行为人只要“使用枪支、管制刀具”“驾驶机动车撞击”或者采取其他同质的手段就属于袭警罪的加重情节，而是应当具体判断行为人采取的手段是否严重危及人民警察的人身安全。至于判断“严重危及其人身安全”的标准是什么？目前主要存在“强调说”和“递进说”。“强调说”认为使用枪支、管制刀具、以驾驶机动车撞击与严重危及人身安全是强调关系，即只要有前述三种行为即可升格法定刑，而不需考虑后面的“严重危及人身安全”。[①]“递进说”认为需要结合具体案件中使用的工具对警察造成的现实危险来判断行为是否达到“严重危及人身安全”的程度。[②] 我们认为，“严重危及其人

① 李翔：《袭警罪的立法评析与司法适用》，载《上海政法学院学报（法治论丛）》2021 年第 3 期。

② 张永强：《袭警罪的规范演进与理解适用》，载《重庆大学学报（社会科学版）》2021 年第 7 期。

身安全”与“使用枪支、管制刀具，或者以驾驶机动车撞击等手段”是限缩关系，是一种实质对形式的限缩。判断是否构成袭警罪的加重情节，先要从形式要件上判断行为人是否使用枪支、管制刀具或者以驾驶机动车撞击等暴力手段袭警，再从实质要件上判断行为人采取的暴力袭警手段是否严重危及人民警察的人身安全，只有严重危及人民警察的人身安全时，才属于加重处罚情节。

五、本罪与相关犯罪的界限

（一）本罪与妨害公务罪的关系

袭警罪是刑法修正案（十一）从妨害公务罪中分离出来的罪名，两者之间是法条竞合关系，因为从袭警罪的构成要件来看，袭警罪中的“人民警察依法执行职务”仍然属于妨害公务罪中“执行公务”的范畴，暴力袭击正在依法执行职务的人民警察，在本质上仍是妨害公务，只不过妨害公务罪更侧重于保护一般意义上或者普遍意义上的执法秩序，而袭警罪保护的除人民警察的执法秩序外，还包括人民警察的人身权利和执法权威。袭警罪和妨害公务罪的区别主要表现在犯罪对象和行为方式上：袭警罪的犯罪对象只能是人民警察（特殊条件下包含辅警），妨害公务罪的犯罪对象主要是依法执行公务的国家机关工作人员、人大代表、红十字会工作人员、国家安全机关和公安机关工作人员，这里面也包括人民警察；袭警罪的行为方式只能是暴力袭击，而妨害公务罪的行为方式可以是暴力，也可以是威胁。袭警罪的入罪标准显然高于妨害公务罪，暴力袭击人民警察的，以袭警罪定罪处罚；对于以威胁方法和其他行为方式阻碍人民警察执行职务的行为，应当按照妨害公务罪定罪处罚。

（二）本罪与故意伤害罪、故意杀人罪的竞合问题

司法实践中，对于暴力袭击正在依法执行职务的人民警察，经常会出现导致人民警察受伤或者死亡的结果，在这种情况下就会涉及袭警罪与故意伤害罪、故意杀人罪竞合的问题。从法定刑上看，袭警罪与故意伤害罪的法定基本刑都是三年以下有期徒刑、拘役或者管制，但袭警罪中“严重危及人身安全的”，处三年以上七年以下有期徒刑，故意伤害罪“致人重伤的”，处三年以上十年以下有期徒刑，从加重处罚适用的法定刑可以看出，故意伤害“致人重伤”的危害结果应当大于袭警罪的“严重危及人身安全”的结果，因此，“严重危及人身安全”应当

仅限于造成轻伤或轻微伤的结果，不包括致人重伤或者死亡的结果。

我们认为，对于在司法实践中暴力袭击警察造成伤亡的情况，应当根据伤亡结果的严重程度分三种情况进行讨论。第一种情况是暴力袭击警察造成伤害未达到轻伤时，由于没有达到故意伤害罪的入罪标准，应当以袭警罪定罪处罚。第二种情况是暴力袭击警察造成的伤害达到了轻伤但尚未达到重伤时，属于想象竞合，从一重罪处罚。具体而言，如果符合袭警罪的加重处罚条件，则应当按袭警罪处理，并在升格的法定刑幅度内量刑；如果不符合袭警罪的加重处罚条件，只符合袭警罪的基本犯，那么从理论上讲，按袭警罪或者故意伤害罪处理都可以，因为此时袭警罪与故意伤害罪并不存在孰重孰轻，二者基本犯的法定刑配置均为三年以下有期徒刑、拘役和管制，但为了强调对人民警察执法权威的特殊保护，按袭警罪定罪处罚更加适宜。[①] 第三种情况是暴力袭击警察造成的伤害达到了重伤或者死亡时，故意伤害罪的结果加重犯和故意杀人罪配置的法定刑更重，应当按想象竞合从一重罪，以故意伤害罪或者故意杀人罪定罪量刑。

【办案依据】

一、刑法规定

第二百七十七条第五款 暴力袭击正在依法执行职务的人民警察的，处三年以下有期徒刑、拘役或者管制；使用枪支、管制刀具，或者以驾驶机动车撞击等手段，严重危及其人身安全的，处三年以上七年以下有期徒刑。

二、司法文件

最高人民法院、最高人民检察院、公安部《关于依法惩治袭警违法犯罪行为的指导意见》（2020 年 1 月 10 日）

一、对正在依法执行职务的民警实施下列行为的，属于刑法第二百七十七条第五款规定的“暴力袭击正在依法执行职务的人民警察”，应当以妨害公务罪定罪从重处罚：

---

① 张永强：《袭警罪的规范演进与理解适用》，载《重庆大学学报（社会科学版）》2021 年第 7 期。

1. 实施撕咬、踢打、抱摔、投掷等，对民警人身进行攻击的；

2. 实施打砸、毁坏、抢夺民警正在使用的警用车辆、警械等警用装备，对民警人身进行攻击的；

对正在依法执行职务的民警虽未实施暴力袭击，但以实施暴力相威胁，符合刑法第二百七十七条第一款规定的，以妨害公务罪定罪处罚。

醉酒的人实施袭警犯罪行为，应当负刑事责任。

教唆、煽动他人实施袭警犯罪行为或者为他人实施袭警犯罪行为提供工具、帮助的，以共同犯罪论处。

对袭警情节轻微或者辱骂民警，尚不构成犯罪，但构成违反治安管理行为的，应当依法从重给予治安管理处罚。

……

三、驾车冲撞、碾轧、拖拽、剐蹭民警，或者挤别、碰撞正在执行职务的警用车辆，危害公共安全或者民警生命、健康安全，符合刑法第一百一十四条、第一百一十五条、第二百三十二条、第二百三十四条规定的，应当以以危险方法危害公共安全罪、故意杀人罪或者故意伤害罪定罪，酌情从重处罚。

暴力袭警，致使民警重伤、死亡，符合刑法第二百三十四条、第二百三十二条规定的，应当以故意伤害罪、故意杀人罪定罪，酌情从重处罚。

四、抢劫、抢夺民警枪支，符合刑法第一百二十七条第二款规定的，应当以抢劫枪支罪、抢夺枪支罪定罪。

五、民警在非工作时间，依照《中华人民共和国人民警察法》等法律履行职责的，应当视为执行职务。

六、在民警非执行职务期间，因其职务行为对其实施暴力袭击、拦截、恐吓等行为，符合刑法第二百三十四条、第二百三十二条、第二百九十三条等规定的，应当以故意伤害罪、故意杀人罪、寻衅滋事罪等定罪，并根据袭警的具体情节酌情从重处罚。

三、其他法规

《中华人民共和国人民警察法》（2012 年 10 月 26 日）

第二条 人民警察的任务是维护国家安全，维护社会治安秩序，保护公民的人身安全、人身自由和合法财产，保护公共财产，预防、制止和惩治违法犯罪活动。

人民警察包括公安机关、国家安全机关、监狱、劳动教养管理机关的人民警察和人民法院、人民检察院的司法警察。

第十九条　人民警察在非工作时间，遇有其职责范围内的紧急情况，应当履行职责。

第三十五条　拒绝或者阻碍人民警察依法执行职务，有下列行为之一的，给予治安管理处罚：

（一）公然侮辱正在执行职务的人民警察的；

（二）阻碍人民警察调查取证的；

（三）拒绝或者阻碍人民警察执行追捕、搜查、救险等任务进入有关住所、场所的；

（四）对执行救人、救险、追捕、警卫等紧急任务的警车故意设置障碍的；

（五）有拒绝或者阻碍人民警察执行职务的其他行为的。

以暴力、威胁方法实施前款规定的行为，构成犯罪的，依法追究刑事责任。

第三章　煽动暴力抗拒法律实施罪

【立案追诉标准】

煽动暴力抗拒法律实施案（刑法第 278 条）

煽动群众暴力抗拒国家法律、行政法规实施的，应予立案。

【犯罪构成及刑事责任】

煽动暴力抗拒法律实施罪，是指煽动群众暴力抗拒国家法律、行政法规实施的行为。构成本罪需要具备以下四个要件：

1. 客体要件。本罪侵犯的客体是国家实施法律、行政法规的正常秩序。

2. 客观要件。客观方面表现为行为人实施了煽动群众使用暴力抗拒国家法律、行政法规实施的行为。“煽动”是指以鼓动性言语或文字劝诱、引导促使他人去实施犯罪活动的行为。煽动的方式，包括用语言、文字、图形等，通过广播、电视、报刊、网络等媒体，或者利用演说、张贴、散发、邮寄等形式，既可以是书面的，也可以是口头的；既可以是公然进行，也可以是暗中进行。煽动的内容是暴力抗拒国家法律、行政法规的实施。“群众”一般应理解为 3 人以上的特定的或不特定的多数人。“暴力”是指用武力或其他强制性手段。“抗拒”是指抵抗拒绝，即故意不遵守法律、行政法规，违反公民的守法义务，并公然对抗拒绝法律、法规的强制性施行。抗拒实施的对象只能是法律或者行政法规，除此以外，行政规章、地方性法规都不能成为抗拒实施的对象。

3. 主体要件。本罪主体是一般主体，凡达到刑事责任年龄且具备刑事责任能力的自然人均能构成本罪。

4. 主观要件。本罪在主观方面是直接故意，即煽动者明知煽动言论会导致公众抗拒法律、行政法规实施的后果，仍然希望向社会公众表达煽动言论。

根据刑法第 278 条的规定，犯本罪，处三年以下有期徒刑、拘役、管制或者剥夺政治权利，造成严重后果的，处三年以上七年以下有期徒刑。

【疑难指导】

一、本罪罪与非罪的界限

本罪是行为犯，只要行为人实施了煽动群众暴力抗拒国家法律、行政法规实施的行为，无论其结果如何，都构成本罪。如果行为人实施了煽动行为，而被煽动群众没有实施或没有完全实施暴力抗拒国家法律、行政法规实施的行为，不影响犯罪的构成，但可根据其产生的结果从轻、减轻或者免除处罚。

二、本罪与妨害公务罪的界限

刑法第 277 条妨害公务罪第 1 款“以暴力、威胁方法阻碍国家机关工作人员依法执行职务的”和第 4 款“故意阻碍国家安全机关、公安机关依法执行国家安全工作任务，未使用暴力、威胁方法，造成严重后果的”，是妨害公务罪的两种客观表现。法律、行政法规的实施是通过行政执法人员、司法人员履行公务来进行的，因而阻碍其公务执行也可看作阻碍法律、行政法规实施。但本罪所针对的不是具体的公务行为，而是国家法律、行政法规的实施。再者，两罪的客观表现不同，后者表现为行为人以暴力、威胁方法阻碍国家机关工作人员、人大代表、红十字会工作人员，或未使用暴力、威胁方法阻碍安全机关、公安机关依法执行职务或履行职责。如果行为人在煽动特定的多数人暴力抗拒法律、行政法规实施时，在煽动的具体内容中又有以暴力等方法阻碍公务行为的，应以想象竞合犯依煽动暴力抗拒法律实施罪定罪处罚。

【办案依据】

一、刑法规定

第二百七十八条 煽动群众暴力抗拒国家法律、行政法规实施的，处三年以下有期徒刑、拘役、管制或者剥夺政治权利；造成严重后果的，处三年以上七年以下有期徒刑。

二、司法解释

（一）《最高人民法院、最高人民检察院关于办理利用信息网络实施诽谤等刑事案件适用法律若干问题的解释》（2013年9月6日，法释〔2013〕21号）

第九条 利用信息网络实施诽谤、寻衅滋事、敲诈勒索、非法经营犯罪，同时又构成刑法第二百二十一条规定的损害商业信誉、商品声誉罪，第二百七十八条规定的煽动暴力抗拒法律实施罪，第二百九十一条之一规定的编造、故意传播虚假恐怖信息罪等犯罪的，依照处罚较重的规定定罪处罚。

（二）《最高人民法院关于审理破坏草原资源刑事案件应用法律若干问题的解释》（2012年11月2日，法释〔2012〕15号）

第四条第二款 煽动群众暴力抗拒草原法律、行政法规实施，构成犯罪的，依照刑法第二百七十八条的规定，以煽动暴力抗拒法律实施罪追究刑事责任。

（三）《最高人民法院、最高人民检察院关于办理非法生产、销售烟草专卖品等刑事案件具体应用法律若干问题的解释》（2010年3月2日，法释〔2010〕7号）

第八条第二款 煽动群众暴力抗拒烟草专卖法律实施，构成犯罪的，以煽动暴力抗拒法律实施罪追究刑事责任。

第四章　招摇撞骗罪

【立案追诉标准】

招摇撞骗案（刑法第279条）

冒充国家机关工作人员招摇撞骗的，应予立案。

【犯罪构成及刑事责任】

招摇撞骗罪，是指为了谋取非法利益，冒充国家机关工作人员进行招摇撞骗的行为。构成本罪需要具备以下四个要件：

1. 客体要件。本罪侵犯的客体是国家机关的威信及其正常活动。

2. 客观要件。客观方面表现为行为人实施了冒充国家机关工作人员进行招摇撞骗的行为。本罪在客观方面须具备以下两个要素：

（1）行为人必须具有冒充国家机关工作人员的身份或职称的行为。“冒充”是指不具备国家机关工作人员身份或职务的人，假冒成具有国家机关工作人员身份或职务的人。具体包括三种情况：一是非国家机关工作人员冒充国家机关工作人员；二是下级国家机关工作人员冒充上级国家机关工作人员；三是此种类型的国家机关工作人员冒充彼种类型的国家机关工作人员。

（2）行为人必须具有招摇撞骗的行为，即行为人要以假冒国家机关工作人员身份或职称，招摇炫耀，利用人民群众对国家机关工作人员的信任，实施了骗取非法利益的行为。“招摇撞骗”是指行为人利用人们对国家机关工作人员的信任，假冒其身份或职务炫耀并骗取非法利益。

上述两种要素必须同时具备有机的联系，才符合招摇撞骗罪的客观要求。如果行为人出于虚荣心仅仅冒充国家机关工作人员的身份或职称，但并未借此实施骗取非法利益的行为，则不构成招摇撞骗罪。如果行为人既有冒充国家机关工作人员的行为，又有骗取非法利益的行为，但骗取非法利益的行为未以冒充国家机关工作人员为手段的，即两行为之间不存在有机联系的，也不构成招摇撞骗罪，其骗取非法利益的行为可能构成其他犯罪。

3. 主体要件。本罪主体是一般主体，凡达到刑事责任年龄且具备刑事责任能力的自然人均能构成本罪。非国家机关工作人员和国家机关工作人员均可构成本罪。

4. 主观要件。本罪的主观方面表现为故意，即明知自己的行为会发生损害国民对国家机关的信赖的结果，并且希望或者放任这种结果发生。本罪的犯罪目的是谋取非法利益，既包括物质利益，又包括非物质利益，比如政治待遇或荣誉等。

根据刑法第279条的规定，犯本罪，处三年以下有期徒刑、拘役、管制或者剥夺政治权利；情节严重的，处三年以上十年以下有期徒刑。

冒充人民警察招摇撞骗的，依照前款的规定从重处罚。

【疑难指导】

一、冒充国有企业、事业单位从事公务的人员招摇撞骗是否构成本罪

只有冒充国家机关工作人员才能构成本罪，那么国有企业、事业单位从事公务的人员是否属于国家机关工作人员的范围呢？有的人认为国家机关工作人员仅指在党政部分等具有标志性的国家机关中从事公务的人员，如国家权力机关、行政机关、司法机关、党的各部门机关、政协机关等部门中的工作人员，其中并不包括企业，事业单位。刑法第93条第1款规定：“本法所称国家工作人员，是指国家机关中从事公务的人员。”由此可以看出，国家机关工作人员等同于国家工作人员，也就是在国家机关中从事公务的人员。同时刑法第93条第2款规定：“国有公司、企业、事业单位、人民团体中从事公务的人员和国家机关、国有公司、企业、事业单位委派到非国有公司、企业、事业单位、社会团体从事公务的人员，

以及其他依照法律从事公务的人员，以国家工作人员论。”因此，如果行为人冒充国有公司、企业、事业单位、人民团体中从事公务的人员或者国家机关、国有公司、企业、事业单位委派到非国有公司、企业、事业单位、社会团体从事公务的人员，以及其他依照法律从事公务的人员进行招摇撞骗的，构成招摇撞骗罪。

二、冒充国家机关内招聘的工作人员招摇撞骗是否构成本罪

国家机关内招聘的工作人员没有国家机关公务人员的编制，不属于国家机关工作人员，但是在司法实践当中经常会出现没有正式编制的人员代表国家机关进行公务活动的情形。我们认为，在这种情况下，不能仅以身份来区分是否属于国家机关工作人员。从刑法第93条的立法本意来看，判断是否属于国家机关工作人员的标准不是以身份来进行区分的，辨别的本质标准应当是是否从事公务活动。即使不是国家机关正式编制的工作人员，但其代表国家机关从事公务活动，其对外代表的是国家机关，从事的公务活动的结果也由国家机关来承担而不是其个人。因此，如果冒充国家机关内招聘的工作人员从事符合公务职责的行为进行招摇撞骗，那么应该构成招摇撞骗罪。此外，国家机关当中还存在部分从事服务活动的内勤公杂人员，如清洁工、食堂工作人员等，如果是冒充这类人员从事招摇撞骗活动则不构成招摇撞骗罪。

三、本罪中的认识错误问题

刑法中的认识错误分为法律认识错误和事实认识错误，法律认识错误，是指行为人对自己行为的法律性质发生误解，主要表现为行为在法律上规定为犯罪而行为人误以为不是犯罪，或者行为在刑法上并没有规定为犯罪，而行为人误以为是犯罪或者是行为人对自己犯罪行为的罪名和罪行轻重发生误解的情形。事实认识错误，是指行为人对与自己行为有关的事实情况有不正确的理解。对事实认识错误，按照通说，行为人预想事实与实际发生的事实法律性质相同的，不能阻却行为人对因错误而发生的危害结果承担故意的责任。反之，法律性质不同的，则阻却行为人对因错误而发生的危害结果承担故意的责任。这里所称的法律性质相同，是指属于同一犯罪构成范围内的情形；法律性质不同，是指属于不同犯罪构成的情形。

在招摇撞骗罪中，容易引起认识错误的情况就是上文中提到的对于“国家机关工作人员”的范围的理解。比如，行为人认为一些国有企业的工作人员不属于国家机关工作人员，从而冒充这些人员招摇撞骗，对于这种情形属于法律认识错误还是事实认识错误？我们认为应当属于法律认识错误。行为人对自己冒充的国家机关工作人员的范围发生认识错误，认为自己冒充的不属于国家机关工作人员，属于行为在法律上规定为犯罪而行为人误以为不是犯罪的情形，不影响构成招摇撞骗罪。

四、对“情节严重”的理解

依照刑法第279条的规定，犯本罪的，处三年以下有期徒刑、拘役、管制或者剥夺政治权利；情节严重的，处三年以上十年以下有期徒刑。但是对于“情节严重”的具体情形，刑法及司法解释均未作出明确规定，在司法实践中应该如何把握情节严重的量刑情节，对于是否能够准确量刑具有重要意义。对于招摇撞骗罪情节严重的标准我们可以参考抢劫罪、诈骗罪等从其侵犯的客体要件、主观因素及造成的危害后果等方面进行考量。

（一）多次招摇撞骗。冒充国家机关工作人员招摇撞骗的即构成本罪，本罪属于行为犯，既没有数额的要求，也没有其他情节要求。如果行为人基于获取非法利益的目的多次实施招摇撞骗行为，从主观方面可以证明其主观恶性大，客观上造成的危害结果也更严重，可以作为情节严重的行为之一，如刑法中对于抢劫犯就规定了多次抢劫就是其加重情节。多次一般指的是三次及三次以上，对于多次的认定，应当以行为人每一次的招摇撞骗行为都构成犯罪为前提，即行为人出于同一犯罪故意连续实施数个独立的同一性质的犯罪行为属于连续犯，对于连续犯不能因为分别构成几罪适用数罪并罚，应按一个独立的罪依据刑法分则的有关规定处罚，危害严重的，应当适用“情节严重”“情节特别严重”等条款规定的法定刑处罚。

（二）诈骗数额巨大的。虽然本罪不一定是为了获取物质利益，构成要件中也没有数额的要求，但是违法所得依然可以作为本罪情节严重的情形之一。诈骗罪中就将犯罪数额作为其量刑情节，如果行为人通过冒充国家机关工作人员的方式进行招摇撞骗获取了巨额的物质利益，严重损害了被害人的物质财产，则可以构成情节严重。

（三）造成被害人精神失常、自杀等严重后果的。在司法实践中，有的招摇撞骗行为本身性质并不严重，但被害人却由于行为人招摇撞骗的行为而精神失常，甚至自杀等。在此情形下，行为人主观上仅有谋取非法利益的故意，并无杀害、伤害被害人的故意，故行为人的犯罪行为与被害人精神失常、自杀等后果并无刑法上的直接因果关系，但被害人精神失常、自杀的后果是由于行为人招摇撞骗对其人身、人格权利侵害后，被害人因为该侵害而形成的巨大心理压力，使他自身精神崩溃从而患上精神疾病或者因此而失去生活的信心，行为人的犯罪行为与被害人精神失常、自杀等后果存在着间接的因果关系，这种因果关系虽然不会影响案件的定性，但该后果所造成的恶劣的社会影响应作为对行为人量刑的情节，即应将造成被害人自杀、精神失常这一严重后果作为招摇撞骗情节严重的情形。

（四）严重影响国家机关威信及正常活动的。犯罪客体是我国刑法所保护而为犯罪行为所侵犯的社会关系，也是犯罪构成的必要条件。犯罪之所以具有社会危害性，首先是由其所侵犯的犯罪客体决定的，一个行为不侵犯任何社会关系，就意味着不具有社会危害性，也就不构成犯罪，同样，犯罪行为对社会关系损害程度的大小，则直接反映出该犯罪行为社会危害性的大小。招摇撞骗罪侵犯的客体是国家机关的形象、威信和正常活动。由于行为人出于不同的动机，在实施招摇撞骗过程中具体冒充国家工作人员身份的不同、实施招摇撞骗的时间、地点、侵害对象不同，其损害国家机关形象、威信，以及所造成的恶劣社会影响也有所不同。如冒充司法机关工作人员，以办案为名，向被害人索要钱财，其不仅仅败坏了国家机关形象、威信，更败坏了司法机关公正、廉洁的形象，这种招摇撞骗的行为当然比冒充一般国家工作人员骗取某种荣誉称号、政治待遇、职位、学位等社会危害性大。而社会危害性程度的大小应具体体现在对行为人量刑的轻重上，因此，应将严重损害国家机关形象和威信作为情节严重的情形。

五、本罪的罪与非罪

区分本罪的罪与非罪，主要应当把握以下三个方面：一是行为人招摇撞骗是否谋取非法利益。如果行为人只是出于满足某种虚荣心理，为了炫耀自己的社会地位而单纯地冒充国家机关工作人员，并没有谋取任何非法利益的故意，一般不构成本罪，可以按照治安管理处罚法进行处理。二是情节轻微的不构成本罪。比如，尽管招摇撞骗罪是行为犯，但是也应当注意将其与一般的冒充行为进行区分，行为人虽然实施了招摇撞骗行为，也有谋取某种非法利益的目的，但其冒充的方式非常简单，根本不足以达到欺骗他人的程度，不可能达到“撞骗”的目的，该行为的社会危害性就达不到犯罪的程度，也就不应当给予刑事处罚。又如，即使招摇撞骗的行为达到了蒙骗他人的程度但造成的后果不严重，没有给国家机关的信誉产生恶劣影响，说明其社会危害性不大，应当按照刑法“但书”的规定不以犯罪论处。三是要注意把本罪与那些精神不正常，或者认识能力十分低下的人实施的招摇撞骗行为进行必要的区分。有的人虽然从客观上实施了符合刑法规定的招摇撞骗的行为，但行为人的精神和认识能力不正常，不可能构成对国家信誉和社会管理秩序的根本危害。对于类似情况，情节严重的，可以按照治安管理处罚法的规定进行行政处罚，也可以对其采取拘留措施，或者采取必要的精神病人强制措施，也可以督促其家人或有关单位对其进行看管。

六、本罪与诈骗罪的关系

招摇撞骗罪与诈骗罪存在相同之处，两者均采用了欺骗的手段，而且招摇撞骗罪也可以如诈骗罪那样骗取财物，因而很容易混淆，两者的区别主要表现在：一是侵害的客体不同。招摇撞骗罪侵犯的客体主要是国家机关的威信及其正常活动；而诈骗罪的犯罪对象仅限于公私财物，并且要求达到一定的数额，侵犯的客体是公私财物的所有权。二是行为方式不同。招摇撞骗罪的方式只限于冒充国家机关工作人员的身份或职称进行诈骗；诈骗罪的行为可以是使他人产生处分财产的认识错误的任何欺骗手段，诈骗罪的欺骗手段范围更为广泛。三是犯罪的主观目的不同。诈骗罪的犯罪目的，是希望非法占有公私财物；而招摇撞骗罪的犯罪目的，是追求非法利益，其内容较诈骗罪的目的更广泛一些，它可以包括非法占有公私财物，也可以包括其他非法利益占有。

理论界关于招摇撞骗罪与诈骗罪之关系的学说主要有法条竞合犯说、想象竞合犯说、无竞合说。法条竞合犯说认为，行为人冒充国家机关工作人员诈骗数额较大的财物，“冒充国家工作人员”也属于诈骗罪的欺骗行为方式之一，即“虚构事实”。虚构国家工作人员身份，欺骗他人，致使他人产生错误认识而处分财物，行为人因此而取得财物的行为，既符合诈骗罪的规定又符合招摇撞骗罪的规定，招摇撞骗罪与诈骗罪之间即存在交叉和重合关系，且这种交叉和重合的关系是由于法条的规定使然，与犯罪行为无关，属于法条竞合中的交叉竞合。想象竞合犯说认为，行为人冒充国家机关工作人员的身份去骗取数额较大的财物，一种行为同时侵害了招摇撞骗罪和诈骗罪的不同保护法益，而触犯了两个罪行规范，属于想象竞合犯；而并非像法条竞合说一样，仅侵害了其中一个罪行规范所要保护的法益，却因为规范之间存在包容或交叉关系，从而违反了数个罪行规范。① 无竞合说认为，如果招摇撞骗罪与诈骗罪是法条竞合关系，就会产生罪行不相适应的问题。招摇撞骗罪有两个量刑档次，升格法定刑是“情节严重的，处三年以上十年以下有期徒刑”。而诈骗罪有三个量刑档次，其中，第二个量刑档次是“数额巨大或者有其他严重情节的，处三年以上十年以下有期徒刑”，第三个量刑档次是“数额特别巨大或者有其他特别严重情节的，处十年以上有期徒刑或者无期徒刑，并处罚金或者没收财产”。立法时就已经将两罪竞合的可能性作出了判断，如果认为诈骗罪与招摇撞骗罪是法条竞合关系，则行为人冒充国家机关工作人员诈骗公私财物，数额巨大的，则应根据刑法第 266 条的规定“……本法另有规定的，依照规定处罚”，采用特别法优于普通法的原则，按招摇撞骗罪定罪处罚，处三年以上十年以下有期徒刑。但是，当行为人冒充国家机关工作人员诈骗公司财物，数额特别巨大的，依诈骗罪可以做到罪刑均衡，处十年以上有期徒刑或者无期徒刑，并处罚金或者没收财产，但是，如果以招摇撞骗罪论处，则会导致罪刑不均衡。同时，基于招摇撞骗罪与诈骗罪的犯罪构成存在包容关系的认识，故认为两罪也不属于想象竞合犯关系。所以，两罪既不成立法条竞合，也不成立想象竞合，故两者无竞合关系。

我们认为，法条竞合犯，是指一个犯罪行为同时触犯数个具有包容或交叉关系的具体犯罪条文，依法只适用其中一个法条定罪量刑的情况。法条竞合犯的产生是基于行为人实施了一个犯罪行为，该行为同时触犯了数个刑法规范所确立的犯罪构成，而这数个刑法规范的犯罪构成之间存在着包容或交叉的关系，不以行为人的犯罪行为是否实际发生而改变。因为这种刑法规范间的包容或交叉的关系

① 吴新斌：《浅析招摇撞骗罪与诈骗罪的关系》，载《中国检察官》2016 年第 9 期。

是立法之时就产生的，不以犯罪行为实际发生为条件。想象竞合犯，是指基于数个不同的具体罪过，实施一个犯罪行为，同时侵犯数个犯罪客体，触犯数个异种罪名的情况。想象竞合犯的产生是基于行为人实施了一个犯罪行为，但是该行为具有数个危害后果。一个犯罪行为同时触犯了数个罪名，而这数个罪名的犯罪构成之间不存在包容或交叉关系时，就是想象竞合。招摇撞骗罪与诈骗罪在犯罪构成上存在明显的不同，两者仅仅是因为行为人的诈骗行为使得两个原本没有交叉或者重合的条款出现了个案的关联性，两个刑法条文不存在必然的包容或者交叉关系，而且从司法实践来看，想象竞合犯可以更好地解决罪行相一致的问题。

七、本罪与敲诈勒索罪的界限

在实践中，有些犯罪分子往往假冒公安人员、海关缉查人员、工商管理人员及税务人员等国家机关工作人员的身份，敲诈他人钱财，似乎与招摇撞骗罪相同，但这两种犯罪存在许多不同之处主要表现在：

（一）行为特征不同。招摇撞骗罪是以骗为特征，完全以假象蒙蔽被害人；敲诈勒索行为虽然也可能含有欺骗的成分，但却以威胁或要挟为特征。

（二）造成被害人交出财物的心理状态不同。在招摇撞骗罪中，被害人在受骗后，“自愿”交出财物或出让其他合法权益；而敲诈勒索行为则造成被害人精神上的恐惧，出于无奈，被迫交出财物或出让其他财产性利益。

（三）获取利益的范围不同。招摇撞骗罪所获取利益范围比较广泛，既包括财物或财产性利益，又包括非财产性利益，如骗取某种职称或职务，政治待遇或荣誉称号等；敲诈勒索罪所获取的仅限于财物。

（四）侵犯的客体不同。招摇撞骗罪侵犯的客体是国家机关的威信及正常活动；敲诈勒索罪所侵犯的客体是公私财物的所有权和公民人身权利，以及其他合法权益。

八、本罪既遂与未遂的区分

犯罪既遂形态，是指故意犯罪的完成形态；犯罪未遂形态，是指行为人已经着手实施犯罪，但是由于行为人意志以外的其他客观原因，没能达到既遂的一种未完成形态。根据刑法第 279 条招摇撞骗罪的条文规定，似乎行为人只要实施招摇撞骗的行为就成立既遂，没有犯罪未遂状态的可能。实则不然，对于犯罪未遂形态的认定，主要便是弄清楚何时是行为人已经着手实施犯罪，刑法通说认为，招摇撞骗罪在客观方面有两个不可缺少的条件：一是冒充国家机关工作人员，二是骗取非法利益。我们认为只有行为人在开始实施骗取非法利益的行为时才算着手，这时如果由于行为人意志以外的原因而没能完成犯罪，那么就构成了招摇撞骗罪的犯罪未遂。

【办案依据】

一、刑法规定

第二百七十九条　冒充国家机关工作人员招摇撞骗的，处三年以下有期徒刑、拘役、管制或者剥夺政治权利；情节严重的，处三年以上十年以下有期徒刑。

冒充人民警察招摇撞骗的，依照前款的规定从重处罚。

二、司法解释

（一）《最高人民法院、最高人民检察院关于办理妨害武装部队制式服装、车辆号牌管理秩序等刑事案件具体应用法律若干问题的解释》（2011 年 7 月 20 日，法释〔2011〕16 号）

第六条　实施刑法第三百七十五条规定的犯罪行为，同时又构成逃税、诈骗、冒充军人招摇撞骗等犯罪的，依照处罚较重的规定定罪处罚。

（二）《最高人民法院、最高人民检察院关于办理诈骗刑事案件具体应用法律若干问题的解释》（2011 年 3 月 1 日，法释〔2011〕7 号）

第八条　冒充国家机关工作人员进行诈骗，同时构成诈骗罪和招摇撞骗罪的，依照处罚较重的规定定罪处罚。

第五章　伪造、变造、买卖国家机关公文、证件、印章罪

【立案追诉标准】

伪造、变造、买卖国家机关公文、证件、印章案（刑法第 280 条第 1 款）
伪造、变造、买卖国家机关公文、证件、印章的，应予立案。

【犯罪构成及刑事责任】

伪造、变造、买卖国家机关公文、证件、印章罪，是指伪造、变造、买卖国家机关公文、证件、印章的行为。构成本罪需要具备以下四个要件：

1. 客体要件。本罪侵犯的客体是国家机关公文、证件、印章的公共信用。犯罪对象是国家机关的公文、证件、印章。“国家机关”通常包括立法机关、行政机关与司法机关，以及中国共产党的各级机关和中国人民政治协商会议的各级机关。“公文”是指以国家机关名义制作的处理公务的书面文件，包括命令、决定、通知、指示等。“证件”是指国家机关颁发的，用以证实身份、权利义务关系或者其他事项的凭证，如营业执照、户口迁移证等。“印章”是指依法制作的刻有国家机关组织名称的公章或者有其他特殊用途的专用章，包括印行和印影。“印行”即实体图章；“印影”即图章通过一定载体所呈现的图像，如加盖在证件、公文上的印章及不具实体形态的电子图章、签章等。

2. 客观要件。客观方面表现为行为人实施了伪造、变造、买卖国家机关的公

文、证件、印章的行为。"伪造"是指无制作权限的人冒用国家机关的名义制作公文、证件，或有制作权限的人擅自以国家机关的名义制作与事实不相符合的公文、证件。"变造"是指采取剪贴、挖补、揭层、涂改、移位、重印等方法对国家机关的公文、证件、印章进行加工处理，变更其原来真实内容的行为。"买卖"是指以金钱或其他财物对价非法买进或卖出国家机关的公文、证件、印章。

3. 主体要件。本罪主体是一般主体，凡达到刑事责任年龄且具备刑事责任能力的自然人均能构成本罪。

4. 主观要件。本罪的主观方面表现为直接故意，即行为人必须明知是国家机关制作或者应由国家机关制作的公文、证件、印章而伪造、买卖，或者明知是国家机关制作的真实的公文、证件、印章而变造。

根据刑法第280条第1款的规定，犯本罪，处三年以下有期徒刑、拘役、管制或者剥夺政治权利，并处罚金；情节严重的，处三年以上十年以下有期徒刑，并处罚金。

【疑难指导】

一、如何理解"伪造"

由于刑法没有对"伪造"作出具体解释，导致在司法实践中经常会出现认定不一致的情形。根据伪造国家机关公文、证件的主体是否有公文、证件、印章的制作权限，可以分为有形伪造与无形伪造。"有形伪造"是指没有合法文书制作权限的人，冒用或捏造国家机关的名义制成文书的行为。"无形伪造"是指有制作权限的人，擅自以国家机关的名义制作与事实不相符的公文、证件。[①] 实践中出现了很多有制作权限的行为人违规、违法使用公章或专用章出具内容不真实但形式合法的证明、公文的情况，如医院工作人员出具虚假出生证明、国家机关工作人员违背事实出具虚假身份证明、法院出具虚假诉讼文书等，这些行为同样危害了国家机关公文、证件、印章的公共信用，同样应当受到刑罚处罚。

---

① 仇晓敏、孙越：《伪造、变造、买卖国家机关公文、证件、印章罪有关问题辨析》，载《人民司法》2019年第1期。

二、“伪造”与“变造”的区分

变造，是指用涂改、涂抹、拼接等方法，对真实的公文、证件、印章进行改制，变更其原来真实内容的行为。伪造是一种无中生有的行为，变造是在真正的事物的基础上进行加工改造的行为，而且变造后仍然能见到原事物的本来面目，如果变得面目全非，则将是伪造，而非变造。通常情况下，二者不难区别，但是如果遇到有一些伪造行为是先通过变造行为来实施的情况，那么这里的变造行为可以看作是伪造行为的一个阶段，伪造行为可以吸收变造行为，在尚未完成伪造行为的情况下，应当以变造公文、证件、印章罪既遂处罚。如果对原真实公文、证件的内容进行了修改，但原真实文书的认证信息仍然存在，改变后仍保留了与原文书、证件的同一性，则应当认定为变造；如果对原文书的认证信息进行了本质的更改，导致原文书实际已不存在或再无法由有权制作机关进行核查的，则应当认定为伪造。

三、变造国家机关公文、证件复印件的行为定性

关于国家机关公文、证件的复印件是否为本罪的行为对象，存在肯定说和否定说。肯定说认为，复印件是原件内容的再现和固定，起到了与原件同等的证明效力，伪造复印件对国家证件公共信用的危害与伪造原件无异，所以复印件可以成为本罪的行为对象；否定说认为，刑法第280条第1款明确的是伪造、变造、买卖国家机关公文、证件、印章，并没有规定国家机关公文、证件复印件，根据刑法罪刑法定原则对复印件不应该定罪量刑，本罪的行为对象只能限定为公文、证件的原件。我们认为，变造国家机关公文、证件复印件的行为是否构成本罪，关键就在于被变造的复印件是否能起到与原件同样的证明力，能否起到与变造原件相同的危害性。如果变造国家机关公文、证件、印章的复印件经与原件核对后作为原件的替代或证明而应用于行政事务、登记、许可等活动中，这种情形下复印件就相当于原件的替身，用于证明行政事务相应的法律事实，是原件内容的再现与固定，应认定为与原件有同等的证明效力，此种情况下应当认定构成变造国家机关公文、证件、印章罪；如果变造的复印件仅仅是用于私人事务或生意谈判中，变造的国家机关证件、公文复印件用于夸张、虚构个人能力、经营水平、资金规模等，以达到一些特殊目的或谈判筹码，这种情形下，即便对方信任行为人所变造的复印件，但由于这仅是基于相对人的主观认知，复印件并不因此具有实质上与原件等同的证明力，故此情形不宜入罪。

四、伪造、买卖虚构的国家机关公文、证件、印章的行为定性

对于伪造、买卖的是非真实存在的国家机关的公文、证件、印章的行为，理论界通常认为，本罪所保护的客体是国家机关公文、证件、印章的公共信用，只要伪造行为所体现的“国家机关”足以得到一般公众的信任，就构成本罪；而否定说认为，本罪成立的前提是伪造的公文、证件、印章有真实的机关存在，既然该国家机关为虚构或已不存在的，那么该伪造行为就没有侵害相关法益，因此不构成伪造公文、证件、印章罪。实践中伪造非真实国家机关公文、证件、印章的行为大体有三种类型：一是伪造曾经存在但现已被撤销或合并的国家机关，如中华人民共和国铁道部、中华人民共和国建设部等；二是伪造名称与现存机关略有不同，但基于一般知识难以辨别的国家机关，如某某县人民检察院；三是伪造纯虚构的国家机关，如中华人民共和国内务部。[①] 我们认为，针对这三种情况应该区别对待。已被撤销或合并的国家机关因其之前已被大众所广泛知悉，新国家机关的设立和重组被认知需要一定的时间，而且其只是名称有所变化，基本职能有新的机关予以继承，因此伪造、买卖这类国家机关公文、证件、印章同样会侵害新机关的公共信用，在这种情况应该认定构成伪造、买卖虚构的国家机关公文、证件、印章罪。对于伪造的名称与现存机关略有不同，同样考虑到普通民众很难认识到所有国家机关的具体名称和职责范围，伪造行为同样具有侵害国家机关公共信用的社会危险性，应当构成犯罪。对于伪造纯虚构的国家机关，实践中很难判断普通民众能否被误导而且该行为未必具有侵害法益的社会危险性，故不宜以本罪论处，而应以实际触犯的罪名予以处罚。

五、购买伪造、变造的国家机关公文、证件、印章行为的认定

司法实践中经常会出现提供样本让他人为自己伪造、变造国家机关公文、证件并购买伪造、变造后的证件、公文的行为，但是立法仅规定了买卖国家机关公

---

① 仇晓敏、孙越：《伪造、变造、买卖国家机关公文、证件、印章罪有关问题辨析》，载《人民司法》2019 年第 1 期。

文、证件、印章的行为构成犯罪，却没有将购买伪造、变造的国家机关公文、证件、印章的行为纳入刑法的规制范围，这种购买行为到底具不具有刑事可罚性，我们应当根据不同的行为类型加以区分研究。

第一种情形是购买人只是单纯地购买，是众多购买人中的一个，其购买与否不影响行为人伪造、变造国家机关公文、证件、印章罪的构成，这种单纯的配合行为构成了最低必要限度的参与，不具有刑事可罚性；第二种情形是购买人采用利诱等方式促使他人产生犯罪意图，或为他人伪造、变造国家机关公文、证件、印章的行为创造机会、提供帮助，这种情形下购买人具有唆使他人实施犯罪的意思表示，可能成立教唆犯，构成伪造、变造国家机关、证件、印章罪的共犯；第三种情形是行为人积极主动搜集分散的购买者的信息，然后提供给伪造、变造者，形成专业分工的犯罪整体，在此种情形下，这种居间行为持续为伪造、变造者提供稳定的不法需求，在客观上保证了伪造、变造犯罪的可持续性，超出了最低必要限度，具有较大的社会危害性，具有刑事可罚性，构成伪造、变造国家机关公文、证件、印章罪的共犯。①

【办案依据】

一、刑法规定

第二百八十条第一款 伪造、变造、买卖或者盗窃、抢夺、毁灭国家机关的公文、证件、印章的，处三年以下有期徒刑、拘役、管制或者剥夺政治权利，并处罚金；情节严重的，处三年以上十年以下有期徒刑，并处罚金。

二、立法解释

《全国人民代表大会常务委员会关于惩治骗购外汇、逃汇和非法买卖外汇犯罪的决定》（1998 年 12 月 29 日）

第二条 买卖伪造、变造的海关签发的报关单、进口证明、外汇管理部门核准件等凭证和单据或者国家机关的其他公文、证件、印章的，依照刑法第二百八

① 参见姜翔：《司法实践中伪造、变造国家机关公文、证件、印章罪若干问题研究》，载《西南政法大学学报》2013 年第 6 期。

十条的规定定罪处罚。

三、司法解释

（一）《最高人民法院、最高人民检察院关于办理妨害信用卡管理刑事案件具体应用法律若干问题的解释》（2018 年 11 月 28 日，法释〔2018〕19 号）

第四条第一款 为信用卡申请人制作、提供虚假的财产状况、收入、职务等资信证明材料，涉及伪造、变造、买卖国家机关公文、证件、印章，或者涉及伪造公司、企业、事业单位、人民团体印章，应当追究刑事责任的，依照刑法第二百八十条的规定，分别以伪造、变造、买卖国家机关公文、证件、印章罪和伪造公司、企业、事业单位、人民团体印章罪定罪处罚。

（二）《最高人民法院、最高人民检察院关于办理与盗窃、抢劫、诈骗、抢夺机动车相关刑事案件具体应用法律若干问题的解释》（2007 年 5 月 9 日，法释〔2007〕11 号）

第二条 伪造、变造、买卖机动车行驶证、登记证书，累计三本以上的，依照刑法第二百八十条第一款的规定，以伪造、变造、买卖国家机关证件罪定罪，处三年以下有期徒刑、拘役、管制或者剥夺政治权利。

伪造、变造、买卖机动车行驶证、登记证书，累计达到第一款规定数量标准五倍以上的，属于刑法第二百八十条第一款规定中的“情节严重”，处三年以上十年以下有期徒刑。

（三）《最高人民法院关于审理破坏野生动物资源刑事案件具体应用法律若干问题的解释》（2000 年 11 月 27 日，法释〔2000〕37 号）

第九条 伪造、变造、买卖国家机关颁发的野生动物允许进出口证明书、特许猎捕证、狩猎证、驯养繁殖许可证等公文、证件构成犯罪的，依照刑法第二百八十条第一款的规定以伪造、变造、买卖国家机关公文、证件罪定罪处罚。

实施上述行为构成犯罪，同时构成刑法第二百二十五条第二项规定的非法经营罪的，依照处罚较重的规定定罪处罚。

（四）《最高人民法院关于审理破坏森林资源刑事案件具体应用法律若干问题的解释》（2000 年 11 月 22 日，法释〔2000〕36 号）

第十三条 对于伪造、变造、买卖林木采伐许可证、木材运输证件，森林、林木、林地权属证书，占用或者征用林地审核同意书、育林基金等缴费收据以及其他国家机关批准的林业证件构成犯罪的，依照刑法第二百八十条第一款的规定，以伪造、变造、买卖国家机关公文、证件罪定罪处罚。

对于买卖允许进出口证明书等经营许可证明，同时触犯刑法第二百二十五条、第二百八十条规定之罪的，依照处罚较重的规定定罪处罚。

（五）《最高人民法院关于审理骗购外汇、非法买卖外汇刑事案件具体应用法律若干问题的解释》（1998年8月28日，法释〔1998〕20号）

第二条 伪造、变造、买卖海关签发的报关单、进口证明、外汇管理机关的核准件等凭证或者购买伪造、变造的上述凭证的，按照刑法第二百八十条第一款的规定定罪处罚。

四、司法文件

（一）最高人民法院研究室《关于对行为人通过伪造国家机关公文、证件担任国家工作人员职务并利用职务上的便利侵占本单位财物、收受贿赂、挪用本单位资金等行为如何适用法律问题的答复》（2004年3月30日）

北京市高级人民法院：

你院〔2004〕15号《关于通过伪造国家机关公文、证件担任国家工作人员职务后利用职务便利侵占本单位财物、收受贿赂、挪用本单位资金的行为如何定性的请示》收悉。经研究，答复如下：

行为人通过伪造国家机关公文、证件担任国家工作人员职务以后，又利用职务上的便利实施侵占本单位财物、收受贿赂、挪用本单位资金等行为，构成犯罪的，应当分别以伪造国家机关公文、证件罪和相应的贪污罪、受贿罪、挪用公款罪等追究刑事责任，实行数罪并罚。

（二）最高人民检察院法律政策研究室《关于伪造、变造、买卖政府设立的临时性机构的公文、证件、印章行为如何适用法律问题的答复》（2003年6月3日）

江苏省人民检察院研究室：

你院《关于伪造、变造、买卖政府设立的临时性机构公文、证件、印章的行为能否适用刑法第二百八十条第一款规定的请示》（苏检发研字〔2003〕4号）收悉。经研究，答复如下：

伪造、变造、买卖各级人民政府设立的行使行政管理权的临时性机构的公文、证件、印章行为，构成犯罪的，应当依照刑法第二百八十条第一款的规定，以伪造、变造、买卖国家机关公文、证件、印章罪追究刑事责任。

此复。

五、其他文件

《互联网上网服务营业场所管理条例》（2022年3月29日）

第二十九条　互联网上网服务营业场所经营单位违反本条例的规定，涂改、出租、出借或者以其他方式转让《网络文化经营许可证》，触犯刑律的，依照刑法关于伪造、变造、买卖国家机关公文、证件、印章罪的规定，依法追究刑事责任；尚不够刑事处罚的，由文化行政部门吊销《网络文化经营许可证》，没收违法所得；违法经营额5000元以上的，并处违法经营额2倍以上5倍以下的罚款；违法经营额不足5000元的，并处5000元以上1万元以下的罚款。

第六章　盗窃、抢夺、毁灭国家机关公文、证件、印章罪

【立案追诉标准】

盗窃、抢夺、毁灭国家机关公文、证件、印章案（刑法第 280 条第 1 款）
盗窃、抢夺、毁灭国家机关公文、证件、印章的，应予立案。

【犯罪构成及刑事责任】

盗窃、抢夺、毁灭国家机关公文、证件、印章罪，是指盗窃、抢夺、毁灭国家机关公文、证件、印章的行为。构成本罪需要具备以下四个要件：

1. 客体要件。本罪侵犯的客体是国家机关的威信及其正常活动。犯罪对象是国家机关的公文、证件、印章。“公文”是指以国家机关名义制作的处理公务的书面文件，包括命令、决定、通知、指示等。“证件”是指国家机关颁发的，用以证实身份、权利义务关系或者其他事项的凭证，如营业执照、户口迁移证等。“印章”是指依法制作的刻有国家机关组织名称的公章或者有其他特殊用途的专用章，包括图章与印影。

2. 客观要件。客观方面表现为行为人实施了盗窃、抢夺、毁灭国家机关公文、证件、印章的行为。“盗窃”是指秘密窃取。“抢夺”是指公然夺取。“毁灭”是指使用各种破坏性方法使国家机关公文、证件、印章丧失效用。

3. 主体要件。本罪主体是一般主体，凡达到刑事责任年龄且具备刑事责任能

力的自然人均能构成本罪。

4. 主观要件。本罪的主观方面表现为故意，即明知是国家机关的公文、证件及印章而仍决意盗窃、抢夺或毁灭。过失不能构成本罪。如果不知是公文、证件、印章而盗窃、抢夺或毁灭的，不能构成本罪，但可构成他罪，如盗窃罪、抢夺罪等。至于其动机可多种多样，或为了招摇撞骗，或为了出卖谋利，或为了自用，等等，不论动机如何，均不影响本罪成立。

根据刑法第280条第1款的规定，犯本罪，处三年以下有期徒刑、拘役、管制或者剥夺政治权利；情节严重的，处三年以上十年以下有期徒刑，并处罚金。

【疑难指导】

一、本罪与伪造、变造、买卖国家机关公文证件、印章罪的界限

二者的犯罪的客体、主体、主观方面都是一致的，主要区别在于客观方面的差别，后罪表现为伪造、变造、买卖国家机关公文证件、印章的行为。行为人盗窃、抢夺真实的国家机关公文、证件、印章后加以变造、买卖的，或毁灭买卖的国家机关公文、证件、印章的，由于行为人先后触犯两种犯罪，而两者犯罪又具有牵连关系，但二罪的法定刑是一致的，法定刑相同，就意味着数罪之间无轻重之分，不能从一重罪处罚，在此种情况下应当实行数罪并罚。牵连犯，是指行为人的数个行为之间具有牵连关系，即具有手段与目的或者原因与结果的关系，牵连犯的数个行为必须触犯不同的罪名，这是牵连犯的法律特征。刑法对牵连犯既可按从重罪处罚，也可数罪并罚，如刑法规定行为人犯受贿罪，同时又犯徇私枉法罪，民事、行政枉法裁判罪，执行判决、裁定滥用职权罪和执行判决、裁定失职罪，从一重罪处罚，但同时又规定，因受贿而犯其他渎职罪的，数罪并罚。因此，对法定刑相同的数罪来说，无论适用什么罪名评价，都实现不了从重处罚意图，只有数罪并罚，才能罚当其罪。①

二、本罪与盗窃罪、抢夺罪、故意毁坏财物罪的界限

本罪与盗窃罪、抢夺罪、故意毁坏财物罪的区别主要表现在三个方面：一是

---

① 蒋毅：《法定刑相同的牵连犯宜数罪并罚》，载《检察日报》2018年5月7日。

侵犯的客体不同，后三罪侵犯的客体是公私财物的所有权；二是侵犯的对象不同，后三罪侵犯的对象是一定的公私财物；三是犯罪目的不同，后三罪的犯罪目的意在非法占有或毁坏公私财物。如果行为人意欲盗窃、抢夺公私财物，但窃取、夺取的是国家机关公文、证件、印章，或同时有国家机关公文、证件、印章，而后予以毁灭、买卖或加以变造的，应当以盗窃罪、抢夺罪与本罪或与变造国家机关公文、证件、印章罪进行并罚。

三、本罪与盗窃、抢夺武装部队公文、证件、印章罪的界限

本罪与盗窃、抢夺武装部队公文、证件、印章罪的区别主要表现在两个方面：一是侵犯的客体不同，后罪侵犯的是国家武装部队的信誉和正常管理活动；二是侵犯的对象不同，后罪侵犯的是武装部队的公文、证件、印章。值得注意的是，依据刑法第375条第1款的规定，毁灭武装部队公文、证件、印章的，不构成该罪。如果毁灭军事机关的公文、证件、印章的，可考虑以本罪论处。

【办案依据】

刑法规定

第二百八十条第一款 伪造、变造、买卖或者盗窃、抢夺、毁灭国家机关的公文、证件、印章的，处三年以下有期徒刑、拘役、管制或者剥夺政治权利，并处罚金；情节严重的，处三年以上十年以下有期徒刑，并处罚金。

第七章 伪造公司、企业、事业单位、人民团体印章罪

【立案追诉标准】

伪造公司、企业、事业单位、人民团体印章案（刑法第 280 条第 2 款）
伪造公司、企业、事业单位、人民团体印章的，应予立案。

【犯罪构成及刑事责任】

伪造公司、企业、事业单位、人民团体印章罪，是指伪造公司、企业、事业单位、人民团体印章的行为。构成本罪需要具备以下四个要件：

1. 客体要件。本罪侵犯的客体是公司、企业、事业单位、人民团体的正常活动的声誉。犯罪对象是公司、企业、事业单位、人民团体的印章。这里的印章是指公司、企业、事业单位、人民团体刻制的以文字、图记表明主体同一性的公章、专章，它是公司、企业、事业单位、人民团体从事民事活动、行政活动的符号和标记。

2. 客观要件。客观方面表现为行为人实施了伪造公司、企业、事业单位、人民团体印章的行为。“伪造”是指无制作权的人，冒用名义，非法制作上述单位的印章的行为。本罪是选择性罪名，只要行为人实施了伪造印章的行为就可构成本罪。具体罪名可根据所伪造单位的印章来定，如伪造公司印章罪，伪造公司、人民团体印章罪，等等。

3. 主体要件。本罪主体是一般主体，凡达到刑事责任年龄且具备刑事责任能力的自然人均能构成本罪。

4. 主观要件。本罪的主观方面表现为故意，即行为人明知自己无权制作上述单位的印章但为了某种目的而进行伪造。如行为人根本不知道所承制的印章是他人无权要求制作的，不构成本罪。

根据刑法第280条第2款的规定，犯本罪，处三年以下有期徒刑、拘役、管制或者剥夺政治权利，并处罚金。

【疑难指导】

一、购买伪造的高等院校学历证明、学位证明行为的性质

为了惩处伪造、贩卖伪造的高等院校学历、学位证明的犯罪活动，2001年最高人民法院、最高人民检察院出台了《关于办理伪造、贩卖伪造的高等院校学历、学位证明刑事案件如何适用法律问题的解释》[①]，规定了贩卖高等院校学历证明、学位证明的，就可以构成伪造事业单位印章罪，没有提到购买者是否构成犯罪。司法实践中有人指出，购买人一般都会为伪造者提供学校信息，是伪造行为的教唆者，构成伪造事业单位印章罪的共犯。但我们认为，不宜将购买者定罪处罚，理由主要有三点。一是法无明文规定不为罪，刑法及相关司法解释没有将购买行为作为共犯进行处罚，出于刑法谦抑性的考虑，不宜进行扩大解释，将购买行为纳入刑法规制范围。二是购买人只是单纯地提供学校信息的行为，并不会对伪造行为形成实质影响，即使某一个购买人不参与购买，也不会影响伪造者进行伪造学历、学位证明的行为，此类购买行为对伪造、变造者仅是一种消极影响行为，不具有刑事可罚性。

二、伪造公司、企业、事业单位、人民团体印章罪中“人民团体”的范围

人民团体，是指各工商联、各级青、工、妇等人民群众团体，是由中国共产党领导的，按照其各自特点组成的从事特定的社会活动的全国性群众组织，包括工会、共青团、妇联、科协、侨联、青联、工商联等单位。根据刑法第93条的规

---

① 最高人民法院刑事审判第一庭：《刑事法律司法解释及其理解与适用》（2010修订版），人民出版社2010年版，第784页。

定实际上扩大了人民团体的范围，包括中国红十字会总会在内的13个群众团体从设立和职责来看具有一定的公务性，又是参公管理，从司法实践来看，团体中从事公务的人员可以构成职务犯罪主体，故13个不需要登记且参公管理的群众团体应认定为刑法上的人民团体。除此之外的其他群众团体，如村民委员会等群众自治性组织，则不宜认定为刑法上的人民团体。[①]

三、对伪造、变造、买卖能对单位起证明作用的私人印章的行为的认定

私人印章主要有两种类型：一种是用于代表个人身份的私人印章，这是单纯意义上的私章；另一种是以个人名义来代表单位的私章，通常被称为法人私章。在社会的各种公务和经济交往中，除单位印章能对机关、单位的行为起证明作用外，单位法定代表人的私人印章同样也可以起到一定的证明作用。例如，单位财务在向银行支付现金或转账时，必须在支票上加盖单位法定代表人的个人印章，否则，该支票就得不到银行的承认。这时，单位法定代表人的个人印章就起到了与单位印章同样的法律效力。但是，刑法只规定了对伪造国家机关、公司、企业、事业单位、人民团体印章的行为构成犯罪，而没有规定对伪造个人印章的行为以犯罪论处。事实上，行为人在进行犯罪过程中为了达到犯罪目的，伪造能对单位起证明作用的私人印章的行为，与伪造单位印章的行为具有相同的社会危害性，所以，我们认为，对于伪造能对单位起证明作用并且是意图用于实施犯罪活动的个人印章的行为，应当以伪造单位印章罪论处。但是后者与前者不同的是其犯罪对象的范围不同，前者是伪造单位印章的所有行为都应以犯罪论处；而后者则只是针对伪造能对单位起证明作用的印章的行为才应当以犯罪处罚。

【办案依据】

一、刑法规定

第二百八十条第二款　伪造公司、企业、事业单位、人民团体的印章的，处三年以下有期徒刑、拘役、管制或者剥夺政治权利，并处罚金。

---

① 程方园、胡帅：《假章假证类犯罪案件疑难问题实证研究》，载《河南工程学院学报（社会科学版）》2019年第9期。

二、司法解释

《最高人民法院、最高人民检察院关于办理伪造、贩卖伪造的高等院校学历、学位证明刑事案件如何适用法律问题的解释》（2001年7月3日，法释〔2001〕22号）

为依法惩处伪造、贩卖伪造的高等院校学历、学位证明的犯罪活动，现就办理这类案件适用法律的有关问题解释如下：

对于伪造高等院校印章制作学历、学位证明的行为，应当依照刑法第二百八十条第二款的规定，以伪造事业单位印章罪定罪处罚。

明知是伪造高等院校印章制作的学历、学位证明而贩卖的，以伪造事业单位印章罪的共犯论处。

第八章　伪造、变造、买卖身份证件罪

【立案追诉标准】

伪造、变造、买卖身份证件案（刑法第 280 条第 3 款）

伪造、变造、买卖居民身份证、护照、社会保障卡、驾驶证等依法可以用于证明身份的证件的，应予立案。

【犯罪构成及刑事责任】

伪造、变造、买卖身份证件罪，是指伪造、变造、买卖居民身份证、护照、社会保障卡、驾驶证等依法可以用于证明其身份的证件的行为。构成本罪需要具备以下四个要件：

1. 客体要件。本罪侵犯的客体是国家对居民身份证件的管理制度。犯罪对象是居民身份证、护照、社会保障卡、驾驶证等依法可以用于证明身份的证件。居民身份证，是指由公安机关负责印制、管理、颁发的，发放给境内的年满 16 周岁的中国公民以证明本人身份的证件。护照，是指由公民国籍所在国发给公民的一种能在国外证明自己身份的证件，是公民出入本国国境口岸和到国外旅行、居留时的必备证件。包括中国公民依法申领的由中国有关主管部门发放的护照，也包括外国人持有的相关国家主管部门发放的护照。社会保障卡是社会保障主管部门依照规定向社会保障对象发放的拥有多种功能的证件。驾驶证，是指机动车驾驶证。

2. 客观要件。客观方面表现为行为人实施了伪造、变造、买卖身份证件的行为。"伪造"是指制作虚假的居民身份证、护照、驾驶证、社会保障卡等依法可以用于证明身份的证件；“变造”是对真实的证件进行改制，变更其原有的真实内容的行为；“买卖”是指出于某种目的，非法购买或者销售居民身份证、护照、驾驶证、社会保障卡等依法可以用于证明身份的证件的行为，既包括买卖真证，也包括买卖伪造、变造的证件。

3. 主体要件。本罪主体是一般主体，凡达到刑事责任年龄且具备刑事责任能力的自然人均能构成本罪。

4. 主观要件。本罪的主观方面表现为直接故意，以及明知是伪造、变造、买卖居民身份证件的行为而实施该行为，并积极追求相应结果。

根据刑法第280条第3款的规定，犯本罪，处三年以下有期徒刑、拘役、管制或者剥夺政治权利，并处罚金；情节严重的，处三年以上七年以下有期徒刑，并处罚金。

【疑难指导】

一、如何理解“身份证件”

对于身份证件的范围，理论界主要有两种观点：一部分学者认为，我国刑法第280条第3款和第280条之一，这两个条文在描述身份证件涵盖的范围时都使用了“等”，这个“等”代表列举未尽，其他证明人的身份的证件，如结婚证、残疾证、出生证、死亡证自然应当在该范围之内，而证明物的身份的证件，如房产证和行驶证也应当属于本罪“可以证明身份的证件”的范畴。[①] 也有学者认为，“可以用于证明身份的证件”仅仅是指证明人的身份证件，尽管在条文描述中没有把所有的证件列举出来，而是使用“等”，但是法律解释不应该盲目地扩大化，而应该根据前面列举出的几个证件的性质将“其他证件”作一个简单的限定，财产性、经济性的资格证件，如房产证、行驶证等不应当被纳入盗用他人身份证件的范畴。[②] 我们赞成第二种观点。首先，刑法采取了“列举+兜底”的方式列明了四

① 杨新京：《浅析〈刑法修正案（九）〉对身份证件类犯罪的修改》，载《中国检察官》2015年第21期。

② 陈家林、刘洋：《论盗用身份证件罪的客观方面》，载《广西大学学报（哲学社会科学版）》2016年第4期。

种身份证件：居民身份证、护照、驾驶证、社会保障卡，这四种身份证件都属于用于“证明人的身份证明”而非“证明物身份的证件”，基于同类解释的原则，应当认为“等”所包含的证件仅仅包括用于证明人的身份信息的证明。

对于能够证明人的身份信息的证件是否都属于本罪的身份证件，我们同意魏昌东教授的观点，本罪行为对象的身份证件还要满足“国家性”的要求。“国家性”指的是该身份证件的证明效力应该是在全国范围内的，具有普遍适用性，只在某一区域有证明效力的不属于本罪的身份证件，如学生证、老年证等。

同时，需要注意的是，法人的身份证件也属于本罪的行为对象，法人身份证件作为身份证件的一种，也应该被刑法予以保护，伪造、变造、买卖行为亦侵犯了法人身份证件之信用，扰乱了社会公共秩序，有对其进行刑法规制的需要，同时，虽然刑法第 280 条第 1 款、第 2 款对于国家机关的公文、证件、印章及私法人的印章进行了相应地保护，但是，作为法人身份证明的营业执照等证件并未在刑法中被明确地保护，故在此处将法人的身份证件解释为本罪的对象，具有“填漏”的功能，对于法人身份证件信用的保护意义重大。[①]

二、购买伪造、变造的居民身份证是否构成犯罪

根据《中华人民共和国居民身份证法》第 17 条、第 18 条的规定，购买伪造、变造的居民身份证，对于伪造、变造的居民身份证予以收缴，并依法追究伪造、变造居民身份证者的刑事责任。从这里可以看出，立法者并不是没有想到购买者购买假证的行为，只是考虑到购买假的身份证不像购买假的国家机关、公文、证件及印章行为那样具有极大的社会危险性，而没有对其犯罪化。实践中购买假的身份证件必须向伪造、变造者提供自己的个人信息，这是整个伪造、变造必不可缺的一个环节，否则整个伪造、变造行为便无法进行。因此，购买者提供信息等行为是对自己伪造行为的一种参与性配合，不能以此为依据而形式化地解释伪造行为共犯的犯罪构成。

对于购买者主动找伪造、变造者伪造、变造身份证的行为，是否构成伪造、

① 参见魏昌东、张涛：《使用虚假身份证件、盗用身份证件罪法教义学解构》，载《首都师范大学学报（社会科学版）》2018 年第 6 期。

变造居民身份证的教唆犯，我们认为，这种行为不能成立教唆犯。理由在于教唆犯成立的前提是被教唆犯没有相应的犯意，其犯意的产生是在教唆行为的教唆下被动产生的。而实践中，通常是先有制作假证团伙，购买假证的人有需求了以后才去寻找做假证的人，做假证的伪造、变造行为不以单个购买行为为前提条件，因此，购买者不构成伪造、变造身份证的教唆犯。

实践中购买伪造、变造身份证的情况比较复杂，针对不同情况应该不同处理：如果是因为自己真实身份证明文件丢失，没有到公安部门办理正规手续，为了出行方便而购买假身份证的，可以对假身份证予以收缴，对当事人进行批评教育；如果是为了进行违法活动，或者为了规避经营过程的处罚而购买假身份证，只是为了购买用于自己使用，情节不是很严重，可以视为一般违法行为，在没收假身份证后，根据违法情况给予行政处罚，不需要给予刑事处罚；如果购买假身份证是用于从事犯罪活动，而购买数量不多，购买假身份证的行为无法构成单触的犯罪，可以在处罚所犯其他罪时，将购买假身份证的问题作为量刑时的从重考虑情节；如果行为人购买假身份证件是用于从事犯罪活动或者大量购买，则应当按照买卖身份证件罪论处。如果购买假身份证的同时还触犯了其他罪名，则应当实行数罪并罚。

【办案依据】

一、刑法规定

第二百八十条第三款 伪造、变造、买卖居民身份证、护照、社会保障卡、驾驶证等依法可以用于证明身份的证件的，处三年以下有期徒刑、拘役、管制或者剥夺政治权利，并处罚金；情节严重的，处三年以上七年以下有期徒刑，并处罚金。

二、司法文件

《最高人民法院、最高人民检察院、公安部关于办理电信网络诈骗等刑事案件适用法律若干问题的意见（二）》（2021年6月17日）

六、在网上注册办理手机卡、信用卡、银行账户、非银行支付账户时，为通过网上认证，使用他人身份证件信息并替换他人身份证件相片，属于伪造身份证件行为，符合刑法第二百八十条第三款规定的，以伪造身份证件罪追究刑事责任。

使用伪造、变造的身份证件或者盗用他人身份证件办理手机卡、信用卡、银行账户、非银行支付账户，符合刑法第二百八十条之一第一款规定的，以使用虚假身份证件、盗用身份证件罪追究刑事责任。

实施上述两款行为，同时构成其他犯罪的，依照处罚较重的规定定罪处罚。法律和司法解释另有规定的除外。

十二、为他人实施电信网络诈骗犯罪提供技术支持、广告推广、支付结算等帮助，或者窝藏、转移、收购、代为销售及以其他方法掩饰、隐瞒电信网络诈骗犯罪所得及其产生的收益，诈骗犯罪行为可以确认，但实施诈骗的行为人尚未到案，可以依法先行追究已到案的上述犯罪嫌疑人、被告人的刑事责任。

十六、办理电信网络诈骗犯罪案件，应当充分贯彻宽严相济刑事政策。在侦查、审查起诉、审判过程中，应当全面收集证据、准确甄别犯罪嫌疑人、被告人在共同犯罪中的层级地位及作用大小，结合其认罪态度和悔罪表现，区别对待，宽严并用，科学量刑，确保罚当其罪。

对于电信网络诈骗犯罪集团、犯罪团伙的组织者、策划者、指挥者和骨干分子，以及利用未成年人、在校学生、老年人、残疾人实施电信网络诈骗的，依法从严惩处。

对于电信网络诈骗犯罪集团、犯罪团伙中的从犯，特别是其中参与时间相对较短、诈骗数额相对较低或者从事辅助性工作并领取少量报酬，以及初犯、偶犯、未成年人、在校学生等，应当综合考虑其在共同犯罪中的地位作用、社会危害程度、主观恶性、人身危险性、认罪悔罪表现等情节，可以依法从轻、减轻处罚。犯罪情节轻微的，可以依法不起诉或者免予刑事处罚；情节显著轻微危害不大的，不以犯罪论处。

第九章　使用虚假身份证件、盗用身份证件罪

【立案追诉标准】

使用虚假身份证件、盗用身份证件案（刑法第280条之一）

在依照国家规定应当提供身份证明的活动中，使用伪造、变造的身份证件或者盗用他人的居民身份证证件，情节严重的，应予立案。

【犯罪构成及刑事责任】

使用虚假身份证件、盗用身份证件罪，是指行为人在依照国家规定应当提供真实身份证明的情况下，使用伪造、变造的居民身份证、护照、社会保障卡、驾驶证等虚假身份证件，或者盗用他人上述依法可以用于证明身份的证件的行为。构成本罪需要具备以下四个要件：

1. 客体要件。本罪侵犯的客体是国家对公民身份证件的管理制度。犯罪对象是居民身份证、护照、社会保障卡、驾驶证等身份证件，这些身份证件是由国家机关制作、颁发的，记载了公民大量的个人信息，能够证明公民的真实身份或证明其具有某种资格，可以行使某种权利的重要证件，具有很强的社会公信力。

2. 客观要件。客观方面表现为在依照国家规定应当提供身份证明的活动中，使用伪造、变造的居民身份证、护照、社会保障卡、驾驶证等依法可以用于证明身份的证件。情节严重是构成本罪的必备要素。“伪造、变造的居民身份证、护照、社会保障卡、驾驶证等虚假身份证件”，是指不是由国家机关制作、颁发的，而是伪造、变造的虚假证件，证件上所记载的公民个人信息可以是真实的，也可

以是虚构的，只要是伪造、变造的身份证件，是否为行为人的真实信息，不影响本罪的成立。“盗用”是指盗用他人名义，使用他人真实的居民身份证、护照、社会保障卡、驾驶证等依法可以用于证明身份的证件的行为，包括捡拾、购买、盗窃他人身份证件后冒用的情况。

3. 主体要件。本罪的主体是一般主体，凡达到刑事责任年龄且具备刑事责任能力的自然人均能构成本罪。

4. 主观要件。本罪的主观方面表现为直接故意，即行为人明知使用伪造、变造的或者盗用他人的居民身份证、护照、社会保障卡、驾驶证等会产生危害社会的结果，从而希望这种结果的发生。

根据刑法第280条之一的规定，犯本罪，处拘役或者管制，并处或者单处罚金。同时构成其他犯罪的，依照处罚较重的规定定罪处罚。

【疑难指导】

一、如何理解“依照国家规定”

刑法第96条规定“违反国家规定”是指违反全国人民代表大会及其常务委员会制定的法律和决定，国务院制定的行政法规、规定的行政措施、发布的决定和命令。那么本罪中的“依照国家规定”是否可以适用刑法第96条的规定，与“违反国家规定”做出相同的理解呢？从文义上看，“依照”是指以某事物为根据照着进行，与按照同义；“违反”是指不遵守、不符合，具有不按照之义。[①] 本罪中虽然使用的是“依照国家规定”，但通过分析可以看出，其处罚的为使用虚假身份证件的行为，即未遵守有关国家规定的行为，即违反国家规定的行为，“依照国家规定”与“违反国家规定”在刑法适用上具有同一性，应当做相同理解。因此，使用虚假身份证件罪中的“国家规定”限定为全国人民代表大会及其常务委员会制定的法律和决定和国务院制定的行政法规、规定的行政措施、发布的决定和命令，部门规章、地方性法规、地方政府规章以及其他规范性文件均不属于本罪的“国

---

① 魏昌东、张涛：《使用虚假身份证件，盗用身份证件罪法教义学解构》，载《首都师范大学学报（社会科学版）》2018年第6期。

家规定”。针对司法实践中屡屡出现的对“国家规定”进行扩张解释的情况，最高人民法院于2011年发布了《关于准确理解和适用刑法中“国家规定”的有关问题的通知》，其第1条规定，刑法中的“违反国家规定”，是指全国人民代表大会及其常务委员会制定的法律和决定，国务院制定的行政法规、规定的行政措施、发布的决定和命令。以国务院的名义制发的文件，有明确的法律依据或者同相关行政法规不相抵触、经国务院常务会议讨论通过或者经国务院批准并且在国务院公报上公开发布的也属于“国家规定”。因此，国务院组成部门、直属机构、办事机构、临时机构等为实施行政管理职能，以部门自己的名义制定的规章、作出的规定，以及省级（包括省级）以下人大及其常委会、人民政府及其组成部门制定的地方性法规、规章、办法等均不属于使用虚假身份证件罪条文中“国家规定”的范畴。

以下几种规范由于具有一定的特殊性，需要对其予以单独说明：

（一）由各国务院各部委制作、经国务院批准、各部委名义发布的规定

根据立法法第65条、第70条，以及新修正的行政法规制定程序条例，行政法规应当由国务院制作并公布，因此即使经过国务院批准，但制作、发布的主体为各部委的规定依然属于部门规章，不能改变其部门规章的性质，其效力是不同于行政法规的，不能纳入本罪“国家规定”的范畴。

（二）国务院以批量通知决定认可的规定

有学者认为国务院以批量通知决定认可的部委规章也属于“国家规定”[①]，如《国务院关于修改和废止部分行政法规的决定》等，事实上，这类规定大多只修改行政法规的局部内容或只修改其引用的法律法规的名称、部门名称等形式性内容，并不涉及实质性内容，而且包含的法规数量较多，不能视为对包含法规的一致认可而均成为“国家规定”。但是，如果该类决定中提及的具体条文实质上增加了需要提供身份证明的场合，那么就可以将其视为“国家规定”。

（三）国务院批转的下属各部委的规章

这类文件的发文机关是国务院，表明了其效力等级是国务院层面的，并且说

---

① 参见蒋铃：《刑法中“违反国家规定”的理解和适用》，载《中国刑事法杂志》2012年第7期。

明国务院对该部委规章的认可的，这在一定程度上就能消除部门保护的顾虑。因此，国务院批转的下属部门的规章属于国务院发布的决定、命令，可以包括在“国家规定”的范围之内。

（四）经国务院授权制定的在全国各地区通用的部门规章

宪法第90条第2款规定：“各部、各委员会根据法律和国务院的行政法规、决定、命令，在本部门的权限内，发布命令、指示和规章。”立法法第80条第1款规定：“国务院各部、委员会、中国人民银行、审计署和具有行政管理职能的直属机构，可以根据法律和国务院的行政法规、决定、命令，在本部门的权限范围内，制定规章。”由此可见，各部委制定部门规章是各自职权范围内的行为，不属于国务院授权部委立法，应当属于部门规章，不能认定为“国家规定”。

二、“应当提供身份证明的活动”的理解和认定

依照现有的法律法规，对应当提供身份证明的活动的几种情形主要是：

（一）人民警察依法执行职务的活动。依据《中华人民共和国居民身份证法》第15条的规定，人民警察对有违法犯罪嫌疑的人员、在依法实施现场管制时，在发生严重危害社会治安突发事件时，在火车站、长途汽车站、港口、码头、机场或者在重大活动期间设区的市级人民政府规定的场所及其他需要查明有关人员身份的，可以查验居民身份证。

（二）公民办理登记的情形。依据《中华人民共和国居民身份证法》第14条的规定，公民在办理常住户口登记项目变更、兵役登记、婚姻登记、收养登记、申请办理出境手续等事项时，应当出示居民身份证。《中华人民共和国出境入境管理法》第11条规定，中国公民出境入境，应当向出入境边防检查机关交验本人的护照或者其他旅行证件（港澳台通行证）等出境、入境证件。

（三）金融活动领域。根据《中华人民共和国反洗钱法》的规定，金融机构在与客户建立业务关系或者为客户提供规定金额以上的现金汇款、现钞兑换、票据兑付等一次性金融服务时，应当要求客户出示真实有效的身份证件。

（四）购买火车票、飞机票活动。国务院《铁路安全管理条例》第64条规定，铁路运输企业应当按照国务院铁路行业监督管理部门的规定实施火车票实名购买、查验制度，旅客应当凭有效身份证件购票乘车；对车票所记载身份信息与所持身份证件或者真实身份不符的持票人，铁路运输企业有权拒绝其进站乘车。

（五）住宿活动。国务院制定的《旅馆业治安管理办法》第 6 条第 1 款规定："旅馆接待旅客住宿必须登记。登记时，应当查验旅客的身份证件，按照规定的项目如实登记。"因此登记住宿属于"依照国家规定应当提供身份证明的活动"。

（六）检察机关、审判机关依法履行诉讼、监督、审判职责的活动。检察机关和审判机关均由全国人民代表大会产生，其代表国家依法独立行使检察权和审判权，以公平公正为基本准则，为了保障司法活动的权威性和公信力，其在代表国家依法履行诉讼、监督、审判职责的过程中有权要求各方当事人出具真实的身份证明信息。因此，检察机关、审判机关依法履行诉讼、监督、审判职责的活动应当属于"依照国家规定应当提供身份证明的活动"。

（七）税务、工商、卫生、食药监等行政机关依法执行公务，特别是行政许可的活动。税务、工商、卫生、食药监等行政机关依法执行公务的活动是否属于"依照国家规定应当提供身份证明的活动"，主要取决于这些行政机关依法执行公务的具体事项内容，如核发经营许可、核准登记等行政行为就属于"依照国家规定应当提供身份证明的活动"。理由是，此时相关部门的行政行为将会对社会管理秩序，乃至是不确定的人产生非常重大的影响，需要行为人提供真实身份信息，以便于对行为人的资质、资格予以审核，同时也便于对后期可能产生的其他责任予以准确分析。但税务、工商、卫生、食药监等行政机关仅以履行各自工作检查为目的的活动就不属于"依照国家规定应当提供身份证明的活动"，此时行为人如果使用了虚假身份证件，则不宜认定为实施了刑法第 280 条之一规定的行为。①

三、如何理解"使用""盗用"

本罪中"使用"的行为对象是伪造、变造的身份证件，关于"使用"的理解，周光权教授认为，"使用"是指"出示、出具"。② 黎宏教授认为，使用，就是提交或者出示，即将伪造、变造的或者所盗用的他人居民身份证、护照、社会保障卡、驾驶证等依法可以用于证明身份的证件作为真实证件，置于对方能够认

① 杨志龙：《使用虚假身份证件罪司法认定研究》，兰州大学硕士毕业论文，2018 年。

② 周光权：《刑法各论》，中国人民大学出版社 2016 年版，第 344 页。

识该身份证件内容的状态。[1] 张明楷教授认为，“使用”是指使虚假身份证件的内容处于相对方认识、认知的状态。[2] 根据我国现行法律，身份证件的“使用”，可分为“主动出示”与“被动提供”两类。比如，居民身份证法第 14 条规定的情形就属于“主动出示”，第 15 条规定的情形就属于“被动提供”。针对在“主动出示”的情形下，行为人出示虚假身份证件的行为可以理解为“使用”没有异议，但是在“被动提供”的情形下，如果不是行为人主动将伪造、变造的身份证件交给查验方，如交通行驶活动中，行为人将伪造、变造的驾驶证置于驾驶座前台，遇到交警检查要求出示驾驶证，交警在行为人还未将伪造、变造的驾驶证主动上交前就将虚假的证件自行拿走，或者乘坐在该车内的第三人在不知情的情况下，将虚假驾驶证交由交警检查的，这种情形是否属于“使用”的情形。我们认为，本罪属于直接故意犯罪，行为人未阻止交警主动拿走或第三人主动向交警出示伪造、变造身份证件的行为是出于放任的心理状态，属于间接故意，不能认定为本罪的“使用”行为。

本罪中“盗用”的行为对象是真实的身份证件，目前针对“盗用”的内涵，理论界主要有两种观点。一种观点认为盗用，不是“盗窃后使用”，而是指明知是他人的身份证件而冒用，即“盗用”他人名义。得到他人许可后使用，或与他人串通后的使用，虽对社会秩序有妨害，但与“盗用”的含义不符，不是盗用。[3] 类似的观点是，经过身份证件持有人本人同意冒用身份证件所有人的名义从事相关活动，行为人因不存在盗用本人名义的情况，不属于此处的盗用。[4] 还有一种观点认为盗用，是指将他人的身份证件当作自己的证件而使用，征得持有人同意或者与持有人串通而冒用持有人的身份证件的，也不能排除在盗用之外。[5] 可以看出，这两种观点一种是相对于身份证件的权利人而言，另一种是相对于查验身份证件的机关而言。本罪属于妨害社会管理秩序罪，侵犯的客体是国家对身份证件

① 黎宏：《刑法各论》，法律出版社 2016 年版，第 357~358 页。
② 张明楷：《刑法学（第五版）》，法律出版社 2016 年版，第 1042 页。
③ 周光权：《刑法各论》，中国人民大学出版社 2016 年版，第 344 页。
④ 郎胜主编：《中华人民共和国刑法释义》，法律出版社 2015 年版，第 467~477 页。
⑤ 张明楷：《刑法学》（下），法律出版社 2016 年版，第 1042 页。

的管理制度，而不是公民的个人权利，因此无论盗用行为是否违背证件所有人的意志，行为人盗用他人身份证件的行为都会妨害公共管理机关的管理工作。所以，“盗用”应当包含借用他人真实有效身份证件后未经证件登记人同意后使用的行为，拾得他人真实有效身份证件后使用的行为等。

四、“情节严重”的理解

“情节严重”作为本罪的入罪条件，目前并没有相关的立法解释和司法解释对此进行界定，而如何认定“情节严重”作为认定本罪罪与非罪的关键，应该予以合理的理解。我们认为，对本罪中“情节严重”的理解，应当结合刑法中其他犯罪的“情节严重”的设置标准，主要可以从以下几个方面加以考量：

（一）使用、盗用的数量和次数。《最高人民法院、最高人民检察院关于办理与盗窃、抢劫、诈骗、抢夺机动车相关刑事案件具体应用法律若干问题的解释》第2条第1款规定：“伪造、变造、买卖机动车行驶证、登记证书，累计三本以上的，依照刑法第二百八十条第一款的规定，以伪造、变造、买卖国家机关证件罪定罪，处三年以下有期徒刑、拘役、管制或者剥夺政治权利。”盗窃罪中将两年内盗窃三次以上认定为“多次盗窃”，参考这些刑法规定，可以将使用虚假身份证件、盗用身份证件三个以上或者两年内使用、盗用三次以上作为“情节严重”的标准之一。

（二）造成的经济损失。行为人使用虚假身份证件、盗用身份证件罪的行为所造成的经济损失也可以反映行为的社会危害性，所以经济损失也可以作为“情节严重”的表现。刑法中对于侵财型犯罪的入罪标准一般是2000元以上，诈骗类犯罪的入罪标准一般是5000元以上，考虑到本罪的社会危害性要小于侵财型犯罪和诈骗类犯罪，因此可以设置一个更高的数额起点作为衡量行为人是否造成严重经济损失的标准，如10000元。需要注意的是，这里的经济损失必须是犯罪行为导致的直接经济损失，即与危害行为具有直接因果关系的损失，间接经济损失不能计算在内，同时造成经济损失的数额也应当以立案时实际造成的经济损失为准，立案后或者在刑事诉讼过程中挽回的损失不予扣除。

（三）用于违法犯罪活动的。犯罪目的和动机有时不是构成犯罪的必要要件，但却能反映出行为人实施行为时的主观恶性，如果行为人为了实施其他的违法犯罪活动而使用虚假身份证件、盗用身份证件的，完全可以作为“情节严重”的认定标准。

（四）妨害公务活动，严重干扰执法机关对于身份证件查验的执法活动的。执法机关查验身份证件的活动是为了维护正常的社会管理秩序，使用虚假身份证件、盗用身份证件行为人使用虚假身份证件、盗用他人身份证件行为严重干扰执法活动，以及造成被害人不良信用记录，同样也可以反映出行为的社会危害性。司法实务中，某些行为人盗用他人驾驶证醉酒驾车，被交警查获时，仍出示他人驾驶证，严重干扰执法活动，致使他人受到不应有的司法制裁，并造成不良信用记录。[①]

（五）行为人的社会危险性或者再犯危险性。行为人的社会危险性或者再犯危险性是可以作为其降低犯罪构成的认定标准或从重处罚的依据，如 1 年内曾因盗窃受过行政处罚或者曾因盗窃受过刑事处罚的，“数额较大”标准可以按照盗窃罪数额较大标准的 50%确定，曾因酒后驾驶机动车受过行政处罚或者刑事追究的，从重处罚。因此，可以将曾因使用虚假身份证件、盗用他人身份证件受过作为行政处罚或刑事处罚作为衡量情节严重的标准。

（六）对身份证件权利人造成严重危害的。行为人使用虚假身份证件、盗用身份证件的行为如果严重影响到身份证件权利人的生产、生活，导致其合法权益受到严重侵害，则可以将身份证件权利人受侵害的状况作为本罪“情节严重”的认定标准。比如，司法实务中，某些行为人因违反道路交通法规受到行政处罚，却出示伪造的包含他人身份信息的驾驶证，致使他人受到处罚。

五、本罪的罪数认定

根据刑法第 280 条之一第 2 款的规定，犯本罪的同时构成其他犯罪的，依照处罚较重的规定定罪处罚。该条文中的“同时构成其他犯罪”通常是指与该罪存在竞合或者牵连关系的罪名。我们需要梳理并研究的问题是刑法中哪些罪名与本罪存在竞合或者牵连关系？在同时触犯这些罪名时，司法机关应当一罪论处还是数

---

① 肖友光、金华捷：《使用虚假身份证件、盗用身份证件罪的司法认定》，载《犯罪研究》2017 年第 2 期。

罪并罚？

（一）竞合关系。竞合关系包括法条竞合关系与想象竞合关系，刑法中与本罪存在竞合关系的罪名有以下几个，分别是妨害信用卡管理罪、贷款诈骗罪、票据诈骗罪、重婚罪、招摇撞骗罪、交通肇事罪、危险驾驶罪、冒充军人招摇撞骗罪、叛逃罪、战时拒绝、逃避服役罪、军人叛逃罪。此时，行为人实施的一个行为却同时触犯了本罪和其他犯罪，如不具有驾驶资格的行为人在使用他人驾驶证驾驶车辆的过程中同时触犯交通肇事罪和盗用身份证件罪，由于不同罪名之间存在着想象竞合或者法条竞合的关系，如果对行为人进行数罪并罚，就会出现双重处罚或者重复评价的现象，因此应当按照刑法处理竞合犯的原则择一重罪处罚。

（二）牵连关系。牵连关系，是指一个行为触犯了不同罪名，罪名之间存在手段与目的或者原因和结果的关系。刑法中与本罪存在牵连关系的罪名大概有以下几个，分别是冒名顶替罪、代替考试罪、信用卡诈骗罪、盗窃罪、偷越国（边境）罪、妨害公务罪、伪造、变造、买卖身份证件罪、非法获取国家秘密罪、非法搜查罪、侵犯通信自由罪、非法侵入计算机信息系统罪、非法获取计算机信息系统数据、非法控制计算机信息系统罪、骗取出境证件罪、非法获取军事秘密罪。比如，冒名顶替行为，行为人为了顶替别人上大学或者参加工作而使用虚假的身份证件或者盗用身份证件，行为人基于一个行为目的却触犯了两个罪名，但是这两个罪名之间存在手段和目的的关系，应当按照牵连犯的处断原则择一重罪处罚。

司法实务中，也可能存在某个罪名可能与使用虚假身份证件、盗用身份证件罪存在竞合关系或者牵连关系，但行为人在实施这些不同罪名所规定的行为后，数个罪名之间并未形成竞合关系，也没有形成牵连关系，那么两个危害行为都具有可以独立评价的必要性，那么此时不应当按照一罪来定罪处罚，而应当实行数罪并罚。比如，行为人使用虚假居民身份证购票、登记住宿，后又使用该虚假驾驶证驾驶机动车，并另行触犯交通肇事罪，此时行为人连续使用虚假身份证件的行为和交通肇事的行为属于“两个”行为，对“两个”行为都进行评价并定罪处罚，不属于重复评价，故应当进行数罪并罚。[1]

---

① 杨志龙：《使用虚假身份证件罪司法认定研究》，兰州大学硕士毕业论文，2018 年。

【办案依据】

一、刑法规定

第二百八十条之一 在依照国家规定应当提供身份证明的活动中，使用伪造、变造的或者盗用他人的居民身份证、护照、社会保障卡、驾驶证等依法可以用于证明身份的证件，情节严重的，处拘役或者管制，并处或者单处罚金。

有前款行为，同时构成其他犯罪的，依照处罚较重的规定定罪处罚。

二、立法解释

《全国人民代表大会常务委员会关于〈中华人民共和国刑法〉第二百六十六条的解释》（2014年4月24日）

全国人民代表大会常务委员会根据司法实践中遇到的情况，讨论了刑法第二百六十六条的含义及骗取养老、医疗、工伤、失业、生育等社会保险金或者其他社会保障待遇的行为如何适用刑法有关规定的问题，解释如下：

以欺诈、伪造证明材料或者其他手段骗取养老、医疗、工伤、失业、生育等社会保险金或者其他社会保障待遇的，属于刑法第二百六十六条规定的诈骗公私财物的行为。

现予公告。

三、司法文件

《最高人民法院、最高人民检察院、公安部关于办理电信网络诈骗等刑事案件适用法律若干问题的意见（二）》（2021年6月17日）

六、在网上注册办理手机卡、信用卡、银行账户、非银行支付账户时，为通过网上认证，使用他人身份证件信息并替换他人身份证件相片，属于伪造身份证件行为，符合刑法第二百八十条第三款规定的，以伪造身份证件罪追究刑事责任。

使用伪造、变造的身份证件或者盗用他人身份证件办理手机卡、信用卡、银行账户、非银行支付账户，符合刑法第二百八十条之一第一款规定的，以使用虚假身份证件、盗用身份证件罪追究刑事责任。

实施上述两款行为，同时构成其他犯罪的，依照处罚较重的规定定罪处罚。法律和司法解释另有规定的除外。

四、其他法规

《中华人民共和国治安管理处罚法》（2012年10月26日）

第五十二条 有下列行为之一的，处十日以上十五日以下拘留，可以并处一千元以下罚款；情节较轻的，处五日以上十日以下拘留，可以并处五百元以下罚款：

（一）伪造、变造或者买卖国家机关、人民团体、企业、事业单位或者其他组织的公文、证件、证明文件、印章的；

（二）买卖或者使用伪造、变造的国家机关、人民团体、企业、事业单位或者其他组织的公文、证件、证明文件的；

（三）伪造、变造、倒卖车票、船票、航空客票、文艺演出票、体育比赛入场券或者其他有价票证、凭证的；

（四）伪造、变造船舶户牌，买卖或者使用伪造、变造的船舶户牌，或者涂改船舶发动机号码的。

第十章 冒名顶替罪

【立案追诉标准】

冒名顶替案（刑法第 280 条之二）

盗用、冒用他人身份，顶替他人取得的高等学历教育入学资格、公务员录用资格、就业安置待遇或者组织、指使他人盗用、冒用他人身份，顶替他人取得的高等学历教育入学资格、公务员录用资格、就业安置待遇的，应予立案。

【犯罪构成及刑事责任】

冒名顶替罪，是指盗用、冒用他人身份，顶替他人取得的高等学历教育入学资格、公务员录用资格、就业安置待遇或者组织、指使他人盗用、冒用他人身份，顶替他人取得的高等学历教育入学资格、公务员录用资格、就业安置待遇的行为。构成本罪需要具备以下四个要件：

1. 客体要件。本罪侵犯的客体是社会的正常管理秩序。犯罪对象是他人接受的教育，工作、待遇的权利。

2. 客观要件。客观方面表现为行为人实施了盗用、冒用他人身份，顶替他人取得的高等学历教育入学资格、公务员录用资格、就业安置待遇或者组织、指使他人盗用、冒用他人身份，顶替他人取得的高等学历教育入学资格、公务员录用资格、就业安置待遇的行为。“盗用、冒用他人身份”是指盗用、冒用能够证明他人身份的证件、证明文件、身份档案、材料信息以达到自己替代他人的社会或法律地位，行使他人相关权利的目的。这里的“盗用、冒用”包括采用非法手段获取用于证明他人身份的证件、证明文件、身份档案、信息材料后使用；也包括以其他方式获取用于证明他人身份的证件、证明文件、身份档案、信息材料后使用。“高等学历教育入学资格”是指经过考试合格等程序依法获取的高等学历教育（专科教育、本科教育和研究室教育）的入学资格。“公务员录用资格”主要是根据公务员法规定的公务员录用程序取得的公务员录用资格。“就业安置待遇”是根据法律法规和相关政策规定由各级人民政府对特殊主体予以安排就业、照顾就业等优待。

3. 主体要件。本罪的主体是一般主体，凡达到刑事责任年龄且具备刑事责任能力的自然人均能构成本罪。国家机关工作人员实施本罪行为，又构成其他犯罪的，依照数罪并罚的规定处罚。

4. 主观要件。本罪的主观方面表现为故意。

根据刑法第280条之二的规定，犯本罪，处三年以下有期徒刑、拘役或者管制，并处罚金。组织、指使他人实施本罪的，从重处罚。同时构成其他犯罪的，依照处罚较重的规定定罪处罚。

【疑难指导】

一、本罪的行为方式

根据刑法规定，本罪的犯罪行为方式有三种：冒名顶替上学、冒名顶替公职、冒名顶替就业安置待遇。下面就这三种行为方式进行逐一分析。

（一）冒名顶替上学

冒名顶替上学，是指盗用、冒用他人身份顶替他人取得高等学历教育入学资格的行为。根据《中华人民共和国高等教育法》第16条的规定，高等学历教育分为专科教育、本科教育和研究生教育。具体可以分为四种模式：直接被冒名顶替行为模式、自动放弃被冒名行为模式、冒用学籍自行考试行为模式、自己交易被冒名行为模式。①

---

① 侯艳芳：《冒名顶替上学问题的刑法回应》，载《新疆师范大学学报（哲学社会科学版）》2021年第3期。

1. 直接被冒名顶替。冒名顶替者在被冒名者不知情的情形下，通过伪造户籍、学生档案、身份证件等信息，截取被冒名顶替者的录取通知书，而后获得入学资格。典型的如某案中，冒名顶替者在其父亲、舅舅的帮助下，通过冒领录取通知书，伪造户籍、学生档案等手段，在2004—2007年，以伪造的身份就读于某大学国际经济与贸易专业。直接型冒名顶替行为模式中，行为人通过伪造身份信息等行为侵害了被害人个体的受教育权，破坏了高考制度的公平性，扰乱了社会公共秩序。

2. 自动放弃被冒名。自动放弃型的冒名顶替上学指的是，被冒名者自动放弃了接受高等教育的资格，冒名顶替者在被顶替者不知情的情形下，通过伪造相关证件和文件，窃取被冒名者的高考分数，冒用被冒名顶替者的身份和成绩获得相应的入学资格。典型的如1997年甲以应届理科生身份参加高考，成绩达到录取分数线，但本人未填报志愿，乙在甲并未知情的情形下，将甲的学生档案信息进行涂改，并以甲1997年的高考成绩进行志愿填报，被北京某学校录取。与直接被冒名顶替不同的是，自动放弃被冒名型的案件中，冒名顶替者的顶替行为没有直接影响到受害人接受教育的权利，被冒名者是自愿放弃填报志愿的机会。

3. 冒用学籍自行考试。这种行为方式，是指冒名顶替者冒用他人学籍，自己参加考试并依据此成绩被录取上学。典型的如山东考生甲冒名为内蒙古考生乙参加高考的案件。在此种行为模式下，虽然考试成绩是冒名顶替上学者本人的，但是被冒名顶替上学者的信息被他人冒用，由于其自身身份证号等个人信息已在教育部注册，被冒名顶替者将面临学历无法被得到认证等问题。这种行为也严重损害了高考的公平公正原则，破坏了社会秩序。

4. 自己交易被冒名。这种行为方式，是指被冒名顶替者与冒名顶替者进行互相串通，被冒名顶替上学者同意冒名顶替上学者冒用其身份获得入学资格，甚至实施了积极配合、索取好处等行为。此种行为模式下，被冒名顶替者的受教育权虽未受到侵害，但却严重扰乱了国家的公平录取秩序。

（二）冒名顶替公职

冒名顶替公职，是指盗用、冒用他人身份顶替他人取得公务员录用资格。依据《中华人民共和国公务员法》第2条的规定，公务员，是指依法履行公职、纳入国家行政编制、由国家财政负担工资福利的工作人员。我国相关法律对公务员的录用规则和程序进行了详细的规定，公务员的福利待遇也有一定的保障，冒名顶替他人取得公务员录用资格不仅侵害了被冒名顶替者的合法权益，也破坏了国家的公务员录用制度，影响了社会秩序的公平、公正。

（三）冒名顶替就业安置待遇

根据退役军人保障法第22条第4款的规定，以安排工作方式安置的，由安置地人民政府根据其服现役期间所做贡献、专长等安排工作岗位。根据英雄烈士保护法第21条第1款的规定，国家实行英雄烈士抚恤优待制度。英雄烈士遗属按照国家规定享受教育、就业、养老、住房、医疗等方面的优待。抚恤优待水平应当与国民经济和社会发展相适应并逐步提高。特殊主体通常需要经过严格的程序审核，才可以切实落实工作的福利待遇。并且在安置前必须核实身份，倘若发现身份不符合，就必然不能够获得就业安置待遇。冒名顶替他人获得就业安置待遇同样侵犯了被冒名顶替者获得相应福利待遇的权利，扰乱了社会秩序。

二、本罪犯罪主体的认定

刑法第280条之二第1款规定了冒名顶替罪的犯罪构成要件及法定刑设置，第2款对组织、指使他人实施前款行为的规定了从重处罚，第3款以注意规定的形式规定了国家工作人员有前两款行为，又构成其他犯罪的，采取数罪并罚的量刑规则。本条款不仅规定了冒名顶替罪的一般主体，还规定了从重处罚即数罪并罚的情形，下面就本罪的犯罪主体问题进行分别讨论。

（一）本罪的一般主体

本罪的一般主体，是指冒名顶替者本人。在冒名顶替公职和冒名顶替就业安置待遇案件中，冒名顶替者一般均是年满16周岁的达到刑事责任年龄的自然人，不需要进行进一步讨论。但在冒名顶替入学案中，不排除有的冒名顶替者在案件发生时不满16周岁，未达到刑事责任年龄，因为冒名顶替上学行为的社会危害性尚未达到八类严重犯罪的程度，未严重危及他人生命健康，也未严重危及公共安全与国家安全，因此不承担刑事责任。冒名顶替罪作为继续犯，犯罪行为随着法益受侵害的状态一直在持续，当行为人年满十六周岁时便应当承担刑事责任。这类案件的实行行为应当从冒名顶替者本人冒用他人学籍进行注册时起算，冒名顶替者知晓其亲属或其他主导者进行前期准备行为时并不能算作行为符合构成要件。[①] 同时也应当注意对冒名顶替者年满十六周岁不满十八周岁的按照刑法规定应当从轻或者减轻处罚。

（二）本罪的特殊主体

依据刑法第282条之二的规定，国家工作人员组织、指使他人实施冒名顶替行为的，从重处罚，又构成其他犯罪的，依照数罪并罚的规定处罚。可见，国家工作人员可以作为本罪的特殊主体。关于国家工作人员的范围，本书的第四章招摇撞骗罪中已有详细论述，在此不予赘述。

（三）本罪的共同犯罪主体

共同犯罪，是指二人以上共同故意犯罪。共同犯罪人根据分工不同可以分为组织犯、实行犯、帮助犯、教唆犯；根据作用不同可以分为主犯、从犯、胁从犯。构成共同犯罪，需要参加人的犯罪意思互相沟通，而加功于他人犯罪的，即使没有与他人沟通也能成立某种共犯，如帮助犯。从现有的案件情况来看，本罪中冒名顶替行为仅靠一人是难以实行的，尤其是冒名顶替入学的案件中，冒名顶替者通常是未成年人，一般不具备策划、组织冒名顶替行为的能力和条件。冒名顶替入学行为一般是由其亲属进行组织策划的，那么其亲属就是本罪的共同犯罪主体，而且因其作为冒名顶替行为的主导者、策划者，应当认定为主犯，而冒名顶替上学案件中冒名顶替者本人多为未成年人，在冒名顶替行为中属于受他人教唆、指使的一方，应当属于从犯，对于从犯，应当从轻、减轻或免除处罚。

三、本罪与相关犯罪的关系

冒名顶替行为是一个复合型的多行为，在高等学历教育入学资格领域表现为物色被顶替者、中途截留或冒领录取通知书、伪造准考证和学籍档案、伪造户籍资料、冒用身份、通过入学审查等；在冒名顶替公职、就业待遇行为样态中表现为盗用姓名、冒用退役军人身份、伪造学历档案、通过入职核查、顶替就业待遇等，整个运作过程涉及多个部门与环节，几乎每个行为都有触犯相应罪名的可

---

① 参见张丹：《冒名顶替罪司法适用问题研究》，兰州大学硕士学位论文，2021年。

能。[①] 冒名顶替他人必然要涉及伪造被冒名顶替者的身份证明材料，在这种情形下同时构成本罪和使用虚假身份证件、盗用身份证件罪；冒名顶替行为中有可能涉及伪造、变造、买卖国家机关公文、证件、印章的行为，也可以构成本罪与伪造、变造、买卖国家机关公文、证件、印章罪；冒名顶替入学行为中，如果负责招收学生的国家工作人员在招收学生的工作中徇私情、徇私利，故意对不符合条件的人员予以录取的行为，就可以同时构成本罪与招收学生徇私舞弊罪。值得注意的是，虽然本罪与其他相关犯罪在冒名顶替行为过程中属于牵连关系，但应按照数罪并罚的原则进行定罪处罚。

【办案依据】

一、刑法规定

第二百八十条之二 盗用、冒用他人身份，顶替他人取得的高等学历教育入学资格、公务员录用资格、就业安置待遇的，处三年以下有期徒刑、拘役或者管制，并处罚金。

组织、指使他人实施前款行为的，依照前款的规定从重处罚。

国家工作人员有前两款行为，又构成其他犯罪的，依照数罪并罚的规定处罚。

二、其他法规

（一）《中华人民共和国高等教育法》（2018 年 12 月 29 日）

第十六条 高等学历教育分为专科教育、本科教育和研究生教育。

高等学历教育应当符合下列学业标准：

（一）专科教育应当使学生掌握本专业必备的基础理论、专门知识，具有从事本专业实际工作的基本技能和初步能力；

（二）本科教育应当使学生比较系统地掌握本学科、专业必需的基础理论、基本知识，掌握本专业必要的基本技能、方法和相关知识，具有从事本专业实际工作和研究工作的初步能力；

（三）硕士研究生教育应当使学生掌握本学科坚实的基础理论、系统的专业知

---

① 参见张丹：《冒名顶替罪司法适用问题研究》，兰州大学硕士学位论文，2021 年。

识，掌握相应的技能、方法和相关知识，具有从事本专业实际工作和科学研究工作的能力。博士研究生教育应当使学生掌握本学科坚实宽广的基础理论、系统深入的专业知识、相应的技能和方法，具有独立从事本学科创造性科学研究工作和实际工作的能力。

（二）《中华人民共和国公务员法》（2018年12月29日）

第一百零九条 在公务员录用、聘任等工作中，有隐瞒真实信息、弄虚作假、考试作弊、扰乱考试秩序等行为的，由公务员主管部门根据情节作出考试成绩无效、取消资格、限制报考等处理；情节严重的，依法追究法律责任。

（三）《中华人民共和国退役军人保障法》（2020年11月11日）

第二十二条 对退役的军士，国家采取逐月领取退役金、自主就业、安排工作、退休、供养等方式妥善安置。

服现役满规定年限，以逐月领取退役金方式安置的，按照国家有关规定逐月领取退役金。

服现役不满规定年限，以自主就业方式安置的，领取一次性退役金。

以安排工作方式安置的，由安置地人民政府根据其服现役期间所做贡献、专长等安排工作岗位。

以退休方式安置的，由安置地人民政府按照国家保障与社会化服务相结合的方式，做好服务管理工作，保障其待遇。

以供养方式安置的，由国家供养终身。

第十一章　非法生产、买卖警用装备罪

【立案追诉标准】

非法生产、买卖警用装备案（刑法第 281 条）

非法生产、买卖人民警察制式服装、车辆号牌等专用标志、警械，涉嫌下列情形之一的，应予立案：

1. 成套制式服装 30 套以上，或者非成套制式服装 100 件以上的；

2. 手铐、脚镣、警用抓捕网、警用催泪喷射器、警灯、警报器单种或者合计 10 件以上的；

3. 警棍 50 根以上的；

4. 警衔、警号、胸章、臂章、帽徽等警用标志单种或者合计 100 件以上的；

5. 警用号牌、省级以上公安机关专段民用车辆号牌 1 副以上，或者其他公安机关专段民用车辆号牌 3 副以上的；

6. 非法经营数额 5000 元以上，或者非法获利 1000 元以上的；

7. 被他人利用进行违法犯罪活动的；

8. 其他情节严重的情形。

《最高人民检察院、公安部关于公安机关管辖的刑事案件立案追诉标准的规定（一）》（2008 年 6 月 25 日）①

---

① 此处列明作者梳理立案追诉标准的主要依据，所涉条文参见“办案依据”部分，以下不再标注。

【犯罪构成及刑事责任】

非法生产、买卖警用装备罪，是指非法生产、买卖人民警察制式服装、车辆号牌等专用标志、警械，情节严重的行为。构成本罪需要具备以下四个要件：

1. 客体要件。本罪侵犯的客体是国家对警用装备的管理制度。犯罪对象是人民警察制式服装、车辆号牌等专用标志、警械。

2. 客观要件。客观方面表现为行为人实施了非法生产、买卖人民警察制式服装、车辆号牌等专用标志、警械，情节严重的行为。“非法生产”是指无生产资格者擅自生产，或者有生产资格者不按规定的品种、规格、数量等进行生产。根据公安部等国家机关的有关规定，警用装备由国家指定的工厂生产，并且生产按计划进行，对获准生产警用装备的，公安部按年度发文指定或颁发定点生产许可证。非法生产，具体可表现为以下三种情形：

（1）非指定和委托生产警用装备的单位、个人生产警用装备的；

（2）虽是定点生产的企业，但不遵守公安部下达的指标生产擅自计划外生产的；

（3）曾经被指定或委托的生产企业，原指定被取消，或者委托事项已完成，或未颁发年度生产许可证，而生产警用装备的。

“非法买卖”是指不具有买卖资格者擅自购买、销售，或者有买卖资格者违反有关规定购买、销售的。

3. 主体要件。本罪的主体是一般主体，既可以是自然人也可以是单位。

4. 主观要件。本罪的主观方面表现为故意，并具有营利目的。如果购买警服、警用标志、警械的目的是冒充人民警察招摇撞骗，就构成招摇撞骗罪。

根据刑法第 281 条的规定，犯本罪，处三年以下有期徒刑、拘役或者管制，并处或者单处罚金；单位犯本罪的，对单位判处罚金，并对其直接负责的主管人员和其他直接责任人员，依照前款的规定处罚。

【疑难指导】

一、对本罪犯罪对象的理解

本罪的犯罪对象是人民警察制式服装、专用标志、警械。警用装备，是人民警察制式服装、车辆号牌等专用标志、警械的归纳总称。具体包括：

（一）制式服装，通常简称为制服，是指人民警察穿戴的规定式样的服装。我国人民警察现行制式服装为九九式。制式服装作为统一整体，还包括现行帽徽、领带、铜色钮扣、领带、领带卡，等等。非法生产制式服装，是指非法将一定的原材料加以组合形成成品的、半成品的制式服装，不要求同时将服装应附戴的徽章制造出来。非法生产制式服装的原材料的，不构成本罪。非法生产警用鞋类、棉衣、手套等警用物品，因生产的衣物不具有人民警察身份的专用标志性，其行为对本罪的客体不能形成危害，因而不能构成本罪。

（二）人民警察专用标志的范围。广义上讲，制式服装上的徽章、领花、纽扣等警服专用标志，也是人民警察专用标志。但从法条表述来看，人民警察专用标志应将制式服装上的一般的附戴物排除在外，属狭义上而言。因此，我们认为专用标志应包括两种：一是警衔标志。警衔标志虽佩戴在服装上，但各级衔级的警察标志不一，而且警校学员一般没有警衔，因而归于狭义的专用标志。《人民警察警衔标志式样和佩带方法》对此作了专门规定，其中第 8 条规定："人民警察的警衔标志由公安部负责制作和管理。其他单位和个人不得制作、伪造和买卖、使用警衔标志，也不得使用与警衔标志相类似的标志。"二是车辆号牌、警灯、警用警报器等专用标志。车辆号牌，即指公安专用车辆的号牌。

（三）警械，是指人民警察按照规定装配的警用器械。1996 年 1 月 16 日国务院发布《中华人民共和国人民警察使用警械和武器条例》第 3 条规定："本条例所称警械，是指人民警察按照规定装备的警棍、催泪弹、高压水枪、特种防暴枪、手铐、脚镣、警绳等警用器械……"本罪所指警用装备仅限上述三种，非法制造、买卖其他警用物品的，不构成本罪。如非法制造警用武器的、人民警察证件的、公安车辆驾驶证照的，如果触犯其他犯罪，就以相应的犯罪论处。

二、本罪与非法生产、买卖军用标志罪的区分

本罪与非法生产、买卖军用标志罪在犯罪主体、犯罪主观方面和客观方面都很相似。两者的区别主要表现在：一是侵犯的同类客体不同。本罪侵犯的同类客体是社会管理秩序；非法生产、买卖军用标志罪侵犯的同类客体是国防利益。二是犯罪对象不同。本罪的犯罪对象是警用装备；非法生产、买卖军用标志罪的犯罪对象是军用标志。武装警察部队属于军队编制，不属于警察系列。非法生产、买卖武装警察部队标志的，只能构成非法生产、买卖军用标志罪，不能按照非法生产、买卖警用装备罪论处。

【办案依据】

一、刑法规定

第二百八十一条　非法生产、买卖人民警察制式服装、车辆号牌等专用标志、警械，情节严重的，处三年以下有期徒刑、拘役或者管制，并处或者单处罚金。

单位犯前款罪的，对单位判处罚金，并对其直接负责的主管人员和其他直接责任人员，依照前款的规定处罚。

二、司法文件

《最高人民检察院、公安部关于公安机关管辖的刑事案件立案追诉标准的规定（一）》（2008年6月25日）

第三十五条　［非法生产、买卖警用装备案（刑法第二百八十一条）］非法生产、买卖人民警察制式服装、车辆号牌等专用标志、警械，涉嫌下列情形之一的，应予立案追诉：

（一）成套制式服装三十套以上，或者非成套制式服装一百件以上的；

（二）手铐、脚镣、警用抓捕网、警用催泪喷射器、警灯、警报器单种或者合计十件以上的；

（三）警棍五十根以上的；

（四）警衔、警号、胸章、臂章、帽徽等警用标志单种或者合计一百件以上的；

（五）警用号牌、省级以上公安机关专段民用车辆号牌一副以上，或者其他公安机关专段民用车辆号牌三副以上的；

（六）非法经营数额五千元以上，或者非法获利一千元以上的；

（七）被他人利用进行违法犯罪活动的；

（八）其他情节严重的情形。

三、其他法规

（一）《中华人民共和国人民警察法》（2010年10月26日）

第三十六条 人民警察的警用标志、制式服装和警械，由国务院公安部门统一监制，会同其他有关国家机关管理，其他个人和组织不得非法制造、贩卖。

人民警察的警用标志、制式服装、警械、证件为人民警察专用，其他个人和组织不得持有和使用。

违反前两款规定的，没收非法制造、贩卖、持有、使用的人民警察警用标志、制式服装、警械、证件，由公安机关处十五日以下拘留或者警告，可以并处违法所得五倍以下的罚款；构成犯罪的，依法追究刑事责任。

（二）《人民警察警衔标志式样和佩带办法》（2000年8月18日）

第八条 人民警察的警衔标志由公安部负责制作和管理。其他单位和个人不得制作、仿造、伪造和买卖、使用警衔标志，也不得使用与警衔标志相类似的标志。

第十二章　非法获取国家秘密罪

【立案追诉标准】

非法获取国家秘密案（刑法第 282 条第 1 款）
以窃取、刺探、收买方法，非法获取国家秘密的，应予立案。

【犯罪构成及刑事责任】

非法获取国家秘密罪，是指以窃取、刺探、收买方法，非法获取国家秘密的行为。构成本罪需要具备以下四个要件：

1. 客体要件。本罪侵犯的客体是国家的保密制度。犯罪对象是国家秘密。国家秘密是关系国家的安全和利益，依照法定程序确定，在一定时间内只限一定范围的人员知悉的事项。主要包括：国家事务重大决策中的秘密事项、国防建设和武装力量活动中的秘密事项、外交和外事活动中的秘密事项及对外承担保密义务的秘密事项、国民经济和社会发展中的秘密事项、经国家保密行政管理部门确定的其他秘密事项。政党的秘密事项中符合前款规定的，属于国家秘密。

2. 客观要件。客观方面表现为行为人以窃取、刺探、收买方法，非法获取国家秘密的行为。“窃取”是指通过盗取文件或者利用计算机、窃听、窃照等器械秘密取得国家秘密的行为。“刺探”是指暗中对掌有国家秘密的人，采取各种手段探听、侦察、了解国家秘密的行为。探听的方式主要包括：利用与知密者的特殊身份关系向知密者探询国家秘密；利用社交手段打通关系，向知密者探问国家秘密；利用公开合法形式，如贸易洽谈会、学术交流会等探听国家秘密。侦察的方式主要包括：使用窃听装置侦察国家秘密；使用电子监控及远红外线扫描等高科技手段侦察国家秘密；采用色情引诱、向有关部门渗透等形式侦察国家秘密。“收买”是指利用金钱、物质、美色或者其他利益换取国家秘密的行为。“非法获取”是指依法不应知悉、取得某项国家秘密的人从知悉、取得某项国家秘密的人那里知悉、取得该项国家秘密或者可以知悉某项国家秘密的人未经办理手续取得该项国家秘密。

3. 主体要件。本罪的主体是一般主体，凡是达到刑事责任年龄、具有刑事责任能力的自然人均可以成为本罪的犯罪主体。

4. 主观要件。本罪的主观方面表现为直接故意，即行为人明知是国家秘密，却故意以窃取、刺探、收买方法，非法获取国家秘密。

根据刑法第 282 条第 1 款的规定：犯本罪，处三年以下有期徒刑、拘役、管制或者剥夺政治权利；情节严重的，处三年以上七年以下有期徒刑。

【疑难指导】

如何理解国家秘密

根据 2010 年 4 月全国人大常委会修正通过的《中华人民共和国保守国家秘密法》（以下简称保密法）第 9 条、第 10 条的规定，下列涉及国家安全和利益的事项，泄露后可能损害国家在政治、经济、国防、外交等领域的安全和利益的，应当确定为国家秘密：（1）国家事务重大决策中的秘密事项；（2）国防建设和武装力量活动中的秘密事项；（3）外交和外事活动中的秘密事项以及对外承担保密义务的秘密事项；（4）国民经济和社会发展中的秘密事项；（5）科学技术中的秘密事项；（6）维护国家安全活动和追查刑事犯罪中的秘密事项；（7）经国家保密行政管理部门确定的其他秘密事项。政党的秘密事项中符合前款规定的，属于国家秘密。国家秘密的密级分为绝密、机密、秘密三级。绝密级国家秘密是最重要的国家秘密，泄露会使国家安全和利益遭受特别严重的损害；机密级国家秘密是重要的国家秘密，泄露会使国家安全和利益遭受严重的损害；秘密级国家秘密是一般的国家秘密，泄露会使国家安全和利益遭受损害。2014 年 3 月 1 日施行的《中华人民共和国保守国家秘密法实施条例》明确了保密事项范围的法律地位，细化了定密工作内容和流程，规定了定密责任人及其具体职责，细化了定密授权制度，对自行解密和审核解密作出了进一步规定。

【办案依据】

一、刑法规定

第二百八十二条第一款　以窃取、刺探、收买方法，非法获取国家秘密的，处三年以下有期徒刑、拘役、管制或者剥夺政治权利；情节严重的，处三年以上七年以下有期徒刑。

第二百八十七条　利用计算机实施金融诈骗、盗窃、贪污、挪用公款、窃取国家秘密或者其他犯罪的，依照本法有关规定定罪处罚。

二、其他法规

《中华人民共和国保守国家秘密法》（2010年4月29日）

第九条　下列涉及国家安全和利益的事项，泄露后可能损害国家在政治、经济、国防、外交等领域的安全和利益的，应当确定为国家秘密：

（一）国家事务重大决策中的秘密事项；

（二）国防建设和武装力量活动中的秘密事项；

（三）外交和外事活动中的秘密事项以及对外承担保密义务的秘密事项；

（四）国民经济和社会发展中的秘密事项；

（五）科学技术中的秘密事项；

（六）维护国家安全活动和追查刑事犯罪中的秘密事项；

（七）经国家保密行政管理部门确定的其他秘密事项。

政党的秘密事项中符合前款规定的，属于国家秘密。

第十条　国家秘密的密级分为绝密、机密、秘密三级。

绝密级国家秘密是最重要的国家秘密，泄露会使国家安全和利益遭受特别严重的损害；机密级国家秘密是重要的国家秘密，泄露会使国家安全和利益遭受严重的损害；秘密级国家秘密是一般的国家秘密，泄露会使国家安全和利益遭受损害。

第十一条　国家秘密及其密级的具体范围，由国家保密行政管理部门分别会同外交、公安、国家安全和其他中央有关机关规定。

军事方面的国家秘密及其密级的具体范围，由中央军事委员会规定。

国家秘密及其密级的具体范围的规定，应当在有关范围内公布，并根据情况变化及时调整。

第十二条 机关、单位负责人及其指定的人员为定密责任人，负责本机关、本单位的国家秘密确定、变更和解除工作。

机关、单位确定、变更和解除本机关、本单位的国家秘密，应当由承办人提出具体意见，经定密责任人审核批准。

第十三条 确定国家秘密的密级，应当遵守定密权限。

中央国家机关、省级机关及其授权的机关、单位可以确定绝密级、机密级和秘密级国家秘密；设区的市、自治州一级的机关及其授权的机关、单位可以确定机密级和秘密级国家秘密。具体的定密权限、授权范围由国家保密行政管理部门规定。

机关、单位执行上级确定的国家秘密事项，需要定密的，根据所执行的国家秘密事项的密级确定。下级机关、单位认为本机关、本单位产生的有关定密事项属于上级机关、单位的定密权限，应当先行采取保密措施，并立即报请上级机关、单位确定；没有上级机关、单位的，应当立即提请有相应定密权限的业务主管部门或者保密行政管理部门确定。

公安、国家安全机关在其工作范围内按照规定的权限确定国家秘密的密级。

第十四条 机关、单位对所产生的国家秘密事项，应当按照国家秘密及其密级的具体范围的规定确定密级，同时确定保密期限和知悉范围。

第十五条 国家秘密的保密期限，应当根据事项的性质和特点，按照维护国家安全和利益的需要，限定在必要的期限内；不能确定期限的，应当确定解密的条件。

国家秘密的保密期限，除另有规定外，绝密级不超过三十年，机密级不超过二十年，秘密级不超过十年。

机关、单位应当根据工作需要，确定具体的保密期限、解密时间或者解密条件。

机关、单位对在决定和处理有关事项工作过程中确定需要保密的事项，根据工作需要决定公开的，正式公布时即视为解密。

第十六条 国家秘密的知悉范围，应当根据工作需要限定在最小范围。

国家秘密的知悉范围能够限定到具体人员的，限定到具体人员；不能限定到具体人员的，限定到机关、单位，由机关、单位限定到具体人员。

国家秘密的知悉范围以外的人员，因工作需要知悉国家秘密的，应当经过机关、单位负责人批准。

第十七条 机关、单位对承载国家秘密的纸介质、光介质、电磁介质等载体（以下简称国家秘密载体）以及属于国家秘密的设备、产品，应当做出国家秘密标志。

不属于国家秘密的，不应当做出国家秘密标志。

第十八条 国家秘密的密级、保密期限和知悉范围，应当根据情况变化及时变更。国家秘密的密级、保密期限和知悉范围的变更，由原定密机关、单位决定，也可以由其上级机关决定。

国家秘密的密级、保密期限和知悉范围变更的，应当及时书面通知知悉范围内的机关、单位或者人员。

第十九条 国家秘密的保密期限已满的，自行解密。

机关、单位应当定期审核所确定的国家秘密。对在保密期限内因保密事项范围调整不再作为国家秘密事项，或者公开后不会损害国家安全和利益，不需要继续保密的，应当及时解密；对需要延长保密期限的，应当在原保密期限届满前重新确定保密期限。提前解密或者延长保密期限的，由原定密机关、单位决定，也可以由其上级机关决定。

第四十八条 违反本法规定，有下列行为之一的，依法给予处分；构成犯罪的，依法追究刑事责任：

（一）非法获取、持有国家秘密载体的；

（二）买卖、转送或者私自销毁国家秘密载体的；

（三）通过普通邮政、快递等无保密措施的渠道传递国家秘密载体的；

（四）邮寄、托运国家秘密载体出境，或者未经有关主管部门批准，携带、传递国家秘密载体出境的；

（五）非法复制、记录、存储国家秘密的；

（六）在私人交往和通信中涉及国家秘密的；

（七）在互联网及其他公共信息网络或者未采取保密措施的有线和无线通信中传递国家秘密的；

（八）将涉密计算机、涉密存储设备接入互联网及其他公共信息网络的；

（九）在未采取防护措施的情况下，在涉密信息系统与互联网及其他公共信息网络之间进行信息交换的；

（十）使用非涉密计算机、非涉密存储设备存储、处理国家秘密信息的；

（十一）擅自卸载、修改涉密信息系统的安全技术程序、管理程序的；

（十二）将未经安全技术处理的退出使用的涉密计算机、涉密存储设备赠送、出售、丢弃或者改作其他用途的。

有前款行为尚不构成犯罪，且不适用处分的人员，由保密行政管理部门督促其所在机关、单位予以处理。

第四十九条 机关、单位违反本法规定，发生重大泄密案件的，由有关机关、单位依法对直接负责的主管人员和其他直接责任人员给予处分；不适用处分的人员，由保密行政管理部门督促其主管部门予以处理。

机关、单位违反本法规定，对应当定密的事项不定密，或者对不应当定密的事项定密，造成严重后果的，由有关机关、单位依法对直接负责的主管人员和其他直接责任人员给予处分。

第五十条 互联网及其他公共信息网络运营商、服务商违反本法第二十八条规定的，由公安机关或者国家安全机关、信息产业主管部门按照各自职责分工依法予以处罚。

第五十一条 保密行政管理部门的工作人员在履行保密管理职责中滥用职权、玩忽职守、徇私舞弊的，依法给予处分；构成犯罪的，依法追究刑事责任。

第十三章 非法持有国家绝密、机密文件、资料、物品罪

【立案追诉标准】

非法持有国家绝密、机密文件、资料、物品案（刑法第 282 条第 2 款）

非法持有属于国家绝密、机密文件、资料或者其他物品，拒不说明来源与用途的，应予立案。

【犯罪构成及刑事责任】

非法持有国家绝密、机密文件、资料、物品罪，是指非法持有国家绝密、机密的文件、资料或者其他物品，拒不说明来源与用途的行为。构成本罪需要具备以下四个要件：

1. 客体要件。本罪侵犯的客体是国家的保密制度。本罪的犯罪对象仅限于属于国家绝密级和机密级的秘密的物品。根据《中华人民共和国保守国家秘密法》的规定，国家秘密的密级分为“绝密”“机密”“秘密”三级。“绝密”是最重要的国家秘密，泄露会使国家的安全和利益遭受特别严重的损害；“机密”是重要的国家秘密，泄露会使国家的安全和利益遭受严重的损害；“秘密”是一般的国家秘密，泄露会使国家的安全和利益遭受损害。非法持有秘密级国家秘密的行为也具有一定的社会危害性，应当予以法律制裁，但从其社会危害性的程度来看，尚不到犯罪的程度，不应以犯罪论。

2. 客观要件。客观方面表现为行为人实施了非法持有属于国家绝密、机密的文件、资料或者其他物品，且拒不说明来源与用途的行为。“非法”是指根据国家保密法律、法规和具体的规章制度，不属于可以接触、保管国家秘密文件、资料或者其他物品的人员而持有属于国家绝密、机密文件、资料、物品，且没有合法根据。“持有”是指以占有的意思实际支配。不论行为人是否明知是国家绝密、机密文件、资料、物品，只要其置于自己控制之中即为持有。“拒不说明”既包括行为人不说明来源，也包括行为人不说明用途。

3. 主体要件。本罪的主体是一般主体，凡是达到刑事责任年龄、具有刑事责任能力的自然人均可以成为本罪的犯罪主体。

4. 主观要件。本罪的主观方面表现为直接故意，从其主观方面的认识因素来看，行为人只需认识到自己无权持有国家秘密文件、资料、其他物品，认识到自己持有的文件、资料、物品属于国家秘密即可，无须确切地认识该国家秘密属于什么密级，从其主观方面的意志因素来看，行为人持有本身就意味着其希望该国家秘密处于自己的支配之下，因而不存在间接故意。

根据刑法第 282 条第 2 款的规定：犯本罪，处三年以下有期徒刑、拘役或者管制。

【疑难指导】

一、非法持有的认定

本罪属于持有型犯罪，对于“持有”的含义，理论上有作为说和不作为说两种。赞同作为说的人认为持有型犯罪是违反了刑法中的禁止非法持有特殊物品的法律规定，非法持有属于“不应为而为”，是一种作为形式的犯罪。不作为说认为法律将持有认定为犯罪，意味着法律禁止这种状态的存在，消灭这种状态是法律规定的作为义务，而持有状态属于不作为。我们认为，所谓“持有”，从文义上看，有掌握、保存、携带的意思，具体来说是一种控制、支配特定物的状态，应当注意的是，“持有”并不限于手持、携带等行为主体可以即时控制、支配的情形，还包括人物分离等行为主体无法即时控制、支配的情形，如行为主体收到以自己为抬头的或不记名涉密物品提货单或包裹单，虽然未实际控制、支配犯罪对象，但此类单据系特定物的权利凭证，行为主体已在法律上实现了对特定物的控制、支配。[①] 关于非法持有属于国家秘密的文件资料和其他物品的含义，《中华人民共和国反间谍法》第24条所称的“非法持有属于国家秘密的文件、资料和其他物品”是指：（1）不应知悉某项国家秘密的人员携带、存放属于该项国家秘密的文件、资料和其他物品的；（2）可以知悉某项国家秘密的人员，未经办理手续，私自携带、留存属于该项国家秘密的文件、资料和其他物品的。

从上述法律、法规的内容可以看出，持有秘密的行为具体包括以下两层含义：一是不具有知悉国家秘密资格的人，擅自携带、存放属于该项国家秘密的文件、资料和其他物品。不管该行为人所得有关秘密文件、资料和其他物品从何而来，也无论是偶尔取得、路上拾得、他人传递、收拾破烂捡得等，只要行为人明知是国家秘密而故意予以持有都属于非法持有。二是具有知晓资格的人的持有，主要是指那些曾经掌握或者保管国家秘密的工作人员，没有按照国家有关规定进行移交、保存，而私自携带、留置的，即属于非法持有。凡具有上述两种情形，且拒不说明来源与用途的行为，都可能构成本罪。

二、本罪与非法获取国家秘密罪的界限

本罪与非法获取国家秘密罪在犯罪客体和犯罪主体方面都基本相同，他们之间的区别主要表现在以下几个方面：

（一）犯罪对象不完全相同。本罪的犯罪对象只限于国家绝密、机密文件、资料、物品，简单地说，就是有形物体的国家秘密，而且秘密只限于绝密和机密两类；非法获取国家秘密罪的犯罪对象既包括有形物体的国家秘密，也包括无形物体的国家秘密。同时，除国家绝密、机密外，一般秘密也包括在内。

（二）表现形式不同。本罪主要表现为对国家绝密、机密文件资料、物品的持有，是静态的形式；非法获取国家秘密的行为一般表现为动态的形式，往往采取窃取、刺探、收买的方式去主动获得。

（三）主观心理态度不同。本罪行为人的主观心理态度具有相对的被动性，间

---

① 吴瑞：《浅议非法持有国家绝密、机密、文件、资料、物品罪的认定》，载《保密科学技术》2013年第4期。

接故意也构成犯罪；非法获取国家秘密罪则是一种积极的犯罪心态，一般都是由直接故意构成。

（四）法律对构成犯罪的行为要求不同。本罪只有持有行为还不够，还必须是在行为人拒不说明其正当用途与来源的情况下，犯罪才成立；法律对非法获取国家秘密罪的成立没有这一要求，行为人拒不说明其正当用途与来源，只是从重处罚的情节。

【办案依据】

刑法规定

第二百八十二条第二款 非法持有属于国家绝密、机密的文件、资料或者其他物品，拒不说明来源与用途的，处三年以下有期徒刑、拘役或者管制。

第十四章　非法生产、销售专用间谍器材、窃听、窃照专用器材罪

【立案追诉标准】

非法生产、销售专用间谍器材、窃听、窃照专用器材案（第283条）
非法生产、销售专用间谍器材、窃听、窃照专用器材的，应予立案。

【犯罪构成及刑事责任】

非法生产、销售专用间谍器材、窃听、窃照专用器材罪，是指非法生产、销售专用间谍器材、窃听、窃照专用器材的行为。构成本罪需要具备以下四个要件：

1. 客体要件。本罪侵犯的客体是国家对专用间谍器材和窃听、窃照专用器材的管理制度。本罪的犯罪对象是国家予以特别管理的窃听、窃照等专用间谍器材，窃听、窃照等专用器材是用来秘密侦听、拍摄侦查对象的言语、行动的工具，其余如空发式收发报机、密码本、密写工具、电子监听、截收器材等是用来进行秘密联络、破译密码、截密的工具。

2. 客观要件。客观方面表现为行为人实施了非法生产、销售专用间谍器材、窃听、窃照专用器材的行为。“非法生产”是指未经国家有关主管部门批准而擅自生产或者虽经国家有关主管部门批准生产但擅自超出批准的品种或数量范围而生产。“非法销售”是指未经国家有关主管部门批准而擅自销售或虽经国家有关主管部门批准但擅自超出批准的品种、数量或对象范围而销售。

3. 主体要件。本罪主体是一般主体，自然人和单位均可以构成本罪的犯罪主体。

4. 主观要件。本罪的主观方面表现为故意。

根据刑法第 283 条的规定：犯本罪，处三年以下有期徒刑、拘役或者管制，并处或者单处罚金；情节严重的，处三年以上七年以下有期徒刑，并处罚金。单位犯本罪的，对单位判处罚金，并对其直接负责的主管人员和其他直接责任人员，依照前款的规定处罚。

【疑难指导】

一、专用间谍器材的范围和认定主体

专用器材的确认，由国务院国家安全主管部门负责。专用间谍器材，是指进行间谍活动特殊需要的器材，《中华人民共和国反间谍法实施细则》第 18 条规定了专用间谍器材的范围，主要包括：（1）暗藏式窃听、窃照器材；（2）突发式收发报机、一次性密码本、密写工具；（3）用于获取情报的电子监听、截收器材；（4）其他专用间谍器材。

二、窃听、窃照专用器材的范围和认定主体

对于专用间谍器材以外的窃听、窃照专用器材，由公安机关进行鉴别判断。同时，根据《禁止非法生产销售使用窃听窃照专用器材和“伪基站”设备的规定》第 3 条的规定，窃听专用器材，是指以伪装或者隐蔽方式使用，经公安机关依法进行技术检测后作出认定性结论，有以下情形之一的器材：（1）具有无线发射、接收语音信号功能的发射、接收器材；（2）微型语音信号拾取或者录制设备；（3）能够获取无线通信信息的电子接收器材；（4）利用搭接、感应等方式获取通讯线路信息的器材；（5）利用固体传声、光纤、微波、激光、红外线等技术获取语音信息的器材；（6）可遥控语音接收器件或者电子设备中的语音接收功能，获取相关语音信息，且无明显提示的器材（含软件）；（7）其他具有窃听功能的器材。该规定第 4 条规定，窃照专用器材，是指以伪装或者隐蔽方式使用，经公安机关依法进行技术检测后作出认定性结论，有以下情形之一的器材：（1）具有无线发射功能的照相、摄像器材；（2）微型针孔式摄像装置以及使用微型针孔式摄

像装置的照相、摄像器材；（3）取消正常取景器和回放显示器的微小相机和摄像机；（4）利用搭接、感应等方式获取图像信息的器材；（5）可遥控照相、摄像器件或者电子设备中的照相、摄像功能，获取相关图像信息，且无明显提示的器材（含软件）；（6）其他具有窃照功能的器材。

【办案依据】

刑法规定

第二百八十三条　非法生产、销售专用间谍器材或者窃听、窃照专用器材的，处三年以下有期徒刑、拘役或者管制，并处或者单处罚金；情节严重的，处三年以上七年以下有期徒刑，并处罚金。

单位犯前款罪的，对单位判处罚金，并对其直接负责的主管人员和其他直接责任人员，依照前款的规定处罚。

第十五章　非法使用窃听、窃照专用器材罪

【立案追诉标准】

非法使用窃听、窃照专用器材案（刑法第 284 条）

非法使用窃听、窃照专用器材，造成严重后果的，应予立案。

【犯罪构成及刑事责任】

非法使用窃听、窃照专用器材罪，是指非法使用窃听、窃照专用器材，造成严重后果的行为。构成本罪需要具备以下四个要件：

1. 客体要件。本罪侵犯的客体是国家对窃听、窃照专用器材的管理制度。犯罪对象是窃听、窃照专用器材。

2. 客观要件。客观方面表现为行为人实施了非法使用窃听、窃照专用器材的行为且造成了严重后果。主要包括两种情形：一是有权使用窃听、窃照专用器材，未经批准而擅自使用窃听、窃照专用器材的；二是无权使用窃听、窃照专用器材而擅自使用窃听、窃照专用器材的。

3. 主体要件。本罪主体是一般主体，凡是达到刑事责任年龄、具有刑事责任能力的自然人，均可成为本罪的犯罪主体。

4. 主观要件。本罪的主观方面表现为故意。

根据刑法第 284 条的规定：犯本罪，处二年以下有期徒刑、拘役或者管制。

【疑难指导】

一、如何理解“非法使用”

非法使用，是指无权使用而使用以及不按规定使用窃听、窃照专用器材的行为，主要包含两种情况：一是有权使用窃听、窃照专用器材，未经批准而擅自使用窃听、窃照专用器材的；二是无权使用窃听、窃照专用器材而擅自使用窃听、窃照专用器材的。有权使用窃听、窃照专用器材的情形主要是技术侦查工作。国家有关部门因侦查犯罪的需要，根据国家有关规定，经过严格的批准手续，可以采取技术侦查措施。技术侦查，是国家安全机关和公安机关为了侦查犯罪而采取的特殊侦查措施，包括电子侦听、电话监听、电子监控、秘密拍照或录像、秘密获取某些物证、邮件等秘密的专门技术手段。刑事诉讼法第150条规定，公安机关在立案后，对于危害国家安全犯罪、恐怖活动犯罪、黑社会性质的组织犯罪、重大毒品犯罪或者其他严重危害社会的犯罪案件，根据侦查犯罪的需要，经过严格的批准手续，可以采取技术侦查措施。人民检察院在立案后，对于利用职权实施的严重侵犯公民人身权利的重大犯罪案件，根据侦查犯罪的需要，经过严格的批准手续，可以采取技术侦查措施，按照规定交有关机关执行。追捕被通缉或者批准、决定逮捕的在逃的犯罪嫌疑人、被告人，经过批准，可以采取追捕所必需的技术侦查措施。刑事诉讼法第152条第1款规定，采取技术侦查措施，必须严格按照批准的措施种类、适用对象和期限执行。因此，有权使用窃听、窃照专用器材的主要是公安机关、国家安全机关、人民检察院。如果不是有权使用窃听、窃照专用器材的主体，或者有权使用窃听、窃照的主体没有按照法定的程序和范围使用窃听、窃照的，就构成“非法使用”。

二、如何把握“严重后果”

本罪属于情节犯，只有造成“严重后果”的才能构成本罪。对“严重后果”的理解，理论界有不同的看法。有学者认为所谓“严重后果”是指“危害国家安全或造成被窃听、窃照单位商业秘密泄露严重侵犯他人隐私权、人格权窃听、窃照内容被广泛传播严重影响社会秩序等”。[①] 也有学者认为是指“由于行为人非法

---

① 高明暄、马克昌主编：《刑法学》，北京大学出版社、高等教育出版社2007年版，第601页。

窃听、窃照行为而致使窃听、窃照对象伤亡、遭受重大财产损失，严重损害国家政治利益等情形”。[①] 我们认为，结合刑法对其他犯罪关于情节严重的规定与本罪侵犯的客体和利益，应当将行为人非法使用窃听、窃照专用器材致使窃听、窃照对象伤亡或者遭受重大财产损失，造成窃听、窃照内容被广泛传播严重影响社会秩序或者严重危害国家安全的行为都应该属于“严重后果”情节。

三、非法使用窃听、窃照专用器材与一般侵犯公民隐私权的区分

本罪中的窃听，是指行为人使用专用窃听器材秘密监听、偷录他人言谈、动静的行为，窃照，是指用窃照专用器材秘密拍摄他人的行为举止。窃听、窃照的行为同时也造成了对公民隐私权的侵犯，其与一般侵犯公民隐私权行为存在相似之处，但两者之间也存在很多区别，主要表现在：

（一）本罪中所规定的“非法使用窃听、窃照专用器材”行为，造成严重后果的，就构成非法使用窃听、窃照专用器材罪；一般侵犯公民隐私权的行为，主要是指那些有意或无意非法地将特定公民的个人隐私予以公开或暴露的行为，大部分属于民事侵权行为，极少数情节极其恶劣或造成的后果特别严重的，可以根据行为性质或造成的危害后果定罪，如侮辱罪、过失杀人罪等，但不应定本罪。

（二）非法使用窃听、窃照专用器材的行为方式是单一的，是专门针对未经合法授权而擅自使用窃听、窃照专用器材的行为；一般侵犯公民隐私权的行为方式则比较复杂，可以采取散布谣言、进行诬告、公开侮辱等行为方式，可以是书面的，也可以是直接语言的。

（三）行为人的动机和目的不同。非法使用窃听、窃照专用器材的行为人一般是为了窃取某些秘密信息或资料，从而达到某种政治或经营目的；一般侵犯公民隐私权的行为人也可能是出于某种政治或者竞争目的，但更多的则可能是出于发泄个人恩怨，出于嫉妒、报复等目的。

四、对任意窃取公共场所录音录像资料的行为如何认定

随着互联网技术的迅速发展，许多公共场合和重要的国家机关、道路、机场

---

① 刘家琛主编：《〈刑法（分则）〉及配套规定新释新解》，人民法院出版社2002年版，第1774页。

港口为了便于进行管理都安装了摄像装置，主要是为了防控违法犯罪行为，便于案发之后查清事实和证据。但科学技术是把双刃剑，虽然监控设备的应用有利于预防和打击犯罪，但也存在侵犯公民个人权利的隐患。如果窃听、窃照了这些不应当公开的公共场所的录音录像资料而予以公开，造成严重后果的行为该如何定性？我们认为，如果行为人窃取公共场所录音录像资料用于揭露他人隐私诋毁或者情节严重的，可以以侮辱罪或者诽谤罪处罚；如果获取的公共场所录音录像资料涉及追究刑事犯罪甚至国家安全方面的信息或资料，可以以非法获取国家秘密罪处罚；如果行为人获取的公共场所录音录像资料属于一般性不应当向社会公开的信息资料，情节严重的，可以非法使用窃听、窃照专用器材罪处罚。除了上述三种情况之外，对情节一般或没有产生严重后果的行为，可以按照一般违法行为进行行政处罚。

【办案依据】

刑法规定

第二百八十四条 非法使用窃听、窃照专用器材，造成严重后果的，处二年以下有期徒刑、拘役或者管制。

第十六章　组织考试作弊罪

【立案追诉标准】

组织考试作弊案（刑法第 284 条之一第 1 款、第 2 款）

在法律规定的国家考试中发动、策划、指挥他人进行作弊的，或者为组织作弊者提供作弊器材或其他帮助行为的，构成本罪。

【犯罪构成及刑事责任】

组织考试作弊罪，是指在法律规定的国家考试中，组织考生作弊或者为他人组织作弊的活动提供作弊器材或者其他帮助的行为。构成本罪需要具备以下四个要件：

1. 客体要件。本罪侵犯的客体是国家的考试制度，这里的考试制度包括列为国家考试范围的地方考试制度和行业考试制度，如地方政府招收公务员的考试。本罪侵犯的对象是国家规定的考试、考生。

2. 客观要件。客观方面表现为在法律规定的国家考试中，组织作弊或者为组织作弊者提供作弊器材或其他帮助行为。主要包括以下两种行为：

（1）组织考试作弊的行为。“组织”是指以某种社会管理的方式对特定事项进行策划、运作和管理，使其达到预期的行为目的，组织的对象不限于考生，还可以包括考生家长、教师等。

（2）为他人在法律规定的国家考试中实施组织作弊犯罪提供作弊器材或者其他帮助的行为。“作弊器材”是指能够传递考题答案或者事先提供、传播考题内容的电子信息器材等工具；“帮助”是指采取抄袭、携带考题答案、提供考题答案，或者事先熟悉被泄题的考题内容等方式参加考试的行为。

3. 主体要件。本罪的主体是任何已满 16 周岁具有刑事责任能力的自然人。对于单位实施组织考试作弊的，追究组织者、策划者、实施者的刑事责任。

4. 主观要件。本罪在主观方面是直接故意犯罪。行为人须明知自己组织考试作弊的行为，或者为组织作弊者提供帮助的行为会损害国家的考试管理秩序和他人公平参与考试的权利，却希望或者放任这种危害结果的发生。

根据刑法第 284 条之一的规定：犯本罪的，处三年以下有期徒刑或者拘役，并处或者单处罚金；情节严重的，处三年以上七年以下有期徒刑，并处罚金。

【疑难指导】

一、法律规定的国家考试范围的认定

根据组织者和举办主体的不同，可以将考试分为国家考试、社会考试和自主考试。“国家考试”是指由国家机关设立并组织实施的考试。国家考试并不限于全国范围内统一组织的考试，由地方国家机关确定实施和组织承办的考试也属于国家考试。

对于“法律规定”的理解，存在“狭义说”和“广义说”。“狭义说”认为国家考试的法定依据仅限于全国人大及其常委会制定的法律；“广义说”认为国务院制定的行政法规及部门规章等也可作为国家考试的依据。针对这种情况，2019 年最高人民法院、最高人民检察院发布的《关于办理组织考试作弊等刑事案件适用法律若干问题的解释》（以下简称《解释》）将“法律规定的国家考试”仅限于全国人民代表大会及其常务委员会制定的法律所规定的考试，避免了刑事犯罪圈的无限扩大，符合刑法谦抑性的要求。

《解释》中明确规定了“法律规定的国家考试”的四种类型：国家教育考试、中央和地方公务员录用考试、专业技术资格考试，以及其他依照法律由中央或者地方主管部，以及行业组织的国家考试。同时，还专门列举了九种属于“法律规定的国家考试”的专业技术资格考试。

关于国家教育考试的具体范围，我们认为不能笼统地将教育部组织的考试均纳入“法律规定的国家考试的范围”。《国家教育考试违规处理办法》第 2 条明确规定：“本办法所称国家教育考试是指普通和成人高等学校招生考试、全国硕士研

究生招生考试、高等教育自学考试等，由国务院教育行政部门确定实施，由经批准的实施教育考试的机构承办，面向社会公开、统一举行，其结果作为招收学历教育学生或者取得国家承认学历、学位证书依据的测试活动。”据此，目前看来，属于“法律规定的国家考试”的国家教育考试主要是指普通高等学校招生考试、研究生招生考试、高等教育自学考试、成人高等学校招生考试等四种考试。大学英语四级、六级考试虽然由教育部组织实施，但相关法律未作明确规定，故不宜纳入“国家规定的考试”范畴。

值得注意的是，近年来普通高等学校招生考试中的自主选拔录取招生、特长生招生、保送生招生、艺术体育类专业招生，以及公务员录用考试、专业技术资格考试等涉及的特殊技能测试、面试、综合测试等考试形式越来越多，在特殊类型考试招生中组织作弊的情况严重，社会影响恶劣，人民群众反应强烈，所以《解释》亦将上述考试涉及的特殊类型招生、特殊技能测试、面试等纳入“法律规定的国家考试”的范围。①

《中华人民共和国职业教育法》第8条，特别是《中华人民共和国劳动法》第69条是否属于“法律规定”?《中华人民共和国职业教育法》第8条第1款规定：“实施职业教育应当根据实际需要，同国家制定的职业分类和职业等级标准相适应，实行学历证书、培训证书和职业资格证书制度。”《中华人民共和国劳动法》第69条规定：“国家确定职业分类，对规定的职业制定职业技能标准，实行职业资格证书制度，由经备案的考核鉴定机构负责对劳动者实施职业技能考核鉴定。”我们认为，上述规定过于原则，且相关考核不能等同于考试，故不宜成为认定资格类考试属于“法律规定的国家考试”的依据，而应看各类资格类考试有无法律的具体规定。②

二、组织作弊的理解和认定

（一）作弊行为的理解

在考试中，刑法意义上的作弊行为和一般违规违纪行为都有可能发生，对于

---

① 参见宋丹：《考试作弊犯罪法律适用的几个问题》，载《中国考试》2020年第2期。

② 周加海、王庆刚、喻海松：《〈关于办理组织考试作弊等刑事案件适用法律若干问题的解释〉的理解与适用》，载《人民司法》2019年第28期。

作弊行为的理解直接影响着罪与非罪的判断。目前刑法和司法解释均未明确作弊行为的内涵和外延，我们认为对于作弊行为的理解可以参照《国家教育考试违规处理办法》（以下简称《办法》）。《办法》的第6条和第7条明确了属于考试作弊行为的情形。值得注意的是，对于在考试过程中故意销毁试卷、答卷或者考试材料的行为，《办法》将其规定为作弊行为，而《公务员录用考试违纪违规行为处理办法》中则只是将其列为一般违规违纪行为。我们认为，考试作弊是为了通过不正当手段、途径获得或者试图获得试题和答案，组织考试作弊罪惩罚的是破坏考试制度，影响考生公平考试权利的行为，销毁试卷、答卷或者考试材料虽然会在一定程度上破坏考场正常秩序，但是这种行为加大了考生取得好成绩的难度，客观上并没有影响到其他考生公平参加考试的权利，所以不宜将这种行为列为考试作弊。

（二）组织行为的认定

对于组织行为的认定，在理论界和司法实务中一直有不同的看法和争议。有观点认为被组织者的人数必须为“多人”，也有观点认为被组织者的人数不需限制，即使是一人也可成立。我们认为本罪中组织行为的成立必须满足被组织者为多人的要求。主要理由在于：首先，从文义解释的角度来看，“组织”一词的基本内涵就是指通过对分散的人或事物来进行安排，使之具备系统性或整体性。因此被组织者必须达到2人以上，如果对象仅仅单独一人难以谓之“组织”。其次，从本罪侵害的法益类型来看，由于本罪处于刑法分则第六章中，因而被侵犯的法益可以定位为国家和法律所欲维持、保护的某种社会管理制度和社会秩序。结合本章节其他罪名的规定可以发现，对于这种抽象法益的损害认定必须要求行为的社会危害程度较高，这就使得对于组织行为较高的违法程度、危害程度评价必须借助具体的衡量标准予以体现，而被组织者的数量、规模等正是具体的判断依据。故此，本罪中的组织行为成立必须要求被组织者为多人。最后，考虑到当前司法实践中某些组织考试作弊行为已经形成产业化、团伙化、专业分工化等特征，为了明确刑法的打击重点，同时考虑到民众日常生活对于组织行为的普遍认知与刑法实务中的通常理解，应当将“多人”理解为3人以上较为合理妥当。

三、作弊器材的认定标准与程序

组织考试作弊罪除组织作弊行为外，还包括为他人实施组织考试作弊犯罪提供作弊器材或者其他帮助的行为。《解释》第 3 条第 1 款对“作弊器材”的认定标准作了明确。具体而言，从功能上将“作弊器材”限定为具有避开或者突破考场防范作弊的安全管理措施（如纽扣式数码相机、眼镜式密拍设备通过伪装，以规避考场检查），并具有获取、记录、传递、接收、存储试题、答案等功能（如密拍设备、数据接收设备可以发送、接收相关信息）的程序、工具。据此，对于普通的手机、相机，不宜认定为“作弊器材”。此外，随着技术发展，未来有可能会出现新型作弊器材。例如，在机动车驾驶员考试中，目前实行电子路考，即摒弃原先的考试员监考评分，取而代之的是电脑监控评判，进行扣分等工作。如果研制相关作弊程序，从而控制电子路考设备，使其失去相应功能，无法进行扣分的，也应当认定为“作弊器材”。基于此，从主观动机角度，将“专门设计用于作弊的程序、工具”也规定为“作弊器材”的情形。

《解释》第 3 条第 2 款明确了作弊器材的认定程序，规定：“对于是否属于刑法第二百八十四条之一第二款规定的‘作弊器材’难以确定的，依据省级以上公安机关或者考试主管部门出具的报告，结合其他证据作出认定；涉及专用间谍器材、窃听、窃照专用器材、‘伪基站’等器材的，依照相关规定作出认定。”据此，需要注意的是，有些考试作弊器材可能属于专用间谍器材、窃听、窃照专用器材、“伪基站”等器材，应当根据相关规定作出认定，如《反间谍法实施细则》第 18 条第 2 款规定：“专用间谍器材的确认，由国务院国家安全主管部门负责。”《禁止非法生产销售使用窃听窃照专用器材和“伪基站”设备的规定》第 7 条第 1 款规定：“公安机关负责对窃听窃照专用器材……的认定工作。”《最高人民法院、最高人民检察院关于办理扰乱无线电通讯管理秩序等刑事案件适用法律若干问题的解释》（法释〔2017〕11 号）第 9 条第 1 款规定：“对案件所涉的有关专门性问题难以确定的，依据司法鉴定机构出具的鉴定意见，或者下列机构出具的报告，结合其他证据作出认定：（一）省级以上无线电管理机构、省级无线电管理机构依法设立的派出机构、地市级以上广播电视主管部门就是否系‘伪基站’‘黑广播’出具的报告……”

值得注意的是，对于刑法第 284 条之一第 2 款规定的为他人实施组织作弊犯罪提供的“其他帮助”，应当根据案件的具体情况加以把握。从实践来看，为他人组织作弊犯罪实施的下列帮助行为可以认定为“其他帮助”：（1）帮助安排作弊考点、考场或者考位的；（2）帮助控制考场视频监控系统和无线通讯信号屏蔽系统的；（3）帮助传递考试试题、答案、作弊器材或者通讯设备的；（4）帮助违规招录监考人员的；（5）帮助更换答题卡的；（6）其他为实施组织考试作弊犯罪提供帮助的行为。[①]

四、组织考试作弊罪犯罪既遂的认定

司法实践中不少组织考试作弊的案件是在考试开始之前即被查处，组织考试作弊的目的还未能实现，这种情形下是否构成犯罪既遂，实践中存在不同认识。我们认为，组织考试作弊罪是行为犯，只要行为人实施了组织作弊以及为他人实施组织作弊犯罪提供作弊器材或者其他帮助的行为，就应当成立犯罪既遂，作弊目的是否实现并不影响组织作弊罪既遂的成立。同时根据构成要件齐备说和行为犯理论，犯罪既遂不仅要求行为完成，还要求侵害了刑法所保护的法益。组织考试作弊行为既包括组织行为又包括作弊行为，组织行为的目的是实施作弊行为，所以只要把他人组织起来，被组织者实施了作弊行为，就已经侵害了国家考试管理制度，组织考试作弊行为就已完成，组织作弊罪就已既遂。

值得注意的是，组织考试作弊过程中提供假试题、假答案的行为该如何定性？我们认为，对于不知道提供的试题和答案是假的，属于认识错误，不影响组织考试作弊罪既遂的认定；对于明知是假试题和答案而故意提供的行为，可以考虑以诈骗罪等罪论处。

五、考试作弊犯罪的罪数问题

对于司法实践中的行为人在非法获取试题、答案后又组织考试作弊或者向他人非法出售、提供试题、答案的情形，实际上属于数个行为触犯数个罪名，应当予以数罪并罚。对于以窃取、刺探、收买方法非法获取法律规定的国家考试的试题、答案，又组织考试作弊或者非法出售、提供试题、答案，可以以非法获取国家秘密罪和组织考试作弊罪或者非法出售、提供试题、答案罪数罪并罚；设立用

---

① 周加海、王庆刚、喻海松：《〈关于办理组织考试作弊等刑事案件适用法律若干问题的解释〉的理解与适用》，载《人民司法》2019年第28期。

于实施考试作弊的网站、通讯群组或者发布有关考试作弊的信息，情节严重的，根据刑法第287条之一第1款的规定，以非法利用信息网络罪定罪处罚；同时构成组织考试作弊罪、非法出售、提供试题、答案罪、非法获取国家秘密罪等其他犯罪的，依照处罚较重的规定定罪处罚。

六、在法律规定的国家考试以外的其他考试中实施考试作弊犯罪的处理规则

组织考试作弊罪的适用范围仅限于“法律规定的国家考试”，对于在法律规定的国家考试以外的其他考试中，组织作弊，为他人组织作弊提供作弊器材或者其他帮助的行为该如何认定，应当根据考试作弊的具体情况，以相应的罪名追究刑事责任。在法律规定的国家考试以外的其他考试中，非法出售、提供试题答案的，符合非法获取国家秘密罪的构成要件，可以构成非法获取国家秘密罪；在法律规定的国家考试以外的其他考试中实施组织作弊等行为，非法生产、销售窃听、窃照专用器材的，可以构成非法生产、销售窃听、窃照专用器材罪、非法使用窃听、窃照专用器材罪；在法律规定的国家考试以外的其他考试中实施组织作弊等行为，设立组织考试作弊的网站、通讯群组、发布实施考试作弊违法信息的，可以构成非法利用信息网络罪；在法律规定的国家考试以外的其他考试中利用伪基站等作弊的，可以构成扰乱无线电通讯管理秩序罪。

值得注意的是，在考试开始之前，对于法律规定的国家考试以外的考试而言，相关试题、答案依照有关规定被认定为国家秘密的，行为人在考前通过盗窃试卷、贿买特定知悉人员等方式非法获取考试试题、参考答案、评分标准等，而后实施组织考试作弊行为，可以适用侵犯国家秘密类犯罪。具体而言，可能同时构成非法获取国家秘密罪、故意泄露国家秘密罪等罪名，应当根据牵连犯的处断原则，择一重罪处断。但是，考试开始后结束前，相关试题是否仍属于国家秘密，则存在不同认识：相关考试主管部门和公安机关通常认为属于国家秘密，应当适用非法获取国家秘密罪等涉密犯罪；但是，也有意见持相反的观点，认为开考后对相关试题的管理难以达到相关保密要求，认定为国家秘密值得商榷，故不宜适用非法获取国家秘密罪等涉密犯罪。我们认为，在此种情形下，考中作弊（行为人通过雇用“枪手”进入考场，将试题非法发送给场外人员，进而作弊的行为）能否认定为侵犯国家秘密类犯罪，则取决于依照相关规定能否将开考后、结束前的试题认定为国家秘密。对此，有些考试主管部门明确规定相关试题在开考后、结束前仍然属于国家秘密。

【办案依据】

一、刑法规定

第二百八十四条之一第一款、第二款　在法律规定的国家考试中，组织作弊的，处三年以下有期徒刑或者拘役，并处或者单处罚金；情节严重的，处三年以上七年以下有期徒刑，并处罚金。

为他人实施前款犯罪提供作弊器材或者其他帮助的，依照前款的规定处罚。

二、司法解释

（一）《最高人民法院关于审理走私、非法经营、非法使用兴奋剂刑事案件适用法律若干问题的解释》（2019年11月18日，法释〔2019〕16号）

第四条　在普通高等学校招生、公务员录用等法律规定的国家考试涉及的体育、体能测试等体育运动中，组织考生非法使用兴奋剂的，应当依照刑法第二百八十四条之一的规定，以组织考试作弊罪定罪处罚。

明知他人实施前款犯罪而为其提供兴奋剂的，依照前款的规定定罪处罚。

（二）《最高人民法院、最高人民检察院关于办理组织考试作弊等刑事案件适用法律若干问题的解释》（2019年9月2日，法释〔2019〕13号）

为依法惩治组织考试作弊、非法出售、提供试题、答案、代替考试等犯罪，维护考试公平与秩序，根据《中华人民共和国刑法》《中华人民共和国刑事诉讼法》的规定，现就办理此类刑事案件适用法律的若干问题解释如下：

第一条　刑法第二百八十四条之一规定的“法律规定的国家考试”，仅限于全国人民代表大会及其常务委员会制定的法律所规定的考试。

根据有关法律规定，下列考试属于“法律规定的国家考试”：

（一）普通高等学校招生考试、研究生招生考试、高等教育自学考试、成人高等学校招生考试等国家教育考试；

（二）中央和地方公务员录用考试；

（三）国家统一法律职业资格考试、国家教师资格考试、注册会计师全国统一考试、会计专业技术资格考试、资产评估师资格考试、医师资格考试、执业药师职业资格考试、注册建筑师考试、建造师执业资格考试等专业技术资格考试；

（四）其他依照法律由中央或者地方主管部门以及行业组织的国家考试。

前款规定的考试涉及的特殊类型招生、特殊技能测试、面试等考试，属于“法律规定的国家考试”。

第二条 在法律规定的国家考试中，组织作弊，具有下列情形之一的，应当认定为刑法第二百八十四条之一第一款规定的“情节严重”：

（一）在普通高等学校招生考试、研究生招生考试、公务员录用考试中组织考试作弊的；

（二）导致考试推迟、取消或者启用备用试题的；

（三）考试工作人员组织考试作弊的；

（四）组织考生跨省、自治区、直辖市作弊的；

（五）多次组织考试作弊的；

（六）组织三十人次以上作弊的；

（七）提供作弊器材五十件以上的；

（八）违法所得三十万元以上的；

（九）其他情节严重的情形。

第三条 具有避开或者突破考场防范作弊的安全管理措施，获取、记录、传递、接收、存储考试试题、答案等功能的程序、工具，以及专门设计用于作弊的程序、工具，应当认定为刑法第二百八十四条之一第二款规定的“作弊器材”。

对于是否属于刑法第二百八十四条之一第二款规定的“作弊器材”难以确定的，依据省级以上公安机关或者考试主管部门出具的报告，结合其他证据作出认定；涉及专用间谍器材、窃听、窃照专用器材、“伪基站”等器材的，依照相关规定作出认定。

第四条 组织考试作弊，在考试开始之前被查获，但已经非法获取考试试题、答案或者具有其他严重扰乱考试秩序情形的，应当认定为组织考试作弊罪既遂。

第五条 为实施考试作弊行为，非法出售或者提供法律规定的国家考试的试题、答案，具有下列情形之一的，应当认定为刑法第二百八十四条之一第三款规定的“情节严重”：

（一）非法出售或者提供普通高等学校招生考试、研究生招生考试、公务员录用考试的试题、答案的；

（二）导致考试推迟、取消或者启用备用试题的；

（三）考试工作人员非法出售或者提供试题、答案的；

（四）多次非法出售或者提供试题、答案的；

（五）向三十人次以上非法出售或者提供试题、答案的；

（六）违法所得三十万元以上的；

（七）其他情节严重的情形。

第六条　为实施考试作弊行为，向他人非法出售或者提供法律规定的国家考试的试题、答案，试题不完整或者答案与标准答案不完全一致的，不影响非法出售、提供试题、答案罪的认定。

第七条　代替他人或者让他人代替自己参加法律规定的国家考试的，应当依照刑法第二百八十四条之一第四款的规定，以代替考试罪定罪处罚。

对于行为人犯罪情节较轻，确有悔罪表现，综合考虑行为人替考情况以及考试类型等因素，认为符合缓刑适用条件的，可以宣告缓刑；犯罪情节轻微的，可以不起诉或者免予刑事处罚；情节显著轻微危害不大的，不以犯罪论处。

第八条　单位实施组织考试作弊、非法出售、提供试题、答案等行为的，依照本解释规定的相应定罪量刑标准，追究组织者、策划者、实施者的刑事责任。

第九条　以窃取、刺探、收买方法非法获取法律规定的国家考试的试题、答案，又组织考试作弊或者非法出售、提供试题、答案，分别符合刑法第二百八十二条和刑法第二百八十四条之一规定的，以非法获取国家秘密罪和组织考试作弊罪或者非法出售、提供试题、答案罪数罪并罚。

第十条　在法律规定的国家考试以外的其他考试中，组织作弊，为他人组织作弊提供作弊器材或者其他帮助，或者非法出售、提供试题、答案，符合非法获取国家秘密罪、非法生产、销售窃听、窃照专用器材罪、非法使用窃听、窃照专用器材罪、非法利用信息网络罪、扰乱无线电通讯管理秩序罪等犯罪构成要件的，依法追究刑事责任。

第十一条 设立用于实施考试作弊的网站、通讯群组或者发布有关考试作弊的信息，情节严重的，应当依照刑法第二百八十七条之一的规定，以非法利用信息网络罪定罪处罚；同时构成组织考试作弊罪、非法出售、提供试题、答案罪、非法获取国家秘密罪等其他犯罪的，依照处罚较重的规定定罪处罚。

第十二条 对于实施本解释规定的犯罪被判处刑罚的，可以根据犯罪情况和预防再犯罪的需要，依法宣告职业禁止；被判处管制、宣告缓刑的，可以根据犯罪情况，依法宣告禁止令。

第十三条 对于实施本解释规定的行为构成犯罪的，应当综合考虑犯罪的危害程度、违法所得数额以及被告人的前科情况、认罪悔罪态度等，依法判处罚金。

第十四条 本解释自2019年9月4日起施行。

（三）《最高人民法院关于中华人民共和国刑法修正案（九）时间效力问题的解释》（2015年10月29日，法释〔2015〕19号）

第六条 对于2015年10月31日以前组织考试作弊，为他人组织考试作弊提供作弊器材或者其他帮助，以及非法向他人出售或者提供考试试题、答案，根据修正前刑法应当以非法获取国家秘密罪、非法生产、销售间谍专用器材罪或者故意泄露国家秘密罪等追究刑事责任的，适用修正前刑法的有关规定。但是，根据修正后刑法第二百八十四条之一的规定处刑较轻的，适用修正后刑法的有关规定。

三、其他法规

《国家教育考试违规处理办法》（2012年1月5日）

第三条 对参加国家教育考试的考生以及考试工作人员、其他相关人员，违反考试管理规定和考场纪律，影响考试公平、公正行为的认定与处理，适用本办法。

对国家教育考试违规行为的认定与处理应当公开公平、合法适当。

第六条 考生违背考试公平、公正原则，在考试过程中有下列行为之一的，应当认定为考试作弊：

（一）携带与考试内容相关的材料或者存储有与考试内容相关资料的电子设备参加考试的；

（二）抄袭或者协助他人抄袭试题答案或者与考试内容相关的资料的；

（三）抢夺、窃取他人试卷、答卷或者胁迫他人为自己抄袭提供方便的；

（四）携带具有发送或者接收信息功能的设备的；

（五）由他人冒名代替参加考试的；

（六）故意销毁试卷、答卷或者考试材料的；

（七）在答卷上填写与本人身份不符的姓名、考号等信息的；

（八）传、接物品或者交换试卷、答卷、草稿纸的；

（九）其他以不正当手段获得或者试图获得试题答案、考试成绩的行为。

第七条　教育考试机构、考试工作人员在考试过程中或者在考试结束后发现下列行为之一的，应当认定相关的考生实施了考试作弊行为：

（一）通过伪造证件、证明、档案及其他材料获得考试资格、加分资格和考试成绩的；

（二）评卷过程中被认定为答案雷同的；

（三）考场纪律混乱、考试秩序失控，出现大面积考试作弊现象的；

（四）考试工作人员协助实施作弊行为，事后查实的；

（五）其他应认定为作弊的行为。

第九条　考生有第五条所列考试违纪行为之一的，取消该科目的考试成绩。

考生有第六条、第七条所列考试作弊行为之一的，其所报名参加考试的各阶段、各科成绩无效；参加高等教育自学考试的，当次考试各科成绩无效。

有下列情形之一的，可以视情节轻重，同时给予暂停参加该项考试 1 至 3 年的处理；情节特别严重的，可以同时给予暂停参加各种国家教育考试 1 至 3 年的处理：

（一）组织团伙作弊的；

（二）向考场外发送、传递试题信息的；

（三）使用相关设备接收信息实施作弊的；

（四）伪造、变造身份证、准考证及其他证明材料，由他人代替或者代替考生参加考试的。

参加高等教育自学考试的考生有前款严重作弊行为的，也可以给予延迟毕业时间 1 至 3 年的处理，延迟期间考试成绩无效。

第十条 考生有第八条所列行为之一的，应当终止其继续参加本科目考试，其当次报名参加考试的各科成绩无效；考生及其他人员的行为违反《中华人民共和国治安管理处罚法》的，由公安机关进行处理；构成犯罪的，由司法机关依法追究刑事责任。

第十一条 考生以作弊行为获得的考试成绩并由此取得相应的学位证书、学历证书及其他学业证书、资格资质证书或者入学资格的，由证书颁发机关宣布证书无效，责令收回证书或者予以没收；已经被录取或者入学的，由录取学校取消录取资格或者其学籍。

第十二条 在校学生、在职教师有下列情形之一的，教育考试机构应当通报其所在学校，由学校根据有关规定严肃处理，直至开除学籍或者予以解聘：

（一）代替考生或者由他人代替参加考试的；

（二）组织团伙作弊的；

（三）为作弊组织者提供试题信息、答案及相应设备等参与团伙作弊行为的。

第十七条 有下列行为之一的，由教育考试机构建议行为人所在单位给予行政处分；违反《中华人民共和国治安管理处罚法》的，由公安机关依法处理；构成犯罪的，由司法机关依法追究刑事责任：

（一）指使、纵容、授意考试工作人员放松考试纪律，致使考场秩序混乱、作弊严重的；

（二）代替考生或者由他人代替参加国家教育考试的；

（三）组织或者参与团伙作弊的；

（四）利用职权，包庇、掩盖作弊行为或者胁迫他人作弊的；

（五）以打击、报复、诬陷、威胁等手段侵犯考试工作人员、考生人身权利的；

（六）向考试工作人员行贿的；

（七）故意损坏考试设施的；

（八）扰乱、妨害考场、评卷点及有关考试工作场所秩序后果严重的。

国家工作人员有前款行为的，教育考试机构应当建议有关纪检、监察部门，根据有关规定从重处理。

第十八条 考试工作人员在考试过程中发现考生实施本办法第五条、第六条所列考试违纪、作弊行为的，应当及时予以纠正并如实记录；对考生用于作弊的材料、工具等，应予暂扣。

考生违规记录作为认定考生违规事实的依据，应当由2名以上监考员或者考场巡视员、督考员签字确认。

考试工作人员应当向违纪考生告知违规记录的内容，对暂扣的考生物品应填写收据。

第十七章　非法出售、提供试题、答案罪

【立案追诉标准】

非法出售、提供试题、答案案（刑法第284条之一第3款）

为实施考试作弊行为，向他人非法出售或者提供法律规定的国家考试的试题、答案的，应予立案。

【犯罪构成及刑事责任】

非法出售、提供试题、答案罪，是指在国家规定的考试中，为实施考试作弊行为，向他人非法出售或者提供法律规定的国家考试的试题、答案的行为。构成本罪需要具备以下四个要件：

1. 客体要件。本罪侵犯的客体是国家的考试制度。这里的考试制度包括列为国家考试范围的地方考试制度和行业考试制度，如地方政府招收公务员的考试。本罪侵犯的对象是受国家法律、法规保护的考试试题和答案。

2. 客观要件。客观方面表现为在国家规定的考试中，为实施考试作弊行为，向他人非法出售、提供法律规定的国家考试的试题、答案的行为。“非法出售或提供”是指试题、答案的持有人违反国家法律法规有关考试制度的相关规定，以牟利为目的将试题或答案出卖给他人或者不以牟利为目的而将试题或答案交付给他人。

3. 主体要件。本罪的主体是一般主体，年满16周岁具有刑事责任能力的自然人均可构成本罪。

4. 主观要件。本罪在主观方面是故意犯罪。即行为人明知向他人非法出售或者提供法律规定的国家考试的行为会产生危害国家考试制度的结果，而希望或者放任这种结果的发生。

根据刑法第 284 条之一第 3 款的规定：犯本罪，处三年以下有期徒刑或者拘役，并处或者单处罚金；情节严重的，处三年以上七年以下有期徒刑，并处罚金。

【疑难指导】

一、如何理解非法出售、提供

本罪在客观方面表现为非法出售、提供试题、答案的行为。“出售”指的是有偿转让试题、答案的行为，这里并不一定需要“现实交付”，只要达成“买卖”的合意即可。“提供”是指转让人将对某一物品或者其权利凭证的现实占有转让于受让人的情形，不以获取利益为目的。非法出售、提供指的是行为人违反法律规定未经法律许可而向他人出售或提供试题、答案的行为，如果行为人是按照国家规定的考试流程，以及考试活动所需的手续和步骤来进行试题的交接，则不属于非法出售、提供。此外，还应当注意的是非法出售、提供行为发生的时间必须是在考试之前或是在考试过程中，如果发生在考试之后，考生获得试题、答案已经失去了意义，也不会造成对考试制度的破坏，本罪保护的法益不再具有侵害的可能性。同时，根据法律规定的国家考试的试题、答案一般都具有一定的保密期，如果已经解密再非法出售和提供，则是一种事后行为，不具有可罚性。[①] 例如，教育部的相关规定指出，国家教育全国统一考试在启用之前的试题（包括副题）、参考答案和评分标准为“绝密级事项”。其中，“启用之前”意即“启封并使用完毕之前”，这就意味着考试结束以后试题、答案的保密期已过，其不再受到法律的保护。

二、关于试题、答案的要求

关于本罪中的试题、答案是否要求必须是真实、完整的，我们认为应该从以

---

① 陈永学、褚冬宁：《非法出售、提供试题、答案罪之司法适用探析》，载《保定学院学报》2017 年第 4 期。

下两个方面分别讨论：

（一）试题、答案部分真实不影响本罪的构成。实践中，除了由组织考试的人员泄题的情况之外，大部分的试题、答案都是来自于窃听、窃照等方式取得的，有可能出现试题、答案是不真实的情况，部分真实，只要不是完全虚假就能够对考试结果造成影响，就会破坏考试的公平秩序，所以部分真实、部分虚假的试题、答案不影响本罪的构成。如果是完全虚假的试题、答案，非法出售的，就可以考虑构成诈骗罪。

（二）试题、答案不完整不影响本罪的构成。行为人只非法出售或提供了部分试题和答案，或者在出售或提供的复习资料中包含部分试题和答案的，同样属于这里的“非法出售、提供试题、答案”。因为，一旦考生利用所提供的部分试题、答案，必然会对考试成绩有实质性的改变，进而侵犯到公平公正的考试制度，所以也同样应当构成本罪。[①]

三、本罪停止形态的认定

在实践中，故意犯罪并不可能都会顺利完成，在其实施过程中，往往会因各种主客观原因而停止下来不再前进，由此而呈现出的状态即是犯罪的停止形态。[②]犯罪的停止形态包括既遂、未遂、中止、预备四种形态。本罪是行为犯，主要是非法出售、提供试题、答案的行为完成即为犯罪既遂。出售的行为完成，是指双方达成合意，试题、答案交付于买方；提供的行为完成，是指行为人将试题、答案交由对方实际占有或控制。除了犯罪既遂之外，本罪还可以成立犯罪预备，犯罪未遂和犯罪中止。行为人在将试题、答案交付对方的过程中，由于意志以外的原因（如通信中断等）导致对方没有收到试题、答案，那么成立本罪的犯罪未遂；行为人在将试题、答案交付对方时心生悔意，最后没有将试题、答案交由对方，即成立犯罪中止；行为人在为了出售、提供试题、答案而准备工具、制造条件的过程中由于意志以外的原因导致其没有开始进行出售、提供的行为，如在张贴广告寻找考生的时候被别人举报了，就成立犯罪预备，根据刑法第22条的规定，对

① 陈永学、褚冬宁：《非法出售、提供试题、答案罪之司法适用探析》，载《保定学院学报》2017年第4期。

② 高铭暄、马克昌主编：《刑法学》，北京大学出版社2016年版，第143页。

犯罪预备的处罚应比照犯罪既遂进行，可以根据情况予以从轻、减轻或者免除处罚。在此需要注意的是，尽管刑法规定对预备犯可予以从宽处罚，但由于预备形态的社会危害性较轻，如果符合刑法第13条“但书”的规定，即“情节显著轻微危害不大的”，应不认为是犯罪。

四、本罪与相关犯罪的界限

（一）本罪与组织考试作弊罪的区分

组织考试作弊罪，就是指在法律规定的国家考试中，有组织性地进行作弊活动的行为。在实践中，组织考试作弊的行为主要表现为发起、设立或组织建立进行考试作弊活动的团伙，以及为组织考试作弊活动制订计划、进行谋划和布置，实际指挥、调整具体措施的实施，进行相关人员的分工与安排，等等。[①] 在组织考试作弊的过程中，往往会涉及非法出售、提供试题、答案的行为，此时的出售、提供试题答案的行为被包含在组织考试作弊行为之中，是组织考试作弊行为整个过程中的一部分，没有必要单独进行评价，应当按照组织考试作弊罪追究刑事责任。但是，如果行为人明知是考试作弊组织或其人员，而向其非法出售、提供试题、答案的，则就会同时构成非法出售、提供试题、答案罪的实行犯和组织考试作弊罪的帮助犯，由于是一个行为同时触犯数个罪名，所以，在此情况下，二者就会形成想象竞合关系，按照想象竞合犯的处理原则，对此应择一重罪论处，即按照处罚较重的罪名定罪处刑，由于两罪的法定刑相同，帮助犯属于从犯，应予以从宽处罚，所以，按非法提供、出售试题、答案罪论处显然处刑要重，故应按该罪定罪处刑。[②]

（二）本罪与非法获取国家秘密罪的区分

非法获取国家秘密罪，是指以窃取、刺探、收买方法，非法获取国家秘密的行为，犯此罪的，处三年以下有期徒刑、拘役、管制或者剥夺政治权利；情节严重的，处三年以上七年以下有期徒刑。非法出售、提供试题、答案的行为，在刑法修正前，大多是以非法获取国家秘密罪定罪处罚。因此实践当中有必要对两罪

---

① 张冬霞、马民鹏：《组织考试作弊罪的立法解读》，载《法制日报》2015年12月2日。

② 陈永学、褚冬宁：《非法出售、提供试题、答案罪之司法适用探析》，载《保定学院学报》2017年第4期。

进行区分。两者的区别主要表现在一是客体不同，本罪侵犯的客体是复杂客体，即国家对考试组织的管理秩序和他人公平参与考试的权利，非法获取国家秘密罪所侵犯的客体是国家保密制度和国家安全。二是行为方式不同，本罪的行为方式是非法出售、提供，非法获取国家秘密罪的行为方式是窃取、刺探、收买。

按照有关规定，法律规定的国家考试的试题和答案在开启之前应当属于国家秘密，如果行为人在考试开始之前，以窃取、刺探、收买的方法获取了试题和答案，则当然构成非法获取国家秘密罪，但同时，非法获取试题和答案的行为也可以作为非法出售、提供试题、答案行为的预备行为，成立本罪的预备犯，此时成立想象竞合犯。由于本罪的法定刑与非法获取国家秘密罪相同，但是考试前非法获取试题答案的行为同时成立本罪的预备犯与非法获取国家秘密罪的实行犯，实行犯的处罚重于预备犯，所以应当以非法获取国家秘密罪追究刑事责任。

（三）本罪与故意泄露国家秘密罪的区分

故意泄露国家秘密罪，是指国家机关工作人员或其他人员，违反了保守国家秘密法的规定，故意泄露国家秘密，情节严重的行为。国家秘密，是指关于国家的安全和利益，依照法定程序确定，在一定时间内只限一定范围的人知悉的事项。法律规定的国家考试的试题、答案多属于国家秘密。在刑法修正之前，非法出售、提供试题、答案的行为有一部分也是按照故意泄露国家秘密罪追究刑事责任的。两罪的主要区别表现在以下几个方面：

1. 客体不同。本罪侵犯的客体是复杂客体，即国家对考试组织的管理秩序和他人公平参与考试的权利，故意泄露国家秘密罪所侵犯的客体是国家的保密制度。

2. 客观方面不同。本罪的客观方面表现为向他人非法出售或提供试题、答案，而故意泄露国家秘密罪的客观方面是泄露国家秘密，泄露的方式没有限制，可以是口头泄露或者书面方式泄露，也可以是秘密泄露或者公开披露。如私下交谈泄露、通信泄露、提供阅读、准许复制、在报刊网络上披露等。

3. 主观目的不同。两罪的与主观方面均为故意，但是本罪的目的是实施考试作弊行为，故意泄露国家秘密罪对动机、目的没有要求。如果行为人为实施考试作弊行为，向他人非法出售或者提供属于国家秘密的试题、答案，情节严重的，构成本罪与故意泄露国家秘密罪的想象竞合犯，应当从一重罪论处，未达到情节严重的，以本罪论处。如果行为人不是为实施考试作弊行为，而是向他人非法提供属于国家秘密的试题、答案的，没有达到情节严重的，不以犯罪论处，情节严重的，则以故意泄露国家秘密罪论处。

【办案依据】

一、刑法规定

第二百八十四条之一第三款 为实施考试作弊行为，向他人非法出售或者提供第一款规定的考试的试题、答案的，依照第一款的规定处罚。

二、司法解释

《最高人民法院、最高人民检察院关于办理组织考试作弊等刑事案件适用法律若干问题的解释》（2019 年 9 月 2 日，法释〔2019〕13 号）

（详见本书第十六章组织考试作弊罪司法解释）

三、其他文件

《国家教育考试违规处理办法》（2012 年 1 月 5 日）

（详见本书第十六章组织考试作弊罪其他文件）

第十八章　代替考试罪

【立案追诉标准】

代替考试案（刑法第284条之一第4款）

在法律规定的国家考试中，代替他人或者让他人代替自己参加考试的，应予立案。

【犯罪构成及刑事责任】

代替考试罪，是指代替他人或者让他人代替自己参加法律规定的国家考试的行为。构成本罪需要具备以下四个要件：

1. 客体要件。本罪侵犯的客体是国家的考试制度。这里的考试制度包括列为国家考试范围的地方考试制度和行业考试制度，如地方政府招收公务员的考试。本罪侵犯的对象是国家规定的考试。

2. 客观要件。客观方面表现为代替他人或者让他人代替自己参加国家规定的考试的行为。具体包括两种行为：

（1）代替他人考试。即主动代替那些担心自己不能通过考试的人去考试。

（2）让他人代替自己考试。即认为在自己考试不能通过的情况下，去主动寻找能够代替自己通过考试的人来为自己通过考试。

3. 主体要件。本罪的主体是特殊主体，即达到刑事责任年龄、具有刑事责任能力的有资格参加考试的人，或者虚假的有资格参加考试的人。

4. 主观要件。本罪在主观方面是直接故意犯罪。即行为人明知代替他人或者让他人代替自己参加法律规定的国家考试的行为会产生危害国家考试制度的结果，而希望或者放任这种结果的发生。

根据刑法第 284 条之一第 4 款的规定：犯本罪，处拘役或者管制，并处或者单处罚金。

【疑难指导】

一、如何理解“让他人代替自己”

“让他人代替自己”，不能简单地理解为只有考生本人积极主动亲自或通过他人帮助寻找或雇用替考者、指使替考者代替自己参加考试，还应当包括考生默认接受其他人提议并为自己安排替考的情形。因为考生既然报名参加考试，就应当履行考试规则赋予考生的义务，但考生知情后对替考行为不加阻止，其不去亲自参加考试的行为在客观上促成了替考的发生，在主观上也表明了自己对替考同意的态度，并且他人替考的最终受益者也是考生本人，其理应受罚。

值得注意的是，考生亲友作为代替考试行为的积极促成者，且考生亲友更多以教唆考生接受替考的教唆者、帮助考生安排替考的帮助者的身份出现。依照本罪的罪状设计，对考生亲友，一般可以通过与考生形成共同犯罪的形式，以共犯论处。然而，对于考生亲友违背考生意志帮助考生安排替考，而考生本人确不知情或强烈反对但因被控制等原因无力阻止的情况，考生本人事实上并未实施本罪的实行行为，这样对于帮助考生替考的亲友也将无法通过与考生形成共同犯罪的形式以本罪的共犯论处。如果考生亲友在帮助考生替考时，故意创造考生不知情或被控制等无力阻止的情形，意图使考生规避制裁，在这种情况下，可以考虑通过使考生亲友与替考者形成共同犯罪的形式，对考生亲友以本罪的共犯论处。

二、本罪犯罪既遂的认定

按照刑法规定，代替考试罪属于行为犯，行为人只要实施刑法分则所规定的实行行为，就成立犯罪既遂。但是即使是行为犯，其实行行为也是一个过程，根据犯罪构成要件理论，达到犯罪既遂的标准应当是实行行为造成了危害结果的发生，才能成立既遂，只不过有部分犯罪是行为实施完成后才发生危害结果，有部分犯罪是开始实施实行行为就同时发生特定结果。在司法实践中针对代替考试罪的犯罪既遂标准目前主要有三种不同的意见：第一种是核验身份说，认为替考者是否实际开始考试不影响犯罪既遂的认定，即使替考者在进入考场进行身份核验时被发现，也成立本罪的既遂；第二种是开始考试说，认为替考者顺利进入考场并开始考试，就侵犯了国家正常的考试管理秩序，具备了侵犯其他正常考生公平竞争权利的危险，才成立代替考试罪既遂；第三种是考试完成说，认为只有当替考行为完成才能完整地侵害此项罪名所保护的法益，进入考场这一行为只能标志着犯罪行为的着手实施，并不代表着替考犯罪行为的完成。[①] 我们赞成第二种观点。代替考试是“代替他人”和“参加考试”两个行为的结合，需要替考者进入考场完成身份核验并开始考试，完成“替”和“考”的行为，实际上侵害了其他考生公平公正参加考试的权利，完全具备了代替考试罪的构成要件，成立代替考试罪的犯罪既遂。代替考试罪以替考者开始考试作为既遂标准。实践过程中，如果替考者在进入考场后，由于意志以外的原因（如没有通过身份核验）而未能参加考试的，就构成代替考试罪的未遂；如果替考者在参加考试之前进行了伪造考试证件、代为报名并进行资格确认等行为，由于意志以外的原因而没有开始代替考试的行为，属于犯罪预备。考虑到代替考试罪属于典型的轻罪，对代替考试罪的预备犯，宜免于刑事处罚或者以情节显著轻微为由，作无罪处理。[②]

三、本罪与组织考试作弊罪的界限

本罪与组织考试作弊罪都是刑法修正案（九）新增的有关考试作弊类犯罪，在主观方面都是直接故意，侵犯的客体都是国家正常有序的考试秩序，二者的主要区别在于犯罪主体和犯罪客观方面不同。从犯罪主体来看，虽然两罪都是一般主体，但本罪的犯罪主体主要是替考者和被替考考生。代替考试的行为在本质上属于一种对合必要共犯类型，替考者与被替考者两者都属于对合犯，如刑法关于重婚罪的相关规定，两人的行为相互以存在对方的行为为要件的犯罪，两者相互配合才能完成代替考试行为；而组织考试作弊罪的主体则是组织者，主要包括组织考试作弊的人或者组织，并且在组织考试作弊罪中，刑法着重惩治的是组织考

---

① 参见王东、徐福灿：《代替考试罪的司法认定》，载《人民司法》2019 年第 13 期。

② 桂亚胜：《代替考试罪的现状考察与刑法分析——以 44 份刑事判决书为例》，载《中国考试》2021 年第 8 期。

试作弊的行为而不是考试作弊本身。在犯罪客观方面上，代替考试罪的行为表现主要有两种：即代替他人考试和让他人代替自己考试；而组织考试作弊罪的行为方式则是组织行为，这种组织行为既可以是松散的、暂时的，也可以是周密的、长期的，它通常是一个完整的过程，往往由一人或多人合伙发起，制订详尽的计划安排，实施计划时，各部分人员分工明确，具体而言，包括招募“枪手”及有替考需求的考生、贿赂相关考务人员获得试题及答案、寻找作弊工具和器材等，做好充足的准备工作以保证替考顺利完成。①

如果行为人在法律规定的国家考试中，既组织考生作弊，同时又参与实施代替他人参加考试的行为，既构成代替考试罪也构成组织考试作弊罪，两罪属于吸收关系，根据重罪吸收轻罪的处罚原则，应以组织作弊罪论处。如果行为人组织考生作弊的行为，与代替他人考试的行为没有同时发生在同一国家考试中，则既构成组织考试作弊罪，又构成代替考试罪，应当数罪并罚。

四、本罪的罪数问题

（一）本罪与伪造、变造身份证件罪和使用虚假身份证件、盗用身份证件罪

要完成替考行为，往往会涉及伪造、变造身份证件并使用虚假身份证件的行为，这时行为人除了构成本罪之外，其行为可能同时又构成伪造、变造、买卖身份证件罪和使用虚假身份证件、盗用身份证件罪。针对替考者和被替考者，我们认为应该分开讨论。

针对替考者，在代替他人考试的过程中，其完成替考行为如果同时实施了伪造、变造身份证件、使用虚假身份证件、代替别人考试的行为，就分别触犯了三个罪名。首先，替考者伪造、变造身份证件的行为触犯了“伪造、变造身份证件罪”，继而使用虚假证件的行为，构成“使用虚假身份证件罪”，前行为伪造、变造身份证件是为了后面使用虚假身份证件，前行为可以被后行为吸收，成立吸收犯。刑法规定的吸收犯包括两种情形：一是“共罚的事前行为”也被称为“不可罚的事前行为”；二是“共罚的事后行为”也被称为“不可罚的事后行为”。在这

① 参见朱丽欣：《〈刑法修正案（九）〉组织考试作弊罪解析》，载《中国检察官》2015年第11期。

里，行为人所触犯的两个罪名之间属于第二种即“共罚的事后行为”，作为目的行为的法定刑较轻的“使用虚假身份证件罪”被作为手段行为的法定刑较重的“伪造、变造身份证件罪”所吸收，属于重罪吸收轻罪，仅以重罪一罪处断即定“伪造、变造身份证件罪”。[①] 其次，伪造、变造身份证件的行为与代替他人考试的行为，也属于手段与目的的关系，行为人伪造、变造身份证件的目的是代替他人考试，应当成立牵连犯。对于牵连犯的处罚原则，原则上应当从一重罪处罚，但是刑法当中并不是所有的牵连犯都是择一重罪处罚，也有数罪并罚的情形。比如，以暴力、威胁方法抗拒缉私的，以走私罪和妨害公务罪数罪并罚。刑法单独设立代替考试罪就是为了保护考生公平参加考试的权利和维护国家的正常考试秩序，如果代替他人考试的行为因过程当中存在伪造、变造身份证件的行为就以“伪造、变造身份证件罪”这一处罚较重的罪名单独定罪处罚，那么代替他人考试这种行为就失去了单独评价的意义，本罪也就失去了设置的必要。因此，我们认为这种情况下应以伪造、变造身份证件罪与代替考试罪数罪并罚。

针对被替考者，如果其伪造、变造身份证件交由替考者，由替考者使用虚假身份证件完成替考，那么被替考者仍然应当以伪造、变造身份证件罪与本罪实行并罚，而替考者由于没有伪造、变造身份证件的行为，仅有使用虚假身份证件的行为，而且其使用虚假身份证件的行为可以被之后的代替他人考试的行为所吸收，因此仅成立代替考试罪。如果伪造、变造身份证件的行为是替考者与被替考者事先共谋达成合意共同实施的，按照共犯原理，两人都成立伪造、变造身份证件罪与代替考试罪，都数罪并罚。

（二）本罪与贿赂类犯罪

本罪中被替考者或其亲属为了能顺利完成替考行为，有时会出现贿赂相关考务工作人员的情况。针对行贿者，其贿赂行为和替考行为应当分别予以评价，以行贿罪或者对非国家工作人员行贿罪和代替考试罪数罪并罚。有的学者认为考生或者其家长这种行贿的行为与代替考试的行为之间具有手段与目的的牵连关系，

---

① 梅仕洁：《代替考试罪之定罪若干问题研究》，吉林大学硕士学位论文，2019年。

行贿是为替考服务的，二者应当成立牵连犯，从一重罪处断。[①] 我们不赞同这种观点。牵连犯的手段与目的关系指的是一行为被通常认为是另一行为的手段行为或目的行为，两行为之间具有高度的伴生性，伪造、变造身份证件可以作为代替考试的手段行为，但是行贿行为并不是代替考试通常的手段行为，两者没有高度的伴生性，所以不成立牵连犯，如果考务人员属于国家机关工作人员，应以行贿罪与本罪数罪并罚，如果其不是国家机关工作人员，应以对非国家工作人员行贿罪与本罪数罪并罚。

针对相关考务工作人员，其在收受贿赂后，为了帮助考生顺利完成替考行为，通常会利用职务之便徇私舞弊，这一行为不仅破坏了考试的正常秩序，也损害了国家机关的廉洁性，既触犯了受贿罪或者非国家工作人员受贿罪，也构成了代替考试罪的帮助犯，相关考务工作人员这一行为同时触犯两个罪名，符合想象竞合犯的特征。因此，对相关考务工作人员应按想象竞合犯的处理原则择一重罪处断，受贿罪与非国家工作人员受贿罪的法定基本刑都是三年以下有期徒刑或者拘役，并处罚金，本罪的法定刑为拘役或者管制，并处或者单处罚金。因此应当按照受贿罪或者非国家工作人员受贿罪追究刑事责任。

【办案依据】

一、刑法规定

第二百八十四条之一第四款 代替他人或者让他人代替自己参加第一款规定的考试的，处拘役或者管制，并处或者单处罚金。

二、司法解释

《最高人民法院、最高人民检察院关于办理组织考试作弊等刑事案件适用法律若干问题的解释》（2019年9月2日，法释〔2019〕13号）

（详见本书第十六章组织考试作弊罪司法解释）

---

① 田鹏辉：《代替考试罪的司法认定研究》，载《社会科学战线》2017年第7期。

第十九章　非法侵入计算机信息系统罪

【立案追诉标准】

> 非法侵入计算机信息系统案（刑法第 285 条第 1 款）
>
> 违反国家规定，侵入国家事务、国防建设、尖端科学技术领域的计算机信息系统的，应予立案。

【犯罪构成及刑事责任】

非法侵入计算机信息系统罪，是指违反国家规定，侵入国家事务、国防建设、尖端科学技术领域的计算机信息系统，或者违反国家规定，侵入其他计算机信息系统且情节严重的行为。构成本罪需要具备以下四个要件：

1. 客体要件。本罪侵犯的客体是国家对计算机信息系统的安全管理秩序。本罪的犯罪对象是国家事务、国防建设、尖端科学技术领域的计算机信息系统及其他领域的计算机信息系统。计算机信息系统，是指由计算机及其相关的和配套的设备、设施构成，按照一定的应用目标和规则进行采集、加工、存储、传输、检索等处理的人机系统。

2. 客观要件。客观方面表现为违反国家规定，侵入国家事务、国防建设、尖端科学技术领域的计算机信息系统以及侵入其他领域的计算机信息系统且情节严重的行为。主要包括以下三个方面：

（1）行为人要实施了侵入计算机信息系统的行为。“侵入”是指非法用户调取、访问计算机信息系统内的系统资源的行为。非法侵入行为的非法性可以分为两类：一是无权访问特定信息系统的人非法侵入该信息系统；二是有权访问特定信息系统的用户，未经批准、授权或者未办理手续而擅自访问该信息系统或者调取系统内部资源。非法侵入的具体方式表现为多种多样，如行为人利用自己所掌握的计算机知识、技术，通过非法手段获取指令或者许可证明后，冒充合法使用者进入重要计算机信息系统，或者将自己的计算机与重要的计算机信息系统联网等。

（2）违反国家规定，非法实施侵入行为。本罪是行为犯，只要行为人实施了非法侵入法定的计算机信息系统的行为，就构成本罪。

（3）侵入刑法第 285 条第 1 款规定以外的计算机信息系统或者采用其他技术手段，获取该计算机信息系统中存储、处理或者传输的数据；或者对该计算机信息系统实施非法控制；或者提供专门用于侵入、非法控制计算机信息系统的程序、工具；或者明知他人实施侵入、非法控制计算机信息系统的违法犯罪行为而为其提供程序、工具等行为，需要情节严重才构成犯罪。

3. 主体要件。本罪的主体是一般主体，包括单位和自然人。自然人凡达到刑事责任年龄、具有刑事责任能力均可成为本罪的主体。

4. 主观要件。本罪在主观方面是故意，包括直接故意和间接故意，即行为人（单位）明知自己的行为会发生侵入国家事务、国防建设、尖端科学技术领域的计算机信息系统的结果，并且希望或者放任这种结果发生。

根据刑法第 285 条第 1 款及第 4 款的规定：犯本罪，处三年以下有期徒刑或者拘役。单位犯本罪的，对单位判处罚金，并对其直接负责的主管人员和其他直接责任人员，依照各该款的规定处罚。

【疑难指导】

一、如何理解计算机信息系统和计算机系统

刑法第 285 条和第 286 条关于危害计算机信息系统安全的犯罪中，除第 286 条第 3 款采用“计算机系统”的表述外，其他罪名均采用“计算机信息系统”的表述。由此有人讨论既然都定性为破坏计算机信息系统罪，为何刑法条文要采用不同的表述，立法是否要有意扩大故意制作、传播计算机病毒等破坏性程序这种行为的入罪范围？关于“计算机信息系统”的表述来源于国务院 1994 年颁布的《中华人民

共和国计算机信息系统安全保护条例》，指的是由计算机及其相关的和配套的设备、设施（含网络）构成的，按照一定的应用目标和规则对信息进行采集、加工、存储、传输、检索等处理的人机系统。而对“计算机系统”则没有统一的规范解释。针对理论界的这种讨论，《最高人民法院、最高人民检察院关于办理危害计算机信息系统安全刑事案件应用法律若干问题的解释》第11条，将“计算机信息系统”和“计算机系统”统一解释为具备自动处理数据功能的系统，包括计算机、网络设备、通信设备、自动化控制设备等。有专家指出：“刑法区分这两者的原意是考虑侵入计算机信息系统、破坏计算机信息系统功能、数据或者应用程序的对象应当是数据库、网站等提供信息服务的系统，而传播计算机病毒如果只影响计算机操作系统（计算机系统）本身，即使不对系统上的信息服务造成影响也应当受到处罚。但随着计算机技术的发展，计算机操作系统与提供信息服务的系统已密不可分，从技术角度无法准确划分出提供信息服务的系统和操作系统，对这两种表述进行区分没有必要。”[①] 由此可见，对这两个概念不应予以区分，而应进行统一的理解，只要是具备自动处理数据功能的设备都可能成为被攻击的对象。具体而言，网络设备，是指由路由器、交换机等组成的用于连接网络的设备；通信设备包括手机、通信基站等用于提供通信服务的设备；自动化控制设备，是指在工业中用于实施自动化控制的设备，如电力系统中的监测设备、制造业中的流水线控制设备等。

二、如何理解“违反国家规定”

刑法中有“违反国家规定”“违反国家相关规定”等不同的表述，对于刑法第96条对“国家规定”限制在全国人民代表大会及其常务委员会制定的法律和决定，国务院制定的行政法规、规定的行政措施、发布的决定和命令的范围。后来，以国务院办公厅名义制发的，符合有明确的法律依据或者同相关行政法规不相抵触并且经国务院常务会议讨论通过或者经国务院批准，在国务院公报上公开发布的文件也纳入了“国家规定”的范围。因此，国务院下属机构发布的部门规章、其他规范性法律文件，以及与上述文件位阶类似的地方性法规、规章等均不属于

① 李敏：《危害计算机信息系统行为的罪与罚——访最高人民法院审判委员会、研究室主任胡云腾》，载《中国审判》2011年第68期。

“国家规定”的范畴。具体有关“国家规定”的认定，可以参照本书第九章使用虚假身份证件、盗用身份证件罪中有关“国家规定”的讨论。

根据目前的统计，涉及非法侵入计算机信息系统罪“国家规定”主要包括：《中华人民共和国网络安全法》《全国人民代表大会常务委员会关于加强网络信息保护的决定》《中华人民共和国计算机信息系统安全保护条例》《计算机信息网络国际联网安全保护管理办法》等。

三、如何理解“国家事务”

“国家事务”是否包括各级国家机关所管理的事务，司法实践中有人认为地方各级政府及部门政务网站等属于国家事务的范畴，有人认为其属于国家事务之外的计算机信息系统，不能成为非法侵入计算机信息系统罪的犯罪对象。我们认为，省级、地市级、县区级甚至乡镇、街道办事处等各个级别的国家机关的事务不应当属于这里的“国家事务”，具体可以从以下三个方面理解。

首先，国家事务应与国防建设、尖端科学技术领域等事务具有同等重要性。刑法第285条将国家事务与国防建设、尖端科学技术领域并列，那么属于非法侵入计算机信息系统罪的国家事务的范畴就一定是与国防建设、尖端科学技术领域具有同等重要性，这样才符合体系解释的要求。

其次，如果将省级、地市级、县区级甚至乡镇、街道办事处等各个级别的国家机关的事务都纳入非法侵入计算机信息系统罪的保护对象，既不符合历史解释规则，也不符合刑法谦抑性的要求。国务院发布的《中华人民共和国计算机信息系统安全保护条例》第4条规定：“计算机信息系统的安全保护工作，重点维护国家事务、经济建设、国防建设、尖端科学技术等重要领域的计算机信息系统的安全。”1997年刑法设立非法侵入计算机信息系统罪，并没有将该条例第4条规定的所有四类重点保护的计算机信息系统作为刑法保护的对象，而是选择其中国家事务、国防建设和尖端科学技术领域等三个立法机关认为更为重要的计算机信息系统，作为刑法保护的对象，这证明立法机关意在将属于全国层面的重要的计算机信息系统纳入刑法保护，而不能将国家事务作任意扩大解释。①

① 参见蔡智玉：《非法侵入计算机信息系统罪的认定》，载《人民法院报》2017年11月1日。

最后，司法实践中只是侵入各层级国家机关信息系统而没有实施其他危害行为的情况少之又少，大部分案件都是侵入以后有进一步地获取数据、破坏数据或者系统的行为。《最高人民法院、最高人民检察院关于办理危害计算机信息系统安全刑事案件应用法律若干问题的解释》第 4 条第 2 款第 3 项专门明确了破坏政府机关网站的行为，对篡改政府网站后果严重的行为完全可以适用破坏计算机信息系统罪定罪处罚，没有必要将各个层面的国家机关纳入“国家事务”范围，而且非法侵入计算机信息系统罪的法定刑是三年以下有期徒刑或拘役，而非法获取计算机信息系统数据、非法控制计算机信息系统罪，破坏计算机信息系统罪的法定刑都高于或与其相当，所以不存在打击不力的问题。

值得注意的是，如果对于是否属于“国家事务”领域难以判定，应当委托省级以上负责计算机信息系统安全保护管理工作的部门检验，并将检验结论移送司法机关，并由司法机关依法最终作出认定。

四、非法侵入计算机信息系统后续行为的认定

非法侵入计算机信息系统罪是行为犯，其不以行为人侵入计算机信息系统后产生的后果为构成要件，只要行为人实施了非法侵入计算机信息系统的行为即可构成犯罪，但是在司法实践中非法侵入计算机信息系统的行为通常会伴随着某种后续性行为，行为人实施了非法侵入行为后又继续实施了其他犯罪行为的情形该如何认定，对于行为人是追究其侵入行为还是后续的其他行为，是一罪还是数罪，在按一罪的情况下是构成牵连犯还是吸收犯，对这些问题刑法学界的观点并不一致，在司法实践中不同的法院因为认知的不同也常常作出不同的判决。我们认为，对于实施后续性行为的处理，必须要根据后续行为的犯意产生时间来决定，具体可以分为以下两种情况。

第一种情况是后续行为的犯意产生在非法侵入计算机信息系统之后，这时侵入前后的两种行为分别是在两个不同的犯意支配下而实施的，两种行为分别符合两个构成要件，成立单独的量罪，因此应当对非法侵入行为和后续行为应分别定罪，实行数罪并罚。

第二种情况是后续行为的犯意产生在非法侵入计算机信息系统之前，对于这种行为理论上有两种不同的观点。一种观点认为在行为人非法侵入特定的计算机信息系统之前，就已经有了侵入系统后实行另外的某一种犯罪行为的犯罪目的，并且实施了这种犯罪的，应该构成牵连犯，从一重罪处罚。另一种观点认为当行为人的后续犯罪行为的犯意早于非法侵入计算机信息系统行为完成之前的，这时非法侵入行为被后续行为所吸收，应当属于吸收犯，从一重罪论处，一般应按后续行为所触犯的罪名定罪处罚。我们赞同第二种观点。牵连犯，是指犯罪行为人在一个犯罪的故意支配下，为实现某一犯罪目的而实施该种犯罪，但是在其实施这种犯罪的方法行为或结果行为中又触犯了其他法条所规定的不同罪名的情况；吸收犯，是指在犯罪过程中存在着数个不同的行为，其中一行为吸收其他行为，仅成立吸收行为一个罪名的犯罪。牵连犯与吸收犯都是数个行为触犯数个罪名，牵连犯数行为之间具有方法与目的或原因与结果的牵连关系，而吸收犯数行为之间具有吸收关系。当后续行为的犯意产生在非法侵入计算机信息系统之前时，非法侵入计算机信息系统只是其后续行为发展所必经的阶段，后续行为是非法侵入计算机信息系统的当然结果，非法侵入计算机信息系统与后续行为不存在手段行为与目的行为的牵连关系，而是属于实施某种犯罪的同一过程，更符合吸收犯的特征，故应按吸收犯从一重处断。

【办案依据】

一、刑法规定

第二百八十五条第一款 违反国家规定，侵入国家事务、国防建设、尖端科学技术领域的计算机信息系统的，处三年以下有期徒刑或者拘役。

第二百八十五条第四款 单位犯前三款罪的，对单位判处罚金，并对其直接负责的主管人员和其他直接责任人员，依照各该款的规定处罚。

二、司法解释

（一）《最高人民法院、最高人民检察院关于办理危害计算机信息系统安全刑事案件应用法律若干问题的解释》（2011 年 8 月 1 日，法释〔2011〕19 号）

第十条 对于是否属于刑法第二百八十五条、第二百八十六条规定的“国家事务、国防建设、尖端科学技术领域的计算机信息系统”、“专门用于侵入、非法控制计算机信息系统的程序、工具”、“计算机病毒等破坏性程序”难以确定的，应当委托省级以上负责计算机信息系统安全保护管理工作的部门检验。司法机关根据检验结论，并结合案件具体情况认定。

第十一条第一款 本解释所称“计算机信息系统”和“计算机系统”，是指具备自动处理数据功能的系统，包括计算机、网络设备、通信设备、自动化控制设备等。

（二）《最高人民法院关于审理危害军事通信刑事案件具体应用法律若干问题的解释》（2007年6月26日，法释〔2007〕13号）

第六条第三款 违反国家规定，侵入国防建设、尖端科学技术领域的军事通信计算机信息系统，尚未对军事通信造成破坏的，依照刑法第二百八十五条的规定定罪处罚；对军事通信造成破坏，同时构成刑法第二百八十五条、第二百八十六条、第三百六十九条第一款规定的犯罪的，依照处罚较重的规定定罪处罚。

第二十章　非法获取计算机信息系统数据、非法控制计算机信息系统罪

【立案追诉标准】

非法获取计算机信息系统数据、非法控制计算机信息系统案（第 285 条第 2 款）

违反国家规定，侵入国家事务、国防建设、尖端科学技术领域以外的计算机信息系统或者采用其他技术手段，获取该计算机信息系统中存储、处理或者传输的数据，或者对该计算机信息系统实施非法控制，情节严重的，应予立案。

【犯罪构成及刑事责任】

非法获取计算机信息系统数据、非法控制计算机信息系统罪，是指违反国家规定，侵入刑法第 285 条第 1 款规定以外的计算机信息系统或者采用其他技术手段，获取该计算机信息系统中存储、处理或者传输的数据，或者对该计算机信息系统实施非法控制，情节严重的行为。构成本罪需要具备以下四个要件：

1. 客体要件。本罪侵犯的客体是计算机信息系统的安全，非法获取计算机信息系统数据罪侵犯的对象是正在使用中的计算机信息系统中存储、处理、传输的数据，脱离计算机信息系统存放的计算机数据，如光盘、U 盘中的计算机数据不是本罪的保护对象。非法控制计算机信息系统罪侵犯的对象是计算机信

息系统的控制权。

2. 客观要件。客观方面表现为行为人违反国家规定，实施侵入国家事务、国防建设、尖端科学技术领域以外的普通计算机信息系统，或者采用其他技术手段，从而获取这些计算机信息系统中存储、处理或者传输的数据，情节严重的行为。"侵入"是指行为人采用破解、盗取密码等手段非法进入他人计算机信息系统；"获取"是指取得并实际控制所获取的对象物品；"计算机信息系统中存储、处理或者传输的数据"是指存放在信息系统中的各种数据，包括图片、文字、影音资料、专有的程序或者软件等。"非法控制"是指行为人在未经授权或者超越授权的情况下，非法侵入计算机信息系统后，通过控制计算机实施特定操作获利的行为。本罪是情节犯，要求行为情节严重才构成犯罪。

3. 主体要件。本罪的主体是一般主体，包括单位和自然人。自然人凡达到刑事责任年龄、具有刑事责任能力的均可成为本罪的主体。

4. 主观要件。本罪在主观方面是故意，一般为直接故意，即行为人明知是侵入计算机信息系统或以其他技术手段获取数据的行为，仍故意为之。

根据刑法第 285 条第 2 款的规定：犯本罪，处三年以下有期徒刑或者拘役，并处或者单处罚金；情节特别严重的，处三年以上七年以下有期徒刑，并处罚金。

单位犯本罪，对单位判处罚金，并对其直接负责的主管人员和其他直接责任人员，依照各该款的规定处罚。

【疑难指导】

一、如何理解"非法获取"和"非法控制"

本罪中的获取主要有两种手段，一种是侵入，另一种是其他技术手段。侵入计算机信息系统，是指未经授权或者超越授权，违背计算机信息系统控制人或权利人的意愿，进入其无权进入的计算机信息系统中。侵入行为比较常见的有这样几种表现形式：一是盗取他人访问密码，冒充合法用户实施侵入；二是合法用户越权访问；三是利用技术手段进入无权进入的计算机系统中；四是通过"陷阱门"

"后门"进行非法入侵。[①] 实践中常见的侵入方式主要表现为行为人采用破解密码、盗取密码、强行突破安全工具等方法，或者利用他人网上认证信息进入其无权进入的计算机信息系统。侵入的目的是获取计算机信息系统数据，这里需要注意的是，侵入国家事务、国防建设、尖端科学技术领域的计算机信息系统等特定计算机信息系统的行为构成非法侵入计算机信息系统罪，而非法获取计算机信息系统数据罪中的"侵入"必须要以获取他人计算机信息系统中的数据为目的。同时，如果是侵入计算机信息系统后才产生了获取计算机系统数据的犯意，应当对前后两种行为分别进行评价，对非法侵入行为和后续行为实行数罪并罚。

同时，刑法规定了"采用其他技术手段"作为"侵入"之外的另一类犯罪手段，作为兜底性条款，其囊括了所有可采用的技术手段，包括合法和非法的，但其必须具备没有得到许可、违背计算机信息系统控制人或所有人的意愿，无权进入却进入的条件。

对于本罪中的"获取"该如何理解呢？有学者指出：非法获取是指未经权利人或者国家有权机构授权而取得他人的数据的行为。[②] 在这里的获取即是"取得"的意思。也是"占有"的意思。我们认为，本罪中的"获取"强调的是对数据的"控制"而不是占有，在计算机信息系统中，控制数据不代表要使数据脱离被害人，而是通过复制下载等方式使数据为自己所用。数据的可复制性使数据的获取超出了实物获取的范畴，"获取"不限于实际取得或占有，未经许可获知他人的网络数据信息，也可以构成对数据的"获取"。

非法控制，是指行为人在未经授权或者超越授权的情况下，非法侵入计算机信息系统后，通过控制计算机实施特定操作获利的行为。行为人的目的在于控制，让他人接受自己的指令。需要注意的是，这里的控制是指使用了控制权的行为，如果仅仅持有控制权，如取得网站的管理员和账号密码，攻击者随时可以登录到该网站上的行为，就不能认定为控制。控制不限于行为人直接使用了控制权，也

---

① 易琦、梁燕宏：《提供侵入、非法控制计算机信息系统程序、工具罪的司法认定》，载《中国检察官》2018年第2期。

② 皮勇：《我国网络犯罪刑法立法研究——兼论我国刑法修正案（七）中的网络犯罪立法》，载《河北法学》2009年第6期。

可以是通过“计算机程序”等媒介使用了控制权，如取得账号密码后登录到计算机上系“人”直接使用控制权，而在计算机上植入木马程序后该木马程序自动回连到某台计算机上或者自动执行攻击者预设的操作，系程序使用了计算机的控制权，也应当属于“控制”的范围。①

二、数据的范围

非法获取计算机信息系统数据罪的犯罪对象是计算机信息系统中的数据，从《最高人民法院、最高人民检察院关于办理危害计算机信息系统安全刑事案件应用法律若干问题的解释》第 1 条的规定来看，这里的数据主要包括支付结算、证券交易、期货交易等网络金融服务的身份认证信息或者其他身份认证信息。“身份认证信息”是指用于确认用户在计算机信息系统上操作权限的数据，包括账号、口令、密码、数字证书等。本罪中是身份认证信息以“组”作为认定数据的标准，司法实践中，要注意把握“一组身份认证信息”的概念。一组身份认证信息，是指可以确认用户在计算机信息系统上操作权限的认证信息的一个组合，如有的网站只要账号和密码就可以登录，那么账号和密码就可以作为一组身份认证信息；有的转账的网站需要账号、密码、动态口令等才可以转账，那么这三项信息加起来才能构成一组身份认证信息。值得注意的是，对于身份认证信息，特别是密码信息，很多用户有经常更改密码的习惯，故认定一组身份认证信息不应以在办案过程中是否可以实际登录使用为判断标准，而应结合其非法获取身份认证信息的方法判断该身份认证信息在被非法获取时是否可用为依据，如使用的木马程序能有效截获用户输入的账号密码，则不管该密码当前是否可用，只要是使用该木马程序截获的账号、密码，则应认定为一组有效身份认证信息。②

（一）数据不包括虚拟财产

虚拟财产指的是具有经济价值的能够在网络上交易的以数据表现出来的财产，虚拟财产是狭义的数字化、非物化的财产形式。它包括网络游戏、电子邮件、网络寻呼等一系列信息类产品，也包括长时间虚拟生活中形成的人物形象。由于网

① 喻海松：《网络犯罪二十讲》，法律出版社 2018 年版，第 31—32 页。

② 李敏：《危害计算机信息系统行为的罪与罚——访最高人民法院审判委员会委员、研究室主任胡云腾》，载《中国审判》2011 年第 68 期。

络游戏的盛行，虚拟财产在很大程度上就是指网络游戏空间存在的财物，包括游戏账号的等级，游戏货币、游戏人物拥有的各种装备等，这些虚拟财产在一定条件下可以转换成现实中的财产。因此，虚拟财产的本质是财产，非法获取计算机信息系统数据罪中的数据本身具有可复制性，并没有财产属性。

（二）数据不包括商业秘密

商业秘密，是指不为公众所知悉、能为权利人带来经济利益，具有实用性并经权利人采取保密措施的技术信息和经营信息。商业秘密具有秘密性、价值性、管理性及合法性。商业秘密的形式有多种多样，在信息时代，这些形式基本上实现了数据化，但究其本质，仍是商业秘密，这并不以信息载体的变化为转移。我们认为，数据化的“商业秘密”仍然是商业秘密，与传统的商业秘密相比，只是表现形式不同而已，它不是本罪中的“数据”，非法获取计算机信息系统中的商业秘密的，按照刑法第 219 条规定的侵犯商业秘密罪定罪处罚。

（三）数据不包括数据化的权利

数据化的权利最有代表性的就是知识产权。刑法有关知识产权犯罪仅限于著作权、商标权、专利权、商业秘密四类，商业秘密上文已经讨论，此处主要指的是著作权和商标权。有学者认为数据化的权利也属于本罪“数据”的一种，认为所有以不当方式获取的他人电子文学作品、电子游戏、电子支付券等数据化的权利都属于非法获取的计算机数据①。我们认为，电子文学作品是文学作品的网络数据化，本质上是知识产权，与纸质文学作品并没有本质区别，但是侵犯著作权罪要以“以营利为目的”，实践中部分网络侵权不是以营利为目的，这使得大量侵害网络知识产权的行为无法评价为知识产权犯罪，只能借助其他补充罪名，如果不是通过正常渠道购买或兑换而获取这些网络数据，将其据为己有，相当于是盗窃了数据化的知识产权，就可以构成盗窃罪。比如，2017 年最高人民检察院公布的第九批指导性案例就将盗卖域名行为认定为盗窃罪。②

---

① 陈昊：《非法获取计算机信息系统数据罪的范围探析——以扩充解释、限制解释为视角》，载《法制与经济》2019 年第 9 期。

② 最高人民检察院第九批第 37 号指导性案例，载最高人民检察院网站，https://www.spp.gov.cn/zdgz/201710/t20171017_202599.shtml，最后访问时间：2022 年 4 月 25 日。

（四）数据不包括网络信号资源

网络信号也是一种数据，但它不是一种普通的数据，而是一种具有经济价值的资源，可将其认定为是一种“公私财物”。所以如果行为人通过破解密码等方式非法获取网络信号资源，应该参考我国刑法第265条的规定：“以牟利为目的，盗接他人通信线路、复制他人电信码号或者明知是盗接、复制的电信设备、设施而使用的，依照本法第二百六十四条的规定定罪处罚。”此外，《最高人民法院关于审理扰乱电信市场秩序案件具体应用法律若干问题的解释》第8条规定：“盗用他人公共信息网络上网账号、密码上网，造成他人电信资费损失数额较大的，依照刑法第二百六十四条的规定，以盗窃罪定罪处罚。”因此，网络信号资源也不属于本罪中的“数据”。[①] 但根据《最高人民法院、最高人民检察院关于办理危害计算机信息系统安全刑事案件应用法律若干问题的解释》第11条第1款的规定，本解释所称“计算机信息系统”和“计算机系统”，是指具备自动处理数据功能的系统，包括计算机、网络设备、通信设备、自动化控制设备等，所以盗窃他人上网账号、上网密码等认证信息的，如果没有使用，但达到非法获取计算机信息系统数据罪的量刑标准，可能构成非法获取计算机信息系统数据罪。

三、本罪罪与非罪的界限

正确区分本罪的罪与非罪，主要应当从以下几个方面加以分析：

（一）是否违反国家规定。关于“国家规定”的范围，前文中已进行详细的论述，作为科学技术领域的信息技术，只要该行为不是属于国家法律法规明文禁止的行为，都不属于违反国家规定。值得注意的是，如果仅仅是违反了国家的授权性规定，没有违反禁止性规定，也不能认定为违反国家规定。

（二）犯罪对象是否属于正在使用中的计算机信息系统和计算机信息系统数据。“正在使用”指的是该信息系统没有被废弃，而不是说当时没有被使用，如果是已经被废弃不再使用的计算机信息系统和数据则不能成为本罪的犯罪对象。

（三）是否属于普通领域的计算机信息系统和数据。这是相对于刑法第285条

---

① 李遐桢、侯春平：《论非法获取计算机信息系统数据罪的认定——以法解释学为视角》，载《河北法学》2014年第5期。

第 1 款规定的“国家事务、国防建设、尖端科学技术领域的计算机信息系统”而言的，如果行为人获取的数据是三大特殊领域的计算机信息数据，则构成非法侵入计算机信息系统罪。

（四）犯罪情节是否严重。本罪属于情节犯，法律要求构成犯罪必须达到情节严重的条件。如果行为人虽然实施了获取计算机信息资料的行为，但获取的都属于一些无关紧要的文件，没有什么影响和危害，则属于一般违法行为，不构成犯罪。

四、本罪与相关犯罪的界限

（一）非法获取计算机信息系统数据罪与非法控制计算机信息系统罪的区别

前罪和后罪在犯罪主体、犯罪客体、犯罪主观方面、犯罪行为和犯罪的成立是相同的。但是两罪也存在区别，主要表现为以下两个方面：

1. 犯罪对象不同。前罪是对普通计算机信息系统中存储、处理或传输的数据，并不涉及计算机信息系统功能和实际运行，后罪是针对普通计算机信息系统本身，对计算机系统功能和运行进行了非法控制。

2. 行为方式不同。前罪的行为方式为非法获取计算机信息数据，后罪表现为非法控制计算机信息系统的行为。

（二）本罪与破坏计算机信息系统罪的区别

破坏计算机信息系统罪，是指违反国家规定，对计算机信息系统中存储、处理或者传输的数据和应用程序进行删除、修改、增加，后果严重的行为。本罪与破坏计算机信息系统罪在行为对象、主观方面、犯罪客体方面都有相似之处。两罪的区别主要有以下几点：

1. 犯罪对象不同。本罪的犯罪对象为普通计算机信息系统中的数据，破坏计算机信息系统罪的犯罪对象为任意计算机信息系统中的数据和程序。

2. 行为方式不同。本罪的行为方式为非法获取计算机信息数据或者非法控制计算机信息系统，破坏计算机信息系统罪的行为方式为对计算机系统和程序进行删除、修改、增加数据。

3. 犯罪成立要求不同。本罪是情节犯，情节严重才能构成本罪；破坏计算机信息系统罪要求是“后果严重”，此处的“后果”是指计算机信息系统的正常运转和功能受到的毁损。

（三）本罪与侵犯公民个人信息罪的界限

侵犯公民个人信息罪是指向他人出售或者提供公民个人信息，情节严重的行为，或者是将在履行职责或者提供服务过程中获得的公民个人信息，出售或者提供给他人的行为。公民个人信息包括公民的姓名、年龄、有效证件号码、婚姻状况、工作单位、学历、履历、家庭住址、电话号码等能够识别公民个人身份或者涉及公民个人隐私的信息、数据资料。大数据时代下，公民个人信息大多以网络数据的形式出现，公民个人信息与普通数据的最大区别在于可识别性，如果非法获取公民个人信息可能构成非法获取计算机信息系统数据罪，如果非法获取公民个人信息后又出售的，因为是基于两个不同的犯意实行的两种不同的行为，所以应当以非法获取计算机信息系统数据罪和侵犯公民个人信息罪数罪并罚。

【办案依据】

一、刑法规定

第二百八十五条第二款 违反国家规定，侵入前款规定以外的计算机信息系统或者采用其他技术手段，获取该计算机信息系统中存储、处理或者传输的数据，或者对该计算机信息系统实施非法控制，情节严重的，处三年以下有期徒刑或者拘役，并处或者单处罚金；情节特别严重的，处三年以上七年以下有期徒刑，并处罚金。

第二百八十五条第四款 单位犯前三款罪的，对单位判处罚金，并对其直接负责的主管人员和其他直接责任人员，依照各该款的规定处罚。

二、司法解释

《最高人民法院、最高人民检察院关于办理危害计算机信息系统安全刑事案件应用法律若干问题的解释》（2011年8月1日，法释〔2011〕19号）

第一条 非法获取计算机信息系统数据或者非法控制计算机信息系统，具有下列情形之一的，应当认定为刑法第二百八十五条第二款规定的“情节严重”：

（一）获取支付结算、证券交易、期货交易等网络金融服务的身份认证信息十组以上的；

（二）获取第（一）项以外的身份认证信息五百组以上的；

（三）非法控制计算机信息系统二十台以上的；

（四）违法所得五千元以上或者造成经济损失一万元以上的；

（五）其他情节严重的情形。

实施前款规定行为，具有下列情形之一的，应当认定为刑法第二百八十五条第二款规定的“情节特别严重”：

（一）数量或者数额达到前款第（一）项至第（四）项规定标准五倍以上的；

（二）其他情节特别严重的情形。

明知是他人非法控制的计算机信息系统，而对该计算机信息系统的控制权加以利用的，依照前两款的规定定罪处罚。

第七条　明知是非法获取计算机信息系统数据犯罪所获取的数据、非法控制计算机信息系统犯罪所获取的计算机信息系统控制权，而予以转移、收购、代为销售或者以其他方法掩饰、隐瞒，违法所得五千元以上的，应当依照刑法第三百一十二条第一款的规定，以掩饰、隐瞒犯罪所得罪定罪处罚。

实施前款规定行为，违法所得五万元以上的，应当认定为刑法第三百一十二条第一款规定的“情节严重”。

单位实施第一款规定行为的，定罪量刑标准依照第一款、第二款的规定执行。

第八条　以单位名义或者单位形式实施危害计算机信息系统安全犯罪，达到本解释规定的定罪量刑标准的，应当依照刑法第二百八十五条、第二百八十六条的规定追究直接负责的主管人员和其他直接责任人员的刑事责任。

第九条　明知他人实施刑法第二百八十五条、第二百八十六条规定的行为，具有下列情形之一的，应当认定为共同犯罪，依照刑法第二百八十五条、第二百八十六条的规定处罚：

（一）为其提供用于破坏计算机信息系统功能、数据或者应用程序的程序、工具，违法所得五千元以上或者提供十人次以上的；

（二）为其提供互联网接入、服务器托管、网络存储空间、通讯传输通道、费用结算、交易服务、广告服务、技术培训、技术支持等帮助，违法所得五千元以上的；

（三）通过委托推广软件、投放广告等方式向其提供资金五千元以上的。

实施前款规定行为，数量或者数额达到前款规定标准五倍以上的，应当认定为刑法第二百八十五条、第二百八十六条规定的“情节特别严重”或者“后果特别严重”。

第十条 对于是否属于刑法第二百八十五条、第二百八十六条规定的“国家事务、国防建设、尖端科学技术领域的计算机信息系统”、“专门用于侵入、非法控制计算机信息系统的程序、工具”、“计算机病毒等破坏性程序”难以确定的，应当委托省级以上负责计算机信息系统安全保护管理工作的部门检验。司法机关根据检验结论，并结合案件具体情况认定。

第十一条 本解释所称“计算机信息系统”和“计算机系统”，是指具备自动处理数据功能的系统，包括计算机、网络设备、通信设备、自动化控制设备等。

本解释所称“身份认证信息”，是指用于确认用户在计算机信息系统上操作权限的数据，包括账号、口令、密码、数字证书等。

本解释所称“经济损失”，包括危害计算机信息系统犯罪行为给用户直接造成的经济损失，以及用户为恢复数据、功能而支出的必要费用。

【指导性案例】

一、最高人民检察院指导性案例第36号卫梦某、龚某、薛某某非法获取计算机信息系统数据案①

（2017年10月10日最高人民检察院第十二届检察委员会第七十次会议决定，2017年10月12日发布）

【关键词】

非法获取计算机信息系统数据　超出授权范围登录　侵入计算机信息系统

【要旨】

超出授权范围使用账号、密码登录计算机信息系统，属于侵入计算机信息系统的行为；侵入计算机信息系统后下载其储存的数据，可以认定为非法获取计算机信息系统数据。

---

① 《卫梦某、龚某、薛某某非法获取计算机信息系统数据案》，载最高人民检察院网站，https：//www.spp.gov.cn/spp/jczdal/201710/t20171017_202593.shtml，最后访问时间：2022年4月25日。

【相关法律规定】

《中华人民共和国刑法》第二百八十五条

《最高人民法院、最高人民检察院关于办理危害计算机信息系统安全刑事案件应用法律若干问题的解释》第一条

《中华人民共和国计算机信息系统安全保护条例》第七条

《计算机信息网络国际联网安全保护管理办法》第六条

【基本案情】

被告人卫梦某，男，1987 年 10 月生，原系北京某公司经理。

被告人龚某，女，1983 年 9 月生，原系北京某大型网络公司运营规划管理部员工。

被告人薛某某，男，1989 年 12 月生，无固定职业。

被告人卫梦某曾于 2012 年至 2014 年在北京某大型网络公司工作，被告人龚某供职于该大型网络公司运营规划管理部，两人原系同事。被告人薛某某系卫梦某商业合作伙伴。

因工作需要，龚某拥有登录该大型网络公司内部管理开发系统的账号、密码、Token 令牌（计算机身份认证令牌），具有查看工作范围内相关数据信息的权限。但该大型网络公司禁止员工私自在内部管理开发系统查看、下载非工作范围内的电子数据信息。

2016 年 6 月至 9 月，经事先合谋，龚某向卫梦某提供自己所掌握的该大型网络公司内部管理开发系统账号、密码、Token 令牌。卫梦某利用龚某提供的账号、密码、Token 令牌，违反规定多次在异地登录该大型网络公司内部管理开发系统，查询、下载该计算机信息系统中储存的电子数据。后卫梦某将非法获取的电子数据交由薛某某通过互联网出售牟利，违法所得共计 37000 元。

【诉讼过程和结果】

本案由北京市海淀区人民检察院于 2017 年 2 月 9 日以被告人卫梦某、龚某、薛某某犯非法获取计算机信息系统数据罪，向北京市海淀区人民法院提起公诉。6 月 6 日，北京市海淀区人民法院作出判决，认定被告人卫梦某、龚某、薛某某的行为构成非法获取计算机信息系统数据罪，情节特别严重。判处卫梦某有期徒刑四年，并处罚金人民币四万元；判处龚某有期徒刑三年九个月，并处罚金人民币

四万元；判处薛某某有期徒刑四年，并处罚金人民币四万元。一审宣判后，三被告人未上诉，判决已生效。

【指导意义】

非法获取计算机信息系统数据罪中的“侵入”，是指违背被害人意愿、非法进入计算机信息系统的行为。其表现形式既包括采用技术手段破坏系统防护进入计算机信息系统，也包括未取得被害人授权擅自进入计算机信息系统，还包括超出被害人授权范围进入计算机信息系统。

本案中，被告人龚某将自己因工作需要掌握的本公司账号、密码、Token 令牌等交由卫梦某登录该公司管理开发系统获取数据，虽不属于通过技术手段侵入计算机信息系统，但内外勾结擅自登录公司内部管理开发系统下载数据，明显超出正常授权范围。超出授权范围使用账号、密码、Token 令牌登录系统，也属于侵入计算机信息系统的行为。行为人违反《计算机信息系统安全保护条例》第七条、《计算机信息网络国际联网安全保护管理办法》第六条第一项等国家规定，实施了非法侵入并下载获取计算机信息系统中存储的数据的行为，构成非法获取计算机信息系统数据罪。按照 2011 年《最高人民法院、最高人民检察院关于办理危害计算机信息系统安全刑事案件应用法律若干问题的解释》规定，构成犯罪，违法所得二万五千元以上，应当认定为“情节特别严重”，处三年以上七年以下有期徒刑，并处罚金。

二、最高人民检察院指导性案例第 68 号叶源某、张剑某提供侵入计算机信息系统程序、谭房某非法获取计算机信息系统数据案[①]

（2020 年 1 月 3 日最高人民检察院第十三届检察委员会第三十一次会议通过，2020 年 3 月 28 日发布）

【关键词】

专门用于侵入计算机信息系统的程序　非法获取计算机信息系统数据　撞库打码

---

① 《叶源某、张剑某提供侵入计算机信息系统程序、谭房某非法获取计算机信息系统数据案》，载最高人民检察院网站，https：//www. spp. gov. cn/spp/jczdal/202004/t20200408_458415. shtml，最后访问时间：2022 年 4 月 25 日。

【要旨】

对有证据证明用途单一，只能用于侵入计算机信息系统的程序，司法机关可依法认定为“专门用于侵入计算机信息系统的程序”；难以确定的，应当委托专门部门或司法鉴定机构作出检验或鉴定。

【相关规定】

《中华人民共和国刑法》第二百八十五条、第二十五条

《最高人民法院、最高人民检察院关于办理危害计算机信息系统安全刑事案件应用法律若干问题的解释》第一条、第二条、第三条、第十条、第十一条

《最高人民法院、最高人民检察院、公安部关于办理刑事案件收集提取和审查判断电子数据若干问题的规定》第十七条

【基本案情】

叶源某，男，1977 年 3 月 10 日出生，超市网络维护员。

张剑某，男，1972 年 8 月 14 日出生，小学教师。

谭房某，男，1993 年 4 月 5 日出生，农民。

2015 年 1 月，被告人叶源某编写了用于批量登录某电商平台账户的“小黄伞”撞库软件（“撞库”是指黑客通过收集已泄露的用户信息，利用账户使用者相同的注册习惯，如相同的用户名和密码，尝试批量登陆其他网站，从而非法获取可登录用户信息的行为）供他人免费使用。“小黄伞”撞库软件运行时，配合使用叶源某编写的打码软件（“打码”是指利用人工大量输入验证码的行为）可以完成撞库过程中对大量验证码的识别。叶源某通过网络向他人有偿提供打码软件的验证码识别服务，同时将其中的人工输入验证码任务交由被告人张剑某完成，并向其支付费用。

2015 年 1 月至 9 月，被告人谭房某通过下载使用“小黄伞”撞库软件，向叶源某购买打码服务，获取到某电商平台用户信息 2.2 万余组。

被告人叶源某、张剑某通过实施上述行为，从被告人谭房某处获取违法所得共计人民币 4 万余元。谭房某通过向他人出售电商平台用户信息，获取违法所得共计人民币 25 万余元。法院审理期间，叶源某、张剑某、谭房某退缴了全部违法所得。

【指控与证明犯罪】

（一）审查起诉

2016年10月10日，浙江省杭州市公安局余杭区分局以犯罪嫌疑人叶源某、张剑某、谭房某涉嫌非法获取计算机信息系统数据罪移送杭州市余杭区人民检察院审查起诉。期间，叶源某、张剑某的辩护人向检察机关提出二名犯罪嫌疑人无罪的意见。叶源某的辩护人认为，叶源某利用“小黄伞”软件批量验证已泄露信息的行为，不构成非法获取计算机信息系统数据罪。张剑某的辩护人认为，张剑某不清楚组织打码是为了非法获取某电商平台的用户信息。张剑某与叶源某没有共同犯罪故意，不构成非法获取计算机信息系统数据罪。

杭州市余杭区人民检察院经审查认为，犯罪嫌疑人叶源某编制“小黄伞”撞库软件供他人使用，犯罪嫌疑人张剑某组织码工打码，犯罪嫌疑人谭房某非法获取网络用户信息并出售牟利的基本事实清楚，但需要进一步补强证据。2016年11月25日、2017年2月7日，检察机关二次将案件退回公安机关补充侦查，明确提出需要补查的内容、目的和要求。一是完善“小黄伞”软件的编制过程、运作原理、功能等方面的证据，以便明确“小黄伞”软件是否具有避开或突破某电商平台服务器的安全保护措施，非法获取计算机信息系统数据的功能。二是对扣押的张剑某电脑进行补充勘验，以便确定张剑某主观上是否明知其组织打码行为是为他人非法获取某电商平台用户信息提供帮助；调取张剑某与叶源某的QQ聊天记录，以便查明二人是否有犯意联络。三是提取叶源某被扣押电脑的MAC地址（又叫网卡地址，由12个16进制数组成，是上网设备在网络中的唯一标识），分析“小黄伞”软件源代码中是否含有叶源某电脑的MAC地址，以便查明某电商平台被非法登陆过的账号与叶源某编制的“小黄伞”撞库软件之间是否存在关联性。四是对被扣押的谭房某电脑和U盘进行补充勘验，调取其中含有账号、密码的文件，查明文件的生成时间和特征，以便确定被查获的存储介质中的某电商平台用户信息是否系谭房某使用“小黄伞”软件获取。

公安机关按照检察机关的要求，对证据作了进一步补充完善。同时，检察机关就“小黄伞”软件的运行原理等问题，听取了技术专家意见。结合公安机关两次退查后补充的证据，案件证据中存在的问题已经得到解决：

一是明确了“小黄伞”软件具有以下功能特征：(1)“小黄伞”软件用途单一，仅针对某电商平台账号进行撞库和接入打码平台，这种非法侵入计算机信息系统获取用户数据的程序没有合法用途。(2)“小黄伞”软件具有避开或突破计算机信息系统安全保护措施的功能。在实施撞库过程中，一个IP地址需要多次登录大量账号，为防止被某电商平台识别为非法登陆，导致IP地址被封锁，“小黄伞”软件被编入自动拨号功能，在批量登陆几组账号后，会自动切换新的IP地址，从而达到避开该电商平台安全防护的目的。(3)“小黄伞”软件具有绕过验证码识别防护措施的功能。在他人利用非法获取的该电商平台账号登录时，需要输入验证码。“小黄伞”软件会自动抓取验证码图片发送到打码平台，由张剑某组织的码工对验证码进行识别。(4)“小黄伞”软件具有非法获取计算机信息系统数据的功能。“小黄伞”软件对登陆成功的某电商平台账号，在未经授权的情况下，会自动抓取账号对应的昵称、注册时间、账号等级等信息数据。根据以上特征，可以认定“小黄伞”软件属于刑法规定的“专门用于侵入计算机信息系统的程序”。

二是从张剑某和叶源某电脑中补充勘查到的QQ聊天记录等电子数据证实，叶源某与张剑某聊天过程中曾提及“扫平台”、“改一下平台程序”、“那些人都是出码的”；通过补充讯问张剑某和叶源某，明确了张剑某明知其帮叶源某打验证码可能被用于非法目的，仍然帮叶源某做打码代理。上述证据证实张剑某与叶源某之间已经形成犯意联络，具有共同犯罪故意。

三是通过进一步补充证据，证实了使用撞库软件的终端设备的MAC地址与叶源某电脑的MAC地址、小黄伞软件的源代码里包含的MAC地址一致。上述证据证实叶源某就是“小黄伞”软件的编制者。

四是通过对谭房某所有包含某电商平台用户账号和密码的文件进行比对，查明了谭房某利用“小黄伞”撞库软件非法获取的某电商平台用户信息文件不仅包含账号、密码，还包含了注册时间、账号等级、是否验证等信息，而谭房某从其他渠道非法获取的账号信息文件并不包含这些信息。通过对谭房某电脑的进一步勘查和对谭房某的进一步讯问，确定了谭房某利用“小黄伞”软件登陆某电商平台用户账号的过程和具体时间，该登录时间与部分账号信息文件的生成时间均能一一对应。根据上述证据，最终确定谭房某利用“小黄伞”撞库所得的网络用户信息为2.2万余组。

综上，检察机关认为案件事实已查清，但公安机关对犯罪嫌疑人叶源某、张剑某移送起诉适用的罪名不准确。叶源某、张剑某共同为他人提供专门用于侵入计算机信息系统的程序，均已涉嫌提供侵入计算机信息系统程序罪；犯罪嫌疑人谭房某的行为已涉嫌非法获取计算机信息系统数据罪。

（二）出庭指控犯罪

2017年6月20日，杭州市余杭区人民检察院以被告人叶源某、张剑某构成提供侵入计算机信息系统程序罪，被告人谭房某构成非法获取计算机信息系统数据罪，向杭州市余杭区人民法院提起公诉。11月17日，法院公开开庭审理了本案。

庭审中，3名被告人对检察机关的指控均无异议。谭房某的辩护人提出，谭房某系初犯，归案后能如实供述罪行，自愿认罪，请求法庭从轻处罚。叶源某和张剑某的辩护人提出以下辩护意见：一是检察机关未提供省级以上有资质机构的检验结论，现有证据不足以认定“小黄伞”软件是“专门用于侵入计算机信息系统的程序”。二是张剑某与叶源某间没有共同犯罪的主观故意。三是叶源某和张剑某的违法所得金额应扣除支付给码工的钱款。

针对上述辩护意见，公诉人答辩如下：一是在案电子数据、勘验笔录、技术人员的证言、被告人供述等证据相互印证，足以证实“小黄伞”软件具有避开和突破计算机信息系统安全保护措施，未经授权获取计算机信息系统数据的功能，属于法律规定的“专门用于侵入计算机信息系统的程序”。二是被告人叶源某与张剑某具有共同犯罪的故意。QQ聊天记录反映两人曾提及非法获取某电商平台用户信息的内容，能证实张剑某主观明知其组织他人打码系用于批量登录该电商平台账号。张剑某组织他人帮助打码的行为和叶源某提供撞库软件的行为相互配合，相互补充，系共同犯罪。三是被告人叶源某、张剑某的违法所得应以其出售验证码服务的金额认定，给码工等相关支出均属于犯罪成本，不应扣除。二人系共同犯罪，应当对全部犯罪数额承担责任。四是3名被告人在庭审中认罪态度较好且上交了全部违法所得，建议从轻处罚。

（三）处理结果

浙江省杭州市余杭区人民法院采纳了检察机关的指控意见，判决认定被告人叶源某、张剑某的行为已构成提供侵入计算机信息系统程序罪，且系共同犯罪；被告人谭房某的行为已构成非法获取计算机信息系统数据罪。鉴于3名被告人均自愿认罪，并退出违法所得，对3名被告人判处三年有期徒刑，适用缓刑，并处罚金。宣判后，3名被告人均未提出上诉，判决已生效。

【指导意义】

审查认定“专门用于侵入计算机信息系统的程序”，一般应要求公安机关提供以下证据：一是从被扣押、封存的涉案电脑、U盘等原始存储介质中收集、提取相关的电子数据。二是对涉案程序、被侵入的计算机信息系统及电子数据进行勘验、检查后制作的笔录。三是能够证实涉案程序的技术原理、制作目的、功能用途和运行效果的书证材料。四是涉案程序的制作人、提供人、使用人对该程序的技术原理、制作目的、功能用途和运行效果进行阐述的言词证据，或能够展示涉案程序功能的视听资料。五是能够证实被侵入计算机信息系统安全保护措施的技术原理、功能以及被侵入后果的专业人员的证言等证据。六是对有运行条件的，应要求公安机关进行侦查实验。对有充分证据证明涉案程序是专门设计用于侵入计算机信息系统、非法获取计算机信息系统数据的，可直接认定为“专门用于侵入计算机信息系统的程序”。

证据审查中，可从以下方面对涉案程序是否属于“专门用于侵入计算机信息系统的程序”进行判断：一是结合被侵入的计算机信息系统的安全保护措施，分析涉案程序是否具有侵入的目的，是否具有避开或者突破计算机信息系统安全保护措施的功能。二是结合计算机信息系统被侵入的具体情形，查明涉案程序是否在未经授权或超越授权的情况下，获取计算机信息系统数据。三是分析涉案程序是否属于“专门”用于侵入计算机信息系统的程序。

根据《最高人民法院、最高人民检察院关于办理危害计算机信息系统安全刑事案件应用法律若干问题的解释》第十条和《最高人民法院、最高人民检察院、公安部关于办理刑事案件收集提取和审查判断电子数据若干问题的规定》第十七条的规定，对是否属于“专门用于侵入计算机信息系统的程序”难以确定的，一般应当委托省级以上负责计算机信息系统安全保护管理工作的部门检验，也可由司法鉴定机构出具鉴定意见，或者由公安部指定的机构出具报告。实践中，应重点审查检验报告、鉴定意见对程序运行过程和运行结果的判断，结合案件具体情况，认定涉案程序是否具有突破或避开计算机信息系统安全保护措施，未经授权或超越授权获取计算机信息系统数据的功能。

三、最高人民法院指导性案例第145号张某杰等非法控制计算机信息系统案①

（最高人民法院审判委员会讨论通过，2020年12月29日发布）

【关键词】

刑事　非法控制计算机信息系统罪　破坏计算机信息系统罪　采用其他技术手段　修改增加数据　木马程序

【裁判要点】

1. 通过植入木马程序的方式，非法获取网站服务器的控制权限，进而通过修改、增加计算机信息系统数据，向相关计算机信息系统上传网页链接代码的，应当认定为刑法第二百八十五条第二款“采用其他技术手段”非法控制计算机信息系统的行为。

2. 通过修改、增加计算机信息系统数据，对该计算机信息系统实施非法控制，但未造成系统功能实质性破坏或者不能正常运行的，不应当认定为破坏计算机信息系统罪，符合刑法第二百八十五条第二款规定的，应当认定为非法控制计算机信息系统罪。

【相关法条】

《中华人民共和国刑法》第285条第1款、第2款

【基本案情】

自2017年7月开始，被告人张某杰、彭某珑、祝某、姜某豪经事先共谋，为赚取赌博网站广告费用，在马来西亚吉隆坡市租住的某公寓内，相互配合，对存在防护漏洞的目标服务器进行检索、筛查后，向目标服务器植入木马程序（后门

① 《指导案例145号：张某杰等非法控制计算机信息系统案》，载最高人民法院网站，https：//www. court. gov. cn/fabu-xiangqing-283891. html，最后访问时间：2022年4月25日。

程序）进行控制，再使用“菜刀”等软件链接该木马程序，获取目标服务器后台浏览、增加、删除、修改等操作权限，将添加了赌博关键字并设置自动跳转功能的静态网页，上传至目标服务器，提高赌博网站广告被搜索引擎命中几率。截止2017年9月底，被告人张某杰、彭某珑、祝某、姜某豪链接被植入木马程序的目标服务器共计113台，其中部分网站服务器还被植入了含有赌博关键词的广告网页。后公安机关将被告人张某杰、彭某珑、祝某、姜某豪抓获到案。公诉机关以破坏计算机信息系统罪对四人提起公诉。被告人张某杰、彭某珑、祝某、姜某豪及其辩护人在庭审中均对指控的主要事实予以承认；被告人张某杰、彭某珑、祝某及其辩护人提出，各被告人的行为仅是对目标服务器的侵入或非法控制，非破坏，应定性为非法侵入计算机信息系统罪或非法控制计算机信息系统罪，不构成破坏计算机信息系统罪。

【裁判结果】

江苏省南京市鼓楼区人民法院于2019年7月29日作出（2018）苏0106刑初487号刑事判决：一、被告人张某杰犯非法控制计算机信息系统罪，判处有期徒刑五年六个月，罚金人民币五万元。二、被告人彭某珑犯非法控制计算机信息系统罪，判处有期徒刑五年三个月，罚金人民币五万元。三、被告人祝某犯非法控制计算机信息系统罪，判处有期徒刑五年，罚金人民币四万元。四、被告人姜某豪犯非法控制计算机信息系统罪，判处有期徒刑二年六个月，罚金人民币二万元。一审宣判后，被告人姜某豪以一审量刑过重为由提出上诉，其辩护人请求对被告人姜某豪宣告缓刑。江苏省南京市中级人民法院于2019年9月16日作出（2019）苏01刑终768号裁定：驳回上诉，维持原判。

【裁判理由】

法院生效裁判认为，被告人张某杰、彭某珑、祝某、姜某豪共同违反国家规定，对我国境内计算机信息系统实施非法控制，情节特别严重，其行为均已构成非法控制计算机信息系统罪，且系共同犯罪。南京市鼓楼区人民检察院指控被告人张某杰、彭某珑、祝某、姜某豪实施侵犯计算机信息系统犯罪的事实清楚，证据确实、充分，但以破坏计算机信息系统罪予以指控不当。经查，被告人张某杰、彭某珑、祝某、姜某豪虽对目标服务器的数据实施了修改、增加的侵犯行为，但未造成该信息系统功能实质性的破坏，或不能正常运行，也未对该信息系统内有价值的数据进行增加、删改，其行为不属于破坏计算机信息系统犯罪中的对计算机信息系统中存储、处理或者传输的数据进行删除、修改、增加的行为，应认定为非法控制计算机信息系统罪。部分被告人及辩护人提出相同定性的辩解、辩护意见，予以采纳。关于上诉人姜某豪提出“量刑过重”的上诉理由及辩护人提出宣告缓刑的辩护意见，经查，该上诉人及其他被告人链接被植入木马程序的目标服务器共计 113 台，属于情节特别严重。一审法院依据本案的犯罪事实和上诉人的犯罪情节，对上诉人减轻处罚，量刑适当且与其他被告人的刑期均衡。综合上诉人犯罪行为的性质、所造成的后果及其社会危害性，不宜对上诉人适用缓刑。故对上诉理由及辩护意见，不予采纳。

第二十一章　提供侵入、非法控制计算机信息系统程序、工具罪

【立案追诉标准】

提供侵入、非法控制计算机信息系统程序、工具案（第 285 条第 3 款）

提供专门用于侵入、非法控制计算机信息系统的程序、工具，或者明知他人实施侵入、非法控制计算机信息系统的违法犯罪行为而为其提供程序、工具，情节严重的行为，应予立案。

【犯罪构成及刑事责任】

提供侵入、非法控制计算机信息系统程序、工具罪，是指提供专门用于侵入、非法控制计算机信息系统的程序、工具，或者明知他人实施侵入、非法控制计算机信息系统的违法犯罪行为而为其提供程序、工具，情节严重的行为。构成本罪需要具备以下四个要件：

1. 客体要件。本罪侵犯的客体是国家对计算机信息系统的管理制度和用户信息网络的安全。本罪的犯罪对象是国家事务、国防建设、尖端科学技术领域的计算机信息系统以外的计算机信息系统程序和工具。

2. 客观要件。客观方面表现为提供专门用于侵入、非法控制计算机信息系统的程序、工具，或者明知他人实施侵入、非法控制计算机信息系统的违法犯罪行为而为其提供程序、工具，情节严重的行为。

3. 主体要件。本罪的主体是一般主体，包括单位和自然人。自然人凡达到刑事责任年龄、具有刑事责任能力均可成为本罪的主体。

4. 主观要件。本罪在主观方面是故意，包括直接故意和间接故意。行为人是否具有营利的目的，不影响犯罪的成立。

根据刑法第285条第3款、第4款的规定：犯本罪，处三年以下有期徒刑或者拘役，并处或者单处罚金；情节特别严重的，处三年以上七年以下有期徒刑，并处罚金。

单位犯本罪，对单位判处罚金，并对其直接负责的主管人员和其他直接责任人员，依照各该款的规定处罚。

【疑难指导】

一、本罪客观要件的理解

根据刑法的规定，本罪有两种行为方式：第一种行为是提供专门用于侵入、非法控制计算机信息系统的程序、工具，第二种行为是明知他人实施侵入、非法控制计算机信息系统的违法行为而为其提供程序、工具。上述两种行为的主要区别在于：是专门程序、工具还是普通程序、工具。根据司法解释，专门用于侵入、非法控制计算机信息系统的程序、工具，主要有三类：一是具有避开或者突破计算机信息系统安全保护措施，未经授权或者超越授权获取计算机信息系统数据的功能的；二是具有避开或者突破计算机信息系统安全保护措施，未经授权或者超越授权对计算机信息系统实施控制功能的；三是其他专门设计用于侵入、非法控制计算机信息系统、非法获取计算机信息系统数据的程序、工具。专门的程序、工具排除了其具有合法用途的可能性，从其本身就可以知道是用于侵入、非法控制计算机信息系统等非法活动的，因而并不需要查明行为人主观上是否明知。而上述专门程序、工具以外的程序、工具，既可以用于网络合法活动，也可以用于网络非法活动。行为人只有明知他人实施侵入、非法控制计算机信息系统的违法行为而为其提供的，才能构成本罪。如果不具有这种明知，则不能构成本罪，由此排除了客观归罪。

对于何为“提供”，我们认为应当解释为“向他人供给”，不限于有偿提供，只要客观上实施了向他人供给的行为，就应当构成“提供”。

二、本罪主观要件的理解

有人认为本罪不可能出于间接故意的犯罪态度，只能由直接故意构成。我们不赞成这种观点。从我国的刑事立法习惯来看，从未在罪状中将一项犯罪明确规定为只能由直接故意构成。而这往往是通过刑法解释来完成的。这主要体现在目的犯的范畴中：当刑法条文中出现了对犯罪目的，抑或犯罪动机的描述时，基于通说对于“间接故意犯罪中不存在犯罪目的和犯罪动机”的认识，排除了间接故意存在于上述犯罪中的可能性。[①] 而本罪并没有犯罪动机和犯罪目的的法定表述，而且本罪中的明知应当包括明知自己的提供行为可能会造成危害计算机信息系统安全的后果，但依然放任该危害后果发生的情况。这里的“明知”，只需要行为人认识到他人有实施非法侵入、控制计算机信息系统的可能性即可，而不要求其认识到他人具体实施何种违法犯罪活动。如果行为人、对于他人实施侵入、非法控制计算机信息系统的违法犯罪活动持怀疑态度，认为其可能实施违法犯罪活动，也可能不实施，但如前文所述，本罪属于一般意义上的故意犯罪，间接故意也可构成本罪，因此，这种相对模糊的认识也不影响本罪的认定。[②]

三、本罪与非法侵入计算机信息系统罪的界限

本罪与非法侵入计算机信息系统罪的区别主要表现在以下三个方面：

（一）犯罪客体。本罪侵害的客体是国家对计算机信息系统的管理制度和用户信息网络的安全，非法侵入计算机信息系统罪侵犯的客体是国家重要领域的计算机信息系统的安全。

（二）犯罪客观方面。本罪的客观方面表现为提供专门用于侵入、非法控制计算机信息系统的程序、工具，或者明知他人实施侵入、非法控制计算机信息系统的违法犯罪行为而为其提供程序、工具的行为。非法侵入计算机信息系统罪的客观方面表现就是对重要领域的计算机信息系统实施了侵入行为。

---

① 孙中梅、赵康：《试论提供用于侵入、非法控制计算机信息系统的程序、工具罪的实然适用与应然展望》，载《中国检察官》2012 年第 1 期。

② 同上。

（三）从构成犯罪的条件区分，前者不要求造成损害后果只要是非法侵入就构成犯罪，后者则要求达到情节严重的情形才能构成犯罪，具体认定在司法实践中依照《最高人民法院、最高人民检察院关于办理危害计算机信息系统安全刑事案件应用法律若干问题的解释》的具体规定执行。

四、本罪与破坏计算机信息系统罪的界限

破坏计算机信息系统罪中的行为方式之一是故意制作、传播计算机病毒等破坏性程序，这里的破坏性程序与本罪中的“程序”“工具”有何区别，是区分两罪的关键。

《中华人民共和国计算机信息系统安全保护条例》第 28 条对“计算机病毒”的定义作了如下规定：计算机病毒，是指编制或者在计算机程序中插入的破坏计算机功能或者毁坏数据，影响计算机使用，并能自我复制的一组计算机指令或者程序代码。由此可见，计算机病毒等破坏性程序可以理解为破坏计算机功能或者其存储数据的程序代码和影响计算机使用的程序代码。本罪中的“程序”和“工具”也可能会在侵入或者非法控制计算机时破坏计算机信息系统的功能。因此，在区分两罪时，应当首先对这些用来侵入、非法控制计算机信息系统的程序或工具来进行辨别。如果其仅仅是作为侵入、非法控制计算机信息系统的程序或工具而没有对计算机的功能和数据产生影响，就不属于破坏性程序的范畴，则不能构成破坏计算机信息系统罪；如果这些用来侵入、非法控制的程序或工具属于破坏性程序，造成严重后果的，应当按照破坏计算机信息系统罪处理。

【办案依据】

一、刑法规定

第二百八十五条第三款 提供专门用于侵入、非法控制计算机信息系统的程序、工具，或者明知他人实施侵入、非法控制计算机信息系统的违法犯罪行为而为其提供程序、工具，情节严重的，依照前款的规定处罚。

第二百八十五条第四款 单位犯前三款罪的，对单位判处罚金，并对其直接负责的主管人员和其他直接责任人员，依照各该款的规定处罚。

二、司法解释

《最高人民法院、最高人民检察院关于办理危害计算机信息系统安全刑事案件应用法律若干问题的解释》（2011 年 8 月 1 日，法释〔2011〕19 号）

第二条 具有下列情形之一的程序、工具，应当认定为刑法第二百八十五条第三款规定的“专门用于侵入、非法控制计算机信息系统的程序、工具”：

（一）具有避开或者突破计算机信息系统安全保护措施，未经授权或者超越授权获取计算机信息系统数据的功能的；

（二）具有避开或者突破计算机信息系统安全保护措施，未经授权或者超越授权对计算机信息系统实施控制的功能的；

（三）其他专门设计用于侵入、非法控制计算机信息系统、非法获取计算机信息系统数据的程序、工具。

第三条 提供侵入、非法控制计算机信息系统的程序、工具，具有下列情形之一的，应当认定为刑法第二百八十五条第三款规定的“情节严重”：

（一）提供能够用于非法获取支付结算、证券交易、期货交易等网络金融服务身份认证信息的专门性程序、工具五人次以上的；

（二）提供第（一）项以外的专门用于侵入、非法控制计算机信息系统的程序、工具二十人次以上的；

（三）明知他人实施非法获取支付结算、证券交易、期货交易等网络金融服务身份认证信息的违法犯罪行为而为其提供程序、工具五人次以上的；

（四）明知他人实施第（三）项以外的侵入、非法控制计算机信息系统的违法犯罪行为而为其提供程序、工具二十人次以上的；

（五）违法所得五千元以上或者造成经济损失一万元以上的；

（六）其他情节严重的情形。

实施前款规定行为，具有下列情形之一的，应当认定为提供侵入、非法控制计算机信息系统的程序、工具“情节特别严重”：

（一）数量或者数额达到前款第（一）项至第（五）项规定标准五倍以上的；

（二）其他情节特别严重的情形。

第八条 以单位名义或者单位形式实施危害计算机信息系统安全犯罪，达到本解释规定的定罪量刑标准的，应当依照刑法第二百八十五条、第二百八十六条的规定追究直接负责的主管人员和其他直接责任人员的刑事责任。

第九条 明知他人实施刑法第二百八十五条、第二百八十六条规定的行为，具有下列情形之一的，应当认定为共同犯罪，依照刑法第二百八十五条、第二百八十六条的规定处罚：

（一）为其提供用于破坏计算机信息系统功能、数据或者应用程序的程序、工具，违法所得五千元以上或者提供十人次以上的；

（二）为其提供互联网接入、服务器托管、网络存储空间、通讯传输通道、费用结算、交易服务、广告服务、技术培训、技术支持等帮助，违法所得五千元以上的；

（三）通过委托推广软件、投放广告等方式向其提供资金五千元以上的。

实施前款规定行为，数量或者数额达到前款规定标准五倍以上的，应当认定为刑法第二百八十五条、第二百八十六条规定的“情节特别严重”或者“后果特别严重”。

第十条 对于是否属于刑法第二百八十五条、第二百八十六条规定的“国家事务、国防建设、尖端科学技术领域的计算机信息系统”、“专门用于侵入、非法控制计算机信息系统的程序、工具”、“计算机病毒等破坏性程序”难以确定的，应当委托省级以上负责计算机信息系统安全保护管理工作的部门检验。司法机关根据检验结论，并结合案件具体情况认定。

第二十二章　破坏计算机信息系统罪

【立案追诉标准】

破坏计算机信息系统案（刑法第 286 条）

违反国家规定，对计算机信息系统功能进行删除、修改、增加、干扰，造成计算机信息系统不能正常运行或者对计算机信息系统中存储、处理或者传输的数据和应用程序进行删除、修改、增加的操作，符合下列情形之一的，应予立案。

1. 造成十台以上计算机信息系统的主要软件或者硬件不能正常运行的；

2. 对二十台以上计算机信息系统中存储、处理或者传输的数据进行删除、修改、增加操作的；

3. 违法所得五千元以上或者造成经济损失一万元以上的；

4. 造成为一百台以上计算机信息系统提供域名解析、身份认证、计费等基础服务或者为一万以上用户提供服务的计算机信息系统不能正常运行累计一小时以上的；

5. 造成其他严重后果的。

故意制作、传播计算机病毒等破坏性程序，影响计算机系统正常运行，符合下列情形之一的，应予立案。

1. 制作、提供、传输能够通过网络、存储介质、文件等媒介，将自身的部分、全部或者变种进行复制、传播，并破坏计算机系统功能、数据或者应用程序，导致该程序通过网络、存储介质、文件等媒介传播的；

2. 造成20台以上计算机系统被植入能够在预先设定条件下自动触发，并破坏计算机系统功能、数据或者应用程序或其他专门设计用于破坏计算机系统功能、数据或者应用程序的程序的；

3. 提供计算机病毒等破坏性程序10人次以上的；

4. 违法所得5000元以上或者造成经济损失1万元以上的；

5. 造成其他严重后果的。

《最高人民法院、最高人民检察院关于办理危害计算机信息系统安全刑事案件应用法律若干问题的解释》（2011年8月1日）

【犯罪构成及刑事责任】

破坏计算机信息系统罪，是指违反了国家关于信息管理的有关规定，故意对计算机信息系统功能或计算机信息系统中存储、处理或者传输的数据和应用程序进行破坏，或者故意制作、传播计算机病毒等破坏程序，影响计算机信息系统的正常运行，后果严重的行为。构成本罪需要具备以下四个要件：

1. 客体要件。本罪侵犯的客体是国家对计算机信息系统的安全管理秩序和国家机关、企业、事业单位、人民团体和公民计算机信息系统的合法权益。本罪的犯罪对象是计算机信息系统和数据、应用程序和系统功能。数据，是指计算机处理的信息，不仅包括已经数值化的信息，而且包括文、图、声等非数值化的信息。程序，是指为了得到某种结果而可以由计算机等具有信息处理能力的装置执行的代码化指令序列，或者可被自动转换成代码化指令序列的符号化指令序列或者符号化语句序列。功能，是指按照一定的应用目的和规则对信息进行采集、加工、存储、检索、传输的功用和能力。

2. 客观要件。客观方面表现为违反国家关于信息管理的有关规定，故意对计算机信息系统功能或计算机信息系统中存储、处理或者传输的数据和应用程序进行破坏，或者故意制作、传播计算机病毒等破坏程序，影响计算机系统正常运行，后果严重的行为。主要包括以下几种行为方式：

（1）非法对计算机信息系统功能或系统中存储、处理或者传输的数据和应用程序，进行删除；

（2）非法对计算机信息系统功能或系统中存储、处理或者传输的数据和应用程序进行修改；

（3）非法对计算机信息系统功能或系统中存储、处理或者传输的数据和应用程序进行增加；

（4）非法对计算机信息系统功能进行干扰；

（5）故意制作计算机病毒等破坏性程序；

（6）故意传播计算机病毒等破坏性程序。

3. 主体要件。本罪的主体是一般主体，包括单位和自然人。自然人凡达到刑事责任年龄、具有刑事责任能力均可成为本罪的主体。

4. 主观要件。本罪在主观方面是故意，包括直接故意和间接故意，即行为人明知自己的行为会造成计算机信息系统被破坏而无法正常运行的结果，并且希望或者放任这种结果发生。

根据刑法第 286 条的规定：违反国家规定，对计算机信息系统功能进行删除、修改、增加、干扰，造成计算机信息系统不能正常运行，后果严重的，处五年以下有期徒刑或者拘役；后果特别严重的，处五年以上有期徒刑。

违反国家规定，对计算机信息系统中存储、处理或者传输的数据和应用程序进行删除、修改、增加的操作，后果严重的，处五年以下有期徒刑或者拘役；后果特别严重的，处五年以上有期徒刑。

故意制作、传播计算机病毒等破坏性程序，影响计算机系统正常运行，后果严重的，处五年以下有期徒刑或刑者拘役；后果特别严重的，处五年以上有期徒刑。

单位犯本罪的，对单位判处罚金，并对其直接负责的主管人员和其他直接责任人员，处五年以下有期徒刑或者拘役；后果特别严重的，处五年以上有期徒刑。

【疑难指导】

一、破坏计算机信息系统行为的认定

刑法第 286 条规定了三种破坏计算机信息系统罪的行为方式：一是破坏计算

机信息系统功能；二是破坏计算机数据和应用程序；三是故意制作、传播计算机病毒等破坏性程序。刑法在规定本罪的罪状时采用了并列的形式。在这些并列的行为方式中，行为人只要具备其中之一，就可以构成破坏计算机信息系统罪。

（一）破坏计算机信息系统功能。计算机信息系统，是指由计算机及其相关的和配套的设备含网络、设施构成的，按照一定的应用目标和规则，对信息进行采集、加工、存储、传输、检索等处理的人机系统。其功能多种多样，如进行文件编辑、采集、加工、存储、打印、传输、检索或者绘图、显像、游戏等，可用于不同行业、不同目标。同行业、不同目标的计算机系统其具体功能又会有所差别，如航空铁路售票、气象形势分析、预测、图书、报刊管理、企业经营管理等。无论用于何种行业或者用于何种目标，只要对其功能进行破坏即可构成本罪。所谓破坏计算机信息系统功能，是指对计算机系统功能进行删除、修改、增加、干扰。这里的“删除”，是指客观将计算机信息系统应有的功能加以取消，既可以是取消其中的一项，也可以是其中的几项或者全部。“修改”，是指将计算机信息系统的功能部分或者全部地进行改变，或者将原程序用另一种程序加以替代，改变其功能。“增加”，是指通过增加磁记录等手段，为计算机信息系统添加其原本没有的功能。“干扰”是指通过一定手段，如输入一个新的程序干扰原程序，以影响计算机系统正常运转，或者人为地发射一种强大的扰乱信号，用以干扰正常的操作状态或使用中的信号，使之不能正常工作或信号不能被正常输出或接收发挥其功能。

（二）破坏计算机数据和应用程序。所谓破坏计算机数据和应用程序，是指对计算机信息系统中存储、处理或者传输的数据和应用程序进行删除、修改和增加。“数据”，在这里是指计算机用以表示一定意思内容或者由其进行实际处理的一切文字、符号、数字、图形等有意义的组合。所谓计算机中存储、处理、传输的数据，则是指固定存储中计算机内部随时可供提取、查阅、使用的数据，或者已经进入计算机正在进行加工、处理，以及通过线路而由其他计算机信息系统传递过来的数据。所谓计算机程序，是指为了得到某种结果而可以由计算机等具有信息处理能力的装置执行的代码化指令序列，或者可被自动转换成代码化指令序列的符号化指令序列或者符号化语序列。至于计算机应用程序则是指用户使用数据的一种方式，是用户按数据库授予的子模式的逻辑结构，收发室对数据进行操作和运算的程序。对计算机信息系统的数据、应用程序进行破坏，是指通过输入删除、修改、增加的操作指令而对计算机信息系统中存储、处理或者传输的数据和应用程序进行破坏的行为。这些被破坏的数据和应用程序必须是处在“存储、处理或传输”的状态，否则不能构成本罪。

（三）制作、传播计算机病毒等破坏性程序。制作、传播计算机病毒等破坏性程序，是指故意制作、传播能够损坏数据、程序或破坏计算机系统安全的任何其他程序。主要的破坏手段是在正常程序中植入计算机病毒。所谓“计算机病毒”，是指那些能够在计算机系统运行过程中反复自我繁殖和扩散，破坏存储数据，危及计算机正常工作，浪费系统资料的非正当计算机程序。所谓“制作”，是指利用各种计算机语言编写、设计、开发病毒程序或者改编病毒程序。所谓“传播”，是指针对特定对象或不特定对象的扩散。扩散的方式可以是多种多样的，如采用私自安装、复制或在网络上公布并免费提供的方式等。

二、本罪与非法侵入计算机信息系统罪的界限

本罪与非法侵入计算机信息系统罪在造成的危害后果方面比较容易混淆，并且在给社会产生的实际危害性方面，有时也难以进行比较和衡量，导致实践中在对两者进行定量刑时出现许多分歧，需要从理论上加以简要区别。两者的界限主要表现在：

（一）行为方式不同。破坏计算机信息系统罪的行为方式主要是采取具有毁灭性的破坏手段，即对正常的计算机程序进行删除、修改、增加，或者植入病毒，或者进行非法干扰，导致原有程序失效；非法侵入计算机信息系统罪的行为方式，而在于违反国家规定和社会公序良俗，擅自侵入他人计算机信息系统。

（二）对行为危害程度的要求不同。破坏计算机信息系统罪是结果犯，以造成严重危害后果为构成犯罪的条件；非法侵入计算机信息系统罪是行为犯，对违反国家规定，侵入国家事务、国防建设、尖端科学技术领域的计算机信息系统的，只要实施了该行为，就构成犯罪，不要求造成严重后果，也不需要情节严重。

（三）主观意志有区别。破坏计算机信息系统罪的行为人在主观方面具有较大的恶性，其目的和动机比较简单，就是要给他人计算机信息系统造成损坏或者瘫痪；非法侵入计算机信息系统罪行为人的主观态度可能比较复杂，有的是出于某种特定目的，有的是出于猎奇，还有的是出于获取某方面的不正当信息等。从犯罪的主观恶性上比较，后者要轻于前者。

三、本罪与以破坏计算机信息系统为手段的其他犯罪之间的界限

（一）本罪与危害公共安全罪的界分

互联网时代，许多公共设施都是由计算机控制，如果破坏计算机信息系统而造成危害公共安全的严重后果，是定破坏计算机信息系统罪还是以危害公共安全的相关罪名定罪处罚，值得探讨。

刑法第119条规定：破坏交通工具、交通设施、电力设备、燃气设备、易燃易爆设备，造成严重后果的，处十年以上有期徒刑、无期徒刑或者死刑。破坏计算机信息系统，后果严重的，处五年以下有期徒刑或者拘役；后果特别严重的，处五年以上有期徒刑。与一般的危害社会公共安全罪的刑法相比，其刑罚的惩处明显欠缺力度。面对日益猖獗的犯罪趋势，以及计算机信息系统安全在社会生产关系中的重要性，威慑力不足显然不利于实现对相关刑事犯罪预防的目的，有悖于刑罚设立的初衷。我国刑法第287条关于利用计算机实施犯罪的提示性规定则正是出于此种考虑的一种补充。然而，在司法认定时如何准确界定本罪与以本罪的犯罪行为为手段而实施危害社会公共安全等犯罪的区别呢？笔者认为，同一个犯罪行为对同一个犯罪对象导致的不同犯罪结果就成为区分此罪与彼罪的一种客观标准。破坏计算机信息系统罪同以此为手段危害公共安全罪的界定应当从犯罪行为实际造成的危害结果和程度来确定。行为人实施的破坏计算机信息系统的功能及其数据或制作、传播计算机病毒等破坏性程序的行为足以或者已经造成危害社会公共安全（如不特定多数人的生命财产安全）的严重后果的，就应当以其造成的实际危害结果对应的危害公共安全罪的罪名来认定。例如，行为人侵入控制轨道交通调度的计算机信息系统，篡改其功能、程序，干扰系统正常运行，导致列车颠覆的行为，显然就属于危害公共安全罪，应以破坏交通设施罪来认定。但是，如果行为人实施的相关破坏行为，不足以危害公共安全的，就应当仅以本罪论处。

以本罪与破坏广播电视设施、公用电信设施罪的界定为例。破坏广播电视设施、公用电信设施罪，指的是故意破坏正在使用中的广播电视设施、公用电信设施的行为。从本罪的客体要件来看，侵犯的是通讯方面的公共安全。其犯罪对象包括：正在使用中的广播电台、电视台的发送电波、信号的设施；邮电部门收发电报的设施；公用电话交换设备、通讯线路；无线电通讯设施；等等。随着近年来信息技术的发展，无论是有线通讯还是无线通讯，都在向数字化发展。传统的模拟通讯也正逐渐被数字通讯所取代，而实现数字化的本质就是计算机信息技术。同时，计算机信息系统是相应硬件和软件的统一，其最重要的功能是各终端设备之间的信息传输与交换，多数属于公用电信设施的范畴。"这就引发了破坏广播电视设施、公用电信设施罪与破坏计算机信息系统罪如何界定的问题。根据最高人民法院于 2004 年 12 月公布了《最高人民法院关于审理破坏公用电信设施刑事案件具体应用法律若干问题的解释》，行为人采用截断通信线路、损毁通信设备或者删除、修改、增加电信网计算机信息系统中存储、处理或者传输的数据和应用程序等手段，故意破坏正在使用的公用电信设施，达到一定情形标准的，以破坏公用电信设施罪论处。笔者认为，根据该条司法解释，针对电信网计算机系统及其存储数据和应用程序的破坏行为如果达到其规定的危害结果的标准，就认定为是危害社会公共安全的行为，以危害公共安全罪论处。否则，就根据破坏计算机信息系统罪的构成要件，进行认定。

四、流量劫持行为的性质

流量劫持，概括来说就是通过恶意的软件程序来篡改浏览器网关地址、锁定网络界面、增加新的弹窗出口、诱导用户进入错误目标界面，最终达成强制用户访问某些特定类型的网站，消耗用户流量的情形。[①] 流量劫持主要可以分为四种：DNS 劫持、CDN 劫持、网关劫持、客户端劫持。DNS 劫持主要是从破坏服务器的终端入手对域名信息进行篡改和破坏，最终的目的是诱导网络服务器的信息传输至其篡改后预设的信息网络以借此牟利，这也是现阶段危害最大、影响范围最广的流量劫持手段。CDN 劫持是 DNS 劫持的进化方式，其通过静态的数据入侵的方式，利用网络用户所进行数据缓存展开篡改用户浏览地址的行为，最终劫持用户的流量，并基于 Web3.0 时代互联网分布式储存、负载均衡理念的传播而不断扩

---

① 孙道萃：《"流量劫持"的刑法规制及完善》，载《中国检察官》2016 年第 8 期。

散，造成潜在的网络破坏。[①] 网关劫持，是指在一次正常的访问通信活动中，入侵者作为第三方侵入网关，然后将用户的访问网址进行暗中改变，以图将敏感数据流入侵入方，网关劫持行为多见于运营商和代理商之间的合谋，利用运营商能够控制数据传输的便利。[②] 客户端劫持则是伪装成正常的客户端程序，通过恶意警告、危险提示等方式来干扰网络用户的正常安装活动，使得用户在浏览某些网页时受阻，并引导用户浏览其已经预先设定的网页。[③] 司法实践中，对于流量劫持案件的定性问题经常会涉及破坏计算机信息系统罪，非法获取计算机信息系统数据罪、非法控制计算机信息系统罪的争议。我们认为流量劫持行为应当认定为破坏计算机信息系统罪，主要依据就在于流量劫持行为既可以以植入程序的方式进入计算机系统篡改 IP 地址，本质上就是对计算机信息系统的功能进行删除、修改、增加，或者对其中原有的数据内容进行篡改，也可以将这种植入程序视为一种计算机病毒，覆盖了破坏计算机信息系统罪的三种行为方式。[④] 最高人民法院指导性案例第 102 号当事人强制网络用户访问指定网站的“DNS 劫持”行为就认定为是破坏计算机信息系统罪。[⑤] 不同的流量劫持行为虽然社会危害性不太相同，但其侵犯的法益是相同的，即计算机系统的正常运行，这与破坏计算机信息系统罪侵害的法益相同。流量劫持行为表现出的对互联网用户或者运营商计算机信息系统或系统中的数据进行增删修改也符合破坏计算机系统罪的行为方式，因此流量劫持行为应当认定为破坏计算机信息系统罪。

五、利用 DDoS 攻击行为的司法认定

DDoS 攻击，学名分布式拒绝服务攻击（Distributed Denial of Service，DDoS），是指处于不同位置的多个攻击者同时向一个或数个目标发动攻击，或者一个攻击

---

① 陈兴良：《网络犯罪的类型及其司法认定》，载《法治研究》2021 年第 3 期。

② 王鹏、季明、梅强等：《交换式网络下 HTTP 会话的劫持研究及其对策》，载《计算机工程》2007 年第 5 期。

③ 陈兴良：《网络犯罪的类型及其司法认定》，载《法治研究》2021 年第 3 期。

④ 陈禹衡：《“控制”“获取”还是“破坏”——流量劫持的罪名辨析》，载《西北民族大学学报（哲学社会科学版）》2019 年第 6 期。

⑤ 《指导案例 102 号：付宣某、黄子某破坏计算机信息系统案》，载最高人民法院网站，https：//www. court. gov. cn/shenpan-xiangqing-137071. html，最后访问时间：2022 年 4 月 25 日。

者控制了位于不同位置的多台机器（又称“肉鸡”），并利用这些机器对受害者同时实施攻击。由于攻击模拟海量正常用户不停地访问，因此造成服务器资源的浪费，正常的访问却被中止。[①] 攻击者获取“肉鸡”大致有三种途径：一是攻击者本人通过扫描程序和各种渗透技术，寻找安全性差的计算机，然后在那些未受保护的计算机上安装控制软件和攻击软件，形成“僵尸主机”（肉鸡）；二是购买他人控制的计算机信息系统的控制权，即从他人手中购买“僵尸主机”；三是直接从电信运营商手中租用服务器。[②] 攻击者控制多台机器的行为虽然没有破坏计算机信息系统的功能或者数据，但是其控制计算机信息系统的行为就可以构成非法控制计算机信息系统罪；如果是从他人手中购买“僵尸主机”，属于明知是他人非法控制的计算机信息系统而使用，实际上也构成了对计算机信息系统的控制，就可以构成非法控制计算机信息系统罪；如果攻击者利用“僵尸主机”实施攻击行为，向目标主机发出海量的服务请求，过多占用网络资源，使其不能提供正常服务，属于干扰计算机信息系统功能的行为，应该构成破坏计算机信息系统罪，其之前的非法控制行为与后面的干扰行为属于手段和目的关系，构成牵连犯。

【办案依据】

一、刑法规定

第二百八十六条 违反国家规定，对计算机信息系统功能进行删除、修改、增加、干扰，造成计算机信息系统不能正常运行，后果严重的，处五年以下有期徒刑或者拘役；后果特别严重的，处五年以上有期徒刑。

违反国家规定，对计算机信息系统中存储、处理或者传输的数据和应用程序进行删除、修改、增加的操作，后果严重的，依照前款的规定处罚。

故意制作、传播计算机病毒等破坏性程序，影响计算机系统正常运行，后果严重的，依照第一款的规定处罚。

---

① 桑涛：《利用 DDOS 攻击行为的司法认定》，载《中国检察官》2020 年第 9 期。

② 参见喻海松：《网络犯罪二十讲》，法律出版社 2018 年版，第 317 页。

单位犯前三款罪的，对单位判处罚金，并对其直接负责的主管人员和其他直接责任人员，依照第一款的规定处罚。

二、司法解释

（一）《最高人民法院、最高人民检察院关于办理环境污染刑事案件适用法律若干问题的解释》（2016年12月23日，法释〔2016〕29号）

第十条 违反国家规定，针对环境质量监测系统实施下列行为，或者强令、指使、授意他人实施下列行为的，应当依照刑法第二百八十六条的规定，以破坏计算机信息系统罪论处：

（一）修改参数或者监测数据的；

（二）干扰采样，致使监测数据严重失真的；

（三）其他破坏环境质量监测系统的行为。

重点排污单位篡改、伪造自动监测数据或者干扰自动监测设施，排放化学需氧量、氨氮、二氧化硫、氮氧化物等污染物，同时构成污染环境罪和破坏计算机信息系统罪的，依照处罚较重的规定定罪处罚。

从事环境监测设施维护、运营的人员实施或者参与实施篡改、伪造自动监测数据、干扰自动监测设施、破坏环境质量监测系统等行为的，应当从重处罚。

（二）《最高人民法院、最高人民检察院关于办理危害计算机信息系统安全刑事案件应用法律若干问题的解释》（2011年8月1日，法释〔2011〕19号）

第四条 破坏计算机信息系统功能、数据或者应用程序，具有下列情形之一的，应当认定为刑法第二百八十六条第一款和第二款规定的“后果严重”：

（一）造成十台以上计算机信息系统的主要软件或者硬件不能正常运行的；

（二）对二十台以上计算机信息系统中存储、处理或者传输的数据进行删除、修改、增加操作的；

（三）违法所得五千元以上或者造成经济损失一万元以上的；

（四）造成为一百台以上计算机信息系统提供域名解析、身份认证、计费等基础服务或者为一万以上用户提供服务的计算机信息系统不能正常运行累计一小时以上的；

（五）造成其他严重后果的。

实施前款规定行为，具有下列情形之一的，应当认定为破坏计算机信息系统“后果特别严重”：

（一）数量或者数额达到前款第（一）项至第（三）项规定标准五倍以上的；

（二）造成为五百台以上计算机信息系统提供域名解析、身份认证、计费等基础服务或者为五万以上用户提供服务的计算机信息系统不能正常运行累计一小时以上的；

（三）破坏国家机关或者金融、电信、交通、教育、医疗、能源等领域提供公共服务的计算机信息系统的功能、数据或者应用程序，致使生产、生活受到严重影响或者造成恶劣社会影响的；

（四）造成其他特别严重后果的。

第五条 具有下列情形之一的程序，应当认定为刑法第二百八十六条第三款规定的“计算机病毒等破坏性程序”：

（一）能够通过网络、存储介质、文件等媒介，将自身的部分、全部或者变种进行复制、传播，并破坏计算机系统功能、数据或者应用程序的；

（二）能够在预先设定条件下自动触发，并破坏计算机系统功能、数据或者应用程序的；

（三）其他专门设计用于破坏计算机系统功能、数据或者应用程序的程序。

第六条 故意制作、传播计算机病毒等破坏性程序，影响计算机系统正常运行，具有下列情形之一的，应当认定为刑法第二百八十六条第三款规定的“后果严重”：

（一）制作、提供、传输第五条第（一）项规定的程序，导致该程序通过网络、存储介质、文件等媒介传播的；

（二）造成二十台以上计算机系统被植入第五条第（二）、（三）项规定的程序的；

（三）提供计算机病毒等破坏性程序十人次以上的；

（四）违法所得五千元以上或者造成经济损失一万元以上的；

（五）造成其他严重后果的。

实施前款规定行为，具有下列情形之一的，应当认定为破坏计算机信息系统

“后果特别严重”：

（一）制作、提供、传输第五条第（一）项规定的程序，导致该程序通过网络、存储介质、文件等媒介传播，致使生产、生活受到严重影响或者造成恶劣社会影响的；

（二）数量或者数额达到前款第（二）项至第（四）项规定标准五倍以上的；

（三）造成其他特别严重后果的。

第八条 以单位名义或者单位形式实施危害计算机信息系统安全犯罪，达到本解释规定的定罪量刑标准的，应当依照刑法第二百八十五条、第二百八十六条的规定追究直接负责的主管人员和其他直接责任人员的刑事责任。

第九条 明知他人实施刑法第二百八十五条、第二百八十六条规定的行为，具有下列情形之一的，应当认定为共同犯罪，依照刑法第二百八十五条、第二百八十六条的规定处罚：

（一）为其提供用于破坏计算机信息系统功能、数据或者应用程序的程序、工具，违法所得五千元以上或者提供十人次以上的；

（二）为其提供互联网接入、服务器托管、网络存储空间、通讯传输通道、费用结算、交易服务、广告服务、技术培训、技术支持等帮助，违法所得五千元以上的；

（三）通过委托推广软件、投放广告等方式向其提供资金五千元以上的。

实施前款规定行为，数量或者数额达到前款规定标准五倍以上的，应当认定为刑法第二百八十五条、第二百八十六条规定的“情节特别严重”或者“后果特别严重”。

第十一条 本解释所称“计算机信息系统”和“计算机系统”，是指具备自动处理数据功能的系统，包括计算机、网络设备、通信设备、自动化控制设备等。

本解释所称“身份认证信息”，是指用于确认用户在计算机信息系统上操作权限的数据，包括账号、口令、密码、数字证书等。

本解释所称“经济损失”，包括危害计算机信息系统犯罪行为给用户直接造成的经济损失，以及用户为恢复数据、功能而支出的必要费用。

三、其他文件

《中华人民共和国计算机信息系统安全保护条例》（2011 年 1 月 8 日）

第二十三条　故意输入计算机病毒以及其他有害数据危害计算机信息系统安全的，或者未经许可出售计算机信息系统安全专用产品的，由公安机关处以警告或者对个人处以 5000 元以下的罚款、对单位处以 1.5 万元以下的罚款；有违法所得的，除予以没收外，可以处以违法所得 1 至 3 倍的罚款。

第二十四条　违反本条例的规定，构成违反治安管理行为的，依照《中华人民共和国治安管理处罚法》的有关规定处罚；构成犯罪的，依法追究刑事责任。

【指导性案例】

一、最高人民检察院指导性案例第 33 号李某龙破坏计算机信息系统案①

（2017 年 10 月 10 日最高人民检察院第十二届检察委员会第七十次会议决定，2017 年 10 月 12 日发布）

【关键词】

破坏计算机信息系统　劫持域名

【要旨】

以修改域名解析服务器指向的方式劫持域名，造成计算机信息系统不能正常运行，是破坏计算机信息系统的行为。

【相关法律规定】

《中华人民共和国刑法》第二百八十六条

《最高人民法院、最高人民检察院关于办理危害计算机信息系统安全刑事案件应用法律若干问题的解释》第四条

【基本案情】

被告人李某龙，男，1991 年 8 月生，个体工商户。

被告人李某龙为牟取非法利益，预谋以修改大型互联网网站域名解析指向的

---

① 《李某龙破坏计算机信息系统案》，载最高人民检察院网站，https：//www.spp.gov.cn/zxjy/qwfb/201710/t20171017_362934.shtml，最后访问时间：2022 年 4 月 25 日。

方法，劫持互联网流量访问相关赌博网站，获取境外赌博网站广告推广流量提成。2014年10月20日，李某龙冒充某知名网站工作人员，采取伪造该网站公司营业执照等方式，骗取该网站注册服务提供商信任，获取网站域名解析服务管理权限。10月21日，李某龙通过其在域名解析服务网站平台注册的账号，利用该平台相关功能自动生成了该知名网站二级子域名部分DNS（域名系统）解析列表，修改该网站子域名的IP指向，使其连接至自己租用境外虚拟服务器建立的赌博网站广告发布页面。当日19时许，李某龙对该网站域名解析服务器指向的修改生效，致使该网站不能正常运行。23时许，该知名网站经技术排查恢复了网站正常运行。11月25日，李某龙被公安机关抓获。至案发时，李某龙未及获利。

经司法鉴定，该知名网站共有559万有效用户，其中邮箱系统有36万有效用户。按日均电脑客户端访问量计算，10月7日至10月20日邮箱系统日均访问量达12.3万。李某龙的行为造成该知名网站10月21日19时至23时长达四小时左右无法正常发挥其服务功能，案发当日仅邮件系统电脑客户端访问量就从12.3万减少至4.43万。

【诉讼过程和结果】

本案由上海市徐汇区人民检察院于2015年4月9日以被告人李某龙犯破坏计算机信息系统罪向上海市徐汇区人民法院提起公诉。11月4日，徐汇区人民法院作出判决，认定李某龙的行为构成破坏计算机信息系统罪。根据《最高人民法院、最高人民检察院关于办理危害计算机信息系统安全刑事案件应用法律若干问题的解释》第四条规定，李某龙的行为符合“造成为五万以上用户提供服务的计算机信息系统不能正常运行累计一小时以上”“后果特别严重”的情形。结合量刑情节，判处李某龙有期徒刑五年。一审宣判后，被告人李某龙提出上诉，经上海市第一中级人民法院终审裁定，维持原判。

【指导意义】

修改域名解析服务器指向，强制用户偏离目标网站或网页进入指定网站或网页，是典型的域名劫持行为。行为人使用恶意代码修改目标网站域名解析服务器，目标网站域名被恶意解析到其他IP地址，无法正常发挥网站服务功能，这种行为实质是对计算机信息系统功能的修改、干扰，符合刑法第二百八十六条第一款

“对计算机信息系统功能进行删除、修改、增加、干扰”的规定。根据《最高人民法院、最高人民检察院关于办理危害计算机信息系统安全刑事案件应用法律若干问题的解释》第四条的规定，造成为一万以上用户提供服务的计算机信息系统不能正常运行累计一小时以上的，属于“后果严重”，应以破坏计算机信息系统罪论处；造成为五万以上用户提供服务的计算机信息系统不能正常运行累计一小时以上的，属于“后果特别严重”。

认定遭受破坏的计算机信息系统服务用户数，可以根据计算机信息系统的功能和使用特点，结合网站注册用户、浏览用户等具体情况，作出客观判断。

二、最高人民检察院指导性案例第 34 号李某杰等破坏计算机信息系统案①

（2017 年 10 月 10 日最高人民检察院第十二届检察委员会第七十次会议决定，2017 年 10 月 12 日发布）

【关键词】

破坏计算机信息系统　删改购物评价　购物网站评价系统

【要旨】

冒用购物网站买家身份进入网站内部评价系统删改购物评价，属于对计算机信息系统内存储数据进行修改操作，应当认定为破坏计算机信息系统的行为。

【相关法律规定】

《中华人民共和国刑法》第二百八十六条

《最高人民法院、最高人民检察院关于办理危害计算机信息系统安全刑事案件应用法律若干问题的解释》第四条

《计算机信息网络国际联网安全保护管理办法》第六条

【基本案情】

被告人李某杰，男，1985 年 7 月生，原系浙江杭州某网络公司员工。

---

① 《李某杰等破坏计算机信息系统案》，载最高人民检察院网站，https：//www. spp. gov. cn/jczdal/201710/t20171017_202593. shtml，最后访问时间：2022 年 4 月 25 日。

被告人胡某，男，1975 年 1 月生，原系江西省九江市公安局民警。

被告人黄某权，男，1987 年 9 月生，务工。

被告人董某，男，1983 年 5 月生，无业。

被告人王凤某，女，1988 年 11 月生，务工。

2011 年 5 月至 2012 年 12 月，被告人李某杰在工作单位及自己家中，单独或伙同他人通过聊天软件联系需要修改中差评的某购物网站卖家，并从被告人黄某权等处购买发表中差评的该购物网站买家信息 300 余条。李某杰冒用买家身份，骗取客服审核通过后重置账号密码，登录该购物网站内部评价系统，删改买家的中差评 347 个，获利 9 万余元。

经查：被告人胡某利用职务之便，将获取的公民个人信息分别出售给被告人黄某权、董某、王凤某。

2012 年 12 月 11 日，被告人李某杰被公安机关抓获归案。此后，因涉嫌出售公民个人信息、非法获取公民个人信息，被告人胡某、黄某权、董某、王凤某等人也被公安机关先后抓获。

【诉讼过程和结果】

本案由浙江省杭州市滨江区人民检察院于 2014 年 3 月 24 日以被告人李某杰犯破坏计算机信息系统罪、被告人胡某犯出售公民个人信息罪、被告人黄某权等人犯非法获取公民个人信息罪，向浙江省杭州市滨江区人民法院提起公诉。2015 年 1 月 12 日，杭州市滨江区人民法院作出判决，认定被告人李某杰的行为构成破坏计算机信息系统罪，判处有期徒刑五年；被告人胡某的行为构成出售公民个人信息罪，判处有期徒刑十个月，并处罚金人民币二万元；被告人黄某权、董某、王凤某的行为构成非法获取公民个人信息罪，分别判处有期徒刑、拘役，并处罚金。一审宣判后，被告人董某提出上诉。杭州市中级人民法院二审裁定驳回上诉，维持原判。判决已生效。

【指导意义】

购物网站评价系统是对店铺销量、买家评价等多方面因素进行综合计算分值的系统，其内部储存的数据直接影响到搜索流量分配、推荐排名、营销活动报名资格、同类商品在消费者购买比较时的公平性等。买家在购买商品后，根据用户体验对所购商品分别给出好评、中评、差评三种不同评价。所有的评价都是以数据形式存储于买家评价系统之中，成为整个购物网站计算机信息系统整体数据的重要组成部分。

侵入评价系统删改购物评价，其实质是对计算机信息系统内存储的数据进行删除、修改操作的行为。这种行为危害到计算机信息系统数据采集和流量分配体系运行，使网站注册商户及其商品、服务的搜索受到影响，导致网站商品、服务评价功能无法正常运作，侵害了购物网站所属公司的信息系统安全和消费者的知情权。行为人因删除、修改某购物网站中差评数据违法所得25000元以上，构成破坏计算机信息系统罪，属于“后果特别严重”的情形，应当依法判处五年以上有期徒刑。

三、最高人民检察院指导性案例第35号
曾兴某、王玉某破坏计算机信息系统案[①]

（2017年10月10日最高人民检察院第十二届检察委员会第七十次会议决定，2017年10月12日发布）

【关键词】

破坏计算机信息系统　智能手机终端　远程锁定

【要旨】

智能手机终端，应当认定为刑法保护的计算机信息系统。锁定智能手机导致不能使用的行为，可认定为破坏计算机信息系统。

【相关法律规定】

《中华人民共和国刑法》第二百八十六条、第二百七十四条

《最高人民法院、最高人民检察院关于办理危害计算机信息系统安全刑事案件应用法律若干问题的解释》第十一条

《最高人民法院、最高人民检察院关于办理敲诈勒索刑事案件适用法律若干问

---

① 《曾兴某、王玉某破坏计算机信息系统案》，载最高人民检察院网站，https：//www.spp.gov.cn/zxjy/qwfb/201710/t20171017_362934.shtml，最后访问时间：2022年4月25日。

题的解释》第一条

《江苏省高级人民法院、江苏省人民检察院、江苏省公安厅关于我省执行敲诈勒索公私财物“数额较大”、“数额巨大”、“数额特别巨大”标准的意见》

【基本案情】

被告人曾兴某，男，1997 年 8 月生，农民。

被告人王玉某，男，1992 年 2 月生，农民。

2016 年 10 月至 11 月，被告人曾兴某与王玉某结伙或者单独使用聊天社交软件，冒充年轻女性与被害人聊天，谎称自己的苹果手机因故障无法登录“iCloud”（云存储），请被害人代为登录，诱骗被害人先注销其苹果手机上原有的 ID，再使用被告人提供的 ID 及密码登录。随后，曾、王二人立即在电脑上使用新的 ID 及密码登录苹果官方网站，利用苹果手机相关功能将被害人的手机设置修改，并使用“密码保护问题”修改该 ID 的密码，从而远程锁定被害人的苹果手机。曾、王二人再在其个人电脑上，用网络聊天软件与被害人联系，以解锁为条件索要钱财。采用这种方式，曾兴某单独或合伙作案共 21 起，涉及苹果手机 22 部，锁定苹果手机 21 部，索得人民币合计 7290 元；王玉某参与作案 12 起，涉及苹果手机 12 部，锁定苹果手机 11 部，索得人民币合计 4750 元。2016 年 11 月 24 日，二人被公安机关抓获。

【诉讼过程和结果】

本案由江苏省海安县人民检察院于 2016 年 12 月 23 日以被告人曾兴某、王玉某犯破坏计算机信息系统罪向海安县人民法院提起公诉。2017 年 1 月 20 日，海安县人民法院作出判决，认定被告人曾兴某、王玉某的行为构成破坏计算机信息系统罪，分别判处有期徒刑一年三个月、有期徒刑六个月。一审宣判后，二被告人未上诉，判决已生效。

【指导意义】

计算机信息系统包括计算机、网络设备、通信设备、自动化控制设备等。智能手机和计算机一样，使用独立的操作系统、独立的运行空间，可以由用户自行安装软件等程序，并可以通过移动通讯网络实现无线网络接入，应当认定为刑法上的“计算机信息系统”。

行为人通过修改被害人手机的登录密码，远程锁定被害人的智能手机设备，使之成为无法开机的“僵尸机”，属于对计算机信息系统功能进行修改、干扰的行为。造成10台以上智能手机系统不能正常运行，符合刑法第二百八十六条破坏计算机信息系统罪构成要件中“对计算机信息系统功能进行修改、干扰”“后果严重”的情形，构成破坏计算机信息系统罪。

行为人采用非法手段锁定手机后以解锁为条件，索要钱财，在数额较大或多次敲诈的情况下，其目的行为又构成敲诈勒索罪。在这类犯罪案件中，手段行为构成的破坏计算机信息系统罪与目的行为构成的敲诈勒索罪之间成立牵连犯。牵连犯应当从一重罪处断。破坏计算机信息系统罪后果严重的情况下，法定刑为五年以下有期徒刑或者拘役；敲诈勒索罪在数额较大的情况下，法定刑为三年以下有期徒刑、拘役或管制，并处或者单处罚金。本案应以重罪即破坏计算机信息系统罪论处。

四、最高人民法院指导性案例第102号付宣某、黄子某破坏计算机信息系统案[①]

（最高人民法院审判委员会讨论通过，2018年12月25日发布）

【关键词】

刑事　破坏计算机信息系统罪　DNS劫持　后果严重　后果特别严重

【裁判要点】

1. 通过修改路由器、浏览器设置、锁定主页或者弹出新窗口等技术手段，强制网络用户访问指定网站的“DNS劫持”行为，属于破坏计算机信息系统，后果严重的，构成破坏计算机信息系统罪。

2. 对于“DNS劫持”，应当根据造成不能正常运行的计算机信息系统数量、相关计算机信息系统不能正常运行的时间，以及所造成的损失或者影响等，认定其是“后果严重”还是“后果特别严重”。

【相关法条】

《中华人民共和国刑法》第286条

---

① 《指导案例102号：付宣某、黄子某破坏计算机信息系统案》，载最高人民法院网站，https：//www.court.gov.cn/shenpan-xiangqing-137071.html，最后访问时间：2022年4月25日。

【基本案情】

2013年底至2014年10月，被告人付宣某、黄子某等人租赁多台服务器，使用恶意代码修改互联网用户路由器的DNS设置，进而使用户登录“××××.com”等导航网站时跳转至其设置的“××.com”导航网站，被告人付宣某、黄子某等人再将获取的互联网用户流量出售给杭州久尚科技有限公司（系“××.com”导航网站所有者），违法所得合计人民币754762.34元。

2014年11月17日，被告人付宣某接民警电话通知后自动至公安机关，被告人黄子某主动投案，二被告人到案后均如实供述了上述犯罪事实。

被告人及辩护人对罪名及事实均无异议。

【裁判结果】

上海市浦东新区人民法院于2015年5月20日作出（2015）浦刑初字第1460号刑事判决：一、被告人付宣某犯破坏计算机信息系统罪，判处有期徒刑三年，缓刑三年。二、被告人黄子某犯破坏计算机信息系统罪，判处有期徒刑三年，缓刑三年。三、扣押在案的作案工具以及退缴在案的违法所得予以没收，上缴国库。一审宣判后，二被告人均未上诉，公诉机关未抗诉，判决已发生法律效力。

【裁判理由】

法院生效裁判认为，根据《中华人民共和国刑法》第二百八十六条的规定，对计算机信息系统功能进行破坏，造成计算机信息系统不能正常运行，后果严重的，构成破坏计算机信息系统罪。本案中，被告人付宣某、黄子某实施的是流量劫持中的“DNS劫持”。DNS是域名系统的英文首字母缩写，作用是提供域名解析服务。“DNS劫持”通过修改域名解析，使对特定域名的访问由原IP地址转入到篡改后的指定IP地址，导致用户无法访问原IP地址对应的网站或者访问虚假网站，从而实现窃取资料或者破坏网站原有正常服务的目的。二被告人使用恶意代码修改互联网用户路由器的DNS设置，将用户访问“××××.com”等导航网站的流量劫持到其设置的“××.com”导航网站，并将获取的互联网用户流量出售，显然是对网络用户的计算机信息系统功能进行破坏，造成计算机信息系统不能正常运行，符合破坏计算机信息系统罪的客观行为要件。

根据《最高人民法院、最高人民检察院关于办理危害计算机信息系统安全刑事案件应用法律若干问题的解释》，破坏计算机信息系统，违法所得人民币二万五千元以上或者造成经济损失人民币五万元以上的，应当认定为“后果特别严重”。本案中，二被告人的违法所得达人民币 754762.34 元，属于“后果特别严重”。

综上，被告人付宣某、黄子某实施的“DNS 劫持”行为系违反国家规定，对计算机信息系统中存储的数据进行修改，后果特别严重，依法应处五年以上有期徒刑。鉴于二被告人在家属的帮助下退缴全部违法所得，未获取、泄露公民个人信息，且均具有自首情节，无前科劣迹，故依法对其减轻处罚并适用缓刑。

五、最高人民法院指导性案例第 103 号徐某破坏计算机信息系统案[①]

（最高人民法院审判委员会讨论通过，2018 年 12 月 25 日发布）

【关键词】

刑事　破坏计算机信息系统罪　机械远程监控系统

【裁判要点】

企业的机械远程监控系统属于计算机信息系统。违反国家规定，对企业的机械远程监控系统功能进行破坏，造成计算机信息系统不能正常运行，后果严重的，构成破坏计算机信息系统罪。

【相关法条】

《中华人民共和国刑法》第 286 条第 1 款、第 2 款

【基本案情】

为了加强对分期付款的工程机械设备的管理，某某重科股份有限公司（以下简称某某重科）投入使用了某某重科物联网 GPS 信息服务系统，该套计算机信息系统由某某重科物联网远程监控平台、GPS 终端、控制器和显示器等构成，该系统具备自动采集、处理、存储、回传、显示数据和自动控制设备的功能，其中，控制器、GPS 终端和显示器由某某重科在工程机械设备的生产制造过程中安装到每台设备上。

---

① 《指导案例 103 号：徐某破坏计算机信息系统案》，载最高人民法院网站，https：//www.court.gov.cn/shenpan-xiangqing-137081.html，最后访问时间：2022 年 4 月 25 日。

某某重科对“按揭销售”的泵车设备均安装了某某重科物联网 GPS 信息服务系统，并在产品买卖合同中明确约定“如买受人出现违反合同约定的行为，出卖人有权采取停机、锁机等措施”以及“在买受人付清全部货款前，产品所有权归出卖人所有。即使在买受人已经获得机动车辆登记文件的情况下，买受人未付清全部货款前，产品所有权仍归出卖人所有”的条款。然后由某某重科总部的远程监控维护平台对泵车进行监控，如发现客户有拖欠、赖账等情况，就会通过远程监控系统进行“锁机”，泵车接收到“锁机”指令后依然能发动，但不能作业。

2014 年 5 月间，被告人徐某使用“GPS 干扰器”先后为钟某某、龚某某、张某某名下或管理的五台某某重科泵车解除锁定。具体事实如下：

1. 2014 年 4 月初，钟某某发现其购得的牌号为贵 A7××62 的泵车即将被某某重科锁机后，安排徐关伦帮忙打听解锁人。徐某某遂联系龚某某告知钟某某泵车需解锁一事。龚某某表示同意后，即通过电话联系被告人徐某给泵车解锁。2014 年 5 月 18 日，被告人徐某携带“GPS 干扰器”与龚某某一起来到贵阳市清镇市，由被告人徐某将“GPS 干扰器”上的信号线连接到泵车右侧电控柜，再将“GPS 干扰器”通电后使用干扰器成功为牌号为贵 A7××62 的泵车解锁。事后，钟某某向龚某某支付了解锁费用人民币 40000 元，龚某某亦按约定将其中人民币 9600 元支付给徐某某作为介绍费。当日及次日，龚某某还带着被告人徐某为其管理的其妹夫黄某从某某重科及长沙某某重科二手设备销售有限公司以分期付款方式购得的牌号分别为湘 AB××75、湘 AA××85、湘 AA××87 的三台泵车进行永久解锁。事后，龚某某向被告人徐某支付四台泵车的解锁费用共计人民币 30000 元。

2. 2014 年 5 月间，张某某从某某重科以按揭贷款的方式购买泵车一台，因拖欠货款被某某重科使用物联网系统将泵车锁定，无法正常作业。张某某遂通过电话联系到被告人徐某为其泵车解锁。2014 年 5 月 17 日，被告人徐某携带“GPS 干扰器”来到湖北襄阳市，采用上述同样的方式为张某某名下牌号为鄂 FE××21 的泵车解锁。事后，张某某向被告人徐某支付解锁费用人民币 15000 元。

经鉴定，某某重科的上述牌号为贵 A7××62、湘 AB××75、湘 AA××85、湘 AA××87 泵车 GPS 终端被拆除及控制程序被修改后，某某重科物联网 GPS 信息服务系统无法对泵车进行实时监控和远程锁车。

2014年11月7日，被告人徐某主动到公安机关投案。在本院审理过程中，被告人徐某退缴了违法所得人民币45000元。

【裁判结果】

湖南省长沙市岳麓区人民法院于2015年12月17日作出（2015）岳刑初字第652号刑事判决：一、被告人徐某犯破坏计算机信息系统罪，判处有期徒刑二年六个月。二、追缴被告人徐某的违法所得人民币四万五千元，上缴国库。被告人徐某不服，提出上诉。湖南省长沙市中级人民法院于2016年8月9日作出（2016）湘01刑终58号刑事裁定：驳回上诉，维持原判。该裁定已发生法律效力。

【裁判理由】

法院生效裁判认为，《最高人民法院、最高人民检察院关于办理危害计算机信息系统安全刑事案件应用法律若干问题的解释》第十一条规定，“计算机信息系统”和“计算机系统”，是指具备自动处理数据功能的系统，包括计算机、网络设备、通信设备、自动化控制设备等。本案中，某某重科物联网GPS信息服务系统由某某重科物联网远程监控平台、GPS终端、控制器和显示器等构成，具备自动采集、处理、存储、回传、显示数据和自动控制设备的功能。该系统属于具备自动处理数据功能的通信设备与自动化控制设备，属于刑法意义上的计算机信息系统。被告人徐某利用“GPS干扰器”对某某重科物联网GPS信息服务系统进行修改、干扰，造成该系统无法对案涉泵车进行实时监控和远程锁车，是对计算机信息系统功能进行破坏，造成计算机信息系统不能正常运行的行为，且后果特别严重。根据刑法第二百八十六条的规定，被告人徐某构成破坏计算机信息系统罪。徐某犯罪以后自动投案，如实供述了自己的罪行，系自首，依法可减轻处罚。徐某退缴全部违法所得，有悔罪表现，可酌情从轻处罚。针对徐某及辩护人提出“自己系自首，且全部退缴违法所得，一审量刑过重”的上诉意见与辩护意见，经查，徐某破坏计算机信息系统，违法所得45000元，后果特别严重，应当判处五年以上有期徒刑，一审判决综合考虑其自首、退缴全部违法所得等情节，对其减轻处罚，判处有期徒刑二年六个月，量刑适当。该上诉意见、辩护意见，不予采纳。原审判决认定事实清楚，证据确实充分，适用法律正确，量刑适当，审判程序合法。

六、最高人民法院指导性案例第104号李某、何利某、张锋某等人破坏计算机信息系统案①

（最高人民法院审判委员会讨论通过，2018年12月25日发布）

【关键词】

刑事　破坏计算机信息系统罪　干扰环境质量监测采样　数据失真　后果严重

【裁判要点】

环境质量监测系统属于计算机信息系统。用棉纱等物品堵塞环境质量监测采样设备，干扰采样，致使监测数据严重失真的，构成破坏计算机信息系统罪。

【相关法条】

《中华人民共和国刑法》第286条第1款

【基本案情】

西安市长安区环境空气自动监测站（以下简称长安子站）系国家环境保护部（以下简称环保部）确定的西安市13个国控空气站点之一，通过环境空气质量自动监测系统采集、处理监测数据，并将数据每小时传输发送至中国环境监测总站（以下简称监测总站），一方面通过网站实时向社会公布，一方面用于编制全国环境空气质量状况月报、季报和年报，向全国发布。长安子站为全市两个国家直管监测子站之一，由监测总站委托武汉宇虹环保产业股份有限公司进行运行维护，不经允许，非运维方工作人员不得擅自进入。

2016年2月4日，长安子站回迁至西安市长安区西安邮电大学南区动力大楼楼顶。被告人李某利用协助长安子站搬迁之机私自截留长安子站钥匙并偷记长安子站监控电脑密码，此后至2016年3月6日，被告人李某、张锋某多次进入长安子站内，用棉纱堵塞采样器的方法，干扰子站内环境空气质量自动监测系统的数据采集功能。被告人何利某明知李某等人的行为而没有阻止，只是要求李某把空

---

① 《指导案例104号：李某、何利某、张锋某等人破坏计算机信息系统案》，载最高人民法院网站，https：//www.court.gov.cn/shenpan-xiangqing-137091.html，最后访问时间：2022年4月25日。

气污染数值降下来。被告人李某还多次指使被告人张甲、张乙采用上述方法对子站自动监测系统进行干扰，造成该站自动监测数据多次出现异常，多个时间段内监测数据严重失真，影响了国家环境空气质量自动监测系统正常运行。为防止罪行败露，2016 年 3 月 7 日、3 月 9 日，在被告人李某的指使下，被告人张甲、张乙两次进入长安子站将监控视频删除。2016 年 2、3 月间，长安子站每小时的监测数据已实时传输发送至监测总站，通过网站向社会公布，并用于环保部编制 2016 年 2 月、3 月和第一季度全国 74 个城市空气质量状况评价、排名。2016 年 3 月 5 日，监测总站在例行数据审核时发现长安子站数据明显偏低，检查时发现了长安子站监测数据弄虚作假问题，后公安机关将五被告人李某、何利某、张甲、张乙、张锋某抓获到案。被告人李某、被告人张锋某、被告人张甲、被告人张乙在庭审中均承认指控属实，被告人何利某在庭审中辩解称其对李某堵塞采样器的行为仅是默许、放任，请求宣告其无罪。

【裁判结果】

陕西省西安市中级人民法院于 2017 年 6 月 15 日作出（2016）陕 01 刑初 233 号刑事判决：一、被告人李某犯破坏计算机信息系统罪，判处有期徒刑一年十个月。二、被告人何利某犯破坏计算机信息系统罪，判处有期徒刑一年七个月。三、被告人张锋某犯破坏计算机信息系统罪，判处有期徒刑一年四个月。四、被告人张甲犯破坏计算机信息系统罪，判处有期徒刑一年三个月。五、被告人张乙犯破坏计算机信息系统罪，判处有期徒刑一年三个月。宣判后，各被告人均未上诉，判决已发生法律效力。

【裁判理由】

法院生效裁判认为，五被告人的行为违反了国家规定。《中华人民共和国环境保护法》第六十八条规定禁止篡改、伪造或者指使篡改、伪造监测数据，《中华人民共和国环境大气污染防治法》第一百二十六条规定禁止对大气环境保护监督管理工作弄虚作假，《中华人民共和国环境计算机信息系统安全保护条例》第七条规定不得危害计算机信息系统的安全。本案五被告人采取堵塞采样器的方法伪造或者指使伪造监测数据，弄虚作假，违反了上述国家规定。

五被告人的行为破坏了计算机信息系统。《最高人民法院、最高人民检察院关于办理危害计算机信息系统安全刑事案件应用法律若干问题的解释》第十一条规定，计算机信息系统和计算机系统，是指具备自动处理数据功能的系统，包括计算机、网络设备、通信设备、自动化控制设备等。根据《最高人民法院、最高人民检察院关于办理环境污染刑事案件适用法律若干问题的解释》第十条第一款的规定，干扰环境质量监测系统的采样，致使监测数据严重失真的行为，属于破坏计算机信息系统。长安子站系国控环境空气质量自动监测站点，产生的监测数据经过系统软件直接传输至监测总站，通过环保部和监测总站的政府网站实时向社会公布，参与计算环境空气质量指数并实时发布。空气采样器是环境空气质量监测系统的重要组成部分。PM10、PM2.5 监测数据作为环境空气综合污染指数评估中的最重要两项指标，被告人用棉纱堵塞采样器的采样孔或拆卸采样器的行为，必然造成采样器内部气流场的改变，造成监测数据失真，影响对环境空气质量的正确评估，属于对计算机信息系统功能进行干扰，造成计算机信息系统不能正常运行的行为。

五被告人的行为造成了严重后果。(1) 被告人李某、张锋某、张甲、张乙均多次堵塞、拆卸采样器干扰采样，被告人何利某明知李某等人的行为而没有阻止，只是要求李某把空气污染数值降下来。(2) 被告人的干扰行为造成了监测数据的显著异常。2016 年 2 至 3 月，长安子站颗粒物监测数据多次出现与周边子站变化趋势不符的现象。长安子站 PM2.5 数据分别在 2 月 24 日 18 时至 25 日 16 时、3 月 3 日 4 时至 6 日 19 时两个时段内异常，PM10 数据分别在 2 月 18 日 18 时至 19 日 8 时、2 月 25 日 20 时至 21 日 8 时、3 月 5 日 19 时至 6 日 23 时三个时段内异常。其中，长安子站的 PM10 数据在 2016 年 3 月 5 日 19 时至 22 时由 361 下降至 213，下降了 41%，其他周边子站均值升高了 14%（由 316 上升至 361），6 日 16 时至 17 时长安子站监测数值由 188 上升至 426，升高了 127%，其他子站均值变化不大（由 318 降至 310），6 日 17 时至 19 时长安子站数值由 426 下降至 309，下降了 27%，其他子站均值变化不大（由 310 降至 304）。可见，被告人堵塞采样器的行为足以造成监测数据的严重失真。上述数据的严重失真，与监测总站在例行数据审核时发现长安子站 PM10 数据明显偏低可以印证。(3) 失真的监测数据已实时发送至监测总站，并向社会公布。长安子站空气质量监测的小时浓度均值数据已经通过互联网实时发布。(4) 失真的监测数据已被用于编制环境评价的月报、季报。环保部在2016年二、三月及第一季度的全国74个重点城市空气质量排名工作中已采信上述虚假数据,已向社会公布并上报国务院,影响了全国大气环境治理情况评估,损害了政府公信力,误导了环境决策。据此,五被告人干扰采样的行为造成了严重后果,符合刑法第二百八十六条规定的"后果严重"要件。

综上,五被告人均已构成破坏计算机信息系统罪。鉴于五被告人到案后均能坦白认罪,有悔罪表现,依法可以从轻处罚。

七、最高人民检察院指导性案例第69号姚某杰等11人破坏计算机信息系统案[①]

(2020年1月3日最高人民检察院第十三届检察委员会第三十一次会议通过,2020年3月28日发布)

【关键词】

破坏计算机信息系统　网络攻击　引导取证　损失认定

【要旨】

为有效打击网络攻击犯罪,检察机关应加强与公安机关的配合,及时介入侦查引导取证,结合案件特点提出明确具体的补充侦查意见。对被害互联网企业提供的证据和技术支持意见,应当结合其他证据进行审查认定,客观全面准确认定破坏计算机信息系统罪的危害后果。

【相关规定】

《中华人民共和国刑法》第二百八十六条

《最高人民法院、最高人民检察院关于办理危害计算机信息系统安全刑事案件应用法律若干问题的解释》第四条、第六条、第十一条

【基本案情】

被告人姚某杰,男,1983年3月27日出生,无固定职业。

---

① 《姚某杰等11人破坏计算机信息系统案》,载最高人民检察院网站,https://www.spp.gov.cn/jczdal/202004/t20200408_458415.shtml,最后访问时间:2022年4月25日。

被告人丁虎某，男，1998年2月7日出生，无固定职业。

其他9名被告人基本情况略。

2017年初，被告人姚某杰等人接受王某某（另案处理）雇佣，招募多名网络技术人员，在境外成立“暗夜小组”黑客组织。“暗夜小组”从被告人丁虎某等3人处购买大量服务器资源，再利用木马软件操控控制端服务器实施DDoS攻击（指黑客通过远程控制服务器或计算机等资源，对目标发动高频服务请求，使目标服务器因来不及处理海量请求而瘫痪）。2017年2—3月间，“暗夜小组”成员三次利用14台控制端服务器下的计算机，持续对某互联网公司云服务器上运营的三家游戏公司的客户端IP进行DDoS攻击。攻击导致三家游戏公司的IP被封堵，出现游戏无法登录、用户频繁掉线、游戏无法正常运行等问题。为恢复云服务器的正常运营，某互联网公司组织人员对服务器进行了抢修并为此支付4万余元。

【指控与证明犯罪】

（一）介入侦查引导取证

2017年初，某互联网公司网络安全团队在日常工作中监测到多起针对该公司云服务器的大流量高峰值DDoS攻击，攻击源IP地址来源不明，该公司随即报案。公安机关立案后，同步邀请广东省深圳市人民检察院介入侦查、引导取证。

针对案件专业性、技术性强的特点，深圳市人民检察院会同公安机关多次召开案件讨论会，就被害单位云服务器受到的DDoS攻击的特点和取证策略进行研究，建议公安机关及时将被害单位报案提供的电子数据送国家计算机网络应急技术处理协调中心广东分中心进行分析，确定主要攻击源的IP地址。

2017年6-9月间，公安机关陆续将11名犯罪嫌疑人抓获。侦查发现，“暗夜小组”成员为逃避打击，在作案后已串供并将手机、笔记本电脑等作案工具销毁或者进行了加密处理。“暗夜小组”成员到案后大多作无罪辩解。有证据证实丁虎某等人实施了远程控制大量计算机的行为，但证明其将控制权出售给“暗夜小组”用于DDoS网络攻击的证据薄弱。

鉴于此，深圳市检察机关与公安机关多次会商研究“暗夜小组”团伙内部结构、犯罪行为和技术特点等问题，建议公安机关重点做好以下三方面工作：一是查明导致云服务器不能正常运行的原因与“暗夜小组”攻击行为间的关系。具体包括：对被害单位提供的受攻击IP和近20万个攻击源IP作进一步筛查分析，找出主要攻击源的IP地址，并与丁虎某等人出售的控制端服务器IP地址进行比对；查清主要攻击源的波形特征和网络协议，并和丁虎某等人控制的攻击服务器特征进行比对，以确定主要攻击是否来自于该控制端服务器；查清攻击时间和云服务器因被攻击无法为三家游戏公司提供正常服务的时间；查清攻击的规模；调取“暗夜小组”实施攻击后给三家游戏公司发的邮件。二是做好犯罪嫌疑人线上身份和线下身份同一性的认定工作，并查清“暗夜小组”各成员在犯罪中的分工、地位和作用。三是查清犯罪行为造成的危害后果。

（二）审查起诉

2017年9月19日，公安机关将案件移送广东省深圳市南山区人民检察院审查起诉。鉴于在案证据已基本厘清“暗夜小组”实施犯罪的脉络，“暗夜小组”成员的认罪态度开始有了转变。经审查，全案基本事实已经查清，基本证据已经调取，能够认定姚某杰等人的行为已涉嫌破坏计算机信息系统罪：一是可以认定系“暗夜小组”对某互联网公司云服务器实施了大流量攻击。国家计算机网络应急技术处理协调中心广东分中心出具的报告证实，筛选出的大流量攻击源IP中有198个IP为僵尸网络中的被控主机，这些主机由14个控制端服务器控制。通过比对丁虎某等人电脑中的电子数据，证实丁虎某等人控制的服务器就是对三家游戏公司客户端实施网络攻击的服务器。分析报告还明确了云服务器受到的攻击类型和攻击采用的网络协议、波形特征，这些证据与“暗夜小组”成员供述的攻击资源特征一致。网络聊天内容和银行交易流水等证据证实“暗夜小组”向丁虎某等三人购买上述14个控制端服务器控制权的事实。电子邮件等证据进一步印证了“暗夜小组”实施攻击的事实。二是通过进一步提取犯罪嫌疑人网络活动记录、犯罪嫌疑人之间的通讯信息、资金往来等证据，结合对电子数据的分析，查清了“暗夜小组”成员虚拟身份与真实身份的对应关系，查明了小组成员在招募人员、日常管理、购买控制端服务器、实施攻击和后勤等各个环节中的分工负责情况。

审查中，检察机关发现，攻击行为造成的损失仍未查清：部分犯罪嫌疑人实施犯罪的次数，上下游间交易的证据仍欠缺。针对存在的问题，深圳市南山区人民检察院与公安机关进行了积极沟通，于2017年11月2日和2018年1月16日两次将案件退回公安机关补充侦查。一是鉴于证实受影响计算机信息系统和用户数量的证据已无法调取，本案只能以造成的经济损失认定危害后果。因此要求公安机关补充调取能够证实某互联网公司直接经济损失或为恢复网络正常运行支出的必要费用等证据，并交专门机构作出评估。二是进一步补充证实"暗夜小组"成员参与每次网络攻击具体情况以及攻击服务器控制权在"暗夜小组"与丁虎某等人间流转情况的证据。三是对丁虎某等人向"暗夜小组"提供攻击服务器控制权的主观明知证据作进一步补强。

公安机关按要求对证据作了补强和完善，全案事实已查清，案件证据确实充分，已经形成了完整的证据链条。

（三）出庭指控犯罪

2018年3月6日，深圳市南山区人民检察院以被告人姚某杰等11人构成破坏计算机信息系统罪向深圳市南山区人民法院提起公诉。4月27日，法院公开开庭审理了本案。

庭审中，11名被告人对检察机关的指控均表示无异议。部分辩护人提出以下辩护意见：一是网络攻击无处不在，现有证据不能认定三家网络游戏公司受到的攻击均是"暗夜小组"发动的，不能排除攻击来自其他方面。二是即便认定"暗夜小组"参与对三家网络游戏公司的攻击，也不能将某互联网公司支付给抢修系统数据的员工工资认定为本案的经济损失。

针对辩护意见，公诉人答辩如下：一是案发时并不存在其他大规模网络攻击，在案证据足以证实只有"暗夜小组"针对云服务器进行了DDoS高流量攻击，每次的攻击时间和被攻击的时间完全吻合，攻击手法、流量波形、攻击源IP和攻击路径与被告人供述及其他证据相互印证，现有证据足以证明三家网络游戏公司客户端不能正常运行系受"暗夜小组"攻击导致。二是根据法律规定，"经济损失"包括危害计算机信息系统犯罪行为给用户直接造成的经济损失以及用户为恢复数据、功能而支出的必要费用。某互联网公司为修复系统数据、功能而支出的员工工资系因犯罪产生的必要费用，应当认定为本案的经济损失。

（四）处理结果

2018年6月8日，广东省深圳市南山区人民法院判决认定被告人姚某杰等11

人犯破坏计算机信息系统罪；鉴于各被告人均表示认罪悔罪，部分被告人具有自首等法定从轻、减轻处罚情节，对11名被告人分别判处有期徒刑一年至二年不等。宣判后，11名被告人均未提出上诉，判决已生效。

【指导意义】

（一）立足网络攻击犯罪案件特点引导公安机关收集调取证据。对重大、疑难、复杂的网络攻击类犯罪案件，检察机关可以适时介入侦查引导取证，会同公安机关研究侦查方向，在收集、固定证据等方面提出法律意见。一是引导公安机关及时调取证明网络攻击犯罪发生、证明危害后果达到追诉标准的证据。委托专业技术人员对收集提取到的电子数据等进行检验、鉴定，结合在案其他证据，明确网络攻击类型、攻击特点和攻击后果。二是引导公安机关调取证明网络攻击是犯罪嫌疑人实施的证据。借助专门技术对攻击源进行分析，溯源网络犯罪路径。审查认定犯罪嫌疑人网络身份与现实身份的同一性时，可通过核查IP地址、网络活动记录、上网终端归属，以及证实犯罪嫌疑人与网络终端、存储介质间的关联性综合判断。犯罪嫌疑人在实施网络攻击后，威胁被害人的证据可作为认定攻击事实和因果关系的证据。有证据证明犯罪嫌疑人实施了攻击行为，网络攻击类型和特点与犯罪嫌疑人实施的攻击一致，攻击时间和被攻击时间吻合的，可以认定网络攻击系犯罪嫌疑人实施。三是网络攻击类犯罪多为共同犯罪，应重点审查各犯罪嫌疑人的供述和辩解、手机通信记录等，通过审查自供和互证的情况以及与其他证据间的印证情况，查明各犯罪嫌疑人间的犯意联络、分工和作用，准确认定主、从犯。四是对需要通过退回补充侦查进一步完善上述证据的，在提出补充侦查意见时，应明确列出每一项证据的补侦目的，以及为了达到目的需要开展的工作。在补充侦查过程中，要适时与公安机关面对面会商，了解和掌握补充侦查工作的进展，共同研究分析补充到的证据是否符合起诉和审判的标准和要求，为补充侦查工作提供必要的引导和指导。

（二）对被害单位提供的证据和技术支持意见需结合其他在案证据作出准确认定。网络攻击类犯罪案件的被害人多为大型互联网企业。在打击该类犯罪的过程中，司法机关往往会借助被攻击的互联网企业在网络技术、网络资源和大数据等方面的优势，进行溯源分析或对攻击造成的危害进行评估。由于互联网企业既是受害方，有时也是技术支持协助方，为确保被害单位提供的证据客观真实，必须特别注意审查取证过程的规范性；有条件的，应当聘请专门机构对证据的完整性进行鉴定。如条件不具备，应当要求提供证据的被害单位对证据作出说明。同时要充分运用印证分析审查思路，将被害单位提供的证据与在案其他证据，如从犯罪嫌疑人处提取的电子数据、社交软件聊天记录、银行流水、第三方机构出具的鉴定意见、证人证言、犯罪嫌疑人供述等证据作对照分析，确保不存在人为改变案件事实或改变案件危害后果的情形。

（三）对破坏计算机信息系统的危害后果应作客观全面准确认定。实践中，往往倾向于依据犯罪违法所得数额或造成的经济损失认定破坏计算机信息系统罪的危害后果。但是在一些案件中，违法所得或经济损失并不能全面、准确反映出犯罪行为所造成的危害。有的案件违法所得或者经济损失的数额并不大，但网络攻击行为导致受影响的用户数量特别大，有的导致用户满意度降低或用户流失，有的造成了恶劣社会影响。对这类案件，如果仅根据违法所得或经济损失数额来评估危害后果，可能会导致罪刑不相适应。因此，在办理破坏计算机信息系统犯罪案件时，检察机关应发挥好介入侦查引导取证的作用，及时引导公安机关按照法律规定，从扰乱公共秩序的角度，收集、固定能够证实受影响的计算机信息系统数量或用户数量、受影响或被攻击的计算机信息系统不能正常运行的累计时间、对被害企业造成的影响等证据，对危害后果作出客观、全面、准确认定，做到罪责相当、罚当其罪，使被告人受到应有惩处。

第二十三章　拒不履行信息网络安全管理义务罪

【立案追诉标准】

拒不履行信息网络安全管理义务案（刑法第 286 条之一）

网络服务提供者不履行法律、行政法规规定的信息网络安全管理义务，经监管部门责令采取改正措施而拒不改正，符合下列情形之一的，应予立案。

1. 致使违法信息大量传播的；

2. 致使用户信息泄露、造成严重后果的；

3. 致使刑事犯罪证据灭失，严重妨害司法机关依法追究犯罪的；

4. 有其他严重情节的。

【犯罪构成及刑事责任】

拒不履行信息网络安全管理义务罪，是指网络服务提供者不履行法律、行政法规规定的信息网络安全管理义务，具有法律规定的特定情形，经监管部门责令采取改正措施而拒不改正，具有致使违法信息大量传播等法定严重后果或严重情节的行为。构成本罪需要具备以下四个要件：

1. 客体要件。本罪侵犯的客体是国家对计算机信息系统的安全管理秩序及国家机关、公司、企业、事业单位、人民团体和公民计算机信息系统的合法权益。犯罪对象是网络安全。

2. 客观要件。客观方面表现为网络服务提供者不履行法律、行政法规规定的信息网络安全管理义务，经监管部门责令采取改正措施而拒不改正，且具备下列四种特定法定情形之一的行为：

（1）致使违法信息大量传播的；

（2）致使用户信息泄露，造成严重后果的；

（3）致使刑事犯罪证据灭失，严重妨害司法机关依法追究犯罪的；

（4）有其他严重情节的。

3. 主体要件。本罪的主体是特殊主体，是指负有网络安全管理义务的自然人和单位。

4. 主观要件。本罪在主观方面是故意，包括直接故意和间接故意。对于违反法律规范来说，行为人具有直接故意的心态；而对于危害结果的发生来说，行为人大多是采取放任的心态。

根据刑法第 286 条之一的规定：犯本罪，处三年以下有期徒刑、拘役或者管制，并处或者单处罚金。

单位犯本罪的，对单位判处罚金，并对其直接负责的主管人员和其他直接责任人员，处三年以下有期徒刑、拘役或者管制，并处或者单处罚金。

【疑难指导】

一、信息网络安全管理义务的界定

本罪是纯正的不作为犯，其不作为义务来源为法律、行政法规规定的信息网络安全管理义务，地方性法规和规章不是本罪不作为义务的来源，不能作为处罚网络服务提供者的依据。具体而言，我国关于信息网络安全管理义务的法律、行政法规规定主要有《中华人民共和国网络安全法》《全国人民代表大会常务委员会关于维护互联网安全的决定》《全国人民代表大会常务委员会关于加强网络信息保护的决定》《中华人民共和国电信条例》《互联网信息服务管理办法》《信息网络传播权保护条例》等。总体来看，网络服务提供者承担的义务主要集中于审核及保护用户信息安全义务、对不良信息适时管控处置义务、及时提供相关信息义务、备份保存网络信息的义务、技术支持的义务。[①] 根据《最高人民法院、最高人民检

① 参见李维维：《拒不履行信息网络安全管理义务罪研究》，南昌大学硕士学位论文，2020 年。

察院关于办理非法利用信息网络、帮助信息网络犯罪活动等刑事案件适用法律若干问题的解释》第 1 条的规定，网络服务提供者主要包括三类：提供网络信息接入、计算、存储和传输服务的；提供信息网络应用服务的；提供电子政务、通信、能源、交通、水利、金融、教育、医疗等公共服务的。网络服务提供者提供的服务不同，各网络服务提供者在网络系统中的地位、对信息的控制能力、阻止违法犯罪行为的可能性等都有差异，因此，对“网络服务提供者”进行类型化分析，不同类型的网络服务提供者能够承担与其功能相符合的精确化的刑事责任，是明确其刑事责任的前提。司法实践中，应当特别注意根据不同类型的网络服务提供者确定其负有的安全管理义务，如预先审查、“通知-删除”义务、监督管理和技术保障义务、信息备份、保全义务等，对于提供网络信息接入、计算、存储和传输服务的，因其没有技术能力和法律判断能力对海量信息进行审查和筛选，所以不能苛求其具有预先审查的义务。同理，对于其他类型的网络服务提供者也应根据其实际具有的技术能力、经营规模等因素综合界定其应当负有的信息网络安全管理义务。

二、监管部门的界定

《最高人民法院、最高人民检察院关于办理非法利用信息网络、帮助信息网络犯罪活动等刑事案件适用法律若干问题的解释》指出“监管部门”是指网信、电信、公安等依照法律、行政法规的规定承担信息网络安全监管职责的部门。网络安全法第 8 条规定：“国家网信部门负责统筹协调网络安全工作和相关监督管理工作。国务院电信主管部门、公安部门和其他有关机关依照本法和有关法律、行政法规的规定，在各自职责范围内负责网络安全保护和监督管理工作。县级以上地方人民政府有关部门的网络安全保护和监督管理职责，按照国家有关规定确定。”这里的“其他有关机关”具体包括哪些单位，难以列举。由此可见，负有网络信息安全管理的部门多且杂，为了规范责令改正措施，司法实践中应当对责令改正的主体级别限制在县级以上，并且责令改正必须以法律文书的形式予以规范。监管部门的改正措施必须是针对已经发生的情况而做出的明确的、能够履行且不会给网络服务提供者造成巨大损失的。而且为证明其监管职权和监管内容的合法性，在监管机构的监管责令改正通知中应当明确列出法律、行政法规依据并明确整改期限。

三、“拒不改正”的认定

“拒不改正”意味着网络服务提供者在监管部门责令采取改正措施时坚决不采取改正措施，或者采取隐瞒、欺骗、阳奉阴违等手段糊弄监管部门，蒙混过关，或者是口头上答应采取改正措施，表面上也做了一些功课，但事实上并没有认真履行改正措施，，没有切实履行信息网络安全管理义务。[①] 如何理解“拒不改正”，司法理论界存在不同的观点。有学者认为构成“拒不改正”的前提应具备：监管部门具有管辖权；改正事项有法可依；通知形式符合程序规定；被送达人确已收到通知。只有同时具备上述条件，才能认定为“拒不改正”。[②] 还有学者认为“拒不改正”需要包含两个要素：一是网络服务提供者拒绝履行其法定义务的行为要素；二是尽管采取了相应改正措施，但未达到预期目的，仍造成特定危害结果发生的结果要素。[③] 我们认为，对于网络服务提供者是否属于“拒不改正”要综合其主观心态和客观行为进行综合评价，如网络服务提供者按照监管部门的意见及时、积极地在力所能及的范围内采取改正措施，但由于技术原因未能阻止危害结果的发生，此种情况下不属于“拒不改正”。对于网络服务提供者对监管部门提出的改正措施存在异议的情形，可以请求由第三方非营利性技术机构进行评价，如果监管部门提出的改正措施确实不具备客观可能性和技术可行性，那么此种情况不符合“拒不改正”的内涵。

四、违法信息的界定

根据《互联网上网服务营业场所管理条例》第 14 条、《互联网信息服务管理办法》第 15 条，以及国务院《中华人民共和国电信条例》第 56 条所规定的违法信息内容主要包括违宪性信息、破坏国家安全统一、民族团结信息、侮辱诽谤以及其他法律行政法规禁止的信息。对于“其他法律行政法规禁止的信息”没有明确作出解释。是否所有违反国家法律、行政法规的信息都属于这里的违法信息？

---

① 张智辉：《中国刑法中的网络犯罪》，载《第十五届中韩刑法学术研讨会论文集》2017 年 8 月。

② 谢望原：《论拒不履行信息网络安全管理义务罪》，载《中国法学》2017 年第 2 期。

③ 王文华：《论拒不履行信息网络安全管理义务罪的司法认定》，载《网络信息法学研究》2017 年第 1 期。

我们认为，网络上有很多违反行政法规的信息内容如果都将其归于“违法信息”的范畴，容易导致犯罪圈的扩大化。需要结合信息内容和发布目的等情况对不法层面和罪责层面进行探究，在对兜底性条款进行适用时，应当考虑信息的危害程度与性质与前述的违法信息类型是否具有相当性。

五、用户信息的界定

根据《最高人民法院、最高人民检察院关于办理非法利用信息网络、帮助信息网络犯罪活动等刑事案件适用法律若干问题的解释》的规定，用户信息主要包括行踪轨迹信息、征信信息、财产信息、住宿信息、通信信息、健康生理信息、交易信息等。实践中要注意区分用户信息与公民个人信息，用户信息一定是存储在网络平台上的信息，而公民个人信息不一定存储于网络平台上，用户信息的主体不仅包括个人还包括单位。用户信息与公民个人信息是一种交叉关系，有的是用户信息而不是公民个人信息，又如外国人存储在网络上的信息，有的是公民个人信息而不是用户信息，比如未存储在网络平台上的公民个人信息。值得注意的是，这里的用户信息不要求具有真实性，部分真实或虚构的用户信息也同样受到刑法保护。网络服务提供者怠于履行职责而导致这种用户信息泄露，一旦给公共利益或者个人利益造成了巨大损失，就需要承担相应的责任。当然，网络上还存在着大量用户自己公开发布的个人信息，由于用户是自愿公开发布的，所以不存在“泄露”的问题。

六、本罪与帮助信息网络犯罪活动罪的界限

本罪与帮助信息网络犯罪活动罪在主观方面都是故意，保护的法益也都是网络安全秩序，两者的主要区别主要体现在以下几个方面：

（一）犯罪主体。本罪的犯罪主体是特殊主体，只有网络服务提供者才能构成本罪；帮助信息网络犯罪活动罪的主体是一般主体，任何达到刑事责任年龄的自然人都可以构成此罪。

（二）客观方面。本罪是纯正的不作为犯，只能由网络服务提供者消极的不作为来实现；帮助信息网络犯罪活动罪是不真正不作为犯，一般是由犯罪主体积极的作为来实现，此时其与拒不履行信息网络安全管理义务罪的区别可以通过行为来区分。当然也存在网络服务提供者在一开始并不知道有人利用其提供的网络服务进行犯罪行为，后来知道此种情况之后依然不采取任何措施并希望或放任犯罪行为人继续利用其网络服务进行犯罪的情况，在这种情况下应当注意该网络服务提供者是否收到了监管部门的行政命令，若未收到或者在收到行政命令之前就明知存在犯罪行为，则可将网络服务提供者的行为认定为帮助信息网络犯罪活动罪；若收到监管部门的行政命令之后才知道存在犯罪行为的，应将网络服务提供者的行为认定为拒不履行信息网络安全管理义务罪。

（三）主观方面。两罪在主观心态方面都是故意，但是故意的具体内容存在不同之处，本罪更加强调的是网络服务提供者对信息安全管理义务的违反，本罪的主观方面更加强调网络服务提供者违反该义务的故意，而帮助信息网络犯罪活动罪的主观方面并不强调对信息网络安全管理义务的违反。

七、本罪与侵犯公民个人信息罪的界限

本罪与侵犯公民个人信息罪存在相同之处，两罪在主观上都存在故意，在客观上有造成用户个人信息泄露的后果。两罪的不同之处主要表现在以下几个方面：

（一）主体不同。本罪是特殊主体，犯罪主体必须是网络服务提供者；侵犯公民个人信息罪是一般主体，任何达到刑事责任年龄的自然人都可以构成此罪。

（二）客体不同。本罪侵犯的客体是国家对计算机信息系统的安全管理秩序及国家机关、公司、企业、事业单位、人民团体和公民计算机信息系统的合法权益；侵犯公民个人信息罪的客体是公民信息安全的正常秩序。

（三）客观方面不同。本罪在客观方面要求主体不履行网络管理义务，且在收到相关部门责令通知之后，仍然不采取任何补救措施，并且造成了本罪的几种特定后果，而侵犯公民个人信息罪则不要求行政前置和特定的危害后果的产生。若是网络服务商不履行相关管理义务，且经相关部门责令采取补救措施时仍拒不履行，并造成大量用户的隐私信息泄露，按照相关规定，对此种情形，应当成立本罪；但若是行为人明知系统缺陷导致大量用户信息流露而仍不理睬的，此时因主观上具有明知的故意，应当成立侵犯公民个人信息罪。[①]

---

① 李维维：《拒不履行信息网络安全管理义务罪研究》，南昌大学硕士学位论文，2020年。

八、本罪与帮助毁灭证据罪的界限

帮助毁灭证据罪，是指帮助当事人毁灭证据，情节严重的行为，而网络服务提供者不履行法律、行政法规规定的信息网络安全管理义务，经监管部门责令采取改正措施而拒不改正，致使刑事犯罪证据灭失，严重妨害司法机关依法追究犯罪的行为构成拒不履行信息网络安全管理义务罪。两罪在客观上都能造成证据的毁灭，区别主要表现在：

（一）主体不同。本罪是特殊主体，只有网络服务提供者才能构成本罪的犯罪主体；帮助毁灭证据罪是一般主体，凡达到刑事责任年龄的自然人均可以构成此罪。

（二）客体不同。本罪侵犯的客体是国家对计算机信息系统的安全管理制度；帮助毁灭证据罪侵犯司法机关的诉讼活动。

（三）对象不同。本罪仅仅只有致使刑事犯罪证据灭失，严重妨害司法机关依法追究犯罪，才能构成犯罪；帮助毁灭证据罪中，关于行为人毁灭的证据，不仅包括刑事证据，还包括民事证据、行政证据等其他证据。

（四）客观方面不同。本罪必须是相关机关责令履行而拒不履行的情况下，造成特定的严重后果才能构成本罪，帮助毁灭证据罪没有前置条件的要求，如果行为人以不作为的方式构成本罪的同时又构成帮助毁灭证据罪，应当按照想象竞合犯择一重罪处罚。

【办案依据】

一、刑法规定

第二百八十六条之一　网络服务提供者不履行法律、行政法规规定的信息网络安全管理义务，经监管部门责令采取改正措施而拒不改正，有下列情形之一的，处三年以下有期徒刑、拘役或者管制，并处或者单处罚金：

（一）致使违法信息大量传播的；

（二）致使用户信息泄露，造成严重后果的；

（三）致使刑事案件证据灭失，情节严重的；

（四）有其他严重情节的。

单位犯前款罪的，对单位判处罚金，并对其直接负责的主管人员和其他直接责任人员，依照前款的规定处罚。

有前两款行为，同时构成其他犯罪的，依照处罚较重的规定定罪处罚。

二、司法解释

（一）《最高人民法院、最高人民检察院关于办理非法利用信息网络、帮助信息网络犯罪活动等刑事案件适用法律若干问题的解释》（2019年10月21日，法释〔2019〕15号）

第一条 提供下列服务的单位和个人，应当认定为刑法第二百八十六条之一第一款规定的“网络服务提供者”：

（一）网络接入、域名注册解析等信息网络接入、计算、存储、传输服务；

（二）信息发布、搜索引擎、即时通讯、网络支付、网络预约、网络购物、网络游戏、网络直播、网站建设、安全防护、广告推广、应用商店等信息网络应用服务；

（三）利用信息网络提供的电子政务、通信、能源、交通、水利、金融、教育、医疗等公共服务。

第二条 刑法第二百八十六条之一第一款规定的“监管部门责令采取改正措施”，是指网信、电信、公安等依照法律、行政法规的规定承担信息网络安全监管职责的部门，以责令整改通知书或者其他文书形式，责令网络服务提供者采取改正措施。

认定“经监管部门责令采取改正措施而拒不改正”，应当综合考虑监管部门责令改正是否具有法律、行政法规依据，改正措施及期限要求是否明确、合理，网络服务提供者是否具有按照要求采取改正措施的能力等因素进行判断。

第三条 拒不履行信息网络安全管理义务，具有下列情形之一的，应当认定为刑法第二百八十六条之一第一款第一项规定的“致使违法信息大量传播”：

（一）致使传播违法视频文件二百个以上的；

（二）致使传播违法视频文件以外的其他违法信息二千个以上的；

（三）致使传播违法信息，数量虽未达到第一项、第二项规定标准，但是按相应比例折算合计达到有关数量标准的；

（四）致使向二千个以上用户账号传播违法信息的；

（五）致使利用群组成员账号数累计三千以上的通讯群组或者关注人员账号数累计三万以上的社交网络传播违法信息的；

（六）致使违法信息实际被点击数达到五万以上的；

（七）其他致使违法信息大量传播的情形。

第四条　拒不履行信息网络安全管理义务，致使用户信息泄露，具有下列情形之一的，应当认定为刑法第二百八十六条之一第一款第二项规定的“造成严重后果”：

（一）致使泄露行踪轨迹信息、通信内容、征信信息、财产信息五百条以上的；

（二）致使泄露住宿信息、通信记录、健康生理信息、交易信息等其他可能影响人身、财产安全的用户信息五千条以上的；

（三）致使泄露第一项、第二项规定以外的用户信息五万条以上的；

（四）数量虽未达到第一项至第三项规定标准，但是按相应比例折算合计达到有关数量标准的；

（五）造成他人死亡、重伤、精神失常或者被绑架等严重后果的；

（六）造成重大经济损失的；

（七）严重扰乱社会秩序的；

（八）造成其他严重后果的。

第五条　拒不履行信息网络安全管理义务，致使影响定罪量刑的刑事案件证据灭失，具有下列情形之一的，应当认定为刑法第二百八十六条之一第一款第三项规定的“情节严重”：

（一）造成危害国家安全犯罪、恐怖活动犯罪、黑社会性质组织犯罪、贪污贿赂犯罪案件的证据灭失的；

（二）造成可能判处五年有期徒刑以上刑罚犯罪案件的证据灭失的；

（三）多次造成刑事案件证据灭失的；

（四）致使刑事诉讼程序受到严重影响的；

（五）其他情节严重的情形。

第六条 拒不履行信息网络安全管理义务，具有下列情形之一的，应当认定为刑法第二百八十六条之一第一款第四项规定的“有其他严重情节”：

（一）对绝大多数用户日志未留存或者未落实真实身份信息认证义务的；

（二）二年内经多次责令改正拒不改正的；

（三）致使信息网络服务被主要用于违法犯罪的；

（四）致使信息网络服务、网络设施被用于实施网络攻击，严重影响生产、生活的；

（五）致使信息网络服务被用于实施危害国家安全犯罪、恐怖活动犯罪、黑社会性质组织犯罪、贪污贿赂犯罪或者其他重大犯罪的；

（六）致使国家机关或者通信、能源、交通、水利、金融、教育、医疗等领域提供公共服务的信息网络受到破坏，严重影响生产、生活的；

（七）其他严重违反信息网络安全管理义务的情形。

第十六条 多次拒不履行信息网络安全管理义务、非法利用信息网络、帮助信息网络犯罪活动构成犯罪，依法应当追诉的，或者二年内多次实施前述行为未经处理的，数量或者数额累计计算。

（二）《最高人民法院、最高人民检察院关于办理侵犯公民个人信息刑事案件适用法律若干问题的解释》（2017年5月8日，法释〔2017〕10号）

第九条 网络服务提供者拒不履行法律、行政法规规定的信息网络安全管理义务，经监管部门责令采取改正措施而拒不改正，致使用户的公民个人信息泄露，造成严重后果的，应当依照刑法第二百八十六条之一的规定，以拒不履行信息网络安全管理义务罪定罪处罚。

三、司法文件

《最高人民法院、最高人民检察院、公安部、司法部关于依法惩治妨害新型冠状病毒感染肺炎疫情防控违法犯罪的意见》（2020年2月6日）

（六）依法严惩造谣传谣犯罪。编造虚假的疫情信息，在信息网络或者其他媒体上传播，或者明知是虚假疫情信息，故意在信息网络或者其他媒体上传播，严重扰乱社会秩序的，依照刑法第二百九十一条之一第二款的规定，以编造、故意传播虚假信息罪定罪处罚。

编造虚假信息，或者明知是编造的虚假信息，在信息网络上散布，或者组织、指使人员在信息网络上散布，起哄闹事，造成公共秩序严重混乱的，依照刑法第二百九十三条第一款第四项的规定，以寻衅滋事罪定罪处罚。

利用新型冠状病毒感染肺炎疫情，制造、传播谣言，煽动分裂国家、破坏国家统一，或者煽动颠覆国家政权、推翻社会主义制度的，依照刑法第一百零三条第二款、第一百零五条第二款的规定，以煽动分裂国家罪或者煽动颠覆国家政权罪定罪处罚。

网络服务提供者不履行法律、行政法规规定的信息网络安全管理义务，经监管部门责令采取改正措施而拒不改正，致使虚假疫情信息或者其他违法信息大量传播的，依照刑法第二百八十六条之一的规定，以拒不履行信息网络安全管理义务罪定罪处罚。

对虚假疫情信息案件，要依法、精准、恰当处置。对恶意编造虚假疫情信息，制造社会恐慌，挑动社会情绪，扰乱公共秩序，特别是恶意攻击党和政府，借机煽动颠覆国家政权、推翻社会主义制度的，要依法严惩。对于因轻信而传播虚假信息，危害不大的，不以犯罪论处。

第二十四章 非法利用信息网络罪

【立案追诉标准】

非法利用信息网络案（刑法第 287 条之一）

利用信息网络设立用于实施诈骗、传授犯罪方法、制作或销售违禁物品、管制物品等违法犯罪活动的网站、通讯群组；发布制作、销售毒品、枪支、淫秽物品等违禁物品、管制物品或者其他违法犯罪信息；为实施诈骗等违法犯罪活动发布信息，符合下列情形之一的，应予立案。

1. 假冒国家机关、金融机构名义，设立用于实施违法犯罪活动的网站的；

2. 设立用于实施违法犯罪活动的网站，数量达到 3 个以上或者注册账号数累计达到 2000 以上的；

3. 设立用于实施违法犯罪活动的通讯群组，数量达到 5 个以上或者群组成员账号数累计达到 1000 以上的；

4. 发布有关违法犯罪的信息或者为实施违法犯罪活动发布信息，在网站上发布有关信息 100 条以上的；向 2000 个以上用户账号发送有关信息的；向群组成员数累计达到 3000 以上的通讯群组发送有关信息的；利用关注人员账号数累计达到 3 万以上的社交网络传播有关信息的；

5. 违法所得 1 万元以上的；

6. 2 年内曾因非法利用信息网络、帮助信息网络犯罪活动、危害计算机信息系统安全受过行政处罚，又非法利用信息网络的；

7. 其他情节严重的情形。

《最高人民法院、最高人民检察院关于办理非法利用信息网络、帮助信息网络犯罪活动等刑事案件适用法律若干问题的解释》（2019 年 10 月 21 日）

【犯罪构成及刑事责任】

非法利用信息网络罪，是指利用信息网络实施法律规定的违法犯罪活动，情节严重的行为。构成本罪需要具备以下四个要件：

1. 客体要件。本罪侵犯的客体是复杂客体，包括国家对信息网络的管理制度及国家利益、社会公共利益，以及公民的人身、财产权利。本罪的犯罪对象是公共网络信息。

2. 客观要件。客观方面表现为利用信息网络实施法律规定的违法犯罪活动，情节严重的行为。具体是指刑法修正案（九）第 29 条规定的以下几种情形：

（1）设立用于实施诈骗、传授犯罪方法、制作销售违禁物品、管制物品等违法犯罪活动的网站、通讯群组的；

（2）发布制作、销售毒品、枪支、淫秽物品等违禁物品、管制物品或者其他违法犯罪信息的；

（3）为实施诈骗等违法犯罪活动发布信息的。

3. 主体要件。本罪的主体是一般主体，包括单位和自然人。单位构成犯罪的，对单位判处罚金，对单位直接负责的主管人员和其他直接责任人员，依照自然人犯本罪处罚。自然人犯本罪必须是达到刑事责任年龄和具有刑事责任能力的人。

4. 主观要件。本罪在主观方面是直接故意。

根据刑法第 287 条之一的规定：犯本罪，处三年以下有期徒刑或者拘役，并处或者单处罚金。

单位犯本罪的，对单位判处罚金，并对其直接负责的主管人员和其他直接责任人员，处三年以下有期徒刑或者拘役，并处或者单处罚金。

【疑难指导】

一、“违法犯罪”的界定

《最高人民法院、最高人民检察院关于办理非法利用信息网络、帮助信息网络犯罪活动等刑事案件适用法律若干问题的解释》（以下简称《解释》）出台之前，关于非法利用信息网络罪中的“违法犯罪”的范围比较模糊，导致司法实践中，有的司法机关将“违法犯罪”做扩张解释，导致一些在网络上发布招嫖、销售假证、假发票等一般违法信息的行为也纳入了非法利用信息网络罪的处罚范围。2019年的《解释》第7条对“违法犯罪”作出了限制性解释：犯罪行为和属于刑法分则规定的行为类型但尚未构成犯罪的违法行为。据此，非法利用信息网络罪中的“违法犯罪”既包括犯罪行为也包括违法行为，违法行为仅限于刑法已经明确规定的可以构成犯罪但尚未达到入罪标准的那部分违法行为。纵观整个刑法典，大体可以将犯罪行为分为两种情形：一种是没有罪量或是情节程度要求的行为犯；一种是有罪量或情节程度要求的行为犯。这里的犯罪行为指的是行为人目的指向或客观实施的行为已经构成犯罪的情形，如为生产销售毒品，传授犯罪方法而创立网站、通讯群组或发布信息；“属于刑法分则规定的行为类型但尚未构成犯罪的违法行为”，是指行为人目的或手段指向的行为本身可以构成犯罪但因为不满足入罪的罪量或情节条件的情形，如销售未达入罪数量或情节标准的假冒伪劣商品、枪支、淫秽物品而组建通讯平台或发布信息的行为，明知是传授盗窃、诈骗、抢夺未达入罪数额标准的违法行为方法而通过信息网络予以发布的行为。[①]

二、违禁、管制物品的界定

刑法中没有“违禁、管制物品”的明确规定，在《中华人民共和国治安管理处罚法》中，将枪支、弹药或者弩、匕首等规定为管制器具，毒品、淫秽物品为违禁品。我们认为，非法利用信息网络罪中的“违禁、管制物品”应当限定为国家所禁止限制制作、销售、持有的在刑法规定范围内的物品。具体涉及枪支、弹

---

① 秦宗川：《非法利用信息网络罪司法认定问题研究》，载《贵州警察学院学报》2021年第7期。

药、爆炸物、危险化学品。对于有争议的烟花爆竹类物品，其本身不属于爆炸物，不应当被纳入违禁物品的范围当中。管制物品应当包括匕首等管制器具、假冒伪劣产品、非法变造的物品、侵犯知识产权的物品、珍贵物品。对于一些只涉及违法行为的违禁管制物品，则不应当被纳入本罪“违禁物品、管制物品”类信息的范畴，而应仅作为违法行为进行处罚。

三、“为实施违法犯罪活动”的认定

“为实施违法犯罪活动”包不包括为他人实施违法犯罪活动的情况，在理论上存在肯定说、否定说和二分说。肯定说认为刑法分则中的“为了”，都不限于为了自己，也包括为了他人，但是他人预备罪成立的前提是，被帮助者也至少实施了犯罪预备行为。[①] 否定说认为预备犯是修正的构成要件，犯罪目的是主观的超过要素，该目的需要预备犯本人去实现，不能由他人去实现，因此为他人实施犯罪预备的情形不构成犯罪。[②] 二分说的观点是，如果刑法分则的法条将为他人实施的预备行为纳入了罪状之中，则该行为可以成立犯罪预备，没有规定的则不成立。[③] 我们赞成肯定说。从本罪的立法目的来说，设立本罪的意义就是规制司法实践中出现的大量在互联网上发布违法犯罪信息、设立违法犯罪活动的网站、通讯群组的行为，而且实践当中大部分都是为了他人实施违法犯罪活动而发布信息，设立网站、通讯群组，如果将“为实施违法犯罪活动”解释为只能为自己实施违法犯罪活动，那么完全可以以自己实施违法犯罪的犯罪预备来规制这种行为，没有必要单独设立非法利用信息网络罪。此外，如果解释为自己实施违法犯罪活动，那么为他人实施违法犯罪活动的行为只能定义为帮助行为，然而传统的共犯理论，帮助犯必须与实行犯之间有共同的意思联络，并且只有实行犯成立犯罪的情况下，帮助犯才能成立犯罪，这种情况下，如果他人后续的行为没有成立犯罪，这种为他人实施违法犯罪活动就逃脱了刑法处罚，也不符合本罪的立法目的和意义。

---

① 参见张明楷：《论〈刑法修正案（九）〉关于恐怖犯罪的规定》，载《现代法学》2016年第1期。

② 参见〔日〕野村稔著：《刑法总论》，全理其等译，法律出版社2001年版，第371—373页。

③ 张明楷著：《未遂犯论》，中国法律出版社、日本国成文堂1997年联合出版，第451页。

四、本罪与其他罪名的界分

（一）本罪与诈骗罪的关系

在为自己实施诈骗利用信息网络“设立网站、通讯群组”“发布信息”等行为如果达到情节严重的程度，其后又进一步实施了诈骗罪并构成既遂，这种行为属于手段与目的的牵连犯，依照处罚较重的规定定罪处罚。由于本罪法定刑为三年以下有期徒刑或者拘役，诈骗罪的最高法定刑为无期徒刑，总体法定刑重于本罪，因此应当以诈骗罪定罪处罚。

在为他人实施诈骗利用信息网络的情况下，在预备阶段为他人诈骗“设立网站、通讯群组、发布信息”，属于为他人实施诈骗罪的帮助行为，如果其要与诈骗罪的实行行为人构成共同犯罪，必须满足两个条件。一是行为人主观上必须与实行犯具有双方意思联络，具备帮助实行诈骗的故意。因为片面的帮助不构成共同犯罪。二是实行犯的行为必须已经进入实行阶段并且构成诈骗罪。根据共犯从属性原理，共犯的犯罪阶段从属于实行犯，实行犯进入实行阶段，共犯也同时进入实行阶段。前文论述的仅是在预备阶段行为人与诈骗罪的实行犯不成立共同犯罪，但是在实行阶段完全可以成立。所以，当实行犯已经进入实行阶段时，不论行为人是否参与了实行犯的实行或者为其提供额外的帮助，都成立诈骗罪的共犯。所以，当行为人同时构成本罪与诈骗罪的帮助犯时，由于前罪的行为属于手段行为，后罪的行为属于目的行为，二者形成牵连关系，依照处罚较重的诈骗罪定罪处罚。①

针对司法实践中的大量发生的为他人发送刷单诈骗信息行为，此种行为属于为上家实施诈骗准备工具、制造条件，如果其所发送信息的内容具有导致被害人处分财产的现实、紧迫的危险，同时成立非法利用信息网络罪与诈骗罪（未遂），反之，则仅成立非法利用信息网络罪。如果行为人发送诈骗信息后，本人或者他人进一步着手实行了诈骗，则通常应以诈骗罪追究刑事责任。

（二）本罪与拒不履行信息网络安全管理义务罪的界分

拒不履行信息网络安全管理义务罪，是指网络服务提供者不履行法律、行政法规规定的信息网络安全管理义务，经监管部门责令采取改正措施而拒不改正，

---

① 参见刘玮辰：《非法利用信息网络罪问题研究》，华东政法大学硕士学位论文，2020年。

致使违法信息大量传播的；致使用户信息泄露，造成严重后果的；致使刑事案件证据灭失，情节严重的；有其他严重情节的行为。如果网络服务提供者在发现他人利用信息网络设立用于实施诈骗、传授犯罪方法、制作或销售违禁物品、管制物品等违法犯罪活动的网站、通讯群组；发布有关制作、销售毒品、枪支、淫秽物品等违禁物品、管制物品或者其他违法犯罪信息；为实施诈骗等违法犯罪活动发布信息等行为，经监管部门责令其删除信息，其拒不改正，则有可能同时构成拒不履行网络安全管理义务罪与非法利用信息网络罪。两罪的主要区别在于犯罪主体与客观方面，拒不履行信息安全管理义务罪的主体是网络服务提供者，而非法利用信息网络罪的主体为一般主体。在客观方面，拒不履行信息网络安全管理义务罪设置有行政前置，未经监管部门的“责令改正”则不可能成立该罪。非法利用信息网络罪则没有这一限制，只要利用信息网络进行犯罪行为情节严重的即有可能构成该罪。因此在判断行为构成拒不履行信息网络安全管理义务罪还是非法利用信息网络罪时，应重点判断行为主体与客观方面。网络服务提供者明知他人发布违法犯罪信息，接到监管部门的责令改正通知后仍不改正，从形式上看同时符合拒不履行信息网络安全管理义务罪与非法利用信息网络罪。构成前罪不言自明，构成后罪是因为可将该行为理解为以不作为方式帮助的形式为他人发布信息。在实质上，两罪具有不同的归责模式。在信息网络犯罪中，确定信息的来源或发布者，是归责的重要基点。从网络传播技术角度来看，网络内容提供者通过选取、修改、删减可以直接控制其提供的内容，所以应当对其提供的内容负全部责任即实行犯责任。[①] 其它类型如提供存储、缓存、网络接入的网络服务提供者，对内容提供者造成的危害结果应承担不作为犯或帮助犯的责任。之所以承担不作为犯的责任，是因为对于信息网络安全管理秩序而言，网络平台、网络技术等本身就存在着被滥用的风险，极易滋生违法犯罪的信息，属于危险源。在网络社会中，网络服务提供者对于危险源的监督，产生了保护他人法益不受来源于自己控制领域的危险威胁的义务。[②]

---

① 王莹：《网络信息犯罪归责模式研究》，载《中外法学》2018 年第 5 期。

② 皮勇：《论新型网络犯罪立法及其适用》，载《中国社会科学》2018 年第 10 期。

【办案依据】

一、刑法规定

第二百八十七条之一 利用信息网络实施下列行为之一，情节严重的，处三年以下有期徒刑或者拘役，并处或者单处罚金：

（一）设立用于实施诈骗、传授犯罪方法、制作或者销售违禁物品、管制物品等违法犯罪活动的网站、通讯群组的；

（二）发布有关制作或者销售毒品、枪支、淫秽物品等违禁物品、管制物品或者其他违法犯罪信息的；

（三）为实施诈骗等违法犯罪活动发布信息的。

单位犯前款罪的，对单位判处罚金，并对其直接负责的主管人员和其他直接责任人员，依照第一款的规定处罚。

有前两款行为，同时构成其他犯罪的，依照处罚较重的规定定罪处罚。

二、司法解释

（一）《最高人民法院、最高人民检察院关于办理非法利用信息网络、帮助信息网络犯罪活动等刑事案件适用法律若干问题的解释》（2019年10月21日，法释〔2019〕15号）

第七条 刑法第二百八十七条之一规定的“违法犯罪”，包括犯罪行为和属于刑法分则规定的行为类型但尚未构成犯罪的违法行为。

第八条 以实施违法犯罪活动为目的而设立或者设立后主要用于实施违法犯罪活动的网站、通讯群组，应当认定为刑法第二百八十七条之一第一款第一项规定的“用于实施诈骗、传授犯罪方法、制作或者销售违禁物品、管制物品等违法犯罪活动的网站、通讯群组”。

第九条 利用信息网络提供信息的链接、截屏、二维码、访问账号密码及其他指引访问服务的，应当认定为刑法第二百八十七条之一第一款第二项、第三项规定的“发布信息”。

第十条 非法利用信息网络，具有下列情形之一的，应当认定为刑法第二百八十七条之一第一款规定的“情节严重”：

（一）假冒国家机关、金融机构名义，设立用于实施违法犯罪活动的网站的；

（二）设立用于实施违法犯罪活动的网站，数量达到三个以上或者注册账号数累计达到二千以上的；

（三）设立用于实施违法犯罪活动的通讯群组，数量达到五个以上或者群组成员账号数累计达到一千以上的；

（四）发布有关违法犯罪的信息或者为实施违法犯罪活动发布信息，具有下列情形之一的：

1. 在网站上发布有关信息一百条以上的；

2. 向二千个以上用户账号发送有关信息的；

3. 向群组成员数累计达到三千以上的通讯群组发送有关信息的；

4. 利用关注人员账号数累计达到三万以上的社交网络传播有关信息的；

（五）违法所得一万元以上的；

（六）二年内曾因非法利用信息网络、帮助信息网络犯罪活动、危害计算机信息系统安全受过行政处罚，又非法利用信息网络的；

（七）其他情节严重的情形。

第十一条　为他人实施犯罪提供技术支持或者帮助，具有下列情形之一的，可以认定行为人明知他人利用信息网络实施犯罪，但是有相反证据的除外：

（一）经监管部门告知后仍然实施有关行为的；

（二）接到举报后不履行法定管理职责的；

（三）交易价格或者方式明显异常的；

（四）提供专门用于违法犯罪的程序、工具或者其他技术支持、帮助的；

（五）频繁采用隐蔽上网、加密通信、销毁数据等措施或者使用虚假身份，逃避监管或者规避调查的；

（六）为他人逃避监管或者规避调查提供技术支持、帮助的；

（七）其他足以认定行为人明知的情形。

第十六条　多次拒不履行信息网络安全管理义务、非法利用信息网络、帮助信息网络犯罪活动构成犯罪，依法应当追诉的，或者二年内多次实施前述行为未经处理的，数量或者数额累计计算。

（二）《最高人民法院、最高人民检察院关于办理侵犯公民个人信息刑事案件适用法律若干问题的解释》（2017年5月8日，法释〔2017〕10号）

第八条 设立用于实施非法获取、出售或者提供公民个人信息违法犯罪活动的网站、通讯群组，情节严重的，应当依照刑法第二百八十七条之一的规定，以非法利用信息网络罪定罪处罚；同时构成侵犯公民个人信息罪的，依照侵犯公民个人信息罪定罪处罚。

（三）《最高人民法院关于审理毒品犯罪案件适用法律若干问题的解释》（2016年4月6日，法释〔2016〕8号）

第十四条 利用信息网络，设立用于实施传授制造毒品、非法生产制毒物品的方法，贩卖毒品，非法买卖制毒物品或者组织他人吸食、注射毒品等违法犯罪活动的网站、通讯群组，或者发布实施前述违法犯罪活动的信息，情节严重的，应当依照刑法第二百八十七条之一的规定，以非法利用信息网络罪定罪处罚。

实施刑法第二百八十七条之一、第二百八十七条之二规定的行为，同时构成贩卖毒品罪、非法买卖制毒物品罪、传授犯罪方法罪等犯罪的，依照处罚较重的规定定罪处罚。

（四）《最高人民法院、最高人民检察院关于办理诈骗刑事案件具体应用法律若干问题的解释》（2011年3月1日，法释〔2011〕7号）

第一条 诈骗公私财物价值三千元至一万元以上、三万元至十万元以上、五十万元以上的，应当分别认定为刑法第二百六十六条规定的“数额较大”、“数额巨大”、“数额特别巨大”。

各省、自治区、直辖市高级人民法院、人民检察院可以结合本地区经济社会发展状况，在前款规定的数额幅度内，共同研究确定本地区执行的具体数额标准，报最高人民法院、最高人民检察院备案。

第二条 诈骗公私财物达到本解释第一条规定的数额标准，具有下列情形之一的，可以依照刑法第二百六十六条的规定酌情从严惩处：

（一）通过发送短信、拨打电话或者利用互联网、广播电视、报刊杂志等发布虚假信息，对不特定多数人实施诈骗的；

（二）诈骗救灾、抢险、防汛、优抚、扶贫、移民、救济、医疗款物的；

（三）以赈灾募捐名义实施诈骗的；

（四）诈骗残疾人、老年人或者丧失劳动能力人的财物的；

（五）造成被害人自杀、精神失常或者其他严重后果的。

诈骗数额接近本解释第一条规定的“数额巨大”、“数额特别巨大”的标准，并具有前款规定的情形之一或者属于诈骗集团首要分子的，应当分别认定为刑法第二百六十六条规定的“其他严重情节”、“其他特别严重情节”。

第五条　诈骗未遂，以数额巨大的财物为诈骗目标的，或者具有其他严重情节的，应当定罪处罚。

利用发送短信、拨打电话、互联网等电信技术手段对不特定多数人实施诈骗，诈骗数额难以查证，但具有下列情形之一的，应当认定为刑法第二百六十六条规定的“其他严重情节”，以诈骗罪（未遂）定罪处罚：

（一）发送诈骗信息五千条以上的；

（二）拨打诈骗电话五百人次以上的；

（三）诈骗手段恶劣、危害严重的。

实施前款规定行为，数量达到前款第（一）、（二）项规定标准十倍以上的，或者诈骗手段特别恶劣、危害特别严重的，应当认定为刑法第二百六十六条规定的“其他特别严重情节”，以诈骗罪（未遂）定罪处罚。

第七条　明知他人实施诈骗犯罪，为其提供信用卡、手机卡、通讯工具、通讯传输通道、网络技术支持、费用结算等帮助的，以共同犯罪论处。

第二十五章　帮助信息网络犯罪活动罪

【立案追诉标准】

帮助信息网络犯罪活动案（刑法第 287 条之二）

明知他人利用信息网络实施犯罪，为其犯罪提供互联网接入、服务器托管、网络存储、通讯传输等技术支持，或者提供广告推广、支付结算等帮助的行为，符合下列情形之一的，应予立案。

1. 为三个以上对象提供帮助的；

2. 支付结算金额二十万元以上的；

3. 以投放广告等方式提供资金五万元以上的；

4. 违法所得一万元以上的；

5. 二年内曾因非法利用信息网络、帮助信息网络犯罪活动、危害计算机信息系统安全受过行政处罚，又帮助信息网络犯罪活动的；

6. 被帮助对象实施的犯罪造成严重后果的；

7. 其他情节严重的情形。

《最高人民法院、最高人民检察院关于办理非法利用信息网络、帮助信息网络犯罪活动等刑事案件适用法律若干问题的解释》（2019 年 10 月 21 日）

【犯罪构成及刑事责任】

帮助信息网络犯罪活动罪，是指明知他人利用信息网络实施犯罪，为其犯罪提供互联网接入、服务器托管、网络存储、通讯传输等技术支持，或者提供广告推广、支付结算等帮助的行为，情节严重的行为。构成本罪需要具备以下四个要件：

1. 客体要件。本罪侵犯的客体是复杂客体，包括国家对信息网络的管理制度，以及国家利益、社会公共利益，以及公民的人身、财产权利。本罪的犯罪对象同样是公共网络信息。

2. 客观要件。客观方面表现为明知他人利用信息网络实施犯罪，为其犯罪提供互联网接入、服务器托管、网络存储、通讯传输等技术支持，或者提供广告推广、支付结算等帮助，情节严重的行为。所谓情节严重，是指行为人为他人从事违法犯罪活动所提供的网络信息平台具有极大的支持性，所发布的网络信息对违法犯罪活动起到了重要的促进作用，并且在社会上造成极大的或者恶劣的影响，或者因提供网络技术或者网络平台，给国家、人民利益造成了重大损失。

3. 主体要件。本罪的主体是一般主体，包括单位犯罪和自然人犯罪在内。自然人犯罪必须达到刑事责任年龄和具备刑事责任能力；对单位构成犯罪的实行双罚制。

4. 主观要件。本罪在主观方面是故意犯罪。包括直接故意和间接故意。即行为人明知自己为实施利用网络进行违法犯罪的人提供互联网接入，服务器托管网络存储通讯传输等技术支持，或者提供广告推广、支付结算的帮助行为，会给社会造成严重危害后果，并且希望或者放任这种结果的发生。

根据刑法第 287 条之二的规定：犯本罪，处三年以下有期徒刑或者拘役，并处或者单处罚金。

单位犯本罪的，对单位判处罚金，并对其直接负责的主管人员和其他直接责任人员，处三年以下有期徒刑或者拘役，并处或者单处罚金。

【疑难指导】

一、本罪的性质认定

本罪在司法适用中存在对帮助行为的认定模糊，导致司法判决不统一的问题，因此准确认定本罪的性质对正确适用本罪意义重大。有些学者认为本罪是中立帮助行为正犯化，在网络犯罪如此严重的情况下，网络帮助行为的独立性早已经突破了传统的从属理论，如果将该罪从属于共同犯罪理论之下，则会导致必须在认定正犯行为全面符合犯罪构成要件之后才能对该罪进行评价，这将极大影响对网络帮助行为的有效追责和及时制裁。[①] 有些学者认为本罪并不是帮助犯的正犯化，只是帮助犯的量刑规则。[②] 这种观点认为帮助行为没有上升为正犯行为，只是因为分则条文对其规定了独立的法定刑，而不再适用刑法总则关于帮助犯的从宽处罚规定。

我们赞成帮助行为正犯化的观点。网络犯罪具有去中心化、跨地域性和分工合作等特征，网络犯罪利益链条中的帮助行为本质上是一种相对独立的行为，而且从司法实践来看，网络犯罪帮助行为的危害性往往大于网络犯罪本身。而共犯独立说为帮助犯正犯化提供了理论基础。根据该理论，只要行为人对帮助犯罪实施了帮助行为，其犯罪的主观故意就暴露无遗，就对法益侵犯产生了一定的潜在危险，因为帮助行为的着手实施已经导致法益处于一种遭受侵害危险的境地之中，所以要对此帮助行为进行处罚，而不论正犯是否实施了实行行为。从本罪的司法解释来看，被帮助对象实施的犯罪行为可以确认，但尚未到案、尚未依法裁判或者因未达到刑事责任年龄等原因依法未予追究刑事责任的，不影响本罪的认定。被帮助者是否被追诉属于形式上的要件，本罪重点强调的是可以单独将提供帮助的行为人直接定罪处罚，不需要在实体上与实现犯罪的行为主体进行责任捆绑。[③] 由于网络犯罪本身存在许多“一对多”的情形，被帮助的行为人可能数量众多且不易查明身份，因此帮助行为正犯化的理论能够及时有效地打击网络犯罪行为。

二、如何理解“犯罪”

本罪的客观方面表现为为他人利用信息网络实施“犯罪”提供技术支持或者帮助。对于“犯罪”的理解，将直接影响本罪的适用犯罪。关于“犯罪”的理解，理论上有两种观点。第一种观点认为犯罪是指符合犯罪构成意义上的犯罪，

---

① 转引自黄曦瑶：《帮助信息网络犯罪活动罪司法适用问题研究》，载《天府新论》2021年1月5日。

② 张明楷：《论帮助信息网络犯罪活动罪》，载《中国检察官》2016年第7期。

③ 刘宪权：《论信息网络技术滥用行为的刑事责任——〈刑法修正案（九）〉相关条款的理解与适用》，载《政法论坛》2015年第6期。

按照我国传统的四要件犯罪论体系，是指符合犯罪构成的四个要件，按照大陆法系三阶层犯罪论体系，是指具备构成要件该当性、违法性和有责性三个要件。[①] 对此，2019 年发布的《最高人民法院、最高人民检察院关于办理非法利用信息网络、帮助信息网络犯罪活动等刑事案件适用法律若干问题的解释》（以下简称《解释》）第 12 条第 2 款规定："实施前款规定的行为，确因客观条件限制无法查证被帮助对象是否达到犯罪的程度，但相关数额总计达到前款第二项至第四项规定标准五倍以上，或者造成特别严重后果的，应当以帮助信息网络犯罪活动罪追究行为人的刑事责任。"此规定实质将本罪的"犯罪"作了扩大解释，将刑法分则规定的行为类型但尚未构成犯罪的行为也包括在内，这是基于司法实践中不少帮助信息网络犯罪活动的对象是否达到犯罪的程度难以查实的实际情况，如果一律将被帮助对象限制为犯罪，将会导致设立帮助信息网络犯罪活动罪的立法本意无法体现。[②]

三、对提供技术支持、帮助的理解

根据刑法第 287 条之二的规定，提供的帮助包括互联网接入、服务器托管、通讯传输网络存储等技术支持以及广告推广、支付结算等帮助。互联网的发展离不开这些技术的发展，如果不能准确界定"技术支持、帮助"的基本范畴，势必阻碍互联网企业的创新发展。

互联网接入服务，是指为信息传播提供光缆、路由、交换机等基础设施，或为上网提供接入服务，或为用户提供电子邮件账号等服务。服务器是提供计算机服务的设备，服务器托管主要包括托管和租用。互联网接入服务商拥有海量的连接点，它提供的是一个接入、信息传输通道的服务，只是对服务器进行技术上的管理与维护，但不能直接控制服务器内处理的数据，因而不能苛求其对存储内容具有事前审查的义务。同样的，服务器托管服务商也不能决定或者控制承租者的存储或发布的内容，因此，其也不具有事前审查义务。所以，针对提供互联网接入、服务器托管的支持帮助的，只能是能够证明其已经知道或应当知道所提供技

① 孙运梁：《帮助信息网络犯罪活动罪的核心问题研究》，载《政法论坛》2019 年第 2 期。

② 喻海松：《新型信息网络犯罪司法适用探微》，载《中国应用法学》2019 年第 6 期。

术支持的服务器中存储的信息涉嫌违法犯罪的信息，才能认定本罪。

关于网络存储技术，主要是指存储区域网络、联网存储系统，以及云存储技术等其他能够形成网络空间的存储技术。随着网络云技术的发展，目前网络云盘存储存在比较严重的侵犯知识产权的重灾区，除了云盘放任侵权产品任意传播，还存在云盘加工用户上传的内容。如果网络存储服务商在提供存储服务的同时还有其他的编辑、修改等行为，那么其对于这些内容的加工就有审查的义务。

实践中对于利用广告推广违法信息的行为是构成本罪还是非法利用信息网络罪存在比较大的争议。我们认为，本罪中的广告推广实质是投放广告的活动，其目的在于通过宣传网站让更多人接触到这个网站，以此扩大犯罪网；而非法利用信息网络罪中的广告推广则侧重于通过发送诈骗等违法犯罪信息，通过发布信息实现非法占有目的或者其他不法利益。广告推广是新闻媒介为推销广告版面和广告节目时间而进行的活动，广告推广的内容必须是客观存在的，广告推广服务商存在审查所推广的广告内容是否合法真实，其负有合理审慎的审查义务，如果不加以审查而推广，如推广假药、假酒等，如果造成情节严重的后果，就可能构成本罪。

对于通讯传输和支付结算服务是现代互联网服务发展的重要技术支持，其本身具有中立性，但是服务提供者在不能作为的情况下不负担积极的在事前进行审查的义务，但是在事后知道违法犯罪内容后要主动中止或终止服务。

四、主观明知的推定

本罪的主观方面要求行为人明知他人利用信息网络实施犯罪，《解释》第 11 条专门明确了七种属于明知的情形，但有关明知的程度范围，学界仍然存在确定性认识、可能性认识以及应当知道三种观点。第一种观点认为明知是指行为人对所提供的帮助行为具有一般性认识，其内心也认识到帮助行为在客观上推动了他人犯罪的发生，并且具有促进他人犯罪实施的主观心理。[①] 第二种观点认为明知的程度范围涵盖了可能性认识，可能性认识是根据行为人对事实的猜想所表现出来

① 参见邹兵建：《“明知”未必是“故犯”——论刑法“明知”的罪过形式》，载《中外法学》2015 年第 5 期。

的心理状态，是怀疑犯罪行为可能发生的主观认识。① 第三种观点认为本罪明知的程度应当涵盖"应当知道"。司法实践中，行为人的主观方面往往证明困难，由此采用客观推定的方法依据事实情节对行为人的主观心态进行推断，从而证明行为人的主观心理状态。② 我们这里赞同喻海松博士的观点，认为本罪的明知不宜理解为泛化的可能性认知，而应当限定为相对具体的认知，但不要求达到确知的程度，如网络运营商对诈骗犯利用自己提供的互联网接入服务实施诈骗犯罪具有相对具体的认知，对服务对象收取高于正常服务的费用就可以认为达到帮助信息网络犯罪活动罪的主观明知要求。③

五、本罪共同犯罪的认定规则

实践中存在很多的案件既构成本罪，也与其他罪名成立共同犯罪，针对本罪共同犯罪的认定规则，我们认为应该分情形加以区分。

第一种情形是正犯不明知帮助信息网络犯罪活动的行为人，而帮助犯基于推动他人实施犯罪的故意为正犯提供了帮助，且达到情节严重的情形。这种情形下，正犯与帮助犯之间不存在意思联络，没有共同犯罪的故意，此时，不能按照片面共犯的原理认定帮助信息网络犯罪活动的行为，应当按照帮助信息网络犯罪活动罪定罪处罚，否则会导致新设罪名的空置化。

第二种情形是行为人按照他人要求提供技术支持、帮助的行为达到本罪规定的情节严重程度，那么，行为人的行为就同时构成本罪与被帮助人所构罪名的共同犯，应当依据想象竞合理论，择一重罪处罚。如果不能找到正犯时，应当按照本罪定罪处罚。

第三种情形是行为人与被帮助人之间事前有共谋，且提供支持、帮助属于分工合作的部分时，其在共同犯罪中所起作用可以达到主犯的程度，此时，帮助信息网络犯罪活动罪已无法评价行为的违法性程度，应当按照共同犯罪正犯进行定罪处罚。

---

① 参见刘艳红：《网络犯罪帮助行为正犯化之批判》，载《法商研究》2016 年第 3 期。

② 参见皮勇、黄琰：《论刑法中的"应当知道"——兼论刑法边界的扩张》，载《法学评论》2012 年第 1 期。

③ 喻海松：《新型信息网络犯罪司法适用探微》，载《中国应用法学》2019 年第 6 期。

六、本罪与提供侵入、非法控制计算机信息系统程序、工具罪的关系

行为人明知他人实施信息网络犯罪，仍为其提供控制、破坏计算机系统的程序、工具的，有可能同时构成本罪与侵入、非法控制计算机信息系统程序、工具罪，这种情况就出现了法条竞合的情况，如何正确界分两罪名就成为准确定罪量刑的关键问题，我们认为可以从两个方面来进行区分。

（一）客体不同。本罪主要侵犯的是网络信息安全，而提供侵入、非法控制计算机信息系统程序、工具罪主要侵犯的是计算机信息系统的数据安全。

（二）行为方式不同。本罪的行为方式不限于刑法规定的六种技术支持手段，而提供侵入、非法控制计算机信息系统程序、工具罪的行为方式是特定的，是以提供侵入、非法控制计算机信息系统程序和工具的行为方式。

在出现法条竞合的情况时，应坚持特别法优于普通法的适用原则，根据犯罪行为所侵害的客体以及犯罪行为手段等方面进行区分界定。

七、本罪与非法利用信息网络罪的关系

本罪与非法利用信息网络罪从罪状上来看存在某些重合部分，属于法条竞合关系。本罪本质上属于帮助行为正犯化，其规制的是对实施违法犯罪活动的人员进行网络技术帮助的行为，而非法利用信息网络罪本质上属于预备行为正犯化，其规制的是用于实施违法犯罪活动创建网站页面、发布违法信息等行为，是对“网上”行为的独立入罪，其更像是一个特殊罪名，一旦出现行为人的行为性质属于“发布消息”还是“广告推广”分辨不清时，优先适用非法利用信息网络罪，因为它是纯依靠网络的特殊罪名。在两罪界分实在困难的情况下，宜优先适用非法利用信息网络罪。[①] 非法利用信息网络罪的核心是传播信息，系相关犯罪的预备行为，只要实施了发布违法犯罪信息的行为，就成立非法利用信息网络罪，而帮助信息网络犯罪活动罪的核心是为他人利用信息网络实施犯罪提供技术支持与帮助，系相关犯罪的帮助行为，要求被帮助对象已经着手实行了犯罪，如果被帮助对象没有实施犯罪就成立非法利用信息网络罪，如果已经着手实施犯罪，就成立

---

① 窦立博：《精准界分非法利用信息网络罪和帮助信息网络犯罪活动罪》，载《检察日报》2021 年 6 月 1 日。

帮助信息网络犯罪活动罪。如果明知他人利用信息网络实施犯罪，为其制作维护网站的，也属于帮助信息网络犯罪活动罪中提供技术支持的行为，如果同时符合非法利用信息网络罪与帮助信息网络犯罪活动罪的构成要件，则可能形成法条竞合，根据具体情节实际判处刑罚较重的罪名论处。

【办案依据】

一、刑法规定

第二百八十七条之二　明知他人利用信息网络实施犯罪，为其犯罪提供互联网接入、服务器托管、网络存储、通讯传输等技术支持，或者提供广告推广、支付结算等帮助，情节严重的，处三年以下有期徒刑或者拘役，并处或者单处罚金。

单位犯前款罪的，对单位判处罚金，并对其直接负责的主管人员和其他直接责任人员，依照第一款的规定处罚。

有前两款行为，同时构成其他犯罪的，依照处罚较重的规定定罪处罚。

二、司法解释

《最高人民法院、最高人民检察院关于办理非法利用信息网络、帮助信息网络犯罪活动等刑事案件适用法律若干问题的解释》（2019 年 10 月 21 日，法释〔2019〕15 号）

第十一条　为他人实施犯罪提供技术支持或者帮助，具有下列情形之一的，可以认定行为人明知他人利用信息网络实施犯罪，但是有相反证据的除外：

（一）经监管部门告知后仍然实施有关行为的；

（二）接到举报后不履行法定管理职责的；

（三）交易价格或者方式明显异常的；

（四）提供专门用于违法犯罪的程序、工具或者其他技术支持、帮助的；

（五）频繁采用隐蔽上网、加密通信、销毁数据等措施或者使用虚假身份，逃避监管或者规避调查的；

（六）为他人逃避监管或者规避调查提供技术支持、帮助的；

（七）其他足以认定行为人明知的情形。

第十二条　明知他人利用信息网络实施犯罪，为其犯罪提供帮助，具有下列情形之一的，应当认定为刑法第二百八十七条之二第一款规定的“情节严重”：

（一）为三个以上对象提供帮助的；

（二）支付结算金额二十万元以上的；

（三）以投放广告等方式提供资金五万元以上的；

（四）违法所得一万元以上的；

（五）二年内曾因非法利用信息网络、帮助信息网络犯罪活动、危害计算机信息系统安全受过行政处罚，又帮助信息网络犯罪活动的；

（六）被帮助对象实施的犯罪造成严重后果的；

（七）其他情节严重的情形。

实施前款规定的行为，确因客观条件限制无法查证被帮助对象是否达到犯罪的程度，但相关数额总计达到前款第二项至第四项规定标准五倍以上，或者造成特别严重后果的，应当以帮助信息网络犯罪活动罪追究行为人的刑事责任。

第十三条 被帮助对象实施的犯罪行为可以确认，但尚未到案、尚未依法裁判或者因未达到刑事责任年龄等原因依法未予追究刑事责任的，不影响帮助信息网络犯罪活动罪的认定。

第十六条 多次拒不履行信息网络安全管理义务、非法利用信息网络、帮助信息网络犯罪活动构成犯罪，依法应当追诉的，或者二年内多次实施前述行为未经处理的，数量或者数额累计计算。

三、司法文件

（一）《最高人民法院、最高人民检察院、公安部关于办理电信网络诈骗等刑事案件适用法律若干问题的意见（二）》（2021年6月17日）

七、为他人利用信息网络实施犯罪而实施下列行为，可以认定为刑法第二百八十七条之二规定的“帮助”行为：

（一）收购、出售、出租信用卡、银行账户、非银行支付账户、具有支付结算功能的互联网账号密码、网络支付接口、网上银行数字证书的；

（二）收购、出售、出租他人手机卡、流量卡、物联网卡的。

八、认定刑法第二百八十七条之二规定的行为人明知他人利用信息网络实施犯罪，应当根据行为人收购、出售、出租前述第七条规定的信用卡、银行账户、非银行支付账户、具有支付结算功能的互联网账号密码、网络支付接口、网上银行数字证书，或者他人手机卡、流量卡、物联网卡等的次数、张数、个数，并结合行为人的认知能力、既往经历、交易对象、与实施信息网络犯罪的行为人的关系、提供技术支持或者帮助的时间和方式、获利情况以及行为人的供述等主客观因素，予以综合认定。

收购、出售、出租单位银行结算账户、非银行支付机构单位支付账户，或者电信、银行、网络支付等行业从业人员利用履行职责或提供服务便利，非法开办并出售、出租他人手机卡、信用卡、银行账户、非银行支付账户等的，可以认定为《最高人民法院、最高人民检察院关于办理非法利用信息网络、帮助信息网络犯罪活动等刑事案件适用法律若干问题的解释》第十一条第（七）项规定的“其他足以认定行为人明知的情形”。但有相反证据的除外。

九、明知他人利用信息网络实施犯罪，为其犯罪提供下列帮助之一的，可以认定为《最高人民法院、最高人民检察院关于办理非法利用信息网络、帮助信息网络犯罪活动等刑事案件适用法律若干问题的解释》第十二条第一款第（七）项规定的“其他情节严重的情形”：

（一）收购、出售、出租信用卡、银行账户、非银行支付账户、具有支付结算功能的互联网账号密码、网络支付接口、网上银行数字证书5张（个）以上的；

（二）收购、出售、出租他人手机卡、流量卡、物联网卡20张以上的。

十、电商平台预付卡、虚拟货币、手机充值卡、游戏点卡、游戏装备等经销商，在公安机关调查案件过程中，被明确告知其交易对象涉嫌电信网络诈骗犯罪，仍与其继续交易，符合刑法第二百八十七条之二规定的，以帮助信息网络犯罪活动罪追究刑事责任。同时构成其他犯罪的，依照处罚较重的规定定罪处罚。

十二、为他人实施电信网络诈骗犯罪提供技术支持、广告推广、支付结算等帮助，或者窝藏、转移、收购、代为销售及以其他方法掩饰、隐瞒电信网络诈骗犯罪所得及其产生的收益，诈骗犯罪行为可以确认，但实施诈骗的行为人尚未到案，可以依法先行追究已到案的上述犯罪嫌疑人、被告人的刑事责任。

十六、办理电信网络诈骗犯罪案件，应当充分贯彻宽严相济刑事政策。在侦查、审查起诉、审判过程中，应当全面收集证据、准确甄别犯罪嫌疑人、被告人在共同犯罪中的层级地位及作用大小，结合其认罪态度和悔罪表现，区别对待，宽严并用，科学量刑，确保罚当其罪。

对于电信网络诈骗犯罪集团、犯罪团伙的组织者、策划者、指挥者和骨干分子，以及利用未成年人、在校学生、老年人、残疾人实施电信网络诈骗的，依法从严惩处。

对于电信网络诈骗犯罪集团、犯罪团伙中的从犯，特别是其中参与时间相对较短、诈骗数额相对较低或者从事辅助性工作并领取少量报酬，以及初犯、偶犯、未成年人、在校学生等，应当综合考虑其在共同犯罪中的地位作用、社会危害程度、主观恶性、人身危险性、认罪悔罪表现等情节，可以依法从轻、减轻处罚。犯罪情节轻微的，可以依法不起诉或者免予刑事处罚；情节显著轻微危害不大的，不以犯罪论处。

（二）《最高人民法院、最高人民检察院、公安部关于办理网络赌博犯罪案件适用法律若干问题的意见》（2010年8月31日）

二、关于网上开设赌场共同犯罪的认定和处罚

明知是赌博网站，而为其提供下列服务或者帮助的，属于开设赌场罪的共同犯罪，依照刑法第三百零三条第二款的规定处罚：

（一）为赌博网站提供互联网接入、服务器托管、网络存储空间、通讯传输通道、投放广告、发展会员、软件开发、技术支持等服务，收取服务费数额在2万元以上的；

（二）为赌博网站提供资金支付结算服务，收取服务费数额在1万元以上或者帮助收取赌资20万元以上的；

（三）为10个以上赌博网站投放与网址、赔率等信息有关的广告或者为赌博网站投放广告累计100条以上的。

实施前款规定的行为，数量或者数额达到前款规定标准5倍以上的，应当认定为刑法第三百零三条第二款规定的“情节严重”。

实施本条第一款规定的行为，具有下列情形之一的，应当认定行为人“明知”，但是有证据证明确实不知道的除外：

（一）收到行政主管机关书面等方式的告知后，仍然实施上述行为的；

（二）为赌博网站提供互联网接入、服务器托管、网络存储空间、通讯传输通道、投放广告、软件开发、技术支持、资金支付结算等服务，收取服务费明显异常的；

（三）在执法人员调查时，通过销毁、修改数据、账本等方式故意规避调查或者向犯罪嫌疑人通风报信的；

（四）其他有证据证明行为人明知的。

如果有开设赌场的犯罪嫌疑人尚未到案，但是不影响对已到案共同犯罪嫌疑人、被告人的犯罪事实认定的，可以依法对已到案者定罪处罚。

第二十六章　扰乱无线电通讯管理秩序罪

【立案追诉标准】

扰乱无线电通讯管理秩序案（刑法第 288 条）

违反国家规定，擅自设置、使用无线电台（站），或者擅自使用无线电频率，干扰无线电通讯秩序，符合下列情形之一的，应予立案。

1. 影响航天器、航空器、铁路机车、船舶专用无线电导航、遇险救助和安全通信等涉及公共安全的无线电频率正常使用的；

2. 自然灾害、事故灾难、公共卫生事件、社会安全事件等突发事件期间，在事件发生地使用“黑广播”“伪基站”的；

3. 举办国家或者省级重大活动期间，在活动场所及周边使用“黑广播”“伪基站”的；

4. 同时使用 3 个以上“黑广播”“伪基站”的；

5. “黑广播”的实测发射功率 500 瓦以上，或者覆盖范围 10 公里以上的；

6. 使用“伪基站”发送诈骗、赌博、招嫖、木马病毒、钓鱼网站链接等违法犯罪信息，数量在 5000 条以上，或者销毁发送数量等记录的；

7. 雇佣、指使未成年人、残疾人等特定人员使用“伪基站”的；

8. 违法所得 3 万元以上的；

9. 曾因扰乱无线电通讯管理秩序受过刑事处罚，或者 2 年内曾因扰乱无线电通讯管理秩序受过行政处罚，又实施刑法第 288 条规定的行为的；

10. 其他情节严重的情形。

《最高人民法院、最高人民检察院关于办理扰乱无线电通讯管理秩序等刑事案件适用法律若干问题的解释》（2017 年 6 月 27 日）

【犯罪构成及刑事责任】

扰乱无线电通讯管理秩序罪，是指违反国家有关无线电管理的规定，擅自设置、使用无线电台（站），或者擅自使用无线电频率，干扰无线电通信秩序，情节严重的行为。构成本罪需要具备以下四个要件：

1. 客体要件。本罪侵犯的客体是国家对无线电通信的管理秩序，犯罪对象是无线电台（站）或者国家无线电频谱资源。

2. 客观要件。客观方面表现为违反国家有关无线电管理的规定，擅自设置、使用无线电台（站），或者擅自使用无线电频率，干扰无线电通信秩序，情节严重的行为。这里的“违反国家规定”，是指违反法律行政法规等有关无线电管理的规定。如军事设施保护法、民用航空法等法律中都有关于无线电管理的规定；有关无线电管理的行政法规比较多，如电信条例、无线电管理条例、无线电管制规定、民用机场管理条例等都有关于无线电管理的规定。“擅自设置、使用无线电台（站）”，是指行为人违反国家有关无线电站设置方面的管理规定，未经申请、未办理设置无线电台站的审批手续或者未领取电台执照而设置、使用无线电台站的行为。“擅自使用无线电频率”，主要是指违反国家有关无线电使用的管理规定，未经批准获得使用权而使用无线电频率的行为。

3. 主体要件。本罪的主体是一般主体，包括单位犯罪和自然人犯罪在内。自然人犯罪必须达到刑事责任年龄和具备刑事责任能力；对单位构成犯罪的实行双罚制。

4. 主观要件。本罪在主观方面是直接故意，即明知其擅自设置、使用无线电站（台），或者擅自占用频率的行为会干扰无线电通讯的正常进行。间接故意和过失均不构成本罪。

根据刑法第 288 条的规定：犯本罪，处三年以下有期徒刑、拘役或者管制，并处或者单处罚金；情节特别严重的，处三年以上七年以下有期徒刑，并处罚金。

单位犯本罪的，对单位判处罚金，并对其直接负责的主管人员和其他直接责任人员，依照前款的规定处罚。

【疑难指导】

一、生产、销售“伪基站”行为的定性

对于生产、销售“伪基站”的设备的犯罪行为，以非法经营罪追究相关人员的刑事责任。同时应当指出的是，“伪基站”从电信网络的分类上属于公用电信网络中的无线电通讯网络设备，如若其伪基站的功能还包括了窃听等方面，经过鉴定属于专用窃听、间谍器材的，即构成刑法第 283 条所规定的非法生产、销售专用间谍器材罪。①

二、使用“伪基站”涉及的相关犯罪

（一）破坏公用电信设施罪

实践中有些不法分子利用伪基站设备，搜取手机用户信息，强行向不特定用户发送短信息等功能，其使用过程中会非法占用通信公司的通信频率，局部阻断通信网络信号。对于不法行为人利用“伪基站”强行群发短信的行为如何定性，目前司法实务部门存在扰乱无线电通讯管理秩序罪与破坏公用电信设施罪的分歧。

破坏公用电信设施罪，是指故意破坏正在使用中的公用电信设施，危害公共安全的行为。其设置于危害公共安全罪，侵害的主要客体是通讯方面的公共安全，犯罪对象是正在使用中的公用电信设施。根据《最高人民法院审理破坏公用电信设施刑事案件具体应用法律若干问题的解释》，破坏公用电信设施的方法多种多样，既有物理上的破坏，如锯断电缆、破坏光缆、损害电源灯等，也有故意违反操作规程、破坏传输数据、修改软件等软破坏，这种方式并没有导致公用电信设

① 赵海风：《伪基站犯罪问题研究》，内蒙古大学硕士学位论文，2015 年。

施的硬件部分的毁坏，但实际上使得设备在功能上出了问题，造成设备不能正常运转，对公共安全造成了威胁。扰乱无线电通讯管理秩序罪侵犯的主要是国家的无线电管理秩序，犯罪对象是无线电台（站）或者国家无线电频谱资源。扰乱无线电通讯秩序罪主要侧重于采用非法设置“伪基站”的方式对现有的电信信号的传播秩序造成干扰，暂时中断，不是一种显而易见的物理破坏，持续时间较短，危害性相对较小。显然破坏公用电信设施罪的社会危害性更大，造成的损失更为直接，其量刑较之后者更重。

关于使用“伪基站”群发短信行为的定性，在刑法修正案（九）实施之前司法实务中多是以破坏公用电信设施罪定罪处罚，在刑法修正案（九）实施后，如果移动终端信号被切断的时间较短，没有上升到破坏的程度，应优先考虑为扰乱无线电通讯管理秩序罪；若是非法使用“伪基站”设备干扰公用电信网络信号，危害公共安全的，应当以破坏公用电信设施罪追究刑事责任。此外，应对破坏和扰乱进行详细的划分，扰乱的情况趋轻，破坏的情况趋重，根据可能造成的危害结果来区别扰乱和破坏的区别，确定两罪的适用。

（二）破坏计算机信息系统罪

行为人使用“伪基站”设备，强制屏蔽手机信号、干扰手机与电信网络的连接，破坏电信网络服务系统的正常运行，造成信息系统不正常运行的行为，符合破坏计算机信息系统罪中的对计算机信息系统进行删除、修改、增加、干扰的条件，如果造成十台以上计算机信息系统的主要软件或者硬件不能正常运行的；对二十台以上计算机信息系统中存储、处理或者传输的数据进行删除、修改、增加操作的；违法所得五千元以上或者造成经济损失一万元以上的；造成为一百台以上计算机信息系统提供域名解析、身份认证、计费等基础服务或者为一万以上用户提供服务的计算机信息系统不能正常运行累计一小时以上的或者造成其他严重后果的，则可能同时构成扰乱无线电通讯管理秩序罪和破坏计算机信息系统罪。扰乱无线电通讯管理秩序罪的法定基本刑为三年以下有期徒刑、拘役或者管制，破坏计算机信息系统罪的法定基本刑为五年以下有期徒刑，按照司法解释的相关规定，应当以处罚较重的破坏计算机信息系统罪定罪处罚。

（三）侵犯公民个人信息罪

随着社会信息化的快速发展，侵犯公民个人信息的犯罪持续增多，实践中就有行为人利用伪基站设备发送虚假链接方式窃取公民个人信息。刑法第 253 条之一第 3 款规定了窃取或者以其他方法非法获取公民个人信息的，以侵犯公民个人信息罪定罪处罚。因此，使用伪基站群发短信有可能构成扰乱无线电通讯管理秩序罪和侵犯公民个人信息罪。公民个人信息，是指以电子或者其他方式记录的能够单独或者与其他信息结合识别特定自然人身份或者反映特定自然人活动情况的各种信息，包括姓名、身份证件号码、通信通讯联系方式、住址、账号密码、财产状况、行踪轨迹等。公民个人信息具有可识别性的显著特征，能够明确区分本人与他人信息的就称之为公民个人信息。如果利用“伪基站”非法截取的手机号码等信息，并不能准确地识别信息主体，那么就不能认定侵犯公民个人信息罪，符合扰乱无线电管理秩序罪的应以此罪定罪处罚，如果通过发送虚假链接等方式获取了公民的身份证号、银行卡账号密码等能够确定信息主体的公民个人信息，则可能同时构成侵犯公民个人信息罪和扰乱无线电通讯管理秩序罪，按照司法解释的相关规定，应当以处罚较重的罪名追究其刑事责任。

（四）虚假广告罪

实践中有部分行为人利用伪基站发布虚假广告的内容，有可能构成扰乱无线电通讯管理秩序罪和虚假广告罪。虚假广告罪，是指广告主、广告经营者、广告发布者违反国家规定，利用广告对商品或服务作虚假宣传，情节严重的行为。本罪的犯罪主体为特殊主体，包括：广告主、广告经营者和广告发布者。在司法实践中，针对使用“伪基站”设备进行专门的群发广告短信经营活动，应当针对行为人作为广告主、广告经营者和广告发布者的不同身份进行分析。如果行为人是广告的发布者，一方面，其利用“伪基站”设备群发短信的行为本身已经干扰了无线电通信秩序，符合情节严重的情形构成扰乱无线电管理秩序罪。另一方面，行为人群发的广告内容又涉及虚假内容，从而构成虚假广告罪，根据司法解释的相关规定，应当以处罚较重的罪名追究刑事责任。如果行为人是广告主或者广告经营者，那么行为人的行为性质有以下几种情况：第一，如果共同作为广告主、广告经营者的行为人并不知道对方发布广告短信的工具是“伪基站”设备，广告主、广告经营者仅对发布虚假信息的行为负责，在情况严重时，其行为构成虚假广告罪；第二，如果广告发布者和广告主、广告经营者对于利用“伪基站”设备进行群发广告的行为存在共同故意，但行为并没有达到虚假广告罪中“情节严重”程度，则二者不构成虚假广告罪，仅构成扰乱无线电通讯管理秩序罪。第三，如果广告主、广告经营者和广告发布者故意利用“伪基站”设备群发广告信息，不仅满足了扰乱无线电通讯管理秩序罪的构成要件，而且达到了“虚假广告罪”中情节严重的标准，则其行为触犯了两个罪名，根据司法解释的相关规定，应当择一重罪进行处罚。

（五）诈骗罪

实践中利用“伪基站”设备发送诈骗短信的行为时有发生，行为人通过发送虚构的、不真实的短信息来骗取被害人的财物，这种行为就是我们通常所说的电信诈骗。司法实践中有关此类案件的定性并不统一，有非法利用信息网络罪、扰乱无线电通讯管理秩序罪、诈骗罪（未遂）等。只有所发送的诈骗短信内容具有导致被害人转款的具体、现实、紧迫的危险性，即不需要实施进一步的欺骗行为就能非法获取被害人的财产，才能认定为已经“着手”实行了诈骗，而可能成立诈骗罪的未遂，否则，只能认定成立非法利用信息网络罪、扰乱无线电通讯管理秩序罪、诈骗罪（预备）的想象竞合，从一重罪处罚。对于单纯受雇利用“伪基站”发送所谓诈骗短信，并不具有导致被害人财产损失的现实、紧迫的危险，在被害人“信以为真”登录虚假网站网址或者拨打虚假“客服电话”时，被告人进一步实施一系列的操作，才能使被害人真正遭受财产损失。所以，受雇利用“伪基站”发送所谓诈骗短信，只是诈骗或者盗窃的预备，不能评价成立所谓诈骗罪（未遂），而只能成立非法利用信息网络罪。[①] 如果行为人是利用虚假广告进行诈骗，构成虚假广告罪和诈骗罪，属于想象竞合犯，从一重罪处罚。如果不构成虚假广告罪，只构成诈骗罪，则以诈骗罪定罪处罚。同时构成扰乱无线电通讯管理秩序罪和诈骗罪，根据相关司法解释，应当以基准刑较重的诈骗罪对行为人进行定罪处罚。

---

① 陈洪兵：《非法利用信息网络罪司法认定研究》，载《人民法院报》2021年5月20日。

【办案依据】

一、刑法规定

第二百八十八条 违反国家规定，擅自设置、使用无线电台（站），或者擅自使用无线电频率，干扰无线电通讯秩序，情节严重的，处三年以下有期徒刑、拘役或者管制，并处或者单处罚金；情节特别严重的，处三年以上七年以下有期徒刑，并处罚金。

单位犯前款罪的，对单位判处罚金，并对其直接负责的主管人员和其他直接责任人员，依照前款的规定处罚。

二、司法解释

（一）《最高人民法院、最高人民检察院关于办理扰乱无线电通讯管理秩序等刑事案件适用法律若干问题的解释》（2017年6月27日，法释〔2017〕11号）

为依法惩治扰乱无线电通讯管理秩序犯罪，根据《中华人民共和国刑法》《中华人民共和国刑事诉讼法》的有关规定，现就办理此类刑事案件适用法律的若干问题解释如下：

第一条 具有下列情形之一的，应当认定为刑法第二百八十八条第一款规定的“擅自设置、使用无线电台（站），或者擅自使用无线电频率，干扰无线电通讯秩序”：

（一）未经批准设置无线电广播电台（以下简称“黑广播”），非法使用广播电视专用频段的频率的；

（二）未经批准设置通信基站（以下简称“伪基站”），强行向不特定用户发送信息，非法使用公众移动通信频率的；

（三）未经批准使用卫星无线电频率的；

（四）非法设置、使用无线电干扰器的；

（五）其他擅自设置、使用无线电台（站），或者擅自使用无线电频率，干扰无线电通讯秩序的情形。

第二条 违反国家规定，擅自设置、使用无线电台（站），或者擅自使用无线电频率，干扰无线电通讯秩序，具有下列情形之一的，应当认定为刑法第二百八十八条第一款规定的“情节严重”：

（一）影响航天器、航空器、铁路机车、船舶专用无线电导航、遇险救助和安全通信等涉及公共安全的无线电频率正常使用的；

（二）自然灾害、事故灾难、公共卫生事件、社会安全事件等突发事件期间，在事件发生地使用“黑广播”“伪基站”的；

（三）举办国家或者省级重大活动期间，在活动场所及周边使用“黑广播”“伪基站”的；

（四）同时使用三个以上“黑广播”“伪基站”的；

（五）“黑广播”的实测发射功率五百瓦以上，或者覆盖范围十公里以上的；

（六）使用“伪基站”发送诈骗、赌博、招嫖、木马病毒、钓鱼网站链接等违法犯罪信息，数量在五千条以上，或者销毁发送数量等记录的；

（七）雇佣、指使未成年人、残疾人等特定人员使用“伪基站”的；

（八）违法所得三万元以上的；

（九）曾因扰乱无线电通讯管理秩序受过刑事处罚，或者二年内曾因扰乱无线电通讯管理秩序受过行政处罚，又实施刑法第二百八十八条规定的行为的；

（十）其他情节严重的情形。

第三条　违反国家规定，擅自设置、使用无线电台（站），或者擅自使用无线电频率，干扰无线电通讯秩序，具有下列情形之一的，应当认定为刑法第二百八十八条第一款规定的“情节特别严重”：

（一）影响航天器、航空器、铁路机车、船舶专用无线电导航、遇险救助和安全通信等涉及公共安全的无线电频率正常使用，危及公共安全的；

（二）造成公共秩序混乱等严重后果的；

（三）自然灾害、事故灾难、公共卫生事件和社会安全事件等突发事件期间，在事件发生地使用“黑广播”“伪基站”，造成严重影响的；

（四）对国家或者省级重大活动造成严重影响的；

（五）同时使用十个以上“黑广播”“伪基站”的；

（六）“黑广播”的实测发射功率三千瓦以上，或者覆盖范围二十公里以上的；

（七）违法所得十五万元以上的；

（八）其他情节特别严重的情形。

第四条 非法生产、销售“黑广播”“伪基站”、无线电干扰器等无线电设备，具有下列情形之一的，应当认定为刑法第二百二十五条规定的“情节严重”：

（一）非法生产、销售无线电设备三套以上的；

（二）非法经营数额五万元以上的；

（三）其他情节严重的情形。

实施前款规定的行为，数量或者数额达到前款第一项、第二项规定标准五倍以上，或者具有其他情节特别严重的情形的，应当认定为刑法第二百二十五条规定的“情节特别严重”。

在非法生产、销售无线电设备窝点查扣的零件，以组装完成的套数以及能够组装的套数认定；无法组装为成套设备的，每三套广播信号调制器（激励器）认定为一套“黑广播”设备，每三块主板认定为一套“伪基站”设备。

第五条 单位犯本解释规定之罪的，对单位判处罚金，并对直接负责的主管人员和其他直接责任人员，依照本解释规定的自然人犯罪的定罪量刑标准定罪处罚。

第六条 擅自设置、使用无线电台（站），或者擅自使用无线电频率，同时构成其他犯罪的，按照处罚较重的规定定罪处罚。

明知他人实施诈骗等犯罪，使用“黑广播”“伪基站”等无线电设备为其发送信息或者提供其他帮助，同时构成其他犯罪的，按照处罚较重的规定定罪处罚。

第七条 负有无线电监督管理职责的国家机关工作人员滥用职权或者玩忽职守，致使公共财产、国家和人民利益遭受重大损失的，应当依照刑法第三百九十七条的规定，以滥用职权罪或者玩忽职守罪追究刑事责任。

有查禁扰乱无线电管理秩序犯罪活动职责的国家机关工作人员，向犯罪分子通风报信、提供便利，帮助犯罪分子逃避处罚的，应当依照刑法第四百一十七条的规定，以帮助犯罪分子逃避处罚罪追究刑事责任；事先通谋的，以共同犯罪论处。

第八条　为合法经营活动，使用“黑广播”“伪基站”或者实施其他扰乱无线电通讯管理秩序的行为，构成扰乱无线电通讯管理秩序罪，但不属于“情节特别严重”，行为人系初犯，并确有悔罪表现的，可以认定为情节轻微，不起诉或者免予刑事处罚；确有必要判处刑罚的，应当从宽处罚。

第九条　对案件所涉的有关专门性问题难以确定的，依据司法鉴定机构出具的鉴定意见，或者下列机构出具的报告，结合其他证据作出认定：

（一）省级以上无线电管理机构、省级无线电管理机构依法设立的派出机构、地市级以上广播电视主管部门就是否系“伪基站”“黑广播”出具的报告；

（二）省级以上广播电视主管部门及其指定的检测机构就“黑广播”功率、覆盖范围出具的报告；

（三）省级以上航空、铁路、船舶等主管部门就是否干扰导航、通信等出具的报告。

对移动终端用户受影响的情况，可以依据相关通信运营商出具的证明，结合被告人供述、终端用户证言等证据作出认定。

第十条　本解释自2017年7月1日起施行。

（二）《最高人民法院关于审理危害军事通信刑事案件具体应用法律若干问题的解释》（2007年6月26日，法释〔2007〕13号）

第六条第四款　违反国家规定，擅自设置、使用无线电台、站，或者擅自占用频率，经责令停止使用后拒不停止使用，干扰无线电通讯正常进行，构成犯罪的，依照刑法第二百八十八条的规定定罪处罚；造成军事通信中断或者严重障碍，同时构成刑法第二百八十八条、第三百六十九条第一款规定的犯罪的，依照处罚较重的规定定罪处罚。

第七条　本解释所称“重要军事通信”，是指军事首脑机关及重要指挥中心的通信，部队作战中的通信，等级战备通信，飞行航行训练、抢险救灾、军事演习或者处置突发性事件中的通信，以及执行试飞试航、武器装备科研试验或者远洋航行等重要军事任务中的通信。

本解释所称军事通信的具体范围、通信中断和严重障碍的标准，参照中国人民解放军通信主管部门的有关规定确定。

（三）《最高人民法院关于审理扰乱电信市场管理秩序案件具体应用法律若干问题的解释》（2000 年 5 月 12 日，法释〔2000〕12 号）

第五条 违反国家规定，擅自设置、使用无线电台（站），或者擅自占用频率，非法经营国际电信业务或者涉港澳台电信业务进行营利活动，同时构成非法经营罪和刑法第二百八十八条规定的扰乱无线电通讯管理秩序罪的，依照处罚较重的规定定罪处罚。

第二十七章　聚众扰乱社会秩序罪

【立案追诉标准】

聚众扰乱社会秩序案（刑法第 290 条第 1 款）
聚众扰乱社会秩序，情节严重，造成严重损失的，应当立案。

【犯罪构成及刑事责任】

聚众扰乱社会秩序罪，是指纠集多人扰乱社会秩序，情节严重，致使工作、生产、营业和教学、科研、医疗无法进行，造成严重损失的行为。本罪是 1997 年修正后的刑法在 1979 年刑法规定的扰乱社会秩序罪的基础上进行的修改和补充，将其规定为聚众扰乱社会秩序罪，同时将原刑法在其罪名中有关扰乱国家机关工作秩序犯罪的内容，单独规定为聚众冲击国家机关罪。构成本罪需要具备以下四个要件：

1. 客体要件。本罪侵犯的客体是社会秩序。这里的社会管理秩序，是指狭义的社会管理秩序，即只限于公司、企业、事业单位、社会团体的正常的工作、生产、营业、教学、科研、医疗秩序。犯罪对象是公司、企业、事业单位、社会团体等单位。

2. 客观要件。本罪在客观方面表现为聚众扰乱社会秩序，情节严重，致使其工作、生产、营业和教学、科研、医疗无法进行，造成严重损失的行为。本罪的客观方面特征可分为两个方面：第一，必须是以聚众的方式实施扰乱社会秩序的行为。第二，聚众扰乱社会秩序的行为必须达到情节严重，致使工作、生产、营业、教学、科研、医疗无法进行，造成严重损失的程度。“聚众”，一般是指在首要分子的组织、策划、指挥下，聚集特定或不特定的多人同时同地参加扰乱社会秩序的违法犯罪活动。

3. 主体要件。本罪的主体为一般主体，凡是达到刑事责任年龄，具有刑事责任能力的人都可以构成本罪。但根据刑法第 290 条的规定，只有聚众扰乱社会秩序的首要分子和积极参加者才能构成本罪。所谓“首要分子”，根据刑法第 97 条的规定，是指在聚众犯罪中起组织、策划、指挥作用的犯罪分子。所谓“积极参加者”，是指主动参加扰乱社会秩序活动并起主要作用的人。

4. 主观要件。本罪在主观方面表现为故意。一般是由直接故意构成，即行为人明知聚集多人扰乱社会秩序具有社会危害性而希望其危害结果的发生。

根据刑法第 290 条第 1 款的规定：犯本罪，对首要分子，处三年以上七年以下有期徒刑；对其他积极参加者，处三年以下有期徒刑、拘役、管制或者剥夺政治权利。

【疑难指导】

一、对“聚众扰乱社会秩序”的理解和认定

（一）“聚众”的理解和认定

所谓聚众是指纠集多人实施犯罪行为，一般应当是纠集 3 人以上，有起组织、策划、指挥作用的首要分子，有积极实施犯罪活动，行动特别卖力，情节比较严重的积极参加者，在犯罪分子实施犯罪过程中，有时还会有受蒙蔽的群众，被威胁的一般违法者、围观者、起哄者，纠集 3 人以上是指包括首要分子和积极参加者在内 3 人以上。如果是一人或二人闹事引得众人围观起哄的，不构成本罪。首要分子聚集众人的手段多种多样，可以是煽动、收买、挑拨、教唆等，首要分子可以是躲在幕后唆使、策划而不亲自实施具体扰乱行为的人。

（二）“聚众扰乱社会秩序”的手段

行为人扰乱礼会秩序的手段主要有：聚众冲击企事业单位、社会团体所在地；在企事业单位、社会团体门前、院内大肆喧嚣吵闹；封锁大门、通道，阻止工作人员进入；围攻、辱骂、殴打工作人员；毁坏财物、设备；强占工作、营业、生

产等场所；强行切断电源、水源等。行为人在实施本罪中，殴打工作人员，毁损公私财物构成犯罪的，应实行数罪并罚。

（三）对“聚众扰乱社会秩序”中“医疗”的理解和认定

本条被刑法修正案（九）第31条修正，在第1款增加“医疗”二字，并增设了第3款、第4款。

根据2014年4月22日最高人民法院、最高人民检察院、公安部、司法部、国家卫生和计划生育委员会联合发布的《关于依法惩处涉医违法犯罪维护正常医疗秩序的意见》的规定，对聚众实施的在医疗机构私设灵堂、摆放花圈、焚烧纸钱、悬挂横幅、堵塞大门或者以其他方式扰乱医疗秩序行为，造成严重损失或者扰乱其他公共秩序情节严重，以及在医疗机构的病房、抢救室、重症监护室等场所及医疗机构的公共开放区域违规停放尸体，情节严重，构成犯罪的，可以根据聚众扰乱社会秩序罪、聚众扰乱公共场所秩序、交通秩序罪、寻衅滋事罪等追究刑事责任。

二、对“情节严重”和“造成严重损失”的理解和认定

（一）“情节严重”和“造成严重损失”必须同时具备

只要行为人聚众扰乱社会秩序的行为情节严重，致使企事业单位、社会团体的工作、生产、营业和教学、科研无法进行，造成严重损失的，就构成本罪。根据本条第1款的规定，情节严重是构成本罪的要件之一，所谓“情节严重”，是指由于行为人的聚众扰乱行为，企事业单位、社会团体的正常活动无法进行，并造成严重损失。“致使工作、生产、营业和教学、科研无法进行”与“造成严重损失”二者必须同时具备，前者是行为人实施扰乱行为的社会危害性的直接表现，后者是社会危害性的实际所在。虽然行为人的行为致使工作、生产、营业和教学、科研无法进行，但尚未造成严重损失的，不以犯罪论处，由公安机关依照治安管理处罚条例有关规定处理。

（二）“严重损失”包括有形损失和无形损失

所谓“造成严重损失”，是指有形的物质和无形的智力成果、社会利益和政治利益等诸多方面的严重损失，具体包括：第一，有形的物质损失，包括因犯罪行为而停产、停业等造成的既有财产损害和可得利益损失，可得利益应以具备充分成就条件，若非犯罪行为干扰就可顺利实现的利益为限，物质损失的严重程度以造成损失的数额为标准。第二，无形的智力成果、社会利益、政治利益损失，是指犯罪行为致使以社会利益、政治利益为宗旨的社会组织及其他不直接从事生产经营活动的社会组织如各政党、工会、妇联和学校、科研机构等无法工作而造成的无法精确计算的损失，对于这类损失是否严重一般可从扰乱行为的手段、持续时间的长短、因无法工作直接延误的工作事项的重要程度、损失是否可以弥补等方面把握。

（三）认定为“情节严重”的几种类型

一般来说包括：扰乱社会秩序的手段情节严重；致使有关单位工作瘫痪时间较长；因扰乱而延误的工作事项关乎重要的社会利益或政治利益的，可视为情节严重。具体包括：聚集人数特别众多，围攻、殴打工作人员多人，毁损一定财物的；占据办公场所，封锁通道等持续相当长时间，拒不退出，致使有关单位长期工作瘫痪的；由于扰乱行为，致使教学计划无法完成，影响多人学业；致使重大科研项目无法继续或者造成重大损失的；致使政党、人民团体大的会议（如党代会、青代会等）无法如期举行或中止；打乱其他关乎重大社会利益的事项的部署等。

有两种情况需要特别说明：第一，由于行为人的扰乱行为，致使有关单位无法正常开展工作给第三人利益造成严重损害的。虽然该损害结果并非行为人直接造成，但属于行为扰乱社会秩序给社会利益造成的损失，也应作为衡量行为人行为是否情节严重的根据之一。第二，由于行为人聚众扰乱医疗单位工作秩序，致使危重病人不能得到及时救治而死亡或残疾的。虽然行为人的行为与危害病人的死亡或残疾不具有直接因果关系，但行为人的行为与医疗单位无法开展工作具有直接因果关系，因此，行为人的行为与危重病人的死亡或残疾具有间接因果关系应当将之作为行为人行为的危害结果。

三、本罪与妨害公务罪的区分

聚众扰乱社会秩序罪往往与妨害公务罪交织在一起，如某国家机关执行公务过程中引发群众不满，一些别有用心的不法之徒便利用不明真相的群众扰乱社会秩序。这时，妨害公务罪与聚众扰乱社会秩序犯罪就可能难以区分。所以，应当从两者在犯罪构成的特征方面加以区分。两者的区分主要表现在：

第一，侵犯的直接客体不同。本罪侵犯的直接客体是公司、企业、事业单位、社会团体的正常工作、生产、经营、教学、科研、医疗秩序；妨害公务罪侵犯的直接客体是国家机关、人民代表大会和红十字会的正常活动。

第二，客观行为方式不同。本罪在行为方式上既可以是暴力方法，也可以是非暴力的方法；而妨害公务罪一般是指采用暴力或者威胁的方法。

第三，法律对构成犯罪的人数要求不同。本罪以“聚众”为构成犯罪的前提，所以，有多人参加实施犯罪是本罪的基本特征；妨害公务罪在人数方面，既可以由多人构成，也可以只有一人犯罪。

第四，犯罪形态不同。本罪是结果犯，构成犯罪必须以行为情节严重和造成严重损失的后果为条件；而妨害公务罪是行为犯，法律没有规定必须有危害结果的发生，只要行为人实施了妨害公务的行为，就构成犯罪。但妨害国家安全机关、公安机关依法执行国家安全任务的除外。

四、本罪与非罪的区分

认定本罪与非罪的界限，重点是要从以下几个方面加以区分：

第一，是不是聚众行为。聚众是多数人所为行为，所以，认定聚众行为，必须是所参加人数至少在三人以上，而且这是构成本罪的最低限度。就一般情况来讲，构成本罪都是以一个群体来划分。如果参加人太少，就谈不上聚众，也不能以本罪论处。

第二，参与成员往往是不固定的，处于随时增多与减少的状态，这也是聚众犯罪的特点之一。如果人员固定，则有可能构成其他共同犯罪，或者不属于犯罪行为。

第三，本罪的主体是聚众扰乱社会秩序的首要分子和其他积极参加人员，除此之外的其他人不能以犯罪论处。所以，认定是否构成本罪时，不能随意扩大处罚范围，把一般参加的人员囊括进来。特别是不能随意扩大对“积极参加”人员的认定。

第四，本罪具有情节犯与结果犯的双重属性，不仅要求所扰乱社会秩序的行为情节严重，而且要求该行为属于对社会造成严重损失的行为。

【办案依据】

一、刑法规定

第二百九十条第一款 聚众扰乱社会秩序，情节严重，致使工作、生产、营业和教学、科研、医疗无法进行，造成严重损失的，对首要分子，处三年以上七年以下有期徒刑；对其他积极参加的，处三年以下有期徒刑、拘役、管制或者剥夺政治权利。

二、其他法规

（一）《中华人民共和国民用航空法》（2021年4月29日）

第一百九十六条 故意传递虚假情报，扰乱正常飞行秩序，使公私财产遭受重大损失的，依照刑法有关规定追究刑事责任。

第一百九十八条 聚众扰乱民用机场秩序的，依照刑法有关规定追究刑事责任。

（二）《中华人民共和国矿产资源法》（2009年8月27日）

第四十一条 盗窃、抢夺矿山企业和勘查单位的矿产品和其他财物的，破坏采矿、勘查设施的，扰乱矿区和勘查作业区的生产秩序、工作秩序的，分别依照刑法有关规定追究刑事责任；情节显著轻微的，依照治安管理处罚法有关规定予以处罚。

第二十八章　聚众冲击国家机关罪

【立案追诉标准】

聚众冲击国家机关案（刑法第 290 条第 2 款）

聚众冲击国家机关，致使国家机关工作无法进行，造成严重损失的，应当立案。

【犯罪构成及刑事责任】

聚众冲击国家机关罪，是指组织、策划、指挥或者积极参加聚众强行侵入国家机关，干扰国家机关正常活动，致使其正常工作不能有序进行，造成严重后果的行为。构成本罪需要具备以下四个要件：

1. 客体要件。本罪侵犯的客体是国家机关的正常活动，行为对象是各级国家机关，包括国家行政机关、司法机关、人大常委会、政协，以及人民团体的办事机关等。

2. 客观要件。本罪在客观方面表现为聚众冲击国家机关，致使国家机关工作无法进行的行为。冲击国家机关，是指行为人采用聚众闹事甚至暴力的行为，强行进入国家机关，强占毁坏国家机关的办公室、会议室等场所，封闭出入通道，损毁机关财物等；也包括实施静坐式示威、摇旗呐喊、肆意哄闹等变相威胁方式。本罪客观方面必须是情节严重才构成犯罪。

3. 主体要件。本罪的主体是一般主体，凡是达到刑事责任年龄、具有刑事责任能力的人都可以构成本罪。但根据刑法的规定，对聚众冲击国家机关的一般参与者不予处罚，只处罚为首分子和其他积极参加者。

4. 主观要件。本罪在主观方面表现为故意，并且是直接故意，即明知自己冲击国家机关的行为会造成国家机关工作无法正常进行的危害后果，并且希望这种危害后果发生。

根据刑法第290条第2款的规定：犯本罪，对首要分子，处五年以上十年以下有期徒刑；对其他积极参加者，处五年以下有期徒刑、拘役、管制或者剥夺政治权利。

【疑难指导】

一、对“国家机关”的理解和认定

国家机关，是指依法设立的具有特定国家管理职能，负责管理各项国家和社会公共事务的组织。根据其地位的不同，可以分为中央和地方国家机关；根据其性质的不同，可以分为立法机关、行政机关、司法机关和国家军事机关等。

根据宪法和有关组织法的规定，国家机关主要有全国人民代表大会及其常务委员会、县级以上人民代表大会及其常务委员会、乡人民代表大会主席团；国务院及其各部门委员会、办事机构、直属机构，县以上人民政府及其工作部门、乡人民政府、有些地方由省级或县级人民政府派出的工作机构；各级监察委员会；各级人民法院与检察院；各级军事管理机关（但聚众冲击军事禁区、军事管理部门的行为不构成本罪）；等等。

应当注意的是，本罪中的国家机关是指中华人民共和国的国家机关，外国驻我国的使领馆、国际组织设在我国的机构都不属于本罪犯罪对象。

在实践中，有些国家机关与非国家机关在同一处所办公，行为人聚众冲击国家机关所在地，往往也致使非国家机关无法工作，造成严重损失，对此应按想象竞合犯从一重罪处断，即按聚众冲击国家机关罪论处。如果行为人聚众扰乱上述非国家机关工作秩序，同时致使国家机关无法工作，造成严重损失的，一般来说，行为人对于国家机关受到冲击的后果至少是持间接故意态度的，应按想象竞合犯从一重罪处断，即仍应以聚众冲击国家机关论处，如某县人民政府与该县党委在同一院内办公，行为人聚众扰乱、冲击该县党委，同时致使该县人民政府办公处所被捣毁，无法工作，造成严重损失，应按聚众冲击国家机关罪而非聚众扰乱社会秩序罪论处。对于数个国家机关在同一处所办公，行为人聚众冲击其中之一而致其他国家机关无法工作，造成严重损失的，符合一罪特征，但应将其他机关遭受损失的情况作为量刑情节予以考虑，行为人出于一个概括的故意，连续冲击数个国家机关的，应以连续犯处断，即只定一罪，但行为人造成的损失量刑时要予以考虑。

二、本罪与聚众冲击国家机关罪的关系

聚众冲击国家机关罪实质上是扰乱社会秩序罪的一种特殊形式，但因其比一般的扰乱社会秩序的行为具有更大的社会危害性，故刑法将其规定为一种独立的犯罪[①]。两者的区别主要在于：

第一，两罪的侵犯客体不同。聚众扰乱社会秩序罪侵犯的是企事业单位、社会团体的正常活动秩序；聚众冲击国家机关罪侵犯的客体是国家机关正常活动。

第二，两罪的犯罪对象不同。聚众扰乱社会秩序罪的犯罪对象是国家机关以外的其他企事业单位、社会团体；聚众冲击国家机关罪的犯罪对象仅限于各级各类国家机关。

第三，两罪的行为方式不同。聚众扰乱社会秩序罪的行为方式主要表现为聚集多人的暴力性或非暴力性扰乱行为。聚众冲击国家机关罪的行为方式表现为聚集多人的强行进入行为。

三、本罪与妨害公务罪的区分

妨害公务罪，是指以暴力、威胁方法阻碍国家机关工作人员依法执行职务、阻碍人大代表依法执行代表职务、在自然灾害和突发事件中阻碍红十字会工作人员依法履行职责，或者虽未使用暴力威胁方法，但故意阻碍国家安全机关、公安机关依法执行国家安全任务，造成严重后果的行为。从妨害公务罪的概念可以看出，本罪在行为方式上与妨害公务罪具有一定的相似之处，但也存在区别，主要有以下几个方面：

第一，行为对象不尽相同。本罪的行为对象主要是国家机关，而不是单纯的

---

① 任仲臣：《聚众扰乱社会秩序罪若干问题研究》，贵州民族学院硕士学位论文，2010 年。

公务人员；妨害公务罪的行为对象一般是特定的公务人员，或者是特定群体的公务人员，是针对人而不是针对机关。

第二，客观表现形式不同。本罪在行为方式上主要表现为聚众，聚众一般都有多人参加，如果是少数人就不能称其为聚众；而妨害公务罪不一定需要人多，一个或者两个人也同样可以妨害公务，不存在必须以聚众的方式。

第三，处罚的对象不同。本罪只处罚其中的首要分子和积极参加者，对于其他大多数一般参与者则不予处罚；妨害公务罪的行为人只要实施了妨害公务的行为，构成犯罪的都应当受到处罚。

【办案依据】

一、刑法规定

第二百九十条第二款 聚众冲击国家机关，致使国家机关工作无法进行，造成严重损失的，对首要分子，处五年以上十年以下有期徒刑；对其他积极参加的，处五年以下有期徒刑、拘役、管制或者剥夺政治权利。

二、司法文件

《最高人民法院、最高人民检察院、公安部关于办理组织领导传销活动刑事案件适用法律若干问题的意见》（2013年11月14日）

（详见本书第二十七章聚众扰乱社会秩序罪司法文件）

三、其他法规

（一）《中华人民共和国铁路法》（2015年4月24日）

第六十三条 聚众拦截列车、冲击铁路行车调度机构不听制止的，对首要分子和骨干分子依照刑法有关规定追究刑事责任。

（二）《中华人民共和国军事设施保护法》（2021年6月10日）

第六十三条 有下列行为之一，构成犯罪的，依法追究刑事责任：

（一）破坏军事设施的；

（二）过失损坏军事设施，造成严重后果的；

（三）盗窃、抢夺、抢劫军事设施的装备、物资、器材的；

（四）泄露军事设施秘密，或者为境外的机构、组织、人员窃取、刺探、收买、非法提供军事设施秘密的；

（五）破坏军用无线电固定设施电磁环境，干扰军用无线电通讯，情节严重的；

（六）其他扰乱军事禁区、军事管理区管理秩序和危害军事设施安全的行为，情节严重的。

（三）《中华人民共和国集会游行示威法》（2009 年 8 月 27 日）

第二十九条　举行集会、游行、示威，有犯罪行为的，依照刑法有关规定追究刑事责任。

携带武器、管制刀具或者爆炸物的，依照刑法有关规定追究刑事责任。

未依照本法规定申请或者申请未获许可，或者未按照主管机关许可的起止时间、地点、路线进行，又拒不服从解散命令，严重破坏社会秩序的，对集会、游行、示威的负责人和直接责任人员依照刑法有关规定追究刑事责任。

包围、冲击国家机关，致使国家机关的公务活动或者国事活动不能正常进行的，对集会、游行、示威的负责人和直接责任人员依照刑法有关规定追究刑事责任。

占领公共场所、拦截车辆行人或者聚众堵塞交通，严重破坏公共场所秩序、交通秩序的，对集会、游行、示威的负责人和直接责任人员依照刑法有关规定追究刑事责任。

第二十九章　扰乱国家机关工作秩序罪

【立案追诉标准】

扰乱国家机关工作秩序案（刑法第 290 条第 3 款）

行为人多次扰乱国家机关工作秩序，经行政处罚后仍不改正，造成严重后果的，应当立案。

【犯罪构成及刑事责任】

扰乱国家机关工作秩序罪，是指多次扰乱国家机关工作秩序，经处罚后仍不改正，造成严重后果的行为。本罪是 2015 年刑法修正案（九）新增设的罪名。构成本罪需要具备以下四个要件：

1. 客体要件。本罪侵犯的客体是国家机关的正常工作秩序。行为对象是对社会负有管理职责的国家机关及其工作秩序。

2. 客观要件。本罪在客观方面表现为多次扰乱国家机关工作秩序，经处罚后仍不改正，造成严重后果的行为。所谓多次扰乱，是指行为人至少三次以上到国家机关吵闹、骚扰、打骂等，造成国家机关工作无法正常进行的行为。所谓经处罚后仍不改正，是指有关部门已经对行为人进行了说服、教育或者处罚，但行为人仍然没有认识到自己的行为错误，继续进行扰乱行为。构成本罪必须具有造成严重后果的行为发生。此处所指严重后果，主要包括因扰乱行为导致国家机关多次不能正常工作，因为扰乱行为导致国家财产受到重大损失，扰乱行为在当地甚至更加广泛的范围内造成严重的、恶劣的影响，因扰乱行为导致多人轻伤，或者一人以上重伤或死亡等行为。

3. 主体要件。本罪的主体是一般主体，只有自然人才能构成本罪主体。犯罪人必须是达到刑事责任年龄和具有刑事责任能力的人。

4. 主观要件。本罪在主观方面表现为故意并且是直接故意。即行为人具有明知自己多次扰乱国家机关工作秩序的行为会产生严重后果，仍然希望这种结果发生的主观心态。

根据刑法第290条第3款的规定：造成严重后果的，处三年以下有期徒刑、拘役或者管制。

【疑难指导】

一、对本罪中“多次”的理解和认定

刑法第290条第3款中提到“行为人多次扰乱国家机关工作秩序”中的“多次”应当理解为3次以上，处罚前后总计超过3次以上即可。与刑法第290条第1款、第2款不同，本款主要针对的不是以聚众形式实施的扰乱国家机关工作秩序的行为，而是个人以各种极端方式冲击、扰乱国家机关工作秩序的行为。

此外，本罪对行为人的具体扰乱方式并没有限制，只要行为可以导致国家机关的正常工作秩序遭到破坏即可。其中包括：冲击、占据国家机关的办公场所、出入通道；向国家机关抛掷石块、杂物；纠缠、哄闹、殴打、辱骂国家机关工作人员等。

二、对“造成严重后果”的理解和认定

本罪属于结果犯，行为人实施扰乱国家机关工作秩序的行为，必须造成严重后果才能构成犯罪。这里的“严重后果”包括：行为人扰乱国家机关工作秩序的行为导致多人受伤的；造成严重财产损失的；导致国家机关设施遭受严重破坏的；造成国家机关工作人员精神上损害的；严重影响检察机关正常追诉犯罪的；严重影响审判机关进行正常审判活动的等。

本罪的危害后果可分为直接后果和间接后果，直接后果是人们能够直观感受到、可以进行价值衡量的结果，如殴打工作人员致伤、损坏财物、招致路人围观阻断机关正常交通等；间接后果则需要进行后续评估，如工作人员因受伤而耽误正常工作，办公设备被损坏导致工作无法开展等。此外，间接后果还包括一种潜

在的、无形的影响，如在行为人长期诋毁某机关声誉而得不到纠正的情况下，公众可能会在心理上产生该机关确实存在问题的认知，逐渐对该机关疏离、不信任，国家机关的形象、社会公信力会大打折扣。

至于何种程度属于“严重”[①]，应从以下三点进行判断：第一，国家机关的重要工作是否被扰乱。重要工作一般是指关乎重要的社会利益或者政治利益、关乎重大社会利益事项的部署、关乎不特定多数人利益的工作。第二，国家机关工作人员能否正常开展工作。判断国家机关工作秩序是否受影响，主要看工作人员能否正常开展工作，机关运转是否良好。如果国家机关多名工作人员的正常工作开展受阻或者被严重干扰，则可以认定工作秩序受到严重影响。第三，国家机关的形象和公信力是否受到较大损害。

三、对“行政处罚”的理解和认定

现行刑法第 290 条第 3 款规定：“多次扰乱国家机关工作秩序，经行政处罚后仍不改正，造成严重后果的，处三年以下有期徒刑、拘役或者管制。”

上述“经行政处罚后仍不改正”中的行政处罚主要指的是《中华人民共和国治安管理处罚法》第 23 条第 1 款第 1 项规定，有下列行为之一的，处警告或者二百元以下罚款；情节较重的，处五日以上十日以下拘留，可以并处五百元以下罚款……扰乱机关、团体、企业、事业单位秩序，致使工作、生产、营业、医疗、教学、科研不能正常进行，尚未造成严重损失的。

四、本罪与非罪的区分

是否构成本罪，需要同时具备三个条件：行为人多次实施扰乱国家机关工作秩序的行为；行为人经行政处罚后仍不改正；造成严重后果的。

实践中，对于因待业下岗生活困难或者因不公正待遇而到有关部门抗议、示威，影响有关国家机关工作秩序的，不应按犯罪处理；对于扰乱活动尚未达到情节严重程度的，不应作为犯罪案件处理。

---

① 陈传华、董军：《扰乱国家机关工作秩序罪中“造成严重后果”的界定》，载《中国检察官》2020 年第 1 期。

五、本罪与聚众冲击国家机关罪的区分

本罪与聚众冲击国家机关罪的相同之处在于，所侵犯的客体均为国家机关正常的工作秩序。不同之处主要有以下四点：

第一，聚众冲击国家机关罪的处罚对象是首要分子和其他积极参加者，对于一般参加者不进行处罚。

第二，聚众冲击国家机关要求首要分子必须纠集 3 人以上，包括特定或者不特定之多数人聚焦于同一地点，而成为可以从事共同行为的一群人，而本罪行为人的数量不能超过 3 人。

第三，聚众冲击国家机关罪的客观表现只能是冲击行为，而本罪对行为人的具体扰乱方式并没有限制，可以是暴力性的或者非暴力性的，只要行为可以导致国家机关的正常工作秩序遭到破坏即可。

第四，本罪要求行为人曾因扰乱国家机关受到行政处罚的前提条件，而聚众冲击国家机关罪没有要求。

六、本罪与聚众扰乱社会秩序罪的区分

2015 年刑法修正案（九）新增设“扰乱国家工作秩序罪”，是立法机关对缠访、闹访行为的入罪考量以及基于对法律风险的认识提高入罪门槛，对屡教不改的缠访、闹访等行为予以刑法规制以维护国家机关工作秩序。[①]

本罪与聚众扰乱社会秩序罪的不同之处主要包括以下四个方面：

第一，侵犯的客体不同。本罪侵犯的客体是国家机关的正常工作秩序，聚众扰乱社会秩序罪所侵犯的客体是社会正常秩序，不包括国家机关的正常工作秩序。

第二，处罚对象不同。聚众扰乱社会秩序罪的处罚对象是首要分子和其他积极参加者，对于一般的参加者不进行处罚。

第三，聚众扰乱社会秩序必须纠集 3 人以上，而本罪行为人的数量不能超过 3 人。

第四，本罪要求行为人曾因扰乱国家机关受到过行政处罚的前提条件，而聚众扰乱社会秩序罪没有要求。

---

① 付冬冬：《扰乱国家机关工作秩序罪的立法反思与重构》，吉林大学硕士学位论文，2019 年。

行为人在实施扰乱国家机关工作秩序的同时，导致国家机关财物遭受重大损失，国家机关工作人员的生命健康和人身、财产安全遭到损害，或者导致国家机关设施遭受严重破坏，同时构成其他犯罪的，应当择一重罪论处。

【办案依据】

一、刑法规定

第二百九十条第三款　多次扰乱国家机关工作秩序，经行政处罚后仍不改正，造成严重后果的，处三年以下有期徒刑、拘役或者管制。

二、其他法规

《中华人民共和国民事诉讼法》（2021年12月24日）

第一百一十三条　诉讼参与人和其他人应当遵守法庭规则。

人民法院对违反法庭规则的人，可以予以训诫，责令退出法庭或者予以罚款、拘留。

人民法院对哄闹、冲击法庭，侮辱、诽谤、威胁、殴打审判人员，严重扰乱法庭秩序的人，依法追究刑事责任；情节较轻的，予以罚款、拘留。

第三十章 组织、资助非法聚集罪

【立案追诉标准】

组织、资助非法聚集案（刑法第 290 条第 4 款）

行为人多次组织、资助他人非法聚集，扰乱社会秩序，情节严重的，应当立案。

【犯罪构成及刑事责任】

组织、资助非法聚集罪，是指多次组织、资助他人非法聚集，扰乱社会秩序，情节严重的行为。本罪是 2015 年刑法修正案（九）新增加的罪名。原刑法中虽然规定有聚众扰乱社会秩序罪，但对于那些不直接出面实施聚众扰乱社会秩序的行为，而是躲在背后进行组织、煽动或者怂恿的行为，难以按照聚众扰乱社会秩序罪定罪。特别是那些以帮助聚众扰乱社会秩序为目的进行物质资助的行为，更是难以按照聚众扰乱社会秩序罪处罚。并且聚众扰乱社会秩序罪必须具有“聚众”的情形发生，对于一般性聚集行为，也难以按照“聚众”行为来处罚。所以，刑法修正案（九）设置本罪名是具有必要性的。构成本罪需要具备以下四个要件：

1. 客体要件。本罪侵犯的客体是社会管理秩序。社会管理秩序分为狭义的社会管理秩序和广义的社会管理秩序，本罪是指狭义的社会管理秩序，即限于公司、企业、事业单位、社会团体的正常的工作、生产、经营、教学、科研秩序。本罪的犯罪对象是公司、企业、事业单位、社会团体等单位及其工作、劳动和教学科研秩序。

2. 客观要件。本罪在客观方面表现为多次组织、资助他人非法聚集，扰乱社会秩序，情节严重的行为。

所谓组织，是指以行政化的管理方式对某一特定团体进行策划、运作和管理，使其达到预期的行为目的；所谓资助，是指通过物质的方式对特定对象予以帮助；所谓非法聚集，是指3人以上违反社会管理秩序或者法律规定，擅自集合在一起的不正当形式。构成犯罪必须是情节严重。这里的情节严重，是指给社会管理秩序造成严重破坏的行为，或者是在政治上产生恶劣影响的行为，或者是发生严重危害后果的行为。

3. 主体要件。本罪主体是一般主体，只能由自然人构成。犯罪主体必须是达到刑事责任年龄和具有刑事责任能力的人。

4. 主观要件。本罪在主观方面表现为故意，并且是直接故意，即行为人明知自己多次组织、资助他人非法聚集的行为会产生危害社会秩序的严重情节发生，仍然希望这种危害结果的发生。

根据刑法第290条第4款的规定：犯本罪，处三年以下有期徒刑、拘役或者管制。

【疑难指导】

一、对本罪中的“组织”及“资助”的理解及认定

“组织”，是指组织、策划、指挥、协调非法聚集活动的行为；“资助”，是指筹集、提供活动经费、物资以及其他物质便利的行为。认定行为人组织、资助他人非法聚集扰乱社会秩序的情况主要有以下七个方面：

第一，行为人组织、策划、指挥、协调他人非法聚集达到3次以上。

第二，行为人资助他人非法聚集达到3次以上。

第三，行为人组织、资助他人非法聚集共达到3次以上。

第四，被聚集的人实施了扰乱社会秩序的行为。

第五，行为人多次组织他人聚集规模较大。

第六，行为人多次资助聚集活动数额巨大。

第七，行为人组织、资助他人非法聚集所实施的扰乱社会秩序的行为所造成的社会危害较大。

二、对本罪中“扰乱社会秩序”及“情节严重”的理解和认定

扰乱社会秩序，是指造成社会秩序混乱，致使公司、企业、事业单位、人民团体等正常的工作秩序，公司、企业等正常的生产、经营秩序，医院、学校、科研单位等正常的医疗、教学、科研秩序受到严重干扰，甚至无法正常进行的情况。对扰乱社会秩序的方式没有限制，可以是暴力性的，也可以是非暴力性的。

情节是否严重，可以通过行为人组织的次数、组织的规模、资助活动经费的数额、资助的次数以及组织、资助他人非法聚集所实施的扰乱社会秩序行为所造成的社会危害性等因素的综合考量。

是否构成本罪，关键看是否达到情节严重的程度。此外，行为人实施3次以上的组织、资助行为，不论是组织还是资助行为，只要达到3次以上即可；3次以上组织、资助他人非法聚集，必须有3次以上聚集活动实施了扰乱社会秩序的行为。

三、本罪与聚众扰乱社会秩序罪的区别

要注意区分本罪与聚众扰乱社会秩序罪的界限，区分的重点在于行为的特征是聚集，还是聚众：第一，从特点来看，一般来说聚众具有强制性、机密性、武力性和突发性等特点；而聚集则一般表现为自发性、松散性和善意性。第二，从性质来看，聚众是带有对抗矛盾的性质；而聚集则主要是由于内部矛盾的集结所引起。

四、本罪与扰乱国家机关工作秩序罪的区别

两者的主要区别在于多人行动还是个别人行动。尽管多次扰乱国家机关工作秩序罪的行为人也可能是2人以上，但就组织形态来看，仍然属于个别行为，不是一种集体性质的行为。同时，多次扰乱国家机关工作秩序罪的行为人都是属于实行犯，也可以说是亲手犯；而组织、资助非法聚集罪的行为人多数情况下属于教唆性质或者组织、策划、帮助性质的犯罪分子。

【办案依据】

一、刑法规定

第二百九十条第四款 多次组织、资助他人非法聚集，扰乱社会秩序，情节严重的，依照前款的规定处罚。

二、其他法规

《中华人民共和国集会游行示威法》（2009年8月27日）

第二十八条 举行集会、游行、示威，有违反治安管理行为的，依照治安管理处罚法有关规定予以处罚。

举行集会、游行、示威，有下列情形之一的，公安机关可以对其负责人和直接责任人员处以警告或者十五日以下拘留：

（一）未依照本法规定申请或者申请未获许可的；

（二）未按照主管机关许可的目的、方式、标语、口号、起止时间、地点、路线进行，不听制止的。

第二十九条 举行集会、游行、示威，有犯罪行为的，依照刑法有关规定追究刑事责任。

携带武器、管制刀具或者爆炸物的，依照刑法有关规定追究刑事责任。

未依照本法规定申请或者申请未获许可，或者未按照主管机关许可的起止时间、地点、路线进行，又拒不服从解散命令，严重破坏社会秩序的，对集会、游行、示威的负责人和直接责任人员依照刑法有关规定追究刑事责任。

包围、冲击国家机关，致使国家机关的公务活动或者国事活动不能正常进行的，对集会、游行、示威的负责人和直接责任人员依照刑法有关规定追究刑事责任。

占领公共场所、拦截车辆行人或者聚众堵塞交通，严重破坏公共场所秩序、交通秩序的，对集会、游行、示威的负责人和直接责任人员依照刑法有关规定追究刑事责任。

第三十条 扰乱、冲击或者以其他方法破坏依法举行的集会、游行、示威的，公安机关可以处以警告或者十五日以下拘留；情节严重，构成犯罪的，依照刑法有关规定追究刑事责任。

第三十一条 当事人对公安机关依照本法第二十八条第二款或者第三十条的规定给予的拘留处罚决定不服的，可以自接到处罚决定通知之日起五日内，向上一级公安机关提出申诉，上一级公安机关应当自接到申诉之日起五日内作出裁决；

对上一级公安机关裁决不服的，可以自接到裁决通知之日起五日内，向人民法院提起诉讼。

第三十二条　在举行集会、游行、示威过程中，破坏公私财物或者侵害他人身体造成伤亡的，除依照刑法或者治安管理处罚法的有关规定可以予以处罚外，还应当依法承担赔偿责任。

第三十三条　公民在本人居住地以外的城市发动、组织当地公民的集会、游行、示威的，公安机关有权予以拘留或者强行遣回原地。

第三十一章　聚众扰乱公共场所秩序、交通秩序罪

【立案追诉标准】

聚众扰乱公共场所秩序、交通秩序案（刑法第 291 条）

有下列行为之一，并且情节严重的，应当立案；

1. 聚众扰乱车站、码头、民用航空站、商场、公园、影剧院、展览会、运动场或者其他公共场所秩序；

2. 聚众堵塞交通或者破坏交通秩序；

3. 抗拒、阻碍国家治安管理工作人员依法执行职务。

【犯罪构成及刑事责任】

聚众扰乱公共场所秩序、交通秩序罪，是指纠集多人扰乱车站、码头、民用航空站、商场、公园、影剧院、展览会、运动场或者其他公共场所秩序，聚众堵塞交通或者破坏交通秩序，抗拒、阻碍国家工作人员依法执行职务，情节严重的行为。构成本罪需要具备以下四个要件：

1. 客体要件。本罪侵犯的客体是公共场所秩序或者交通秩序。公共场所秩序，是指人民群众多的社会活动场所的正常秩序；交通秩序，是指保证交通正常运行的管理秩序。

2. 客观要件。客观方面表现为聚众扰乱公共场所或交通秩序的行为。具体表现为实施下列行为之一：

（1）聚众扰乱车站、码头、民用航空站、商场、公园、影剧院、展览会、运

动场或者其他公共场所秩序；

（2）聚众堵塞交通；

（3）聚众破坏交通秩序；

（4）聚众抗拒、阻碍国家治安管理工作人员依法执行职务。

本罪是并列选择性罪名，只要实施上述行为中的一种，就构成本罪，实施两种或者两者以上行为的，也只构成一罪，不实行数罪并罚。构成本罪的前提必须是情节严重。

3. 主体要件。本罪主体是一般主体，但仅限于首要分子，根据刑法第 97 条的规定，首要分子是指在犯罪集团或者聚众犯罪中起组织、策划、指挥作用的犯罪分子。对于一般参加者，可以采取批评教育或者党纪、政纪处理，不以本罪论处。

4. 主观要件。本罪在主观方面表现为故意，即明知自己聚众扰乱公共场所秩序或者交通秩序的行为会造成秩序混乱的危害结果而故意实施。其动机如何不影响本罪的成立。

根据刑法第 291 条的规定：犯本罪，对首要分子，处五年以下有期徒刑、拘役或者管制。

【疑难指导】

一、如何理解和认定“公共场所”

（一）“公共场所”的认定

“公共场所”具有公共性的特点，凡为不特定的多数人随时出入、停留、使用的场所，皆可认定为公共场所。公共场所根据本条所列举的主要有：车站、码头、民用航空站、商场、公园、影剧院、展览会、运动场等。其他公共场所包括礼堂、公共食堂、游泳池、浴池、贸易集市等其他供不特定多数人使用的场所。所以，扰乱“公共场所秩序”，实质就是指扰乱公众安全地顺利出入、使用公共场所所规定的公共行为规则。

在各类扰乱公共秩序罪当中，刑法基本上是坚持了区分原则，如扰乱到无线电通信等设施的，可以定扰乱无线电通讯管理秩序罪；扰乱到国家机关工作的可以定扰乱国家机关工作秩序罪，基本上都是按照特定的场所作出了比较清晰的规定，但是对于第291条，法条中明文提到了“公共场所”，我们有必要对其进行说明。刑法第291条的聚众扰乱公共场所秩序、交通秩序罪，法条中列举了一些场所，这些场所的特点都是人流量大，行为人的犯罪行为很可能会急速蔓延到场所里的其他人员，引起现场其他人的慌乱，导致公共场所秩序的混乱，此处的“公共场所”要比其他的“公共场所”范围小一些。

第一，这里的“公共场所”的特点要与车站、码头、步行街等具有相似性，都具有较为密集的人群，这一特点是很多小场所不具备的，如小型的超市和美甲店等，虽然这些场所看似也是属于“公共场所”，可以供不特定的人员出入，不过这些场所本来就不具备像商场这样大型场所的承载力，它所容纳的人数是有一定限制的，这些小型场所可能在其他罪名中属于“公共场所”，但是在本罪中就会被否定。

第二，此项罪名中的“公共场所”中的人群必须是现实存在的，本罪是扰乱公共秩序的罪名，因为在某场所中会有人群的大量聚集，所以对管理也提出了更高的要求，当场所不具备现实的大量人群时，就不符合本罪中的“公共场所”，如快打烊的商场或者夜间没有多少人的汽车站，在这种情况的场所里，行为人就算是实施了犯罪行为，犯罪行为产生的危害也是有限的，不具备蔓延的效果，此时的场所就不属于本罪中的“公共场所”。

（二）网络空间是否属于“公共场所”

信息技术的迅速发展使得网络空间快速、大范围地出现在人们的面前，网络空间不同于现实中的场所，它不像现实场所中那样具有真实的长度、宽度、高度，而是一个虚拟的人造空间，人们虽然不能像进入现实空间一样进入这样数字化的空间，但是人类却可以通过数据化的切换和操作使网络空间和现实社会相连接。网络空间是否属于本罪所称“公共场所”值得进一步探讨。

目前学界持否定态度，理由如下：第一，行为发生时的场所与结果发生时的场所，本应保持一致性，但是在网络空间中却做不到；第二，网络空间和现实中人们所称的空间有所不同，即便是承认了网络空间的概念，也不能认为空间就等于场所，场所一定是一种空间，但是空间不一定就是场所；第三，“公共场所”是人们的身体可以自由出入的场所，但是网络空间却做不到这一点，网络空间仅仅是人们的言论可以自由出入的场所，将网络空间划入“公共场所”的行列属于类推解释；第四，造成“公共场所”秩序的严重混乱指的应该是物理秩序的混乱，而不是心理上的恐慌和忧虑。[①]

二、对聚众扰乱公共场所秩序、交通秩序行为的理解和认定

本罪的行为表现为，行为人聚众扰乱公共场所秩序，抗拒、阻碍国家治安管理人员依法执行职务，情节严重的。具体而言，是指在公共场所和交通线上，聚众哄闹、静坐示威、堵塞交通、拦截火车、汽车、电车、轮船；聚众封锁交通要道、车站、码头；强占交通指挥设施；围攻、殴打国家治安管理人员，阻碍交通民警指挥交通等。扰乱公共场所秩序或交通秩序，必须具有抗拒、阻碍国家治安管理工作人员依法执行职务的行为，且达到了情节严重的程度。如果聚众哄闹，扰乱公共场所或交通秩序，经治安管理人员劝阻后马上散去，并无抗拒、阻碍国家治安管理工作人员执行职务，就不构成犯罪。

具体表现为以下两种行为：第一，聚众扰乱公共场所秩序或者聚众堵塞交通、破坏交通秩序。“聚众扰乱”公共场所秩序，是指纠集多人以各种方法对公共场所秩序进行干扰和捣乱，主要是故意在公共场所聚众起哄闹事；“聚众堵塞交通、破坏交通秩序”，是指纠集多人堵塞交通致使车辆、行人不能通过，或者故意违反交通规则，破坏正常的交通秩序，影响顺利通行和通行安全的行为。第二，抗拒、阻碍国家治安管理工作人员依法执行职务。即抗拒、阻碍治安民警、交通民警和其他依法执行治安管理职务的工作人员依法维护公共场所秩序或者交通秩序的行为。上述两种行为都是构成本罪的要件，缺一不可。

根据法律规定，聚众扰乱公共场所秩序的行为，必须达到“情节严重”的程度才构成犯罪。所谓情节严重，在司法实践中，一般是指聚众扰乱公共场所秩序、交通秩序人数多或者时间长的；造成人员伤亡或者公私财物重大损失的；影响或者行为手段恶劣的；等等。

三、本罪与聚众扰乱社会秩序罪的区分

聚众扰乱社会秩序罪，是指纠集多人扰乱社会秩序、情节严重，致使工作、生产，营业和教学、科研无法进行造成严重损失的行为。从上述概念中我们可以

① 张明楷：《简评近年来的刑事司法解释》，载《清华法学》2014 年第 1 期。

看出，聚众扰乱公共场所秩序、交通秩序罪与聚众扰乱社会秩序罪都是聚众对正当的秩序进行扰乱，都是出于主观上的故意，且都是情节严重才构成犯罪，但既然法律将二者分别加以规定，就表明他们之间存在内容和形式上的区别。

两者的区别主要表现在：第一，侵犯的直接客体不同。本罪侵犯的直接客体是公共交通场所管理秩序；聚众扰乱社会秩序罪侵犯的直接客体是机关单位学校团体的工作生产、营业和教学、科研秩序。第二，行为发生的地点不同。本罪的犯罪行为仅指发生在公共交通场所等人群聚集的地方；聚众扰乱社会秩序罪的犯罪行为则可能发生在不属于公共场所且人员较少的单位。第三，处罚的对象不同。本罪只处罚首要分子；聚众扰乱社会秩序罪所处罚的除首要分子外，还包括积极参加者。

【办案依据】

一、刑法规定

第二百九十一条 聚众扰乱车站、码头、民用航空站、商场、公园、影剧院、展览会、运动场或者其他公共场所秩序，聚众堵塞交通或者破坏交通秩序，抗拒、阻碍国家治安管理工作人员依法执行职务，情节严重的，对首要分子，处五年以下有期徒刑、拘役或者管制。

二、司法文件

《最高人民法院、最高人民检察院、公安部关于办理组织领导传销活动刑事案件适用法律若干问题的意见》（2013 年 11 月 14 日）

（详见本书第二十七章聚众扰乱社会秩序罪司法文件）

三、其他法规

（一）《中华人民共和国民用航空法》（2021 年 4 月 29 日）

第一百九十八条 聚众扰乱民用机场秩序的，依照刑法有关规定追究刑事责任。

（二）《中华人民共和国铁路法》（2015 年 4 月 24 日）

（详见本书第二十八章聚众冲击国家机关罪其他法规）

（三）《中华人民共和国集会游行示威法》（2009 年 8 月 27 日）

第二十九条 举行集会、游行、示威，有犯罪行为的，依照刑法有关规定追究刑事责任。

携带武器、管制刀具或者爆炸物的，依照刑法有关规定追究刑事责任。

未依照本法规定申请或者申请未获许可，或者未按照主管机关许可的起止时间、地点、路线进行，又拒不服从解散命令，严重破坏社会秩序的，对集会、游行、示威的负责人和直接责任人员依照刑法有关规定追究刑事责任。

包围、冲击国家机关，致使国家机关的公务活动或者国事活动不能正常进行的，对集会、游行、示威的负责人和直接责任人员依照刑法有关规定追究刑事责任。

占领公共场所、拦截车辆行人或者聚众堵塞交通，严重破坏公共场所秩序、交通秩序的，对集会、游行、示威的负责人和直接责任人员依照刑法有关规定追究刑事责任。

第三十二章 投放虚假危险物质罪

【立案追诉标准】

> 投放虚假危险物质案（刑法第 291 条之一第 1 款）
>
> 投放虚假的爆炸性、毒害性、放射性、传染病病原体等危险物质，严重扰乱社会秩序的，应予立案。

【犯罪构成及刑事责任】

投放虚假危险物质罪，是指故意投放虚假的爆炸性、毒害性、放射性、传染病病原体等物质，严重扰乱社会秩序的行为。1979 年刑法没有规定该罪名。为了适应当代维护社会治安秩序的需要，1997 年修正后的刑法新增加了这一罪名。构成本罪需要具备以下四个要件：

1. 客体要件。本罪侵犯的客体是社会公共秩序，包括正常的工作、生产秩序和人民群众生活秩序。

2. 客观要件。本罪在客观方面表现为投放虚假的爆炸性、毒害性、放射性、传染病病原体等物质，严重扰乱社会秩序的行为。投放，是指采取各种方法将虚假危险物品放置在公共场所、交通工具或者其他位置，或者向有关单位或者个人邮寄。严重扰乱社会秩序，是指造成社会公众的心理恐慌，造成社会混乱，严重扰乱正常的生产秩序、生活秩序、工作秩序和教学、科研秩序。

3. 主体要件。本罪的主体为一般主体，凡是达到刑事责任年龄、具有刑事责任的自然人都可成为本罪的主体。单位不能构成本罪。

4. 主观要件。本罪在主观方面表现为故意，并且是直接故意，即行为人明知投放虚假危险物品的行为会发生严重扰乱社会秩序的后果，仍希望这种结果发生。

根据刑法第 291 条之一第 1 款的规定：严重扰乱社会秩序的，处五年以下有期徒刑、拘役或者管制；造成严重后果的，处五年以上有期徒刑。

【疑难指导】

一、对本罪中“投放”的理解和认定

投放虚假危险物质罪中的“投放”与投放危险物质罪中的“投放”有相似之处，但也存在不同。投放危险物质罪的前身为刑法修正案（三）出台前的刑法第 114 条、第 115 条的投毒罪，按照原先的规定投毒罪是指故意以投放毒物的方式，危害不特定多数人的生命、健康或重大公私财产安全的行为。2001 年 12 月 29 日，全国人大常委会通过了的刑法修正案（三），补充和修正了刑法与恐怖活动犯罪的罪名，修改了七个刑法条文，增加了如投放虚假危险物质罪等数个罪名。刑法修正案（三）将原有的第 114 条和第 115 条中的投毒罪的“投毒”修改成了现在的“投放毒害性，放射性、传染病病原体等物质”。之后，最高人民法院、最高人民检察院的司法解释取消了投毒罪这个罪名，变更为投放危险物质罪。投放危险物质罪的“投放”，在实践中一般认为主要是针对公共食用、公共饮用或公共场所投入、注入、邮寄、搁置毒害性、放射性、传染病病原体等物质[①]。但是针对的对象是特定的人的话，那么就不属于投放危险物质罪的“投放”了，这也是区别于故意杀人、故意伤害之类罪名的关键之一。像投放危险物质罪这类危害公共安全的罪名，成立本罪的关键往往不在乎手段和工具，而往往在于犯罪的对象的不特定性。

投放虚假危险物质罪的“投放”不同于投放危险物质罪，虽然按照系统解释的方法，二罪的“投放”含义应该是一样的。但是在犯罪的对象上，投放危险物质罪必须限定在对“不特定的人或多数人”实施犯罪行为，这是所有危害公共安全犯罪最本质的特征，但投放虚假危险物质罪的客体既不是公共安全，也异于刑

① 郭虹：《论投放危险物质罪》，载《经济研究导刊》2010 年第 22 期。

法第6章第1节扰乱社会秩序的犯罪。所以较之投放危险物质罪，投放虚假危险物质罪有自己特殊的地方。虽然投放行为是本罪的实行行为，但由于构成本罪要求行为人投放的必须是虚假的爆炸性、毒害性、放射性、传染病病原体等物质，因此，如果行为人单纯实施了投放这种虚假危险物质的行为，而没有显示其投放的是具有爆炸性、毒害性、放射性、传染病病原体等物质，那么这种行为就不会引起公众的心理恐慌，进而导致社会公共秩序混乱，因而也就不能作为犯罪处理。所以，行为人在实施投放行为之时或其前后，必须以一定的方式显示其投放的是具有爆炸性、毒害性、放射性、传染病病原体等物质。至于行为人是以暗示或者言词明示，还是以其他方式显示，对犯罪成立没有影响。只要行为人的这种意思能够为公众所知悉，就可构成本罪。

二、对本罪中“虚假危险物质”的理解和认定

所谓“虚假危险物质”，是指所投放的物品既不是真实的危险物质，但又被标榜对人的生命、健康和社会公共安全具有严重威胁的物质。在认定虚假危险物质时，应当注意以下几点：

第一，被投放的物质是否为真实的危险物质。这是从犯罪对象的角度区分投放虚假危险物质罪与投放危险物质罪的根本区别。投放危险物质罪属于危害公共安全类犯罪，与本罪侵犯的客体完全不同。实践中，是否属于真实的危险物质，需要通过检验和观察来决定。

第二，所谓“虚假危险物质”是否足以让人们感到恐惧，使社会产生恐慌。也就是说，投放人所声称的物质是否属于对人体或公共安全具有严重危害的危险物质类型。如果是一般的物质，如对人体健康虽然会产生一些影响，但不会使人们感到恐惧，使社会产生恐慌，也不属于虚假危险物质。

第三，对投放的手段和形态方面进行考察，如果方法太幼稚如将石头放在信封中称是铀，将一包盐倒入河水中称是砒霜等，难以让人们相信是真实的危险物质，缺乏现实的危险性，不足以造成社会恐慌，也不应认为是虚假危险物质。

第四，要注意刑法第291条之一列举的四种类型的危险物质，即爆炸性、毒害性、放射性、传染病病原体等物质，仅仅是法律列举的具有代表性的危险物质，事实上在这些危险物质之外，自然界和社会领域中还存在很多危险物质。即使社会上确实不存在某种危险物质，但行为人故意编造出一种十分恐怖的虚假危险物质，也可以视为是“虚假危险物质”。

所以，投放虚假危险物质罪的“虚假危险物质”，可以理解为恐怖信息的物质载体。如果真实性是投放危险物质罪的形式要件，那么作为对比的投放虚假物质罪的形式要件就是虚假性，若不是虚假的，就根本不可能成立此罪。从实质要件来说，要使人产生恐慌的心理，行为人“投放”的物质必然在外观上拥有让一般智力和理性的普通人相信物质本身是危险的，相信附着在物质之上的恐怖信息是具有可信度的。同时虚构出来的危险性具有威胁到公共安全和扰乱社会秩序的程度。那么，这才是符合投放虚假危险物质客观要件的“虚假危险物质”。

三、对条文中规定的“严重扰乱社会秩序”与“造成严重后果”的理解和认定

刑法第 291 条之一第 1 款规定，投放虚假的爆炸性、毒害性、放射性、传染病病原体等物质，或者编造爆炸威胁、生化威胁、放射威胁等恐怖信息，或者明知是编造的恐怖信息而故意传播，严重扰乱社会秩序的，处 5 年以下有期徒刑、拘役或者管制；造成严重后果的，处 5 年以上有期徒刑。可见，本罪有两个量刑幅度，即投放虚假危险物质，严重扰乱社会秩序的，处 5 年以下有期徒刑、拘役、管制；造成严重后果的，处 5 年以上有期徒刑。根据刑法的规定，区分两个法定量刑幅度的关键在于对“严重扰乱社会秩序”和“造成严重后果”含义的正确认识以及如何区分两者之间的界限，这对于确定行为人投放虚假危险物质罪的刑事责任非常重要。

要正确理解“严重扰乱社会秩序”和“严重后果”的含义，必须把这两方面结合起来。所谓“严重扰乱社会秩序”，是指对社会进行干扰和破坏达到严重的程度，这种扰乱和破坏，包含物质性和精神性两方面的危害。前者如为清除投放虚假危险物质行为的影响所导致的公共资源的浪费；后者如在学校、医院投放虚假的危险物质，引起学生、病人的恐慌，致使学校停课、医生无法给病人看病等对正常社会秩序的破坏。所谓“严重后果”，是相对比较大的危害后果，危害后果也可分为物质性的危害后果与精神性的危害后果，与“严重扰乱社会秩序”相比较，主要是程度上的差别。由于本罪投放的不是真正的危险物质，而是虚假的危险物质，不可能像投放危险物质那样威胁到公共安全。因此，相对来说，本罪的危害性是较低的，又因为本罪最低限度要求必须严重扰乱社会秩序，考虑到严重扰乱社会秩序和严重后果的区分问题，我们认为，这里的“严重后果”，主要是指直接的、物质性的损害后果，即投放虚假危险物质的犯罪行为造成了人身伤亡或经济财产的重大损失，造成了比较严重的人或物方面的实害性的后果。没有造成人或物方面严重的实害性后果的，一般不能认定为造成严重后果，不能适用。但是，并不能把非物质性的损害排除在外，如国家利益、国家名誉等。实践中，造成严重的非物质性方面的损害和影响时，往往会带来物质性的损失，因此应当综合投放行为在实际中造成的具体损害情形来把握。

四、本罪与投放危险物质罪的区分

本罪与投放危险物质罪的区别，主要表现在侵犯的客体、犯罪对象和危害结果不同等几个方面，具体应注意区分以下五点：

第一，主体不同。本罪的主体为年满 16 周岁、具有刑事责任能力的自然人；而后罪中的投放毒害性物质的行为，年满 14 周岁不满 16 周岁、具有刑事责任能力的人亦可构成其罪。

第二，主观故意的内容不同。本罪主观故意的内容表现为明知是虚假的危险物质，即知道不是真实的危险物质而投放，是行为人出于某种动机企图造成恐怖气氛，严重扰乱了社会秩序；而后罪则是明知是真实的危险物质而决意投放，其意在危害不特定人身、财产的公共安全。

第三，客观方面表现不同。本罪在客观方面表现为投放虚假的危险物质，并且严重扰乱了社会秩序的行为，仅有投放行为不能构成本罪；而后罪在客观方面表现为投放危险物质的行为，属行为犯。只要有投放危险物质的行为，除非情节显著轻微危害不大，即可构成其罪。

第四，犯罪对象不同。本罪行为的对象为虚假的爆炸性、毒害性、放射性、传染病病原体等危险物质；而后罪的对象则是真实的毒害性、放射性、传染病病原体等危险物质。

第五，侵害的客体不同。本罪的客体为社会秩序；后罪在客观上虽然也会严重扰乱社会秩序，但这是对不特定人身、财产安全这一客体侵害的自然结果，行为直接指向公共安全，而非社会秩序。

五、本罪与过失投放危险物质罪的区分

第一，主观方面不同。本罪必须出于故意，即明知是虚假的危险物质而决意投放，过失不能构成本罪。需要注意的是，本是真实的危险物质误认为是虚假的危险物质而决意投放的，也可构成本罪；而后罪必须出于过失，即确实不知道是危险物质而投放，或者误认为是虚假的危险物质并不是出于扰乱社会秩序的目的而投放的，则属过失投放危险物质行为，构成犯罪的，应以过失投放危险物质罪、过失致人死亡罪等论处，而不是构成本罪。

第二，客观方面表现不同。本罪在客观方面表现为投放虚假危险物质，并且严重扰乱社会秩序的行为，并不以造成严重后果为必要，造成严重后果为本罪的重罪情节，属于量刑情节的范畴；而后罪在客观方面表现为投放危险物质，造成严重后果的行为，“造成严重后果”是其定罪情节而非量刑情节。就造成严重后果的内容而言，两者也有区别。在后罪中，造成严重后果，是指致人重伤、死亡或者使公私财产遭受重大损失；在本罪中，造成严重后果，既包括致人重伤、死亡，又包括使公私财物遭受重大损失，还包括其他利益如机关、企业、事业单位因投放虚假危险物质而停工、停产造成的经济利益损失，以及非物质性损失和恶劣影响等。

第三，犯罪对象不同。本罪的对象为虚假的危险物质；后罪的对象则为真实的危险物。

第四，客体不同。本罪所侵害的客体为社会秩序；后罪所侵害的客体为不特定人身、财产的公共安全。

六、本罪与聚众扰乱社会秩序罪的区分

第一，主体身份不同。本罪的主体为一般主体，年满 16 周岁、具有刑事责任能力的人实施了本罪行为，即可构成本罪，在共同犯罪中，构成主体也不以首要分子为必要；后罪的主体虽然也为一般主体，但必须是聚众扰乱社会秩序的首要分子或其他积极参加者，非首要分子和其他积极参加者不能构成其罪。

第二，主观故意内容不同。本罪为明知是虚假的危险物质，为扰乱社会秩序而故意投放；后罪则为明知自己聚众实施的行为会扰乱社会秩序而决意实施。

第三，客观方面表现不同。本罪表现为投放虚假危险物质，严重扰乱社会秩序的行为；后罪表现为聚众实施各种各样的扰乱社会秩序行为，致使工作、生产、营业和教学、科研无法进行，造成严重损失的行为。

第四，客体的范围不同。两罪的客体虽然都为社会秩序，但本罪所侵害的客体比后罪广泛得多。后者仅为社会秩序中的一部分，为机关、企业、事业单位、人民团体等单位的工作、生产、经营和教学、科研秩序；除上述外，本罪侵犯的客体还包括公共场所的秩序、交通秩序，以及人民群众的工作、生活秩序等。行为人如果采取投放虚假的爆炸性、毒害性、放射性、传染病病原体等危险物质的方法，聚众扰乱社会秩序，致使工作、生产、经营和教学、科研无法进行，造成严重损失的，既触犯本罪即投放虚假危险物质罪，又触犯后罪即聚众扰乱社会秩序罪，属牵连犯，应择重罪以本罪定罪处罚。

需要注意的是，投放虚假的爆炸性、毒害性、放射性、传染病病原体等危险物质的行为，可以用来煽动他人进行其他犯罪，如煽动分裂国家，煽动颠覆国家政权，煽动民族仇恨、民族歧视，煽动暴力抗拒法律实施，煽动聚众扰乱社会秩序，煽动聚众冲击国家机关，煽动聚众扰乱公共场所秩序、交通秩序等，这时既会触犯本罪，又会触犯他罪，如煽动分裂国家罪，煽动颠覆国家政权罪，煽动民族仇恨、民族歧视罪，聚众扰乱社会秩序罪等，属牵连犯，对之应当择一重罪定罪处罚，不能实行并罚。

【办案依据】

刑法规定

第二百九十一条之一第一款 投放虚假的爆炸性、毒害性、放射性、传染病病原体等物质，或者编造爆炸威胁、生化威胁、放射威胁等恐怖信息，或者明知是编造的恐怖信息而故意传播，严重扰乱社会秩序的，处五年以下有期徒刑、拘役或者管制；造成严重后果的，处五年以上有期徒刑。

第三十三章　编造、故意传播虚假恐怖信息罪

【立案追诉标准】

编造、故意传播虚假恐怖信息案（刑法第 291 条之一第 1 款）

编造爆炸威胁、生化威胁、放射威胁等恐怖信息，或者明知是编造的恐怖信息而故意传播，严重扰乱社会秩序的，应当立案。

【犯罪构成及刑事责任】

编造、故意传播虚假恐怖信息罪，是指故意编造爆炸威胁、生化威胁、放射威胁等恐怖信息，或者明知是编造的恐怖信息而故意传播，严重扰乱社会秩序的行为。本罪与投放虚假危险物质罪一样是 2001 年 12 月 29 日第九届全国人民代表大会常务委员会第二十五次会议通过的刑法修正案（三）第 8 条增设的新罪名，构成本罪需要具备以下四个要件：

1. 客体要件。本罪侵犯的客体是社会公共秩序，包括工作、生产、经营和教学科研秩序。

2. 客观要件。本罪在客观方面表现为故意编造爆炸威胁、生化威胁、放射威胁等恐怖信息，或者明知是编造的恐怖信息而故意传播，严重扰乱社会秩序的行为。本罪是选择性罪名，如果行为人只是实施编造或者故意传播虚假恐怖信息行为之一的，即只定为编造虚假恐怖信息罪或者故意传播虚假恐怖信息罪；如果行为人先编造虚假恐怖信息，而后又故意传播的，也只定编造、故意传播虚假恐怖信息罪一罪，不能数罪并罚。

3. 主体要件。本罪主体为一般主体，凡是达到刑事责任能力的自然人均可能成为本罪的主体。单位不能构成本罪。

4. 主观要件。本罪在主观方面表现为故意，即行为人明知编造、故意传播虚假恐怖信息的行为会严重扰乱社会秩序，仍然而为之。

根据刑法第 291 条之一第 1 款的规定：严重扰乱社会秩序的，处五年以下有期徒刑、拘役或者管制；造成严重后果的，处五年以上有期徒刑。

【疑难指导】

一、对本罪中“虚假恐怖信息”的理解和认定

（一）“虚假恐怖信息”的内涵及外延

刑法第 291 条之一第 1 款规定的虚假恐怖信息为“爆炸威胁、生化威胁、放射威胁等恐怖信息”，我们根据此类犯罪的发展变化，对可能出现的虚假恐怖信息进行了归纳、总结，在《最高人民法院关于审理编造、故意传播虚假恐怖信息刑事案件适用法律若干问题的解释》（法释〔2013〕24 号，自 2013 年 9 月 30 日起实施）第 6 条中规定，“虚假恐怖信息”除刑法规定的上述三类恐怖威胁外，还包括“劫持航空器威胁、重大灾情、重大疫情”等可能引起社会恐慌或者公共安全危机的不真实的恐怖信息。

实际上，刑法和相关司法解释的规定并不可能概括社会生活中的所有恐怖信息。国际上针对恐怖犯罪的特点，把实施恐怖活动的行为特征归纳为以下几个方面：一是具有恐吓、威胁或要挟的目的；二是恐怖性特征具有暴力性或者伤害性；三是针对社会公共安全，即不特定多数人的生命、健康和财产安全，具有危害的广泛性；四是内容的不确定性，即到底会给社会造成什么样的毁灭性打击难以准确预料。根据这种解释，凡是符合上述构成特征的信息，都可以视为“虚假恐怖信息”，而不仅限于刑法明确列举的几个方面。

在实践中，判断是否为“虚假恐怖信息”还应注意以下几点：一是恐怖信息必须是“虚假”的。行为人仅仅是传播恐怖信息还不属于本罪的行为，必须是该信息属于虚假编造的恐怖信息；二是虚假恐怖信息的源头是编造，但引起社会恐慌，扰乱社会秩序，危害社会，最终还是传播所致。因此，即使行为人没有编造

虚假恐怖信息，但明知是他人编造的虚假恐怖信息而故意传播，严重扰乱社会秩序的，根据刑法第 291 条之一第 1 款的规定，应以故意传播虚假恐怖信息罪论处。三是故意传播虚假恐怖信息罪应当强调“明知”要件，即明知恐怖信息来源于他人的编造。四是如果行为人编造或故意传播的虚假信息内容是其他类威胁，也应与爆炸威胁、生化威胁、放射威胁的恐怖程度相当，否则不属于“虚假恐怖信息”。五是对于那些一查就知道是虚假的恐怖信息，根本不可能引起社会恐慌及扰乱社会秩序的，不属于“虚假恐怖信息”。

（二）“重大疫情”是否属于“虚假恐怖信息”

如前所述，刑法规定的“恐怖信息”，仅限于“爆炸威胁、生化威胁、放射威胁”等信息。因此，一般认为，所谓“恐怖信息”也应仅限于上述三类，这不仅是基于现实生活经验的考虑，更是罪刑法定原则的要求。[①] 但是，2003 年 5 月 14 日出台的《最高人民法院、最高人民检察院关于办理妨害预防、控制突发传染病疫情等灾害的刑事案件具体应用法律若干问题的解释》第 10 条将“恐怖信息”的内容进行了扩张，将“与突发传染病疫情等灾害有关”的“信息”作为“恐怖信息”[②]。之后，《最高人民法院关于审理编造、故意传播虚假恐怖信息刑事案件适用法律若干问题的解释》对“恐怖信息”再次扩张。其中第 6 条规定，刑法第 291 条之一中的“虚假恐怖信息”，是指以发生爆炸威胁、生化威胁、放射威胁、劫持航空器威胁、重大灾情、重大疫情等严重威胁公共安全的事件为内容，可能引起社会恐慌或者公共安全危机的不真实信息。将“劫持航空器威胁、重大灾情”增列为“恐怖信息”，并将 2003 年解释中的“与突发传染病有关的疫情”修改为“重大疫情”。而在 2015 年 8 月 29 日通过的刑法修正案（九）将“编造、故意传播虚假信息罪”作为刑法第 291 条之一的第 2 款加以规定，将编造虚假的险情、

① 翟慎海：《疫情防控背景下编造、故意传播虚假信息行为的刑法规制》，载《河南司法警官职业学院学报》2020 年第 2 期。

② 2003 年 5 月 14 日《最高人民法院、最高人民检察院关于办理妨害预防、控制突发传染病疫情等灾害的刑事案件具体应用法律若干问题的解释》第 10 条规定，编造与突发传染病疫情等灾害有关的恐怖信息，或者明知是编造的此类恐怖信息而故意传播，严重扰乱社会秩序的，依照刑法第 291 条之一的规定，以编造、故意传播虚假恐怖信息罪定罪处罚。

疫情、灾情、警情明确规定为“虚假信息”，而非“虚假恐怖信息”之后，不属实的重大疫情信息是否一律属于“恐怖信息”，就值得探究了。

现阶段的主流观点认为，并非所有能够引起社会恐慌、引发公共安全危机的信息都属于“虚假恐怖信息”。有学者认为，虚假恐怖信息的主要特征除了虚假性之外，还有恐怖性和误导性。从我国反恐怖主义相关立法推论，恐怖主义犯罪应概括为“组织、策划、领导、资助、实施以对人身和财产造成重大损害或制造社会恐惧气氛的暴力、威胁或危险方法危害公共安全的行为”①，因此，虚假恐怖信息通常以危害公共安全为内容。虽然虚假疫情信息具有虚假性、误导性，涉及公共安全，但是缺乏恐怖主义性质，其与虚假的爆炸威胁、生化威胁和放射威胁等，不具有相当性。虚假恐怖信息所包含的内容具有一定主动性，并与恐怖活动犯罪有着密切联系。虚假疫情信息则以疫情相关事实为核心内容，与灾情、险情、警情相近。两罪所涉及的信息是没有交叉关系的两类信息，随意扩宽“虚假恐怖信息”内涵和外延的行为并不可取。

二、对本罪中“严重扰乱社会秩序”的理解和认定

《最高人民法院关于审理编造、故意传播虚假恐怖信息刑事案件适用法律若干问题的解释》第2条采取列举的方式，对“严重扰乱社会秩序”的标准进行具体规定，主要包括以下六种情形：第一，扰乱公共场所秩序，即致使机场、车站、码头、商场、影剧院、运动场馆等人员密集场所秩序混乱，或者采取紧急疏散的。第二，破坏公共交通秩序，即影响航空器、列车、船舶等大型客运交通工具正常运行的。例如，编造火车上有爆炸装置，致使火车迟延运行的。第三，破坏有关单位的正常工作秩序，即致使国家机关、学校、医院、厂矿企业等单位的工作、生产、经营、教学、科研等活动中断的。第四，破坏居民生活秩序，即造成行政村或社区范围居民生活秩序严重混乱的。比如，编造“水源有毒”等虚假恐怖信息，导致行为地村民群众心理恐慌，生活用水困难等，即造成行政村或者社区居民生活秩序严重混乱的。第五，干扰国家职能部门的正常工作秩序，即致使公安、

---

① 陈伟、赵佳慧：《编造、传播虚假疫情信息行为的刑法适用》，载《贵州大学学报》2021年5月第3期。

武警、消防、卫生检疫等职能部门采取紧急应对措施。通常情况下，虚假恐怖信息的危害后果是造成社会恐慌，但也不排除公安、武警等职能部门率先获得恐怖信息，为避免造成社会恐慌而采取“公共安全危机”预案及措施，秘密排除险情的情况。第六，其他严重扰乱社会秩序的。由于司法解释难以穷尽，有待司法根据具体违法行为，比照上述危害情形决定是否构成犯罪。

有观点认为，对第五项应规定职能部门采取紧急应对措施的“级别”，即“险情级别”，如果是一般险情，不宜规定为犯罪。我们认为，由于各地区公安、武警等职能部门对“险情级别”的认定没有明确的标准，且该类犯罪的定罪标准不宜过高，否则不利于打击此类犯罪，故解释没有明确规定职能部门采取紧急措施的级别情况。如果仅是造成职能部门派出两三个人排查“险情”，又没有造成公共场所秩序或有关单位工作秩序严重混乱等其他严重扰乱后果的，可不作为犯罪处理。实践中，行为人针对人员很少的小超市或个体经营场所编造“炸弹”等虚假恐怖信息，仅能引起极个别人的心理恐慌，社会危害不大的，也不应以犯罪处理。

三、对本罪中“造成严重后果”的理解和认定

《最高人民法院关于审理编造、故意传播虚假恐怖信息刑事案件适用法律若干问题的解释》第 4 条通过列举的方式，对判处 5 年以上有期徒刑，即“造成严重后果”进行了明确规定。主要包括以下几种情形：第一，造成 3 人以上轻伤或者 1 人以上重伤的。编造、故意传播虚假恐怖信息造成人员密集场所发生踩踏事故，造成人员伤亡的，不仅严重扰乱了公共场所的秩序，而且造成 3 人以上轻伤或 1 人以上重伤后果的，社会危害更大，故应加重处罚。如果造成人员死亡的，根据“举轻以明重”原则，在此标准上更应从重判处。第二，造成直接经济损失 50 万元以上的。如某起国际航班“炸弹”案件，造成某航班将要到达目的地时返航，不仅造成乘客极度心理恐慌，而且造成航空公司上百万元的直接经济损失，甚至造成国际影响。对此类情形，应判处 5 年以上有期徒刑。第三，造成县级行政区域范围居民生活秩序严重混乱的。这种情况相对第 2 条、第 3 条规定的情形而言，范围更广，造成的社会恐慌程度更大，极易造成相关地区正常的社会秩序严重混乱，应判处 5 年以上有期徒刑。第四，妨碍国家重大活动进行的。如在国家举行重大庆典、举办重大国际赛事、国家展览会等活动期间，编造、故意传播虚假恐怖信息，妨碍国家重大活动顺利进行的，应从严打击，判处 5 年以上有期徒刑。

第五，造成其他严重后果的。该条规定的理由同前，不再赘述。

四、实践中关于认定本罪的几种情况

（一）关于“自编自传”情形的认定

对“自编自传”的情形，即对行为人编造虚假恐怖信息又自行传播，严重扰乱社会秩序的，应定“编造虚假恐怖信息罪”。在实践中，“自编自传”主要包括几下几种情形：一是编造与传播同步进行。最典型的是通过互联网发帖的方式编造并传播虚假恐怖信息，在人群中口头散布的，从客观上讲也是编造、传播同步进行的。二是编造之后又进行传播。如行为人编写好虚假恐怖信息短信后，又向他人转发，或想好虚假恐怖信息后，向公安机关、航空公司、商场等单位打电话的。三是编造后故意通过他人传播。比如，唆使他人传播，或者告知不明真相的人，致使编造的恐怖信息进一步扩散（行为人告知不明真相的人是传播的开始）。司法实践中，对以上情形绝大多数法院都以编造虚假恐怖信息罪定罪量刑。

司法实践中，也有少数判决采用罪名为“编造、传播虚假恐怖信息罪”或“编造、故意传播虚假恐怖信息罪”。根据《最高人民法院、最高人民检察院关于执行〈中华人民共和国刑法〉确定罪名的补充规定》，该类犯罪的罪名为“编造、故意传播虚假恐怖信息罪”，故采用“编造、传播虚假恐怖信息罪”的罪名与该司法解释的规定不符，罪名适用不规范、不严肃，今后应当注意并加以纠正。对于“自编自传”情形中的“传播”行为，这是行为人编造虚假恐怖信息行为的自然延伸，编造行为可以吸收传播行为，对其“传播”行为不必单独定罪。

还有一种观点认为，行为人编造虚假恐怖信息向特定对象散布的，应定“编造虚假恐怖信息罪”；向不特定对象传播的，应定“编造、故意传播虚假恐怖信息罪”。我们认为，“散布”和“传播”很难区分，甚至“散布”比“传播”范围更广。向特定对象散布虚假恐怖信息，如果该特定对象是个人，其没有传播出去，通常不会扰乱公共秩序，不构成犯罪；如果特定对象是单位，实际是向不特定多数人传播的一种表现。因此，2013 年 9 月 18 日发布的《最高人民法院关于审理编造、故意传播虚假恐怖信息刑事案件适用法律若干问题的解释》没有采纳此种观点。

（二）关于“既编又传”情形的认定

对“既编又传”的情形，既对行为人编造虚假恐怖信息，又明知是他人编造的虚假恐怖信息而故意传播，严重扰乱社会秩序的，应数罪并罚。

"既编又传"的情形如何适用罪名争议很激烈。一种观点认为，应认定"编造、故意传播虚假恐怖信息罪"；另一种观点认为，应认定"编造虚假恐怖信息罪""故意传播虚假恐怖信息罪"，施行数罪并罚。鉴于争议激烈，2013年9月18日发布的《最高人民法院关于审理编造、故意传播虚假恐怖信息刑事案件适用法律若干问题的解释》对此没有明确规定。由于此类案件有两个不同的犯罪事实，后一种观点较为适当，也有利于准确量刑，我们倾向于后一种观点。

（三）对于"放任传播"的认定

编造、故意传播虚假恐怖信息罪是故意犯罪，行为人对犯罪结果（严重扰乱社会秩序）的直接故意或间接故意应当要求在编造虚假恐怖信息的同时或者之后，主观上具有传播的直接故意或者放任传播的间接故意。

如何判断"放任传播"，应结合行为人有没有采取必要措施防止虚假恐怖信息被传播的客观方面进行判断。例如，行为人出于好玩、无聊，在某些知悉范围较小的载体上（如仅对好友开放的某些网络空间）上编写虚假恐怖信息，如果行为人没有采取加密、及时删除等必要措施，导致虚假恐怖信息被传播，严重扰乱社会秩序的，应以犯罪论处。行为人在私密载体上（如日记本）里编造虚假恐怖信息，有理由确信其没有传播意图，在极其偶然的情况下，该虚假恐怖信息被他人知悉而传播出去，严重扰乱社会秩序的，应认定为行为人主观上是过失，或者意外事件，不应定为犯罪。

（四）对在公共场合用针管扎人后讹传为携带有艾滋病病毒的行为如何认定

关于这种行为应当如何认定存在三种意见：一种认为应当定故意伤害罪；一种认为应当定编造、故意传播虚假恐怖信息罪；还有一种认为应当定寻衅滋事罪。我们认为，对于类似行为的认定，应当根据案件的具体情况来判断：第一，要看行为人的目的。看行为人用锥子扎人的目的是伤害他人，还是出于流氓动机故意滋事挑衅，又或是为了通过某一方式制造社会恐慌。第二，要看行为造成的危害后果。如果行为人是出于伤害他人的动机，并且造成了他人伤害的严重后果，就应当定故意伤害罪；如果行为人是出于寻衅滋事的流氓动机，随意殴打他人，情节恶劣，但没有造成他人严重伤害或死亡结果的，应当以寻衅滋事处罚；如果行为人虽然是出于寻衅滋事的流氓动机，但因殴打他人造成他人的严重伤害或死亡结果，属于一行为同时触犯了寻衅滋事罪或故意伤害罪、故意杀人罪数个罪名，应当按照牵连犯的处罚原则从一重罪处罚，定故意伤害罪或者故意杀人罪；如果行为人是为了利用传播艾滋病毒的恐怖信息制造社会恐慌，以此达到扰乱社会秩序的目的，就应当定编造、故意传播虚假恐怖信息罪。

值得注意的是，如果该行为实施过程又造成了他人重伤或者死亡结果发生的，应当以编造、故意传播虚假恐怖信息罪和故意伤害罪或故意杀人罪实行数罪并罚。在处理类似问题时，还要注意区分本罪与投放虚假危险物质罪的界限。两者在内容和形式上比较容易混淆。区分两者的关键，是看行为实施的方式。如果行为人实施了实际的投放行为，将某种不真实的危险物质投向社会，就应当定投放虚假危险物质罪。而如果行为人根本没有投放任何实际的物质，而是完全编造恐怖性信息，就应当以本罪论处。因此，对讹传用带有艾滋病病毒血液的针管扎人，如果是针对特定的行为对象，则可以定投放虚假危险物质罪；但如果仅把这件事向社会讹传，则应当定编造、故意传播虚假恐怖信息罪。

五、对编造、传播虚假恐怖信息的想象竞合犯、牵连犯的规定

2013 年 9 月 18 日发布的《最高人民法院关于审理编造、故意传播虚假恐怖信息刑事案件适用法律若干问题的解释》第 5 条规定，编造、故意传播虚假恐怖信息，严重扰乱社会秩序，同时又构成其他犯罪的，择一重罪处罚。如出于勒索钱财等其他犯罪目的，或者通过破坏计算机系统等犯罪手段，编造、传播虚假恐怖信息，严重扰乱社会秩序的，同时构成数罪，根据司法实践中的通行做法，择一重罪处罚。之前的司法判例，对于此类案件如何定罪，标准不一，有的定数罪，实行数罪并罚，有的按照牵连犯的原则择一重罪处罚。解释施行后，应严格按照本解释的规定处理。

如果行为人明知会引起社会恐慌，造成严重事故，故意针对人员密集场所编造、故意传播虚假恐怖信息，造成重大人员伤亡后果的，该种情形同时触犯了刑法第 115 条、第 291 条之一第 1 款的规定，应择一重罪，即“以危险方法危害公共安全罪”论处。

六、本罪与投放虚假危险物质罪的区分

本罪与后罪在主体、主观方面、所侵犯的客体等方面有相同或类似之处，但也存在不同，二者之间的区别主要表现在：

第一，主观故意的内容不同。本罪的主观故意内容为明知编造、传播的是虚假恐怖信息而仍决意为之；后罪的主观故意内容却表现为明知是虚假的危险物质而决意投放。

第二，行为方式不同。本罪的行为方式表现为编造爆炸威胁、生化威胁、放射威胁等恐怖信息，或者故意传播编造的恐怖信息；后罪的行为方式表现为投放虚假的爆炸性、毒害性、放射性、传染病病原体等危险物质。

第三，犯罪对象不同。本罪的对象为虚假的恐怖信息；后罪的对象则为虚假的危险物质。

值得注意的是，行为人如果投放虚假的爆炸性、毒害性、放射性、传染病病原体等危险物质后，再编造成为恐怖信息传播出去，后面的编造并传播行为乃前面的投放虚假危险物质的自然结果，属事后不可罚行为，应以后罪即投放虚假危险物质罪定罪处罚。但是，行为人投放虚假危险物质之后，不是以此进行编造恐怖信息或传播，而是编造另外的虚假恐怖信息或者传播编造的另外的虚假恐怖信息，由于后行为与前行为并不存在必要的按罪处罚的关系，两者都构成犯罪的，则应以本罪与后罪实行并罚，不能以一罪论处。

七、本罪与编造并传播证券、期货交易虚假信息罪的区分

后罪是指编造并且传播影响证券、期货交易的虚假信息，扰乱证券、期货交易市场，造成严重后果的行为。二者的区别主要有：

第一，主体不同。本罪主体为自然人，单位不能构成本罪；后罪主体却既包括自然人，又包括单位。

第二，主观故意内容不同。本罪的主观故意内容为明知编造或传播的是虚假的恐怖信息，为扰乱社会秩序而决意为之；后罪的主观故意内容却为明知编造并传播的是虚假的证券、期货交易信息，为扰乱证券、期货交易秩序而决意为之。

第三，行为方式不同。本罪的行为方式为编造或传播虚假恐怖信息的行为。编造虚假恐怖信息和传播虚假恐怖信息两行为只要具有其中之一，即可构成本罪；后罪的行为方式则表现为编造并且传播影响证券、期货交易的虚假信息。编造行为和传播行为必须同时具备，才能构成其罪。只有其中之一的，不能以犯罪论处。

第四，定罪情节不同。本罪的定罪情节为严重扰乱社会秩序，并不要求造成严重后果，造成严重后果乃量刑情节，非定罪情节；对后罪而言，造成严重后果乃定罪情节，未造成严重后果就不能构成其罪。

第五，犯罪对象不同。本罪的对象为虚假的爆炸威胁、生化威胁、放射威胁等恐怖信息；后罪的对象则为虚假的影响证券、期货交易的信息。

第六，侵害的客体范围不同。本罪所侵害的客体为社会秩序，包括社会各方面的秩序；后者则为特定的证券、期货交易秩序，为前者即社会秩序所包含。

实践中，行为人如果针对证券、期货交易市场编造且传播虚假的恐怖信息，如称恐怖分子会针对证券、期货市场的计算机系统发动病毒攻击，扰乱证券、期货交易市场，并且造成严重后果的，既触犯本罪，又触犯后罪，属想象竞合，应择重罪即以本罪治罪科刑，不实行并罚。

【办案依据】

一、刑法规定

第二百九十一条之一第一款 投放虚假的爆炸性、毒害性、放射性、传染病病原体等物质，或者编造爆炸威胁、生化威胁、放射威胁等恐怖信息，或者明知是编造的恐怖信息而故意传播，严重扰乱社会秩序的，处五年以下有期徒刑、拘役或者管制；造成严重后果的，处五年以上有期徒刑。

二、司法解释

（一）《最高人民法院关于审理编造、故意传播虚假恐怖信息刑事案件适用法律若干问题的解释》（2013年9月18日，法释〔2013〕24号）

为依法惩治编造、故意传播虚假恐怖信息犯罪活动，维护社会秩序，维护人民群众生命、财产安全，根据刑法有关规定，现对审理此类案件具体适用法律的若干问题解释如下：

第一条 编造恐怖信息，传播或者放任传播，严重扰乱社会秩序的，依照刑法第二百九十一条之一的规定，应认定为编造虚假恐怖信息罪。

明知是他人编造的恐怖信息而故意传播，严重扰乱社会秩序的，依照刑法第二百九十一条之一的规定，应认定为故意传播虚假恐怖信息罪。

第二条　编造、故意传播虚假恐怖信息，具有下列情形之一的，应当认定为刑法第二百九十一条之一的“严重扰乱社会秩序”：

（一）致使机场、车站、码头、商场、影剧院、运动场馆等人员密集场所秩序混乱，或者采取紧急疏散措施的；

（二）影响航空器、列车、船舶等大型客运交通工具正常运行的；

（三）致使国家机关、学校、医院、厂矿企业等单位的工作、生产、经营、教学、科研等活动中断的；

（四）造成行政村或者社区居民生活秩序严重混乱的；

（五）致使公安、武警、消防、卫生检疫等职能部门采取紧急应对措施的；

（六）其他严重扰乱社会秩序的。

第三条　编造、故意传播虚假恐怖信息，严重扰乱社会秩序，具有下列情形之一的，应当依照刑法第二百九十一条之一的规定，在五年以下有期徒刑范围内酌情从重处罚：

（一）致使航班备降或返航；或者致使列车、船舶等大型客运交通工具中断运行的；

（二）多次编造、故意传播虚假恐怖信息的；

（三）造成直接经济损失二十万元以上的；

（四）造成乡镇、街道区域范围居民生活秩序严重混乱的；

（五）具有其他酌情从重处罚情节的。

第四条　编造、故意传播虚假恐怖信息，严重扰乱社会秩序，具有下列情形之一的，应当认定为刑法第二百九十一条之一的“造成严重后果”，处五年以上有期徒刑：

（一）造成三人以上轻伤或者一人以上重伤的；

（二）造成直接经济损失五十万元以上的；

（三）造成县级以上区域范围居民生活秩序严重混乱的；

（四）妨碍国家重大活动进行的；

（五）造成其他严重后果的。

第五条 编造、故意传播虚假恐怖信息，严重扰乱社会秩序，同时又构成其他犯罪的，择一重罪处罚。

第六条 本解释所称的“虚假恐怖信息”，是指以发生爆炸威胁、生化威胁、放射威胁、劫持航空器威胁、重大灾情、重大疫情等严重威胁公共安全的事件为内容，可能引起社会恐慌或者公共安全危机的不真实信息。

（二）《最高人民法院、最高人民检察院关于办理利用信息网络实施诽谤等刑事案件适用法律若干问题的解释》（2013 年 9 月 6 日，法释〔2013〕21 号）

第九条 利用信息网络实施诽谤、寻衅滋事、敲诈勒索、非法经营犯罪，同时又构成刑法第二百二十一条规定的损害商业信誉、商品声誉罪，第二百七十八条规定的煽动暴力抗拒法律实施罪，第二百九十一条之一规定的编造、故意传播虚假恐怖信息罪等犯罪的，依照处罚较重的规定定罪处罚。

（三）《最高人民法院、最高人民检察院关于办理妨害预防、控制突发传染病疫情等灾害的刑事案件具体应用法律若干问题的解释》（2003 年 5 月 14 日，法释〔2003〕8 号）

第十条第一款 编造与突发传染病疫情等灾害有关的恐怖信息，或者明知是编造的此类恐怖信息而故意传播，严重扰乱社会秩序的，依照刑法第二百九十一条之一的规定，以编造、故意传播虚假恐怖信息罪定罪处罚。

【指导性案例】

一、最高人民检察院指导性案例第 9 号

李某强编造、故意传播虚假恐怖信息案[①]

（2013 年 5 月 27 日最高人民检察院第十二届检察委员会第六次会议决定，2013 年 5 月 27 日发布）

【关键词】

编造、故意传播虚假恐怖信息罪

---

① 《李某强编造、故意传播虚假恐怖信息案》，载最高人民检察院网站，https：//www.spp.gov.cn/jczdal/201608/t20160811_162304.shtml，最后访问时间：2022 年 4 月 25 日。

【要旨】

编造、故意传播虚假恐怖信息罪是选择性罪名。编造恐怖信息以后向特定对象散布，严重扰乱社会秩序的，构成编造虚假恐怖信息罪。编造恐怖信息以后向不特定对象散布，严重扰乱社会秩序的，构成编造、故意传播虚假恐怖信息罪。

对于实施数个编造、故意传播虚假恐怖信息行为的，不实行数罪并罚，但应当将其作为量刑情节予以考虑。

【相关立法】

《中华人民共和国刑法》第二百九十一条之一

【基本案情】

被告人李某强，男，河北省人，1975 年出生，原系北京欣和物流仓储中心电工。

2010 年 8 月 4 日 22 时许，被告人李某强为发泄心中不满，在北京市某工地施工现场，用手机编写短信“今晚要炸北京首都机场”，并向数十个随意编写的手机号码发送。天津市的彭某收到短信后于 2010 年 8 月 5 日向当地公安机关报案，北京首都国际机场公安分局于当日接警后立即通知首都国际机场运行监控中心。首都国际机场运行监控中心随即启动紧急预案，对东、西航站楼和机坪进行排查，并加强对行李物品的检查和监控工作，耗费大量人力、物力，严重影响了首都国际机场的正常工作秩序。

【诉讼过程】

2010 年 8 月 7 日，李某强因涉嫌编造、故意传播虚假恐怖信息罪被北京首都国际机场公安分局刑事拘留，9 月 7 日被逮捕，11 月 9 日侦查终结移送北京市朝阳区人民检察院审查起诉。2010 年 12 月 3 日，朝阳区人民检察院以被告人李某强犯编造、故意传播虚假恐怖信息罪向朝阳区人民法院提起公诉。2010 年 12 月 14 日，朝阳区人民法院作出一审判决，认为被告人李某强法制观念淡薄，为泄私愤，编造虚假恐怖信息并故意向他人传播，严重扰乱社会秩序，已构成编造、故意传播虚假恐怖信息罪；鉴于被告人李某强自愿认罪，可酌情从轻处罚，依照《中华人民共和国刑法》第二百九十一条之一、第六十一条之规定，判决被告人李某强犯编造、故意传播虚假恐怖信息罪，判处有期徒刑一年。一审判决后，被告人李某强在法定期限内未上诉，检察机关也未提出抗诉，一审判决发生法律效力。

二、最高人民检察院指导性案例第10号

卫某臣编造虚假恐怖信息案[①]

（2013年5月27日最高人民检察院第十二届检察委员会

第六次会议决定，2013年5月27日发布）

【关键词】

编造虚假恐怖信息罪　严重扰乱社会秩序

【要旨】

关于编造虚假恐怖信息造成“严重扰乱社会秩序”的认定，应当结合行为对正常的工作、生产、生活、经营、教学、科研等秩序的影响程度、对公众造成的恐慌程度以及处置情况等因素进行综合分析判断。对于编造、故意传播虚假恐怖信息威胁民航安全，引起公众恐慌，或者致使航班无法正常起降的，应当认定为“严重扰乱社会秩序”。

【相关立法】

《中华人民共和国刑法》第二百九十一条之一

【基本案情】

被告人卫某臣，男，辽宁省人，1987年出生，原系大连某旅行社导游。

2010年6月13日14时46分，被告人卫某臣带领四川来大连的旅游团用完午餐后，对四川导游李忠键说自己可以让飞机停留半小时，遂用手机拨打大连周水子国际机场问询处电话，询问3U××××航班起飞时间后，告诉接电话的机场工作人员说“飞机上有两名恐怖分子，注意安全”。大连周水子国际机场接到电话后，立即启动防恐预案，将飞机安排到隔离机位，组织公安、安检对飞机客、货舱清仓，对每位出港旅客资料核对确认排查，查看安检现场录像，确认没有可疑问题后，当日19时33分，3U××××航班飞机起飞，晚点33分钟。

---

① 《卫某臣编造虚假恐怖信息案》，载最高人民检察院网站，https：//www.spp.gov.cn/jczdal/201608/t20160811_162304.shtml，最后访问时间：2022年4月25日。

【诉讼过程】

2010年6月13日，卫某臣因涉嫌编造虚假恐怖信息罪被大连市公安局机场分局刑事拘留，6月25日被逮捕，8月12日侦查终结移送大连市甘井子区人民检察院审查起诉。2010年9月20日，甘井子区人民检察院以被告人卫某臣涉嫌编造虚假恐怖信息罪向甘井子区人民法院提起公诉。2010年10月11日，甘井子区人民法院作出一审判决，认为被告人卫某臣故意编造虚假恐怖信息，严重扰乱社会秩序，其行为已构成编造虚假恐怖信息罪；鉴于被告人卫某臣自愿认罪，可酌情从轻处罚，依照《中华人民共和国刑法》第二百九十一条之一之规定，判决被告人卫某臣犯编造虚假恐怖信息罪，判处有期徒刑一年六个月。一审判决后，被告人卫某臣在法定期限内未上诉，检察机关也未提出抗诉，一审判决发生法律效力。

三、最高人民检察院指导性案例第11号
袁某彦编造虚假恐怖信息案[①]

（2013年5月27日最高人民检察院第十二届检察委员会第六次会议决定，2013年5月27日发布）

【关键词】

编造虚假恐怖信息罪　择一重罪处断

【要旨】

对于编造虚假恐怖信息造成有关部门实施人员疏散，引起公众极度恐慌的，或者致使相关单位无法正常营业，造成重大经济损失的，应当认定为“造成严重后果”。

以编造虚假恐怖信息的方式，实施敲诈勒索等其他犯罪的，应当根据案件事实和证据情况，择一重罪处断。

【相关立法】

《中华人民共和国刑法》第274条、第291条之一

---

① 《袁某彦编造虚假恐怖信息案》，载最高人民检察院网站，https://www.spp.gov.cn/jczdal/201608/t20160811_162304.shtml，最后访问时间：2022年4月25日。

【基本案情】

被告人袁某彦，男，湖北省人，1956年出生，无业。

被告人袁某彦因经济拮据，意图通过编造爆炸威胁的虚假恐怖信息勒索钱财。2004年9月29日，被告人袁某彦冒用名为“张某”的假身份证，在某省工商银行信阳分行红星路支行体彩广场分理处申请办理了××灵通卡账户。

2005年1月24日14时许，被告人袁某彦拨打甲百货有限公司徐汇店的电话，编造已经放置炸弹的虚假恐怖信息，以不给钱就在商场内引爆炸弹自杀相威胁，要求甲百货有限公司徐汇店在1小时内向其指定的××灵通卡账户内汇款人民币5万元。甲百货有限公司徐汇店即向公安机关报警，并进行人员疏散。接警后，公安机关启动防爆预案，出动警力300余名对商场进行安全排查。被告人袁某彦的行为造成甲百货有限公司徐汇店暂停营业3个半小时。

1月25日10时许，被告人袁某彦拨打乙百货商场的电话，称已在商场内放置炸弹，要求乙百货商场在半小时内将人民币5万元汇入其指定的××灵通卡账户。接警后，公安机关出动大批警力进行人员疏散、搜爆检查，并对现场及周边地区实施交通管制。

1月27日11时，被告人袁某彦拨打上海市铁路局春运办公室的电话，称已在火车上放置炸弹，并以引爆炸弹相威胁要求春运办公室在半小时内将人民币10万元汇入其指定的××灵通卡账户。接警后，上海铁路公安局抽调大批警力对旅客、列车和火车站进行安全检查。

1月27日14时，被告人袁某彦拨打丙百货有限公司的电话，要求丙百货有限公司在半小时内将人民币2万元汇入其指定的××灵通卡账户，否则就在商场内引爆炸弹自杀。

1月27日16时，被告人袁某彦拨打丁商场的电话，要求丁商场在1小时内将人民币2万元汇入其指定的××灵通卡账户，否则就在商场内引爆炸弹。

1月27日16时32分，被告人袁某彦拨打戊百货商场的电话，要求戊百货商场在1小时内将人民币2万元汇入其指定的××灵通卡账户，否则就在商场门口引爆炸弹。接警后，公安机关出动警力300余名在商场进行搜爆和安全检查。

【诉讼过程】

2005年1月28日，袁某彦因涉嫌敲诈勒索罪被广州市公安局天河区分局刑事拘留。2005年2月案件移交袁某彦的主要犯罪地上海市公安局徐汇区分局管辖，3月4日袁某彦被逮捕，4月5日侦查终结移送上海市徐汇区人民检察院审查起诉。2005年4月14日，上海市人民检察院将案件指定上海市人民检察院第二分院管辖，4月18日上海市人民检察院第二分院以被告人袁某彦涉嫌编造虚假恐怖信息罪向上海市第二中级人民法院提起公诉。2005年6月24日，上海市第二中级人民法院作出一审判决，认为被告人袁某彦为勒索钱财故意编造爆炸威胁等虚假恐怖信息，严重扰乱社会秩序，其行为已构成编造虚假恐怖信息罪，且造成严重后果，依照《中华人民共和国刑法》第二百九十一条之一、第五十五条第一款、第五十六条第一款、第六十四条的规定，判决被告人袁某彦犯编造虚假恐怖信息罪，判处有期徒刑十二年，剥夺政治权利三年。一审判决后，被告人袁某彦提出上诉。2005年8月25日，上海市高级人民法院二审终审裁定，驳回上诉，维持原判。

第三十四章 编造、故意传播虚假信息罪

【立案追诉标准】

编造、故意传播虚假信息案（刑法第291条之一第2款）

行为人编造或者故意传播虚假的险情、疫情、灾情、警情，通过信息网络或者其他媒体传播，严重扰乱社会秩序，应予以立案。

【犯罪构成及刑事责任】

编造、故意传播虚假信息罪，是指编造虚假的险情、疫情、灾情、警情，在信息网络或者其他媒体上传播，或者明知是上述虚假信息，故意在信息网络或者其他媒体上传播，严重扰乱社会秩序的行为。本罪是2015年8月29日第十二届全国人民代表大会常务委员会第十六次会议通过的刑法修正案（九）新增加的罪名。在此之前，刑法曾规定有“编造、故意传播虚假恐怖信息罪”，但其犯罪对象仅限于恐怖信息。而本罪的犯罪对象则是指险情、疫情、灾情、警情等信息，不包括恐怖信息在内。构成本罪需要具备以下四个要件：

1. 客体要件。本罪侵犯的客体是公共秩序，即工作秩序、劳动秩序、生产经营秩序和教学科研秩序。本罪的行为对象是虚假的险情、疫情、灾情、警情，也可以说是虚假的信息。

2. 客观要件。本罪在客观方面表现为编造虚假的险情、疫情、灾情、警情，在信息网络或者其他媒体上传播，或者明知是上述虚假信息，故意在信息网络或者其他媒体上传播，严重扰乱社会秩序的行为。

所谓编造，是指行为人采用空想、没有事实根据的杜撰行为；所谓虚假，是指建立在子虚乌有基础之上的谎言；所谓险情，是指与自然灾害相关的危险事件；所谓疫情，是指有关传染病、瘟疫流行泛滥的情况；所谓灾情，是指与火灾、水灾、旱涝、虫灾等相关的信息；所谓警情，是指人民警察打击犯罪活动的情报。凡是采取前述办法对前述虚假事实在信息网络或者其他媒体上传播的行为，就是犯罪行为。

本罪是行为犯，只有进行编造并予以传播的行为才构成犯罪，如果仅仅在自己心中或者用文字默默编造，没有向社会上传播，也不构成犯罪。

3. 主体要件。本罪的主体是一般主体，凡是达到刑事责任年龄、具有刑事责任能力的自然人都可以成为本罪主体。

4. 主观要件。本罪在主观方面表现为故意，并且是直接故意，即行为人明知自己编造虚假的险情、疫情、灾情、警情，在信息网络或者其他媒体上传播，或者明知是上述虚假信息，故意在信息网络或者其他媒体上传播，会严重扰乱社会秩序，主观上持有希望危害结果发生的犯罪心态。

根据刑法第 291 条之一第 2 款的规定：严重扰乱社会秩序的，处三年以下有期徒刑、拘役或管制；造成严重后果的，处三年以上七年以下有期徒刑。

【疑难指导】

一、虚假灾情、险情的范围认定

（一）虚假灾情、险情的定义

灾情、险情这两类虚假信息原则上可以参照《中华人民共和国突发事件应对法》及其相关规范性文件中的自然灾害和事故灾难进行认定。

本罪的“灾情”是自然灾害情况的简称。自然灾害范围可以参考国务院办公厅 2016 年修正的《国家自然灾害救助应急预案》附则的术语解释，解释为“自然灾害主要包括干旱、洪涝灾害、台风、风雹、低温冷冻、雪、沙尘暴等气象灾害，火山、地震灾害，山体崩塌、滑坡、泥石流等地质灾害，风暴潮、海啸等海洋灾害，森林草原火灾等”。

需要说明的是，根据《中华人民共和国防震减灾法》第 29 条规定，国家对地震预报意见实行统一发布制度，除相关学术交流外，任何单位和个人不得向社会散布地震预测意见。因此，对于凡是非国家统一发布的地震预测信息，其虚假性的审查标准相对清晰，即除非有明确证据证明，个人发布的地震预测意见可以推定为虚假信息，严重扰乱社会秩序的，应以本罪论处。

本罪的“险情”是事故灾难情况的简称。事故灾难的范围可以依据《国家突发公共事件总体应急预案》的有关内容，解释为：事故灾难，主要包括工矿商贸等企业的各类安全事故、交通运输事故、公共设施和设备事故、环境污染和生态破坏事件等。

（二）虚假灾情、险情是否包括造谣传谣事后的社会救援抢险行为

虚假灾情、险情的认定，要求虚假内容不仅包括虚构灾情、险情本身的危害程度、事故原因等信息，还应包括造谣传谣事后的社会应急救援抢险行为。理由有如下三点：

第一，从维护法秩序统一性的角度来看，根据《中华人民共和国突发事件应对法》第 54 条的规定，任何单位和个人不得编造、传播有关突发事件事态发展或者应急处置工作的虚假信息。亦即，作为前置法的相关行政法律已明确了突发事件虚假信息的范围包括突发事件本身和处置措施两个部分。

第二，从文义解释来看，灾情、险情都不是一个瞬时的概念，许多事故灾害的危害后果需要经过一定时间才可以全部显现。例如，有的被害人当场死亡，有的被害人在事后抢救无效死亡。因此，本罪的灾情、险情应当包括灾情、险情和发生后一段时间内的应急处置和救援工作。

第三，从目的解释来看，虚构或歪曲灾情、险情的应急处置和救援工作的谣言的社会危害性同样甚至更为严重，容易引发灾区群众的社会恐慌和不当举措，进而危害社会管理秩序。

二、虚假疫情范围的认定

实务界和理论界对本罪“疫情”范围的讨论相对较少，主要有两种解释观点。狭义说认为，刑法中的疫情作为专门术语，应当解释为传染病。而传染性疾病范围，则可以参照《中华人民共和国传染病防治法》第 3 条的规定予以确定。亦即，我国的传染病分为甲类、乙类和丙类，甲类传染病特指鼠疫、霍乱；乙类传染病指传染

性艾滋病、病毒性肝炎等 25 类传染病；丙类传染病指流行性感冒、流行性腮腺炎、风疹等 10 类传染病。乙类、丙类传染病病种的确定由国务院卫生行政部门根据传染病暴发、流行情况和危害程度增减和调整。广义说认为，疫情包括但不限于传染病。例如，张明楷教授认为，“疫情”是指传染病与重大疾病的发生、蔓延等情况。换言之，广义说通过扩大解释的方式在传染病之外增加了重大疾病。[①]

我们更提倡狭义说的解释观点，原因有以下两点：第一，无论从文义解释还是社会公众的普遍认识来看，疫情应主要指传染性疾病。将虚构的癌症等重大疾病或食物中毒等突发事件解释为疫情，超过了文义的可能涵射范围和国民认知可能，换言之，将非传染性疾病解释为疫情有类推解释之嫌。第二，从对法益的侵害程度分析，虚构传染性疾病信息引起的社会恐慌和秩序混乱，通常要比虚构非传染性疾病和一般突发公共卫生事件更为严重，立法使用了“疫情”一词应当有限制适用范围的目的。

实践中需要注意的是，采取狭义说并不要求虚构的疫情信息必须限于《中华人民共和国传染病防治法》规定的 37 类传染病。因为编造、故意传播的虚假疫情病毒可能在现实社会中从未出现过，或者由于卫生行政部门管理的滞后性尚未把新出现的传染病纳入传染病目录中。因此，在司法审查时，应当区分两种情况：

第一，虚构《中华人民共和国传染病防治法》所规定的 37 类传染病疫情信息。由于人们对这些传染病的严重情况具有一定了解，在司法审查时不要求虚假信息中必须具有该传染病传染性等严重程度的描述。比如，行为人虚构甲地暴发鼠疫，即使行为人没有对鼠疫的传染性进行说明或虚构，也可以认定其属于虚假的“疫情”信息。

第二，虚构《中华人民共和国传染病防治法》规定以外的传染病疫情信息。在此场合，就需要行为人同时编造疾病传染性达到或相当于丙类传染病以上传染性的内容。例如，行为人虚构某地出现新型传染病，如果虚构内容中没有新型传染病传染性的描述，或者虽有描述但其所虚构的传染性远达不到丙类及以上传染病标准的，不宜认定为本罪的虚假疫情信息。

---

① 张明楷：《刑法学》（第 5 版），法律出版社 2016 年版，第 1060 页。

三、对本罪中“信息网络”“其他媒体”的理解和认定

关于信息网络，《最高人民法院、最高人民检察院关于办理利用信息网络实施诽谤等刑事案件适用法律若干问题的解释》中有具体界定，包括以计算机、电视机、固定电话机、移动电话机等电子设备为终端的计算机互联网、广播电视网、固定通信网、移动通信网等信息网络，以及向公众开放的局域网络。其他媒体，是指除了信息网络之外的报纸等传统媒体。

【办案依据】

一、刑法规定

第二百九十一条之一第二款 编造虚假的险情、疫情、灾情、警情，在信息网络或者其他媒体上传播，或者明知是上述虚假信息，故意在信息网络或者其他媒体上传播，严重扰乱社会秩序的，处三年以下有期徒刑、拘役或者管制；造成严重后果的，处三年以上七年以下有期徒刑。

二、司法文件

《最高人民法院、最高人民检察院、公安部、司法部关于依法惩治妨害新型冠状病毒感染肺炎疫情防控违法犯罪的意见》（2020年2月6日）

二、准确适用法律，依法严惩妨害疫情防控的各类违法犯罪

（六）依法严惩造谣传谣犯罪。编造虚假的疫情信息，在信息网络或者其他媒体上传播，或者明知是虚假疫情信息，故意在信息网络或者其他媒体上传播，严重扰乱社会秩序的，依照刑法第二百九十一条之一第二款的规定，以编造、故意传播虚假信息罪定罪处罚。

编造虚假信息，或者明知是编造的虚假信息，在信息网络上散布，或者组织、指使人员在信息网络上散布，起哄闹事，造成公共秩序严重混乱的，依照刑法第二百九十三条第一款第四项的规定，以寻衅滋事罪定罪处罚。

利用新型冠状病毒感染肺炎疫情，制造、传播谣言，煽动分裂国家、破坏国家统一，或者煽动颠覆国家政权、推翻社会主义制度的，依照刑法第一百零三条第二款、第一百零五条第二款的规定，以煽动分裂国家罪或者煽动颠覆国家政权罪定罪处罚。

网络服务提供者不履行法律、行政法规规定的信息网络安全管理义务，经监管部门责令采取改正措施而拒不改正，致使虚假疫情信息或者其他违法信息大量传播的，依照刑法第二百八十六条之一的规定，以拒不履行信息网络安全管理义务罪定罪处罚。

对虚假疫情信息案件，要依法、精准、恰当处置。对恶意编造虚假疫情信息，制造社会恐慌，挑动社会情绪，扰乱公共秩序，特别是恶意攻击党和政府，借机煽动颠覆国家政权、推翻社会主义制度的，要依法严惩。对于因轻信而传播虚假信息，危害不大的，不以犯罪论处。

三、其他法规

（一）《中华人民共和国突发事件应对法》（2007年8月30日）

第五十四条　任何单位和个人不得编造、传播有关突发事件事态发展或者应急处置工作的虚假信息。

第六十五条　违反本法规定，编造并传播有关突发事件事态发展或者应急处置工作的虚假信息，或者明知是有关突发事件事态发展或者应急处置工作的虚假信息而进行传播的，责令改正，给予警告；造成严重后果的，依法暂停其业务活动或者吊销其执业许可证；负有直接责任的人员是国家工作人员的，还应当对其依法给予处分；构成违反治安管理行为的，由公安机关依法给予处罚。

（二）《中华人民共和国治安管理处罚法》（2012年10月26日）

第二十五条　有下列行为之一的，处五日以上十日以下拘留，可以并处五百元以下罚款；情节较轻的，处五日以下拘留或者五百元以下罚款：

（一）散布谣言，谎报险情、疫情、警情或者以其他方法故意扰乱公共秩序的；

（二）投放虚假的爆炸性、毒害性、放射性、腐蚀性物质或者传染病病原体等危险物质扰乱公共秩序的；

（三）扬言实施放火、爆炸、投放危险物质扰乱公共秩序的。

第三十五章 高空抛物罪

【立案追诉标准】

高空抛物案（刑法第 291 条之二）

从建筑物或者其他高空抛掷物品，情节严重的，应予立案。

【犯罪构成及刑事责任】

高空抛物事件愈演愈烈，之所以出现这种局面，不仅仅是民事规制的不足，根本原因在于我国刑法罪名体系尚无专门规制高空抛物的特定罪名。

高空抛物入刑之前，对于高空抛物造成的人身财产损失往往通过民法上的侵权责任机制进行民事赔偿，此做法也是世界各国的通行做法。在 2009 年颁布的侵权责任法对于高空抛物导致他人损害的责任认定规则进一步明确，此外我国民法典还特别增设了“禁止从建筑物中抛掷物品”的禁止性义务，由此为公权力的介入高空抛物案件，确定实际抛物人，查明案件事实提供了法律依据。2019 年，最高人民法院发布了《最高人民法院关于依法妥善审理高空抛物、坠物案件的意见》（以下简称《意见》）第 5 条虽明确高空抛物“足以危害公共安全”的判断素材和判断规则，但由于刑事司法实践中存在对于高空抛物案件定性及量刑上的混乱，使得在高空抛物领域内，往往根据抛物结果的不同，多以寻衅滋事罪或以危险方法危害公共安全罪等罪论处。

刑法修正案（十一）明确了高空抛物行为的定罪和量刑规范，将高空抛物犯罪从《意见》及刑法修正案（十一）（草案）中所规定危害社会公共安全的重大犯罪调整至刑法修正案（十一）的妨害社会管理秩序的轻罪，相对准确地划定轻罪型高空抛物行为与重罪型高空抛物行为的界限，一方面使得高空抛物行为的定罪规范化真正实现重罪重罚，轻罪轻罚；另一方面对于原有的刑事司法作出回应，纠正过去的刑事司法错误，从而实现罪责刑相适应。

所谓高空抛物罪，是指从建筑物或者其他高空抛掷物品，情节严重的行为。由于该罪侵犯的法益是社会管理秩序中的公共秩序，故在认定其构成特征时，需要围绕着对公共秩序的扰乱来诠释。构成本罪需要具备以下四个要件：

1. 客体要件。本罪侵犯的客体是建筑物和其他高空以下空间的社会管理秩序。

2. 客观要件。客观方面表现为从建筑物或者其他高空抛掷物品，情节严重的行为。行为人实施了从建筑物或者其他高空抛掷物品的行为。这里包含三层意思：

第一，物品必须是从建筑物或者其他高空抛掷，如果不是从建筑物或者其他高空抛掷的，不构成本罪。这里所说的“建筑物”，是指人工建筑而成的东西，既包括居住建筑、公共建筑，也包括构筑物。

第二，行为人必须是实施了抛掷物品的行为。这里所说的“抛掷物品”，是指向外投、扔、丢弃物品的行为。如果行为人没有实施抛掷物品的行为，物品是由于刮风、下雨等原因，从建筑物或高空中坠落的，即使该物品是行为人的，也不构成本罪，如果给受害人造成损害的，可以依照民法典的有关规定处理。

第三，必须是情节严重的。这是给该罪设定的入罪门槛，只有情节严重的才能构成本罪，情节一般，危害不大的，不宜作为犯罪，符合违反《中华人民共和国治安管理处罚法》规定的，应当依法予以治安处罚；需要承担民事责任的，应当依照《中华人民共和国民法典》的有关规定处理。这里所说的“情节严重”，主要是指多次实施高空抛掷物品行为；高空抛掷物品数量较大的；在人员密集场所实施的；造成一定损害等，具体可以视情节依照相关规定处理。

3. 主体要件。本罪主体是一般主体，即凡是达到法定刑事责任年龄、具有刑事责任能力的人，均可构成本罪。

4. 主观要件。本罪在主观方面是故意。

根据刑法第 291 条之二的规定：情节严重的，处一年以下有期徒刑、拘役或者管制，并处或者单处罚金。同时构成其他犯罪的，依照处罚较重的规定定罪处罚。

【疑难指导】

一、对本罪中“高空”的理解和认定

不宜将高空抛物罪条文中的“高空”简单、机械地理解为距离地面较高的空间，而应将其解释为“高处”。“高处”强调的是物品被抛前所处的位置位于物品坠落处的“上方”，其关注的是物品被抛前所处的位置与物品坠落处两者之间在物理空间上的高低关系。根据GB/T 3608—2008《高处作业分级》的规定，“高处作业”是指“在距坠落高度基准面2m或2m以上有可能坠落的高处进行的作业”。因此，可以参考GB/T 3608—2008《高处作业分级》的前述定义，将高空抛物理解为行为人从距离物品坠落高度基准面2米或2米以上的高度抛掷物品的行为。应当注意的是，成立高空抛物罪，并不要求行为人本人一定位于“高处”，如果行为人系通过无人机携带等方式将物品送至“高处”，后解除对物品的控制而使其坠落的，在符合其他构罪条件的情况下，也应认定为构成高空抛物罪。

二、对本罪中“抛”的理解和认定

对于高空抛物罪条文中的“抛掷”的理解，应当注意以下两个方面。第一，“抛掷”行为应当既包括依靠人力进行的类型，也包括借助器械如弹弓等工具进行的类型。第二，在某些场合，“不作为”也可能构成高空抛物罪条文中的“抛掷”。例如，住在高层的某甲将家中花盆放置在窗台边缘，台风来临前夕，小区物业工作人员多次提醒某甲将该花盆转移至安全地方，但某甲故意不将该花盆转移至安全地方，后台风将该花盆从窗台边缘吹落，并造成该小区居民某乙被该花盆砸伤。在该场合，某甲的“不作为”可能会被评价为高空抛物罪。

在实践中需要注意，高空抛物与高空坠物不同。所谓高空坠物，通常是指从处于高空的建筑物或者人的身上掉落或者坠下物体。高空抛物与高空坠物的主要不同在于：第一，前者是人主动为之；后者是物的被动坠落。第二，前者的主体是人；后者的主体可以是人，也可以是建筑物上的物体自然掉落。第三，前者往往是人故意所为；后者即便主体是人，也通常是过失造成的，甚至可能是意外情况。"'高空抛物'与'高空坠物'有本质不同，后者是过失行为导致……而前者明显存在故意、放任对不特定人的人身威胁的主观意愿。"[①] 第四，前者需要承担刑事责任；后者往往只涉及民事责任，即使涉及刑事责任也只能构成过失犯罪。

三、对本罪中"物"的理解和认定

对于高空抛物罪条文中的"物品"的范围，原则上无须作特别的种类限定，只要行为人从"高处"抛掷物品的行为扰乱了公共秩序，被抛掷的物品即可能被评价为高空抛物罪条文中的"物品"。当然，考虑到从"高处"抛掷一根正常的头发、一张平常的餐巾纸等物品一般不会侵害公众的安全感、公众生活的安定性或者危及他人的人身权、财产权，因此对于该类行为，通常不应评价为高空抛物罪。

在实践中，即使认为从"高处"抛掷某些物品的行为通常不宜被评价为高空抛物罪，但鉴于难以从物品的门类本身出发对该些物品进行"定型"，且可以通过法益侵害可能性有无的判断对抛掷该些物品的行为作出合理定性，故无须对高空抛物罪条文中的"物品"作出特别的范围限定。

四、对本罪中"情节严重"的理解和认定

应当明确高空抛物罪条文中的"情节严重"在区分高空抛物一般违法行为和高空抛物犯罪行为中的核心要素地位。对于完全可以通过其他部门法律规范加以调整的情节并不严重的高空抛物行为，不得动用刑法手段。至于在高空抛物个案中判断"情节严重"要素是否具备，在尚无针对性司法解释或其他规范性规定的情况下，可以将行为人所抛掷物品的危险性程度、行为人抛掷物品的"高度"、行为人抛掷物品的场所、行为人抛掷物品有无造成实害结果或所造成实害结果的大小、行为人抛掷物品的次数、行为人抛掷物品的原因或目的等方面作为判断资料，在对行为人高空抛物行为的情节作出整体、综合评估后得出结论。

值得注意的是，认定高空抛物罪的情节严重，需要将因情节严重而构成其他处罚较重的犯罪排除。例如，即使高空抛物造成他人受伤，或者导致他人财产受损，但没有造成轻伤以上结果或者不符合故意毁坏财物罪等的定罪标准，还要考虑排除构成寻衅滋事罪等情形。以致伤他人的高空抛物为例，若高空抛物未造成他人轻伤

---

① 马涤明：《刑事打击高空抛物能否成常态》，载《长春日报》2019 年 7 月 23 日 05 版。

以上结果，且情节严重的，需要排除构成寻衅滋事罪等情形，才可认定为高空抛物罪。至于高空抛物之情节严重的具体表现形式，有待司法解释加以明确。

五、本罪与相关罪名的区别

2021 年 3 月 1 日，刑法修正案（十一）开始施行，高空抛物罪作为刑事犯罪罪名予以确定。我国对于高空抛物行为也有了专门的罪名和明确的法律规定。这也是我国在刑法上不断完善的重要体现。

然而在刑法修正案（十一）出台之前，刑法上并没有直接关于高空抛物罪的法律规定，但是在相关罪名上有因高空抛物行为而造成其他犯罪或触犯其他罪名的情况，如对行为人高空抛物造成他人受伤或死亡的行为进行处罚。不同的行为、不同的结果会构成不同的罪名。如何进行罪名之间的区分也是研究高空抛物罪司法认定的重要部分。

（一）与寻衅滋事罪的区分

依据刑法，将具有寻衅滋事性质的行为，如殴打、辱骂他人，损毁公私财物等，规定为寻衅滋事罪，并处以五年以下有期徒刑、拘役或者管制。学界对两个罪名之间的关系有很多不同的看法。许多学者认为，自刑法修正案（十一）出台之后，高空抛物罪和寻衅滋事罪均属于“妨害社会管理秩序罪”中“扰乱公共秩序罪”的范畴。从想象竞合的定义、概念等多方面来分析，二者不存在想象竞合关系，但在进行司法判定时，不排除两个罪名同时成立的情况。

本书认为，两个罪名都破坏了社会秩序，并在很大程度上对公私财物造成损坏，但二者具有明显的不同点。寻衅滋事罪具有“寻衅滋事”的意图，高空抛物罪并不全是有意而为之。对于寻衅滋事罪所包含的违法犯罪行为包含了高空抛物行为，同时还包括了像殴打他人、辱骂他人等行为，因此二者是不同的。

（二）与以危险方法危害公共安全罪的区分

根据刑法对以危险方法危害公共安全罪的有关规定，结合案例分析，以危险方法危害公共安全罪与高空抛物罪存在明显的区别，它是一种社会危害性严重的犯罪。

从特征角度来看，如张明楷等学者提出的观点，“以危险方法危害公共安全罪”需要以“公众性”与“社会性”为基础，具有“多数人”和“不特定”的特点。[①] 而高空抛物行为，它可以具备“公众性”和“社会性”的特点，但是并不以此为基础。同时，高空抛物行为往往不满足“多数人”的特点。

从法益角度来看，高空抛物行为属于妨害社会管理秩序罪的类别，但从高空抛物行为本身来看，高空抛物的罪犯并不属于危险犯，不需要进行“具体危险”的判断。对此，学界很多学者如陈兴教授，从手段、方法等的角度入手，明确指出了在进行高空抛物案件认定时，应着重地对一些方面和条件进行判断分析，厘清重点和关键问题所在。如对高空抛物的判定往往是在社会法益与个人法益两种利益相比较权衡的结果。[②] 对比分析以危险方法危害公共安全罪的犯罪特征与高空抛物此类行为的特征，高空抛物行为远没有达到像爆炸等足够的危险性。

本书认为，高空抛物行为虽侵害了公共秩序的法益，但其不属于危险犯，所以不符合以危险方法危害公共安全罪的犯罪构成。

（三）与其他罪名的区分

行为人在明知或应知楼下有人的情况下故意将物体从高处抛下，并造成人身伤害，那么就存在构成了“故意伤害罪”的可能，但是“高空坠物罪”与其他罪名之间是有明确区分的，如同故意伤害罪的区分。本书认为主要区分点在于行为犯与结果犯的辨析。

高空抛物罪从司法解释和犯罪构成上分析，属于行为犯。对于它的司法认定更关注的是高空抛物本身的行为，其他的罪名在司法认定的时候则更侧重于行为所造成的结果，属于结果犯。本书认为这是高空抛物罪同其他罪名的主要不同点。

除此之外，在我国其他法律和法规中也有对高空抛物行为进行规定，如原《中华人民共和国侵权责任法》第 87 条规定：从建筑物中抛掷物品或从建筑物上坠落的物品造成他人损害，难以确定具体侵权人，除能证明自己不是侵权人的外，由可能加害的建筑物使用人给予补偿。《中华人民共和国民法典》第 1254 条第 1 款规定：禁止从建筑物中抛掷物品。从建筑物中抛掷物品或者从建筑物上坠落的物品造成他人损害的，由侵权人依法承担侵权责任；经调查难以确定具体侵权人

---

① 张明楷：《高空抛物案的刑法学分析》，载《法学评论》2020 年第 38 期。

② 金洁：《论高空抛物的罪名认定》，载《职工法律天地》2016 年第 14 期。

的，除能够证明自己不是侵权人的外，由可能加害的建筑使用人补偿后，有权向侵权人追偿。

综上，高空抛物行为除了构成高空抛物罪的同时，还可能触犯多个罪名，其中包括但不限于过失致人重伤罪、故意杀人罪等。然而高空抛物罪与这些罪名之间在一定情况下还存在竞合关系。

六、高空抛物行为罪数形态的认定

根据刑法修正案（十一）第 33 条第 2 款的规定，结合高空抛物的相关案例，可以发现高空抛物行为在构成高空抛物罪时，很大程度上还可能构成其他罪名，如以危险方法危害公共安全罪。高空抛物罪与这些罪名之间会因情况、环境、因素的不同，存在犯罪竞合，在其罪数形态上会有不同的情况。

高空抛物罪的竞合犯包括两种情形，一种是想象竞合犯，另一种是法条竞合犯。高空抛物罪的想象竞合犯，触犯数个罪名，通常从动态的行为事实的角度来分析。法条竞合犯，从静态的犯罪构成要件的角度来进行判断，只依照其中的一个法条进行定罪量刑。本书认为，区分想象竞合和法条竞合的关键，也是在对罪数形态认定时研究的重点。

根据我国法律规定，我们目前所分析、研究的高空抛物罪普遍来讲都是造成了实害结果的。高空抛物造成实害后果主要包括两类：一是造成他人受伤或者死亡后果；二是造成他人财物遭受损失。

（一）造成他人受伤或死亡后果的罪数形态认定

本书试举三个例子对以危险方法危害公共安全罪、过失致人死亡罪和重大事故责任罪来进行简要区分。例一，王某为发泄心中不满，在所居住小区单元 11 楼窗口向小区广场抛掷砖头，致被害人赵某死亡，法院认定王某构成以危险方法危害公共安全罪。例二，被告人高某，为某物业公司保洁员，在清扫垃圾时，将装有石膏块的白色编织袋从 15 楼楼顶抛下，砸中被害人曲某致其当场死亡，高某是在生产、作业过程中实行高空抛物造成重大事故，法院认定其构成过失致人死亡罪。例三，赵某在清理装修垃圾的过程中，将水泥废料从 24 楼扔下，砸中被害人曹某致其当场死亡，赵某是在生产、作业过程中实行高空抛物造成重大事故，法院认定其构成重大责任事故罪。对比分析以上三个案例，在不同的条件下，所判定的罪名是不同的。

（二）造成他人财产损失的罪数形态认定

本书在分析相关案例时发现，高空抛物行为造成他人财产损失的，主要被判定为以危险方法危害公共安全罪等罪名。本书试举三个例子来对此进行区分。例一，甲从19楼扔出铁质书架，砸坏他人轿车，造成财产损失2400元，法院认定其构成以危险方法危害公共安全罪。例二，乙酒后与邻居发生纠纷，将邻居放在走廊的婴儿推车等从21楼扔到楼下，致使楼下5台车辆被砸，经鉴定损毁价值为15826元，法院认定乙构成故意毁坏财物罪。例三，丙酒后无故从其居住的9楼向外抛掷鱼缸等物品，造成其所在单元3楼住户丁家热水器损毁，造成财产损失645元，法院认定构成寻衅滋事罪。对比以上三个案例可以看出，根据不同案件的不同情况，所判定的罪名是不一样的。往人群密集处抛掷可能导致他人伤亡的物品，属于危害了公共安全，符合“危害公共安全”的行为要求，满足犯罪竞合的所需条件，触犯了以危险方法危害公共安全罪。若只是造成他人财产受到一定程度的损失，那么其行为是否属于危害公共安全的“具体危险”范围内还需要进一步判断。

综上，不同的情况下，所判定的罪名是不同的。如何分析和研究高空抛物犯罪竞合，对罪数形态进行认定是十分重要的。笔者认为在不同情况下准确把握罪名的特征和构成条件，可以更好地区分不同罪名，进而可以更好地判断高空抛物犯罪竞合问题。

【办案依据】

一、刑法规定

第二百九十一条之二 从建筑物或者其他高空抛掷物品，情节严重的，处一年以下有期徒刑、拘役或者管制，并处或者单处罚金。

有前款行为，同时构成其他犯罪的，依照处罚较重的规定定罪处罚。

二、其他法规

《中华人民共和国民法典》（2020年5月28日）

第一千二百五十四条 禁止从建筑物中抛掷物品。从建筑物中抛掷物品或者从建筑物上坠落的物品造成他人损害的，由侵权人依法承担侵权责任；经调查难以确定具体侵权人的，除能够证明自己不是侵权人的外，由可能加害的建筑物使用人给予补偿。可能加害的建筑物使用人补偿后，有权向侵权人追偿。

物业服务企业等建筑物管理人应当采取必要的安全保障措施防止前款规定情形的发生；未采取必要的安全保障措施的，应当依法承担未履行安全保障义务的侵权责任。

发生本条第一款规定的情形的，公安等机关应当依法及时调查，查清责任人。

三、司法文件

《最高人民法院关于依法妥善审理高空抛物、坠物案件的意见》（2019 年 10 月 21 日）

近年来，高空抛物、坠物事件不断发生，严重危害公共安全，侵害人民群众合法权益，影响社会和谐稳定。为充分发挥司法审判的惩罚、规范和预防功能，依法妥善审理高空抛物、坠物案件，切实维护人民群众“头顶上的安全”，保障人民安居乐业，维护社会公平正义，依据《中华人民共和国刑法》《中华人民共和国侵权责任法》等相关法律，提出如下意见。

一、加强源头治理，监督支持依法行政，有效预防和惩治高空抛物、坠物行为

1. 树立预防和惩治高空抛物、坠物行为的基本理念。人民法院要切实贯彻以人民为中心的发展理念，将预防和惩治高空抛物、坠物行为作为当前和今后一段时期的重要任务，充分发挥司法职能作用，保护人民群众生命财产安全。要积极推动预防和惩治高空抛物、坠物行为的综合治理、协同治理工作，及时排查整治安全隐患，确保人民群众“头顶上的安全”，不断增强人民群众的幸福感、安全感。要努力实现依法制裁、救济损害与维护公共安全、保障人民群众安居乐业的有机统一，促进社会和谐稳定。

2. 积极推动将高空抛物、坠物行为的预防与惩治纳入诉源治理机制建设。切实发挥人民法院在诉源治理中的参与、推动、规范和保障作用，加强与公安、基层组织等的联动，积极推动和助力有关部门完善防范高空抛物、坠物的工作举措，形成有效合力。注重发挥司法建议作用，对在审理高空抛物、坠物案件中发现行

政机关、基层组织、物业服务企业等有关单位存在的工作疏漏、隐患风险等问题，及时提出司法建议，督促整改。

3. 充分发挥行政审判促进依法行政的职能作用。注重发挥行政审判对预防和惩治高空抛物、坠物行为的积极作用，切实保护受害人依法申请行政机关履行保护其人身权、财产权等合法权益法定职责的权利，监督行政机关依法行使行政职权、履行相应职责。受害人等行政相对方对行政机关在履职过程中违法行使职权或者不作为提起行政诉讼的，人民法院应当依法及时受理。

二、依法惩处构成犯罪的高空抛物、坠物行为，切实维护人民群众生命财产安全

4. 充分认识高空抛物、坠物行为的社会危害性。高空抛物、坠物行为损害人民群众人身、财产安全，极易造成人身伤亡和财产损失，引发社会矛盾纠纷。人民法院要高度重视高空抛物、坠物行为的现实危害，深刻认识运用刑罚手段惩治情节和后果严重的高空抛物、坠物行为的必要性和重要性，依法惩治此类犯罪行为，有效防范、坚决遏制此类行为发生。

5. 准确认定高空抛物犯罪。对于高空抛物行为，应当根据行为人的动机、抛物场所、抛掷物的情况以及造成的后果等因素，全面考量行为的社会危害程度，准确判断行为性质，正确适用罪名，准确裁量刑罚。

故意从高空抛弃物品，尚未造成严重后果，但足以危害公共安全的，依照刑法第一百一十四条规定的以危险方法危害公共安全罪定罪处罚；致人重伤、死亡或者使公私财产遭受重大损失的，依照刑法第一百一十五条第一款的规定处罚。为伤害、杀害特定人员实施上述行为的，依照故意伤害罪、故意杀人罪定罪处罚。

6. 依法从重惩治高空抛物犯罪。具有下列情形之一的，应当从重处罚，一般不得适用缓刑：(1) 多次实施的；(2) 经劝阻仍继续实施的；(3) 受过刑事处罚或者行政处罚后又实施的；(4) 在人员密集场所实施的；(5) 其他情节严重的情形。

7. 准确认定高空坠物犯罪。过失导致物品从高空坠落，致人死亡、重伤，符合刑法第二百三十三条、第二百三十五条规定的，依照过失致人死亡罪、过失致人重伤罪定罪处罚。在生产、作业中违反有关安全管理规定，从高空坠落物品，发生重大伤亡事故或者造成其他严重后果的，依照刑法第一百三十四条第一款的

规定，以重大责任事故罪定罪处罚。

三、坚持司法为民、公正司法，依法妥善审理高空抛物、坠物民事案件

8. 加强高空抛物、坠物民事案件的审判工作。人民法院在处理高空抛物、坠物民事案件时，要充分认识此类案件中侵权行为给人民群众生命、健康、财产造成的严重损害，把维护人民群众合法权益放在首位。针对此类案件直接侵权人查找难、影响面广、处理难度大等特点，要创新审判方式，坚持多措并举，依法严惩高空抛物行为人，充分保护受害人。

9. 做好诉讼服务与立案释明工作。人民法院对高空抛物、坠物案件，要坚持有案必立、有诉必理，为受害人线上线下立案提供方便。在受理从建筑物中抛掷物品、坠落物品造成他人损害的纠纷案件时，要向当事人释明尽量提供具体明确的侵权人，尽量限缩“可能加害的建筑物使用人”范围，减轻当事人诉累。对侵权人不明又不能依法追加其他责任人的，引导当事人通过多元化纠纷解决机制化解矛盾、补偿损失。

10. 综合运用民事诉讼证据规则。人民法院在适用侵权责任法第八十七条裁判案件时，对能够证明自己不是侵权人的“可能加害的建筑物使用人”，依法予以免责。要加大依职权调查取证力度，积极主动向物业服务企业、周边群众、技术专家等询问查证，加强与公安部门、基层组织等沟通协调，充分运用日常生活经验法则，最大限度查找确定直接侵权人并依法判决其承担侵权责任。

11. 区分坠落物、抛掷物的不同法律适用规则。建筑物及其搁置物、悬挂物发生脱落、坠落造成他人损害的，所有人、管理人或者使用人不能证明自己没有过错的，人民法院应当适用侵权责任法第八十五条的规定，依法判决其承担侵权责任；有其他责任人的，所有人、管理人或者使用人赔偿后向其他责任人主张追偿权的，人民法院应予支持。从建筑物中抛掷物品造成他人损害的，应当尽量查明直接侵权人，并依法判决其承担侵权责任。

12. 依法确定物业服务企业的责任。物业服务企业不履行或者不完全履行物业服务合同约定或者法律法规规定、相关行业规范确定的维修、养护、管理和维护义务，造成建筑物及其搁置物、悬挂物发生脱落、坠落致使他人损害的，人民法院依法判决其承担侵权责任。有其他责任人的，物业服务企业承担责任后，向其

他责任人行使追偿权的，人民法院应予支持。物业服务企业隐匿、销毁、篡改或者拒不向人民法院提供相应证据，导致案件事实难以认定的，应当承担相应的不利后果。

13. 完善相关的审判程序机制。人民法院在审理疑难复杂或社会影响较大的高空抛物、坠物民事案件时，要充分运用人民陪审员、合议庭、主审法官会议等机制，充分发挥院、庭长的监督职责。涉及侵权责任法第八十七条适用的，可以提交院审判委员会讨论决定。

四、注重多元化解，坚持多措并举，不断完善预防和调处高空抛物、坠物纠纷的工作机制

14. 充分发挥多元解纷机制的作用。人民法院应当将高空抛物、坠物民事案件的处理纳入到建设一站式多元解纷机制的整体工作中，加强诉前、诉中调解工作，有效化解矛盾纠纷，努力实现法律效果与社会效果相统一。要根据每一个高空抛物、坠物案件的具体特点，带着对受害人的真挚感情，为当事人解难题、办实事，尽力做好调解工作，力促案结事了人和。

15. 推动完善社会救助工作。要充分运用诉讼费缓减免和司法救助制度，依法及时对经济上确有困难的高空抛物、坠物案件受害人给予救济。通过案件裁判、规则指引积极引导当事人参加社会保险转移风险、分担损失。支持各级政府有关部门探索建立高空抛物事故社会救助基金或者进行试点工作，对受害人损害进行合理分担。

16. 积极完善工作举措。要通过多种形式特别是人民群众喜闻乐见的方式加强法治宣传，持续强化以案释法工作，充分发挥司法裁判规范、指导、评价、引领社会价值的重要作用，大力弘扬社会主义核心价值观，形成良好社会风尚。要深入调研高空抛物、坠物案件的司法适用疑难问题，认真总结审判经验。对审理高空抛物、坠物案件中发现的新情况、新问题，及时层报最高人民法院。

第三十六章　聚众斗殴罪

【立案追诉标准】

聚众斗殴案（刑法第292条）

组织、策划、指挥或者积极参加聚众斗殴的，应予立案。

《最高人民检察院、公安部关于公安机关管辖的刑事案件立案追诉标准的规定（一）》（2008年6月25日）

【犯罪构成及刑事责任】

聚众斗殴罪，是指为了报复他人、争霸一方或者其他不正当目的，纠集多人成帮结伙进行斗殴，破坏公共秩序的行为。本罪的行为在1979年刑法中即有规定，但被规定在流氓罪这个口袋罪中，属于流氓罪的一种行为方式。1997年修正后的刑法撤销流氓罪，设立了聚众斗殴罪这个独立罪名，构成本罪需要具备以下四个要件：

1. 客体要件。本罪侵犯的客体是公共秩序。包括社会生产经营管理、生活等方面在内有条理的、正常的社会运行状态。公共秩序，是指社会成员共同生活于社会中的共同生活体的秩序，因此，既包括公共场所秩序，也包括非公共场所秩序。

2. 客观要件。本罪在客观方面表现为纠集众人结伙斗殴的行为。纠集众人结伙斗殴的行为又可分为两个方面。第一，纠集众人的行为，纠集就是聚众。聚众，是指聚集多人同时同地进行违法犯罪活动。多人，一般是指3人以上。

第二，结伙斗殴的行为。结伙斗殴，是指双方或多方各自聚集人群以暴力互相攻击的行为。

如果构成犯罪并有下列情形之一的，适用较高的法定刑：第一，多次聚众斗殴的；第二，聚众斗殴人数多，规模大，社会影响恶劣的；第三，在公共场所或者交通要道聚众斗殴，造成社会秩序混乱的；第四，持械聚众斗殴的。

3. 主体要件。本罪的主体为一般主体，即只要年满16周岁，具有刑事责任能力的自然人均可成为本罪主体，但是，根据刑法第292条的规定，本罪只处罚聚众斗殴中的首要分子和其他积极参加者。

4. 主观要件。本罪在主观方面表现为故意，并且是直接故意。一般具有典型的流氓动机。

根据刑法第292条的规定：犯本罪，对首要分子和其他积极参加的，处三年以下有期徒刑、拘役或者管制；有下列情形之一的，对首要分子和其他积极参加的，处三年以上十年以下有期徒刑：

（1）多次聚众斗殴的；

（2）聚众斗殴人数多，规模大，社会影响恶劣的；

（3）在公共场合或者交通要道聚众斗殴，造成社会秩序严重混乱的；

（4）持械聚众斗殴的。

聚众斗殴，致人重伤、死亡的，依照本法第234条、第232条的规定定罪处罚。

【疑难指导】

一、对本罪中“聚众”的理解和认定

所谓聚众，从字面即不难理解是指多人，但究竟人数达到几人才算聚众，法律和司法解释都没有作出详细的说明。比较认可的观点是至少3人，因为古话云“三人为众”。但究竟是要求斗殴双方的总人数达到3人，还是说参与斗殴的一方达到3人即可，认识并不一致。

在司法实践中，对斗殴双方均有聚众斗殴的故意的，只要一方达到3人以上，对双方均应认定聚众斗殴。只要达到3人以上的一方，就满足聚众斗殴罪中“聚

众”的条件这是对本罪所保护的法益“社会管理秩序”的恰当保护，既不会放纵犯罪，也不会使其沦为“口袋条款”。但应特别注意区分聚众斗殴和正当防卫的界限。不足3人的一方，尤其是一方只有1人时，很多情况是出于防卫的目的，对此应审慎区分，不应一概而论。一方达到3人以上，双方均应认定聚众斗殴，但没有聚众斗殴故意的一方，不应当认定聚众斗殴。如没有聚众故意的一方造成对方重伤、死亡构成犯罪的，按照法律规定定罪处罚。

二、临时起意的斗殴是否构成聚众斗殴罪

与“聚众”相关的另一个问题是，“聚众”或“被聚众”的行为是否要求具有斗殴的目的？换句话说，临时起意的斗殴行为能否认定为聚众斗殴罪？

实践中，这种情况构成聚众斗殴罪，理由是聚众不要求以斗殴为目的。本罪意图规制的行为侧重于斗殴，而非聚众。从实害结果来看，这种临时起意斗殴的行为也完全达到了纠集一伙人来进行斗殴的效果，否定构成聚众斗殴罪是不合适的。正如有学者所言，立法意图是侧重斗殴的聚众形式，因为正是人多规模大的斗殴才会给社会秩序造成破坏。[①] 综上，我们应当认为，所谓“聚众”，只是修饰“斗殴”的一个状态描述，聚众斗殴罪并不需要聚众的行为，只需要有聚众的结果或效果。

三、对“持械聚众斗殴”的理解和认定

“持械”，是指在聚众斗殴中使用器械或者携带器械且主观上有使用的企图，但实际未使用的。这里的“器械”包括治安管制刀具以及枪支、棍棒等足以致人伤亡的工具。司法实践中大量存在聚众斗殴过程中行为人持垃圾桶、灯具、自行车等日常生活物品参与打斗，甚至有人持领带、皮带、绳索等参与打斗，并致人轻伤、重伤甚至死亡的。因此，对“械”的认定应当坚持罪刑法定原则，不能超越其文义底线或其可能具有的含义。所以，“持械”的认定，应先判断行为人用于斗殴的工具是否具有坚硬的物理属性，从而将领带、皮带、绳索之类的物品排除在“械”的范围之外。

参与预谋持械聚众斗殴，构成聚众斗殴罪的，应认定为持械聚众斗殴。在聚

---

① 张影：《论聚众斗殴罪》，载《浙江工业大学学报（社会科学）》2002年第3期。

众斗殴中，斗殴一方持械而另一方未持械的，对持械一方依照上述第 2 款的规定认定是否属于持械聚众斗殴；对未持械的一方不应认定为持械聚众斗殴。

四、在聚众斗殴中致人重伤、死亡的应如何定罪量刑

根据刑法第 292 条的规定，聚众斗殴，致人重伤、死亡的，依照刑法第 234 条、第 232 条的规定，则不再是聚众斗殴，应直接以故意伤害罪、故意杀人罪处罚。聚众斗殴中致人重伤、死亡，对明确的直接责任人，应以故意伤害罪或故意杀人罪定罪处罚。如果是在聚众斗殴中致人轻伤的，则应按聚众斗殴罪从重处罚。聚众斗殴罪虽然没有死刑，但如果在聚众斗殴中致人重伤、死亡、罪行极其严重的，也可以依法判处死刑。对首要分子，在聚众斗殴中有致人重伤、死亡直接故意的或对伤亡结果持放任态度的，应以故意伤害罪或故意杀人罪定罪处罚；对明确表示不能致他人重伤、死亡的，按聚众斗殴罪定罪处罚。对其他积极参加者仍以聚众斗殴罪定罪处罚。

聚众斗殴中，难以分清致人重伤、死亡直接责任人的，应对共同加害人按故意伤害罪或故意杀人罪定罪处罚，但在处罚时应根据其在犯罪中所处的地位、作用等情况区别对待；如既不能分清致人重伤、死亡的直接责任人，又确实不能查清共同加害人的，对参加聚众斗殴的均以聚众斗殴罪定罪处罚；聚众斗殴的首要分子按前款规定定罪处罚。

五、本罪与非罪的区分

人们在社会生活中发生的最常见的人与人矛盾激化的现象，莫过于斗殴。斗殴常常是因为一点小事或者口角引起，最后则可能发展到人员伤亡的结果。刑法将斗殴行为规定为犯罪，并没有囊括所有的斗殴行为，一般的斗殴行为不会上升到聚众斗殴，而仅有对社会管理秩序造成严重危害的聚众斗殴行为才构成犯罪。因此，应当注意区分本罪与一般斗殴行为的界限，从而将非罪行为排除在本罪之外。

正确区分本罪应当注意以下几个方面：第一，要看斗殴发生的原因。如果斗殴是由相互之间临时性冲突所引起，一般不会上升到聚众斗殴，而是违反社会治安管理的行为，如果造成他人重伤的结果，也应当按照故意伤害罪处理。第二，要看是否具有斗殴的预谋。一般来说，聚众斗殴都是有组织的群体性活动，在进行斗殴前都进行过召集甚至组织或者策划。聚众斗殴与临时性斗殴相比具有明显的预谋性。如果并非事先进行必要的召集，而是临时起意，一般不属于聚众斗殴。第三，要看是否属于聚众行为。所谓聚众，必须聚集众多人群，法律上的聚众也至少是3人以上，而实践中的聚众情形，往往远不止3人。所以，人员是否众多是本罪成立的客观要素。第四，要看行为人是否具有寻求精神刺激、发泄情绪等动机。这主要是从行为人主观方面探寻产生斗殴的原因。如果不具有流氓性的斗殴动机，则一般属于民间争夺行为。第五，要看情节是否严重。虽然刑法第292条没有规定构成本罪必须情节严重，但实践中在处理类似问题时，仍然把情节是否严重作为是否构成犯罪的衡量因素。若情节不严重，如虽然聚众，也产生了一些斗殴现象，但很快就平息下来，也没有造成什么严重后果，就应当按照违反治安管理处罚法的行为来处理，不必定罪。第六，要看行为人是否属于首要分子或者积极参加者。因为本罪只处罚首要分子和积极参加者，对一般参与者不能定罪，严重者也只能给予治安管理处罚。

六、本罪与聚众扰乱社会秩序罪的区分

聚众扰乱社会秩序罪，是指纠集多人扰乱社会秩序，情节严重，致使工作、生产、营业和教学、科研无法进行，造成严重损失的行为。从聚众扰乱社会秩序的概念中可以看出，两者之间在行为方式和对社会秩序产生影响方面具有相似之处。

两者的主要区别是：第一，行为方式有区别。本罪的行为方式主要表现为斗殴，没有斗殴这一行为方式，本罪就不能成立；聚众扰乱社会秩序罪的行为并不必然采用暴力方式，即使采用暴力方式也不一定是斗殴。第二，犯罪动机不同。本罪的犯罪动机一般是比较明确的，就是用武力给对方以打击，用暴力来征服他人，或者达到某种报复的目的；聚众扰乱社会秩序罪行为人的动机一般是针对不特定的行为对象，不是针对某一个人或者某一特定群体。第三，造成的结果不同。本罪的结果大多是造成人员伤亡；聚众扰乱社会秩序罪造成的危害结果主要是引起社会秩序混乱，当然也不排除人员伤亡和财产损失的结果。第四，法律对两者构成犯罪的要求不同。法律对本罪不要求情节严重才构成犯罪；而聚众扰乱社会秩序罪则要求情节严重才能以犯罪论处。不过，司法实践中在对具体问题进行处理时，对本罪一般也要求情节严重才构成犯罪。

构成聚众斗殴罪的，可以根据下列不同情形在相应的幅度内确定量刑起点：

第一，犯罪情节一般的，可以在2年以下有期徒刑、拘役幅度内确定量刑起点。第二，有下列情形之一的，可以在3年至5年有期徒刑幅度内确定量刑起点：聚众斗殴3次的；聚众斗殴人数多，规模大，社会影响恶劣的；在公共场所或者交通要道聚众斗殴，造成社会秩序严重混乱的；持械聚众斗殴的。在量刑起点的基础上，可以根据聚众斗殴人数、次数、手段严重程度等其他影响犯罪构成的犯罪事实增加刑罚量，确定基准刑。构成聚众斗殴罪的，综合考虑聚众斗殴的手段、危害后果等犯罪事实、量刑情节，以及被告人主观恶性、人身危险性、认罪悔罪表现等因素，决定缓刑的适用。

【办案依据】

一、刑法规定

第二百九十二条 聚众斗殴的，对首要分子和其他积极参加的，处三年以下有期徒刑、拘役或者管制；有下列情形之一的，对首要分子和其他积极参加的，处三年以上十年以下有期徒刑：

（一）多次聚众斗殴的；

（二）聚众斗殴人数多，规模大，社会影响恶劣的；

（三）在公共场所或者交通要道聚众斗殴，造成社会秩序严重混乱的；

（四）持械聚众斗殴的。

聚众斗殴，致人重伤、死亡的，依照本法第二百三十四条、第二百三十二条的规定定罪处罚。

二、司法文件

《最高人民检察院、公安部关于公安机关管辖的刑事案件立案追诉标准的规定（一）》（2008年6月25日）

第三十六条 ［聚众斗殴案（刑法第二百九十二条第一款）］ 组织、策划、指挥或者积极参加聚众斗殴的，应予立案追诉。

三、其他法规

《中华人民共和国教育法》（2022年4月20日）

第七十二条 结伙斗殴、寻衅滋事，扰乱学校及其他教育机构教育教学秩序或者破坏校舍、场地及其他财产的，由公安机关给予治安管理处罚；构成犯罪的，依法追究刑事责任。

侵占学校及其他教育机构的校舍、场地及其他财产的，依法承担民事责任。

【指导性案例】

一、最高人民检察院指导性案例第1号施某某等17人聚众斗殴案[①]

（2010年12月15日最高人民检察院第十一届检察委员会第五十三次会议讨论决定，2010年12月31日发布）

【要旨】

检察机关办理群体性事件引发的犯罪案件，要从促进社会矛盾化解的角度，深入了解案件背后的各种复杂因素，依法慎重处理，积极参与调处矛盾纠纷，以促进社会和谐，实现法律效果与社会效果的有机统一。

【基本案情】

犯罪嫌疑人施某某等9人系福建省石狮市永宁镇西岑村人。

犯罪嫌疑人李某某等8人系福建省石狮市永宁镇子英村人。

福建省石狮市永宁镇西岑村与子英村相邻，原本关系友好。近年来，两村因土地及排水问题发生纠纷。永宁镇政府为解决两村之间的纠纷，曾组织人员对发生土地及排水问题的地界进行现场施工，但被多次阻挠未果。2008年12月17日上午8时许，该镇组织镇干部与施工队再次进行施工。上午9时许，犯罪嫌疑人施某某等9人以及数十名西岑村村民头戴安全帽，身背装有石头的袋子，手持木棍、铁锹等器械到达两村交界处的施工地界，犯罪嫌疑人李某某等8人以及数十名子英村村民随后也到达施工地界，手持木棍、铁锹等器械与西岑村村民对峙，双方互相谩骂、互扔石头。出警到达现场的石狮市公安局工作人员把双方村民隔开并劝说离去，但仍有村民不听劝说，继续叫骂并扔掷石头，致使二辆警车被砸损（经鉴定损失价值人民币761元），三名民警手部被打伤（经鉴定均未达轻微伤）。

---

① 《施某某等17人聚众斗殴案》，载最高人民检察院网站，https：//www.spp.gov.cn/jczdal/201608/t20160811_162301.shtml，最后访问时间：2022年4月25日。

【诉讼过程】

案发后，石狮市公安局对积极参与斗殴的西岑村施某某等9人和子英村李某某等8人以涉嫌聚众斗殴罪向石狮市人民检察院提请批准逮捕。为避免事态进一步扩大，也为矛盾化解创造有利条件，石狮市人民检察院在依法作出批准逮捕决定的同时，建议公安机关和有关部门联合两村村委会做好矛盾化解工作，促成双方和解。2010年3月16日，石狮市公安局将本案移送石狮市人民检察院审查起诉。石狮市人民检察院在办案中，抓住化解积怨这一关键，专门成立了化解矛盾工作小组，努力促成两村之间矛盾的化解。在取得地方党委、人大、政府支持后，工作小组多次走访两村所在的永宁镇党委、政府，深入两村争议地点现场查看，并与村委会沟通，制订工作方案。随后协调镇政府牵头征求专家意见并依照镇排水、排污规划对争议地点进行施工，从交通安全与保护环境的角度出发，在争议的排水沟渠所在地周围修建起护栏和人行道，并纳入镇政府的统一规划。这一举措得到了两村村民的普遍认同。化解矛盾工作期间，工作小组还耐心、细致地进行释法说理、政策教育、情绪疏导和思想感化等工作，两村相关当事人及其家属均对用聚众斗殴这种违法行为解决矛盾纠纷的做法进行反省并表示后悔，都表现出明确的和解意愿。2010年4月23日，西岑村、子英村两村村委会签订了两村和解协议，涉案人员也分别出具承诺书，表示今后不再就此滋生事端，并保证遵纪守法。至此，两村纠纷得到妥善解决，矛盾根源得以消除。

石狮市人民检察院认为：施某某等17人的行为均已触犯了《中华人民共和国刑法》第二百九十二条第一款、第二十五条第一款之规定，涉嫌构成聚众斗殴罪，依法应当追究刑事责任。鉴于施某某等17人参与聚众斗殴的目的并非为了私仇或争霸一方，且造成的财产损失及人员伤害均属轻微，并未造成严重后果；两村村委会达成了和解协议，施某某等17人也出具了承诺书，从惩罚与教育相结合的原则出发以及有利于促进社会和谐的角度考虑，2010年4月28日，石狮市人民检察院根据《中华人民共和国刑事诉讼法》第一百四十二条第二款之规定，决定对施某某等17人不起诉。

二、最高人民检察院指导性案例第48号侯某秋正当防卫案[①]

（2018年12月12日最高人民检察院第十三届检察委员会第十一次会议决定，2018年12月18日发布）

【关键词】

聚众斗殴　故意伤害　正当防卫　不起诉

【要旨】

单方聚众斗殴的，属于不法侵害，没有斗殴故意的一方可以进行正当防卫。单方持械聚众斗殴，对他人的人身安全造成严重危险的，应当认定为刑法第二十条第三款规定的“其他严重危及人身安全的暴力犯罪”。

【相关规定】

《中华人民共和国刑法》第二十条

《中华人民共和国刑事诉讼法》第一百七十七条

【基本案情】

侯某秋，男，1981年5月18日出生，务工人员。

侯某秋系葛某经营的养生会所员工。2015年6月4日22时40分许，某足浴店股东沈某因怀疑葛某等人举报其店内有人卖淫嫖娼，遂纠集本店员工雷某、柴某等4人持棒球棍、匕首赶至葛某的养生会所。沈某先行进入会所，无故推翻大堂盆栽挑衅，与葛某等人扭打。雷某、柴某等人随后持棒球棍、匕首冲入会所，殴打店内人员，其中雷某持匕首两次刺中侯某秋右大腿。其间，柴某所持棒球棍掉落，侯某秋捡起棒球棍挥打，击中雷某头部致其当场倒地。该会所员工报警，公安人员赶至现场，将沈某等人抓获，并将侯某秋、雷某送医救治。雷某经抢救无效，因严重颅脑损伤于6月24日死亡。侯某秋的损伤程度构成轻微伤，该会所另有2人被打致轻微伤。

公安机关以侯某秋涉嫌故意伤害罪，移送检察机关审查起诉。浙江省杭州市人民检察院根据审查认定的事实，依据《中华人民共和国刑法》第二十条第三款

---

① 《侯某秋正当防卫案》，载最高人民检察院网站，https：//www.spp.gov.cn/zxjy/qwfb/201812/t20181219_402917.shtml，最后访问时间：2022年4月25日。

的规定，认为侯某秋的行为属于正当防卫，不负刑事责任，决定对侯某秋不起诉。

【不起诉的理由】

检察机关认为，本案沈某、雷某等人的行为属于刑法第二十条第三款规定的“其他严重危及人身安全的暴力犯罪”，侯某秋对此采取防卫行为，造成不法侵害人之一雷某死亡，依法不属于防卫过当，不负刑事责任。主要理由如下：

第一，沈某、雷某等人的行为属于“其他严重危及人身安全的暴力犯罪”。判断不法侵害行为是否属于刑法第二十条第三款规定的“其他”犯罪，应当以本款列举的杀人、抢劫、强奸、绑架为参照，通过比较暴力程度、危险程度和刑法给予惩罚的力度等综合作出判断。本案沈某、雷某等人的行为，属于单方持械聚众斗殴，构成犯罪的法定最低刑虽然不重，与一般伤害罪相同，但刑法第二百九十二条同时规定，聚众斗殴，致人重伤、死亡的，依照刑法关于故意伤害致人重伤、故意杀人的规定定罪处罚。刑法作此规定表明，聚众斗殴行为常可造成他人重伤或者死亡，结合案件具体情况，可以判定聚众斗殴与故意致人伤亡的犯罪在暴力程度和危险程度上是一致的。本案沈某、雷某等共5人聚众持棒球棍、匕首等杀伤力很大的工具进行斗殴，短时间内已经打伤3人，应当认定为“其他严重危及人身安全的暴力犯罪”。

第二，侯某秋的行为具有防卫性质。侯某秋工作的养生会所与对方的足浴店，尽管存在生意竞争关系，但侯某秋一方没有斗殴的故意，本案打斗的起因系对方挑起，打斗的地点也系在本方店内，所以双方攻击与防卫的关系清楚明了。沈某纠集雷某等人聚众斗殴属于正在进行的不法侵害，没有斗殴故意的侯某秋一方可以进行正当防卫，因此侯某秋的行为具有防卫性质。

第三，侯某秋的行为不属于防卫过当，不负刑事责任。本案沈某、雷某等人的共同侵害行为，严重危及他人人身安全，侯某秋为保护自己和本店人员免受暴力侵害，而采取防卫行为，造成不法侵害人之一雷某死亡，依据刑法第二十条第三款的规定，不属于防卫过当，不负刑事责任。

【指导意义】

刑法第二十条第三款规定的“其他严重危及人身安全的暴力犯罪”的认定，除了在方法上，以本款列举的四种罪行为参照，通过比较暴力程度、危险程度和刑法给予惩罚的力度作出判断以外，还应当注意把握以下几点：一是不法行为侵害的对象是人身安全，即危害人的生命权、健康权、自由权和性权利。人身安全之外的财产权利、民主权利等其他合法权利不在其内，这也是特殊防卫区别于一般防卫的一个重要特征；二是不法侵害行为具有暴力性，且应达到犯罪的程度。对本款列举的杀人、抢劫、强奸、绑架应作广义的理解，即不仅指这四种具体犯罪行为，也包括以此种暴力行为作为手段，而触犯其他罪名的犯罪行为，如以抢劫为手段的抢劫枪支、弹药、爆炸物的行为，以绑架为手段的拐卖妇女、儿童的行为，以及针对人的生命、健康而采取的放火、爆炸、决水等行为；三是不法侵害行为应当达到一定的严重程度，即有可能造成他人重伤或死亡的后果。需要强调的是，不法侵害行为是否已经造成实际伤害后果，不必然影响特殊防卫的成立。此外，针对不法侵害行为对他人人身安全造成的严重危险，可以实施特殊防卫。

在共同不法侵害案件中，“行凶”与“其他严重危及人身安全的暴力犯罪”，在认定上可以有一定交叉，具体可结合全案行为特征和各侵害人的具体行为特征作综合判定。另外，对于寻衅滋事行为，不宜直接认定为“其他严重危及人身安全的暴力犯罪”，寻衅滋事行为暴力程度较高、严重危及他人人身安全的，可分别认定为刑法第二十条第三款规定中的行凶、杀人或抢劫。需要说明的是，侵害行为最终成立何种罪名，对防卫人正当防卫的认定没有影响。

人民检察院审查起诉时，应当严把事实关、证据关和法律适用关。根据查明的事实，犯罪嫌疑人的行为属于正当防卫，不负刑事责任的，应当依法作出不起诉的决定，保障无罪的人不受刑事追究。

三、最高人民检察院指导性案例第107号唐某等人聚众斗殴案[①]

（2021年2月26日最高人民检察院第十三届检察委员会第六十三次会议决定，2021年3月2日公布）

【关键词】

聚众斗殴　违反监督管理规定　撤销附条件不起诉　提起公诉

① 《唐某等人聚众斗殴案》，载最高人民检察院网站，https：//www. spp. gov. cn/jczdal/202103/t20210303_510511. shtml，最后访问时间：2022年4月25日。

【要旨】

对于被附条件不起诉人在考验期内多次违反监督管理规定，逃避或脱离矫治和教育，经强化帮教措施后仍无悔改表现，附条件不起诉的挽救功能无法实现，符合“违反考察机关监督管理规定，情节严重”的，应当依法撤销附条件不起诉决定，提起公诉。

【相关规定】

《中华人民共和国刑法》第二百九十二条

《中华人民共和国刑事诉讼法》第一百七十六条、第二百八十二条、第二百八十三条、第二百八十四条

《人民检察院刑事诉讼规则》第四百六十三条、第四百七十九条

《未成年人刑事检察工作指引（试行）》第一百九十四条、第一百九十五条、第一百九十六条、第二百零四条

【基本案情】

被附条件不起诉人唐某，男，作案时17周岁，辍学无业。

2017年3月15日，唐某与潘某（男，作案时14周岁）因琐事在电话中发生口角，相约至某广场斗殴。唐某纠集十余名未成年人，潘某纠集八名未成年人前往约架地点。上午8时许，双方所乘车辆行至某城市主干道红绿灯路口时，唐某等人下车对正在等红绿灯的潘某一方所乘两辆出租车进行拦截，对拦住的一辆车上的四人进行殴打，未造成人员伤亡。

【检察机关履职过程】

（一）依法适用附条件不起诉。2017年6月20日，公安机关以唐某涉嫌聚众斗殴罪将该案移送检察机关审查起诉。检察机关审查后认为：1. 唐某涉嫌聚众斗殴罪，可能判处一年有期徒刑以下刑罚。唐某虽系聚众斗殴的纠集者，在上班高峰期的交通要道斗殴，但未造成严重后果，且案发时其不满十八周岁，参照最高人民法院量刑指导意见以及当地同类案件已生效判决，评估唐某可能判处有期徒刑八个月至十个月。2. 唐某归案后如实供述犯罪事实，通过亲情会见、心理疏导以及看守所提供的表现良好书面证明材料，综合评估其具有悔罪表现。3. 亲子关系紧张、社会交往不当是唐某涉嫌犯罪的重要原因。唐某的母亲常年外出务工，

其与父母缺乏沟通交流；唐某与社会闲散人员交往过密，经常出入夜店，夜不归宿；遇事冲动、爱逞能、好面子，对斗殴行为性质及后果存在认知偏差。4. 具备帮教矫治条件。心理咨询师对唐某进行心理疏导时，其明确表示认识到自己行为的危害性，不再跟以前的朋友来往，并提出想要学厨艺的强烈意愿。对其法定代理人开展家庭教育指导后，其母亲愿意返回家中履行监护职责，唐某明确表示将接受父母的管教和督促。检察机关综合唐某的犯罪情节、悔罪表现、犯罪成因及帮教条件并征求公安机关、法定代理人意见后，认定唐某符合附条件不起诉条件，于 2017 年 7 月 21 日依法对其作出附条件不起诉决定，考验期六个月。

（二）设置可评价考察条件，有针对性地调整强化帮教措施。检察机关成立由检察官、唐某的法定代理人和某酒店负责人组成的帮教小组，开展考察帮教工作。针对唐某的实际情况，为其提供烹饪技能培训，促其参加义务劳动和志愿者活动，要求法定代理人加强监管并禁止其出入特定场所。同时，委托专业心理咨询师对其多次开展心理疏导，对其父母开展家庭教育指导，改善亲子关系。在考验前期，唐某能够遵守各项监督管理规定，表现良好，但后期其开始无故迟到、旷工，还出入酒吧、夜店等娱乐场所。为此，检察机关及时调整强化帮教措施：第一，通过不定时电话访谈、委托公安机关不定期调取其出入网吧、住宿记录等形式监督唐某是否存在违反禁止性规定的行为，一旦发现立即训诫，并通过心理咨询师进行矫治。第二，针对唐某法定代理人监督不力的行为，重申违反考验期规定的严重后果，及时开展家庭教育指导和司法训诫。第三，安排唐某到黄河水上救援队接受先进事迹教育感化，引导其树立正确的价值观，选择具有正能量的人交往。

（三）认定违反监督管理规定情节严重，依法撤销附条件不起诉决定。因唐某自控能力较差，无法彻底阻断与社会不良人员的交往，法定代理人监管意识和监管能力不足，在经过检察机关多次训诫及心理疏导后，唐某仍擅自离开工作的酒店，并明确表示拒绝接受帮教。检察机关全面评估唐某考验期表现，认为其在考验期内，多次夜不归宿，经常在凌晨出入酒吧、夜店、KTV 等娱乐场所；与他人结伴为涉嫌寻衅滋事犯罪的人员助威；多次醉酒，上班迟到、旷工；未向检察机关和酒店负责人报告，擅自离开帮教单位，经劝说仍拒绝上班。同时，唐某的法定代理人也未如实报告唐某日常表现，在检察机关调查核实时，帮助唐某欺瞒。

因此，检察机关认定唐某违反考察机关附条件不起诉的监督管理规定，情节严重。2018 年 1 月 15 日，检察机关依法撤销唐某的附条件不起诉决定。

（四）依法提起公诉，建议不适用缓刑。2018 年 1 月 17 日，检察机关以唐某涉嫌聚众斗殴罪对其提起公诉。法庭审理阶段，公诉人指出应当以聚众斗殴罪追究其刑事责任，且根据附条件不起诉考验期间调查核实的情况，认为唐某虽认罪但没有悔罪表现，且频繁出入娱乐场所，长期与社会闲散人员交往，再犯可能性较高，不适用缓刑。2018 年 3 月 16 日，法院作出一审判决，以被告人唐某犯聚众斗殴罪判处有期徒刑八个月。一审宣判后，被告人唐某未上诉。

【指导意义】

（一）针对被附条件不起诉人的实际表现，及时调整监督矫治措施，加大帮教力度。检察机关对干预矫治的情形和再犯风险应当进行动态评估，发现被附条件不起诉人在考验期内违反帮教协议的相关规定时，要及时分析原因，对仍有帮教可能性的，应当调整措施，通过延长帮教期限、心理疏导、司法训诫、家庭教育指导等多种措施加大帮教力度，及时矫正被附条件不起诉未成年人的行为认知偏差。

（二）准确把握“违反考察机关监督管理规定”行为频次、具体情节、有无继续考察帮教必要等因素，依法认定“情节严重”。检察机关经调查核实、动态评估后发现被附条件不起诉人多次故意违反禁止性监督管理规定，或者进入特定场所后违反治安管理规定，或者违反指示性监督管理规定，经检察机关采取训诫提醒、心理疏导等多种措施后仍无悔改表现，脱离、拒绝帮教矫治，导致通过附条件不起诉促进涉罪未成年人悔过自新、回归社会的功能无法实现时，应当认定为刑事诉讼法第二百八十四条第一款第（二）项规定的“情节严重”，依法撤销附条件不起诉决定，提起公诉。

第三十七章　寻衅滋事罪

【立案追诉标准】

寻衅滋事案（刑法第293条）

一、随意殴打他人，破坏社会秩序，涉嫌下列情形之一的，应予立案追诉：

（一）致1人以上轻伤或者2人以上轻微伤的；

（二）引起他人精神失常、自杀等严重后果的；

（三）多次随意殴打他人的；

（四）持凶器随意殴打他人的；

（五）随意殴打精神病人、残疾人、流浪乞讨人员、老年人、孕妇、未成年人，造成恶劣社会影响的；

（六）在公共场所随意殴打他人，造成公共场所秩序严重混乱的：

（七）其他情节恶劣的情形。

二、追逐、拦截、辱骂、恐吓他人，破坏社会秩序，涉嫌下列情形之一的，应予立案追诉：

（一）多次追逐拦截、辱骂、恐吓他人，造成恶劣社会影响的；

（二）持凶器追逐、拦截．辱骂、恐吓他人的；

（三）追逐、拦截、辱骂、恐吓精神病人、残疾人、流浪乞讨人员、老年人、孕妇、未成年人，造成恶劣社会影响的；

（四）引起他人精神失常、自杀等严重后果的；

（五）严重影响他人的工作、生活、生产、经营的；

（六）其他情节恶劣的情形。

三、强拿硬要或者任意损毁、占用公私财物，破坏社会秩序，涉嫌下列情形之一的，应予立案追诉：

（一）强拿硬要公私财物价值1千元以上，或者任意损毁、占用公私财物价值2千元以上的；

（二）多次强拿硬要或者任意损毁、占用公私财物，造成恶劣社会影响的；

（三）强拿硬要或者任意损毁、占用精神病人、残疾人、流浪乞讨人员、老年人、孕妇、未成年人的财物，造成恶劣社会影响的；

（四）引起他人精神失常、自杀等严重后果的；

（五）严重影响他人的工作、生活、生产、经营的；

（六）其他情节严重的情形。

四、在车站、码头、机场、医院、商场、公园、影剧院、展览会、运动场或者其他公共场所起哄闹事，应当根据公共场所的性质、公共活动的重要程度、公共场所的人数、起哄闹事的时间、公共场所受影响的范围与程度等因素，综合判断是否造成公共场所秩序严重混乱。

《最高人民检察院、公安部关于公安机关管辖的刑事案件立案追诉标准的规定（一）的补充规定》（2017年4月27日）

【犯罪构成及刑事责任】

寻衅滋事罪，是指在公共场所起哄闹事、无理取闹、肆意挑衅、无事生非，横行霸道、殴打无辜他人，严重破坏公共秩序的行为。本罪是1997年修正后的刑法新增加的罪名，是1979年刑法规定的流氓罪中的行为方式之一。本罪从流氓罪中分离出来，有利于对这类犯罪行为的认定与处罚。构成本罪需要具备以下四个要件：

1. 客体要件。本罪侵犯的客体是公共秩序，包括他人的人身权利和公私财产权利。

2. 客观要件。本罪在客观方面表现为随意殴打他人，强拿硬要、任意损毁占用公私财物、追逐拦截、辱骂恐吓他人、在公共场所起哄闹事等破坏公共秩序情节严重或者造成公共场所秩序严重混乱的行为。本罪是并列性罪名，刑法第293条同时列举了构成寻衅滋事罪的四种行为方式，行为人只要实施了其中一种，就构成本罪。

3. 主体要件。本罪的主体为一般主体，即只要年满16周岁，具有刑事责任能力的自然人均可成为本罪主体。

4. 主观要件。本罪在主观方面表现为故意，而且是直接故意。主观方面的基本特征是：行为人在主观上具有公然向社会公德挑战，向社会成员应共同遵守的社会秩序挑战的故意。本罪的立案追诉标准，主要是根据刑法修正案（八）对刑法第293条的修改，删除了《最高人民检察院、公安部关于公安机关管辖的刑事案件立案追诉标准的规定（一）》第37条的规定，参照2013年7月发布的《最高人民法院、最高人民检察院关于办理寻衅滋事刑事案件适用法律若干问题的解释》，对寻衅滋事应予立案追诉的具体情形予以明确。

根据刑法第293条的规定：犯本罪，处五年以下有期徒刑、拘役或者管制；纠集他人多次实施前款行为，严重破坏社会秩序的，处五年以上十年以下有期徒刑，可以并处罚金。

【疑难指导】

一、对本罪中“随意殴打他人，情节恶劣的”的理解和认定

随意殴打他人，是指出于耍威风、取乐等不健康动机，无故、无理殴打相识或者素不相识的人。这里的“情节恶劣的”，是指随意殴打他人手段残忍的，多次随意殴打他人的；造成被殴打人自杀等严重后果等。这里需要注意六点问题：第一，只要是针对人的身体行使有形力，即使没有接触人的身体的，也属于殴打。例如，向他人身体挥舞棍棒但没有接触到他人身体的，成立殴打。第二，殴打行为不是伤害罪的未遂犯，所以，殴打不以具有造成伤害结果的危险性为前提。换

言之，倘若某种行为只能造成他人身体痛苦，但不可能造成伤害，也属于殴打。第三，如果行为人针对物行使有形力，因而对人的身体以强烈的物理影响的，由于不是针对人的身体行使有形力，不宜认定为殴打。第四，使用有形的方法不等于行使有形力。例如，使他人饮食不卫生食品后胃痛的，虽然是有形的方法，但不应评价为殴打。第五，由于寻衅滋事罪具有补充性质，所以，殴打不以造成伤害（轻伤以上）为前提。但是，一方面，造成了伤害结果的伤害行为，无疑符合殴打行为的要件；另一方面，如前所述，寻衅滋事罪的法定刑重于故意轻伤的法定刑。所以，殴打行为造成轻伤害结果的，也可能被认定为随意殴打类型的寻衅滋事罪。第六，基于同样的理由，殴打不以聚众为前提，更不以符合聚众斗殴罪的构成要件为前提。但是，随意聚众斗殴的行为，通常符合寻衅滋事罪的构成要件。

随意，意味着行为人殴打他人没有任何自我控制。刑法理论与司法实践常常喜欢用是否“事出有因”来判断是否随意，也就是说，如果事出有因，就不是随意；如果事出无因，就是随意。但是，任何故意犯罪行为都不可能是无缘无故的，换言之，任何故意犯罪行为都有其产生的主观原因或动机。所谓事出有因，是指一般人可以按照犯罪人的理性“理解”“接受”的原因；而事出无因，则是基于犯罪人的理性也难以“理解”“接受”的原因。但是，殴打行为是否随意，并不是一种纯主观的判断，而是基于客观事实作出的判断。客观上殴打的次数越多，遭受殴打的人数越多，被判断为“随意殴打”的可能性就越大。而且，一般人的“理解”“接受”不是单纯以行为人的动机作为判断依据，而是必然同时考虑其他相关要素。所以，“随意”的判断具有相对性。例如，行为人虽然只是殴打他人一次，但殴打的原因是他人对行为人提出了良好的建议。对此应评价为随意殴打，因为即使站在行为人的立场，也会认为殴打的原因不可思议。又如，数人中只有一人作出了对行为人不利的举动，而行为人却殴打了在场的数人。对此也应评价为随意殴打，因为行为人殴打无辜数人的行为，不能被一般人“理解”“接受”。反之，行为人殴打他人七八次，殴打的原因是他人讽刺了行为人的举动。即使殴打的原因本身或许可以被一般人“理解”，但殴打的次数不能被一般人“理解”。所以，随意并非单纯的主观要素，而是基于客观事实作出的判断。

在我国现阶段，情节轻微的殴打行为不可能成立犯罪。所以，刑法作出了“情节恶劣”的要求。情节是否恶劣，应围绕法益受侵害或者受威胁的程度作出判断。例如，随意殴打行为造成轻微伤或者轻伤的，随意殴打他人手段恶劣、残忍的，随意使用凶器殴打他人的；纠集多人随意殴打他人的，多次随意殴打他人或者一次随意殴打多人的，随意殴打残疾人、儿童等弱势群体的，均宜认定为情节恶劣。但司法机关必须注意的是，不能将殴打他人的“随意性”本身评价为情节恶劣；只有当殴打行为同时具备随意性与恶劣性时，才能以寻衅滋事罪论处。

二、对本罪中“追逐、拦截、辱骂、恐吓他人，情节恶劣的”的理解和认定

追逐、拦截、辱骂、恐吓他人，是指出于取乐、寻求精神刺激等不健康动机，无故无理追赶、拦截、侮辱、谩骂、恐吓他人，此多表现为追逐、拦截、辱骂妇女。这里的“情节恶劣的”，主要是指经常性追逐、拦截、辱骂、恐吓他人的；造成恶劣影响或者激起民愤的；造成其他后果的等。需要指出的是，如果行为使用暴力、胁迫或者其他方法强制猥亵或者侮辱妇女的，则构成强制猥亵、侮辱罪。

追逐，一般是指妨碍他人停留在一定场所的行为；拦截，一般是指阻止他人转移场所的行为。显然，这两种行为，都是妨碍他人行动自由的行为。追逐与拦截可能以暴力方式实施，也可能以威胁等方式实施。辱骂，是指以言语对他人予以轻蔑的价值判断。辱骂不要求有特定的对象，对一般人的谩骂，也可能成立本罪的辱骂。恐吓是以加害他人权益或公共利益等事项威胁他人，使他人心理感到畏怖恐慌，在许多国家是一项刑事犯罪，无论有无向对方动粗，无论是否行使暴力行动，即使只是语言上威胁受害者（对方），有死亡威胁或伤害当事人或其家族、公司、财产权等。包括死亡威胁、诈弹威胁、以自杀做威胁等。若意图以此方式来获取他人财物或利益而实行者，称为“恐吓取财”。

情节恶劣的判断，必须以法益受侵害或者受威胁的程度为中心。对于追逐、拦截、辱骂、恐吓他人造成他人轻微伤、轻伤结果或者导致他人自杀的，使用凶器追逐、拦截他人的，多次追逐、拦截、辱骂、恐吓他人的，追逐、拦截残疾人、儿童等弱势群体的，应当认定为情节恶劣。与刑法第 293 条第 1 项相比，第 2 项的要求似乎较为缓和。因为第 1 项除要求殴打他人之外，另要求“随意”与“情节恶劣”；而第 2 项仅在行为之外设置了“情节恶劣”的限制性条件。但在罪名与法定刑相同的情况下，不能将该罪中的两个类型作程度差异的解释。所以，大体而言，第 2 项成立犯罪的情节要求，应高于第 1 项的恶劣程度。

三、对本罪中“强拿硬要或者任意损毁、占用公私财物，情节严重的”的理解和认定

强拿硬要或者任意损毁、占有公私财物，是指以蛮不讲理的流氓手段，强行索要市场、商店的商品以及他人的财物，或者随心所欲损坏、毁灭、占用公私财物。这里的情节严重的，是指强拿硬要或者任意损毁、占用的公私财物数量大的；造成恶劣影响的；多次强拿硬要或者任意损毁、占用公私财物的；造成公私财物受到严重损失等。

例如，乘坐出租车后，迫使对方不收受出租费用的行为，也宜解释为强拿硬要行为。强拿硬要行为虽然具有一定的强制性，但不需要达到足以压制被害人反抗的程度。损毁财物，是指使公私财物的使用价值减少或者丧失的一切行为。任意与随意的意义相近，但其程度低于随意的要求，侧重于说明行为不具有合法根据与理由。就损毁财物而言，任意，意味着行为违背被害人的意志。占用公私财物，是指不当、非法使用公私财物的一切行为。“任意”不仅是对损毁公私财物的限制，也是对占用公私财物的限制。占用公私财物的行为必须具有不正当性，但并不要求行为人具有非法占有目的。

情节是否严重，需要根据行为人取得、损毁、占用的财产数额的多少，强行的程度，任意的程度，行为的次数等作出判断。由于本罪具有综合性的特点，其保护法益并非单纯的财产，故本项行为的结果并不限于财产损失。倘若强拿硬要行为造成他人自杀，也可以评价为强拿硬要情节严重。同样，在自由市场强拿硬要或者任意损毁他人商品的行为，导致他人被迫放弃在市场经营，或者难以顺利在市场经营的，也应评价为强拿硬要情节严重。强拿硬要、任意损毁或者占用公私财产数额较大的，当然属于情节严重（至于是否触犯其他罪名，则另当别论）。

四、对本罪中“公共场所起哄闹事，造成公共场所秩序严重混乱的”的理解和认定

在公共场所起哄闹事，是指出于取乐、寻求精神刺激等不健康动机，在公共场所无事生非，制造事端。扰乱公共场所秩序造成公共场所秩序严重混乱的，是指公共场所正常的秩序受到破坏，引起群众惊慌、逃离等严重混乱局面的。

对起哄闹事行为是否造成公共秩序严重混乱的判断，应以行为时的全部具体状态为根据。公共场所的性质、公共场所活动的重要程度、进入公共场所的人数、起哄闹事的时间、公共活动受影响的范围与程度等，是判断行为是否造成公共秩序严重混乱的重要资料。例如，行为人是在公共活动开始时起哄闹事，还是在公共活动结束时起哄闹事，行为是导致公共场所的少数人不能从事正常活动，还是导致公共场所的多数人不能或者难以从事正常活动，对于判断结论会有重大影响。

行为人只要有上述四种情形中的任意一种，就构成寻衅滋事罪。但在审判实践中，行为人往往既“强拿硬要”，又“随意殴打他人”，或者先“追逐、拦截、辱骂他人”，后“任意损毁、占用公私财物”。行为人为满足其寻求精神刺激、开心取乐的目的一般会实施多个行为，这时只以本罪一罪认定。

五、本罪与非罪的界限

区分寻衅滋事罪与非罪的界限，要注意以下两点：

第一，行为人只要实施了刑法第 293 条列举的四种寻衅滋事行为之一的，即可构成本罪。实施这四种行为以外的其他寻衅滋事行为，不能按本罪处理。而且即使是实施了四种法定的行为，也必须是分别达到“情节恶劣”“情节严重”“造成公共场所秩序严重混乱”的程度，才能构成犯罪。对于未达到上述规定程度的一般寻衅滋事行为，只能由公安机关给予治安管理处罚，不能以犯罪论处。

第二，本罪与民事纠纷引发的闹事行为的界限。一些公民因民事纠纷或个人恩怨在公共场所殴打、辱骂他人，在路上拦截、追逐他人，或为索要债务而强行拿走、毁坏、占有他人财产等行为，虽然在行为方式上与寻衅滋事犯罪相似，但都是事出有因，没有无事生非、寻衅滋事的动机，一般不能作为本罪处理。

六、本罪与故意伤害罪、故意杀人罪的区分

随意殴打他人，致人轻伤的，以本罪论。但殴打他人致人重伤或者死亡的，应视具体情况按故意伤害罪、故意杀人罪定罪量刑。如何区别寻衅滋事与故意伤害行为呢？可以从以下三点辨析：

第一，看案件发生场所。随意殴打他人一般发生在公共场所。在这些地方，行为人为了建立和巩固“势力范围”，需要更多的人对其“服气”“敬畏”，所以动辄殴打他人。而故意伤害行为人往往对于伤害场所精心选择，有时为追求犯罪更易得手，会挑选人少、偏僻的场所。

第二，看被害对象的特定与否。故意伤害的被害对象是特定的，寻衅滋事的被害对象一般是不特定的。从行为人与被害人的关系来看，故意伤害行为人与被害人一般存在纠纷或互有宿怨；寻衅滋事的侵犯对象往往是可以“置换”的，也就是不特定的。

第三，看行为人对伤害结果所持的态度。随意殴打他人致轻伤，行为人是基于逞强斗狠、称霸一方等目的，但对于致人伤害的后果，行为人则一般持放任的态度，为间接故意。而故意伤害的主观故意内容，一般以直接故意为主。

七、本罪与聚众扰乱社会秩序罪、聚众扰乱公共场所秩序、交通秩序罪的区分

犯寻衅滋事罪有时也会造成交通堵塞、公共场所秩序混乱，甚至会造成国家机关、企业、事业单位、人民团体停工、停产，学校停课等后果，在形式上与聚众扰乱社会秩序罪、聚众扰乱公共场所秩序、交通秩序罪基本相同。

但其主要区别在于：本罪的行为人多是无事生非、肆意挑拨事端，具有寻求刺激的动机；而聚众扰乱社会秩序罪、聚众扰乱公共场所秩序、交通秩序罪，行为人往往事出有因，要达到某种个人目的，用聚众扰乱秩序的方式来要挟政府，施加压力，没有寻衅滋事的动机。

八、本罪与聚众斗殴罪的区分

本罪与聚众斗殴罪的区分，主要是看行为产生的原因、规模和行为动机、结果。所谓寻衅滋事罪，是指在公共场所起哄闹事、无理取闹、肆意挑衅、无事生非、横行霸道、殴打无辜他人，严重破坏公共秩序的行为。从寻衅滋事罪的概念可以看出，两者具有很多相似之处。但两者的区别也很明显，主要有以下三点：

第一，聚众斗殴具有产生的特定原因，一般是因为相互之间结有怨恨；而寻衅滋事则一般不存在事前的怨恨问题。

第二，在参加的人员规模方面法律要求也不同。聚众斗殴一般是群体性的；而寻衅滋事可以是少量人，2 人甚至 1 人都可以为之。

第三，动机方面也不相同。聚众斗殴是为了给特定的对方以武力报复；而寻衅滋事由于缺乏特定的对象，也就无所谓报复之说。

第四，聚众斗殴一般都要产生伤害的危害结果；而寻衅滋事并不一定出现必然的实害后果。

【办案依据】

一、刑法规定

第二百九十三条 有下列寻衅滋事行为之一，破坏社会秩序的，处五年以下有期徒刑、拘役或者管制：

（一）随意殴打他人，情节恶劣的；

（二）追逐、拦截、辱骂、恐吓他人，情节恶劣的；

（三）强拿硬要或者任意损毁、占用公私财物，情节严重的；

（四）在公共场所起哄闹事，造成公共场所秩序严重混乱的。

纠集他人多次实施前款行为，严重破坏社会秩序的，处五年以上十年以下有期徒刑，可以并处罚金。

二、司法解释

（一）《最高人民法院、最高人民检察院关于办理利用信息网络实施诽谤等刑事案件适用法律若干问题的解释》（2013 年 9 月 6 日，法释〔2013〕21 号）

第五条 利用信息网络辱骂、恐吓他人，情节恶劣，破坏社会秩序的，依照刑法第二百九十三条第一款第（二）项的规定，以寻衅滋事罪定罪处罚。

编造虚假信息，或者明知是编造的虚假信息，在信息网络上散布，或者组织、指使人员在信息网络上散布，起哄闹事，造成公共秩序严重混乱的，依照刑法第二百九十三条第一款第（四）项的规定，以寻衅滋事罪定罪处罚。

（二）《最高人民法院、最高人民检察院关于办理寻衅滋事刑事案件适用法律若干问题的解释》（2013 年 7 月 15 日，法释〔2013〕18 号）

为依法惩治寻衅滋事犯罪，维护社会秩序，根据《中华人民共和国刑法》的有关规定，现就办理寻衅滋事刑事案件适用法律的若干问题解释如下：

第一条 行为人为寻求刺激、发泄情绪、逞强耍横等，无事生非，实施刑法

第二百九十三条规定的行为的，应当认定为“寻衅滋事”。

行为人因日常生活中的偶发矛盾纠纷，借故生非，实施刑法第二百九十三条规定的行为的，应当认定为“寻衅滋事”，但矛盾系由被害人故意引发或者被害人对矛盾激化负有主要责任的除外。

行为人因婚恋、家庭、邻里、债务等纠纷，实施殴打、辱骂、恐吓他人或者损毁、占用他人财物等行为的，一般不认定为“寻衅滋事”，但经有关部门批评制止或者处理处罚后，继续实施前列行为，破坏社会秩序的除外。

第二条 随意殴打他人，破坏社会秩序，具有下列情形之一的，应当认定为刑法第二百九十三条第一款第一项规定的“情节恶劣”：

（一）致一人以上轻伤或者二人以上轻微伤的；

（二）引起他人精神失常、自杀等严重后果的；

（三）多次随意殴打他人的；

（四）持凶器随意殴打他人的；

（五）随意殴打精神病人、残疾人、流浪乞讨人员、老年人、孕妇、未成年人，造成恶劣社会影响的；

（六）在公共场所随意殴打他人，造成公共场所秩序严重混乱的；

（七）其他情节恶劣的情形。

第三条 追逐、拦截、辱骂、恐吓他人，破坏社会秩序，具有下列情形之一的，应当认定为刑法第二百九十三条第一款第二项规定的“情节恶劣”：

（一）多次追逐、拦截、辱骂、恐吓他人，造成恶劣社会影响的；

（二）持凶器追逐、拦截、辱骂、恐吓他人的；

（三）追逐、拦截、辱骂、恐吓精神病人、残疾人、流浪乞讨人员、老年人、孕妇、未成年人，造成恶劣社会影响的；

（四）引起他人精神失常、自杀等严重后果的；

（五）严重影响他人的工作、生活、生产、经营的；

（六）其他情节恶劣的情形。

第四条 强拿硬要或者任意损毁、占用公私财物，破坏社会秩序，具有下列情形之一的，应当认定为刑法第二百九十三条第一款第三项规定的“情节严重”：

（一）强拿硬要公私财物价值一千元以上，或者任意损毁、占用公私财物价值二千元以上的；

（二）多次强拿硬要或者任意损毁、占用公私财物，造成恶劣社会影响的；

（三）强拿硬要或者任意损毁、占用精神病人、残疾人、流浪乞讨人员、老年人、孕妇、未成年人的财物，造成恶劣社会影响的；

（四）引起他人精神失常、自杀等严重后果的；

（五）严重影响他人的工作、生活、生产、经营的；

（六）其他情节严重的情形。

第五条 在车站、码头、机场、医院、商场、公园、影剧院、展览会、运动场或者其他公共场所起哄闹事，应当根据公共场所的性质、公共活动的重要程度、公共场所的人数、起哄闹事的时间、公共场所受影响的范围与程度等因素，综合判断是否"造成公共场所秩序严重混乱"。

第六条 纠集他人三次以上实施寻衅滋事犯罪，未经处理的，应当依照刑法第二百九十三条第二款的规定处罚。

第七条 实施寻衅滋事行为，同时符合寻衅滋事罪和故意杀人罪、故意伤害罪、故意毁坏财物罪、敲诈勒索罪、抢夺罪、抢劫罪等罪的构成要件的，依照处罚较重的犯罪定罪处罚。

第八条 行为人认罪、悔罪，积极赔偿被害人损失或者取得被害人谅解的，可以从轻处罚；犯罪情节轻微的，可以不起诉或者免予刑事处罚。

（三）《最高人民法院关于审理未成年人刑事案件具体应用法律若干问题的解释》（2006年1月11日，法释〔2006〕1号）

第七条 已满十四周岁不满十六周岁的人使用轻微暴力或者威胁，强行索要其他未成年人随身携带的生活、学习用品或者钱财数量不大，且未造成被害人轻微伤以上或者不敢正常到校学习、生活等危害后果的，不认为是犯罪。

已满十六周岁不满十八周岁的人具有前款规定情形的，一般也不认为是犯罪。

第八条 已满十六周岁不满十八周岁的人出于以大欺小、以强凌弱或者寻求精神刺激，随意殴打其他未成年人、多次对其他未成年人强拿硬要或者任意损毁公私财物，扰乱学校及其他公共场所秩序，情节严重的，以寻衅滋事罪定罪处罚。

（四）《最高人民法院、最高人民检察院关于办理妨害预防、控制突发传染病疫情等灾害的刑事案件具体应用法律若干问题的解释》（2003 年 5 月 15 日，法释〔2003〕8 号）

第十一条　在预防、控制突发传染病疫情等灾害期间，强拿硬要或者任意损毁、占用公私财物情节严重，或者在公共场所起哄闹事，造成公共场所秩序严重混乱的，依照刑法第二百九十三条的规定，以寻衅滋事罪定罪，依法从重处罚。

三、司法文件

（一）《最高人民法院、最高人民检察院、公安部、司法部关于办理利用信息网络实施黑恶势力犯罪刑事案件若干问题的意见》（2019 年 7 月 23 日）

7. 利用信息网络辱骂、恐吓他人，情节恶劣，破坏社会秩序的，依照刑法第二百九十三条第一款第二项的规定，以寻衅滋事罪定罪处罚。

编造虚假信息，或者明知是编造的虚假信息，在信息网络上散布，或者组织、指使人员在信息网络上散布，起哄闹事，造成公共秩序严重混乱的，依照刑法第二百九十三条第一款第四项的规定，以寻衅滋事罪定罪处罚。

（二）《最高人民法院、最高人民检察院、公安部、司法部关于办理实施"软暴力"的刑事案件若干问题的意见》（2019 年 4 月 9 日）

一、"软暴力"是指行为人为谋取不法利益或形成非法影响，对他人或者在有关场所进行滋扰、纠缠、哄闹、聚众造势等，足以使他人产生恐惧、恐慌进而形成心理强制，或者足以影响、限制人身自由、危及人身财产安全，影响正常生活、工作、生产、经营的违法犯罪手段。

二、"软暴力"违法犯罪手段通常的表现形式有：

（一）侵犯人身权利、民主权利、财产权利的手段，包括但不限于跟踪贴靠、扬言传播疾病、揭发隐私、恶意举报、诬告陷害、破坏、霸占财物等；

（二）扰乱正常生活、工作、生产、经营秩序的手段，包括但不限于非法侵入他人住宅、破坏生活设施、设置生活障碍、贴报喷字、拉挂横幅、燃放鞭炮、播放哀乐、摆放花圈、泼洒污物、断水断电、堵门阻工，以及通过驱赶从业人员、派驻人员据守等方式直接或间接地控制厂房、办公区、经营场所等；

（三）扰乱社会秩序的手段，包括但不限于摆场架势示威、聚众哄闹滋扰、拦路闸事等；

（四）其他符合本意见第一条规定的“软暴力”手段。

通过信息网络或者通讯工具实施，符合本意见第一条规定的违法犯罪手段，应当认定为“软暴力”。

三、行为人实施“软暴力”，具有下列情形之一，可以认定为足以使他人产生恐惧、恐慌进而形成心理强制或者足以影响、限制人身自由、危及人身财产安全或者影响正常生活、工作、生产、经营：

（一）黑恶势力实施的；

（二）以黑恶势力名义实施的；

（三）曾因组织、领导、参加黑社会性质组织、恶势力犯罪集团、恶势力以及因强迫交易、非法拘禁、敲诈勒索、聚众斗殴、寻衅滋事等犯罪受过刑事处罚后又实施的；

（四）携带凶器实施的；

（五）有组织地实施的或者足以使他人认为暴力、威胁具有现实可能性的；

（六）其他足以使他人产生恐惧、恐慌进而形成心理强制或者足以影响、限制人身自由、危及人身财产安全或者影响正常生活、工作、生产、经营的情形。

由多人实施的，编造或明示暴力违法犯罪经历进行恐吓的，或者以自报组织、头目名号、统一着装、显露纹身、特殊标识以及其他明示、暗示方式，足以使他人感知相关行为的有组织性的，应当认定为“以黑恶势力名义实施”。

由多人实施的，只要有部分行为人符合本条第一款第（一）项至第（四）项所列情形的，该项即成立。

虽然具体实施“软暴力”的行为人不符合本条第一款第（一）项、第（三）项所列情形，但雇佣者、指使者或者纠集者符合的，该项成立。

四、“软暴力”手段属于《刑法》第二百九十四条第五款第（三）项“黑社会性质组织行为特征”以及《指导意见》第14条“恶势力”概念中的“其他手段”。

五、采用“软暴力”手段，使他人产生心理恐惧或者形成心理强制，分别属于《刑法》第二百二十六条规定的“威胁”、《刑法》第二百九十三条第一款第

（二）项规定的“恐吓”，同时符合其他犯罪构成要件的，应当分别以强迫交易罪、寻衅滋事罪定罪处罚。

《关于办理寻衅滋事刑事案件适用法律若干问题的解释》第二条至第四条中的“多次”一般应当理解为二年内实施寻衅滋事行为三次以上。三次以上寻衅滋事行为既包括同一类别的行为，也包括不同类别的行为；既包括未受行政处罚的行为，也包括已受行政处罚的行为。

六、有组织地多次短时间非法拘禁他人的，应当认定为《刑法》第二百三十八条规定的“以其他方法非法剥夺他人人身自由”。非法拘禁他人三次以上、每次持续时间在四小时以上，或者非法拘禁他人累计时间在十二小时以上的，应当以非法拘禁罪定罪处罚。

七、以“软暴力”手段非法进入或者滞留他人住宅的，应当认定为《刑法》第二百四十五条规定的“非法侵入他人住宅”，同时符合其他犯罪构成要件的，应当以非法侵入住宅罪定罪处罚。

八、以非法占有为目的，采用“软暴力”手段强行索取公私财物，同时符合《刑法》第二百七十四条规定的其他犯罪构成要件的，应当以敲诈勒索罪定罪处罚。

《关于办理敲诈勒索刑事案件适用法律若干问题的解释》第三条中“二年内敲诈勒索三次以上”，包括已受行政处罚的行为。

九、采用“软暴力”手段，同时构成两种以上犯罪的，依法按照处罚较重的犯罪定罪处罚，法律另有规定的除外。

十、根据本意见第五条、第八条规定，对已受行政处罚的行为追究刑事责任的，行为人先前所受的行政拘留处罚应当折抵刑期，罚款应当抵扣罚金。

十一、雇佣、指使他人采用“软暴力”手段强迫交易、敲诈勒索，构成强迫交易罪、敲诈勒索罪的，对雇佣者、指使者，一般应当以共同犯罪中的主犯论处。

为强索不受法律保护的债务或者因其他非法目的，雇佣、指使他人采用“软暴力”手段非法剥夺他人人身自由构成非法拘禁罪，或者非法侵入他人住宅、寻衅滋事，构成非法侵入住宅罪、寻衅滋事罪的，对雇佣者、指使者，一般应当以共同犯罪中的主犯论处；因本人及近亲属合法债务、婚恋、家庭、邻里纠纷等民间矛盾而雇佣、指使，没有造成严重后果的，一般不作为犯罪处理，但经有关部门批评制止或者处理处罚后仍继续实施的除外。

（三）《最高人民检察院、公安部关于公安机关管辖的刑事案件立案追诉标准的规定（一）》（2008年6月25日）

第三十七条　［寻衅滋事案（刑法第二百九十三条）］ 寻衅滋事，破坏社会秩序，涉嫌下列情形之一的，应予立案追诉：

（一）随意殴打他人造成他人身体伤害、持械随意殴打他人或者具有其他恶劣情节的；

（二）追逐、拦截、辱骂他人，严重影响他人正常工作、生产、生活，或者造成他人精神失常、自杀或者具有其他恶劣情节的；

（三）强拿硬要或者任意损毁、占用公私财物价值二千元以上，强拿硬要或者任意损毁、占用公私财物三次以上或者具有其他严重情节的；

（四）在公共场所起哄闹事，造成公共场所秩序严重混乱的。

（四）《最高人民法院关于审理抢劫、抢夺刑事案件适用法律若干问题的意见》（2005年6月8日）

九、关于抢劫罪与相似犯罪的界限

4. 抢劫罪与寻衅滋事罪的界限

寻衅滋事罪是严重扰乱社会秩序的犯罪，行为人实施寻衅滋事的行为时，客观上也可能表现为强拿硬要公私财物的特征。这种强拿硬要的行为与抢劫罪的区别在于：前者行为人主观上还具有逞强好胜和通过强拿硬要来填补其精神空虚等目的，后者行为人一般只具有非法占有他人财物的目的；前者行为人客观上一般不以严重侵犯他人人身权利的方法强拿硬要财物，而后者行为人则以暴力、胁迫等方式作为劫取他人财物的手段。司法实践中，对于未成年人使用或威胁使用轻微暴力强抢少量财物的行为，一般不宜以抢劫罪定罪处罚。其行为符合寻衅滋事罪特征的，可以寻衅滋事罪定罪处罚。

四、其他法规

（一）《中华人民共和国体育法》（2016年11月7日）

第五十一条　在体育活动中，寻衅滋事、扰乱公共秩序的，给予批评、教育并予以制止；违反治安管理的，由公安机关依照治安管理处罚法的规定给予处罚；构成犯罪的，依法追究刑事责任。

（二）《中华人民共和国教育法》（2022年4月20日）

第七十二条　结伙斗殴、寻衅滋事，扰乱学校及其他教育机构教育教学秩序或者破坏校舍、场地及其他财产的，由公安机关给予治安管理处罚；构成犯罪的，依法追究刑事责任。

侵占学校及其他教育机构的校舍、场地及其他财产的，依法承担民事责任。

（三）《中华人民共和国铁路法》（2015年4月24日）

第六十五条　在列车内，抢劫旅客财物，伤害旅客的，依照刑法有关规定从重处罚。

在列车内，寻衅滋事，侮辱妇女，情节恶劣的，依照刑法有关规定追究刑事责任；敲诈勒索旅客财物的，依照刑法有关规定追究刑事责任。

第三十八章　催收非法债务罪

【立案追诉标准】

催收非法债务案（刑法第 293 条之一）

有下列情形之一，催收高利放贷等产生的非法债务，情节严重的，应当立案：

（1）使用暴力、胁迫方法的；

（2）限制他人人身自由或者侵入他人住宅的；

（3）恐吓、跟踪、骚扰他人的。

【犯罪构成及刑事责任】

催收非法债务罪，是指使用暴力、胁迫方法或者限制他人人身自由或者侵入他人住宅又或者恐吓、跟踪、骚扰他人，催收高利放贷等产生的非法债务，情节严重的行为。构成本罪需要具备以下四个要件：

1. 客体要件。本罪侵犯的客体是社会管理秩序。是公民正常的生产生活秩序和人身权利，财产权利。

2. 客观要件。客观方面表现为催收高利放贷等产生的非法债务，情节严重的行为，具体包括三个基本要素：

第一，“催收高利放贷等产生的非法债务”有以下含义：首先，行为人实施了“催收”行为，“催”是方式，“收”是目的。刑法第 293 条之一对催收高利放贷等产生的非法债务，情节严重的行为做了具体列举。行为人实施这些行为的目的就是将高利放贷等产生的非法债务明确化、固定化。其次，行为人催收的是“高利放贷等产生的非法债务”。

第二，三种具体行为方式包括：使用暴力、胁迫的方法；限制他人人身自由或者侵入他人住宅，这里规定了两种行为，“限制他人人身自由”和“侵入他人住宅”；恐吓、跟踪、骚扰他人。

第三，情节严重。催收高利放贷等产生的非法债务要“情节严重”才能构成本罪。对于具有一定的社会危害性，但情节不算严重的，违反《中华人民共和国治安管理处罚法》的，可根据《中华人民共和国治安管理处罚法》的有关规定予以行政处罚。“情节严重”的具体情况，可由司法机关通过司法解释的方式作进一步细化。

3. 主体要件。本罪的主体是一般主体，即凡是达到法定刑事责任年龄、具有刑事责任能力的人，均可构成本罪。

4. 主观要件。本罪的主观方面是故意。

根据刑法第 293 条之一的规定：犯本罪，处三年以下有期徒刑、拘役或者管制，并处或者单处罚金。

【疑难指导】

一、对本罪中“非法债务”的理解和认定

2000 年发布的《最高人民法院关于对索取法律不予保护的债务非法拘禁他人行为如何定罪问题的解释》中表明了非法债务是为了索取赌债、高利贷等法律不予保护的债务。司法实践并没有结合保护法益进行构成要件解释，导致实务中有的案件对债的金额、类型、内容扩张适用，已经背离了解释的本来意图，这也给催收非法债务罪中非法债务的规范认定敲响了警钟。非法债务作为构成要件要素，应结合保护法益对其进行规范诠释。换言之，应将破坏财产交易秩序作为本罪的非法债务的评价标准，实践中应注意以下几种情况：

第一，基于嫖娼、赌博等不法原因给付所产生的债务可以被纳入非法债务的行列，这是因为上述行为本身破坏了正常的财产交易秩序，并不被法律所允许。

第二，高利贷产生的债务应该视放贷利率高低而决定，当利率低于民法中规

定的标准时，并不能评价为非法债务，这考虑到此种情况并没有突破法律的禁止性规定，完全属于正常的财产交易；相应的，当利率高于民法中规定的标准时，应认定为非法债务。《中华人民共和国民法典》第 680 条第 1 款规定，禁止高利放贷，借款的利率不得违反国家有关规定。对于违反国家规定的借款利率，实施高利放贷产生的债务，就属于本条规定的非法债务。这里的“产生”既包括因高利放贷等非法行为直接产生，也包括由非法债务产生、延伸的所谓孳息、利息等。

第三，而对于诉讼时效届满、双方打赌形成的债务应一律排除在本罪的非法债务之外，上述两种情形下的债务属于正常财产交易秩序下的灰色监管地带，法律既不明确反对也不鼓励，既然如此，刑法应保持谦抑性。

二、对本罪中“使用暴力、胁迫方法”的理解和认定

“暴力”，是指以殴打、伤害他人身体的方法，使被害人不能抗拒。“胁迫”是指对被害人施以威胁、压迫，进行精神上的强制，迫使被害人就范，不敢抗拒，如威胁伤害被害人及其亲属；威胁要对被害人及其亲属施以暴力；威胁要对被害人及其亲属予以奸淫、猥亵；以披露被害人及其亲属的隐私相威胁；利用被害人危难或者孤立无援的境地迫使其服从等。

行为人使用暴力、胁迫方法是为了催收高利放贷等产生的非法债务。如果是为了其他目的，则可能涉嫌刑法里的其他犯罪，如行为人当场使用暴力、胁迫抢劫公私财物，与催收非法债务没有关系的，则可以按刑法第 263 条抢劫罪定罪处罚；行为人对公私财物的所有人、保管人使用威胁或者要挟的方法，勒索公私财物，与催收非法债务没有关系的，则可以按刑法第 274 条敲诈勒索罪定罪处罚；等等。

三、对本罪中“限制他人人身自由或者侵入他人住宅”的理解和认定

（一）对“限制他人人身自由”的理解和认定

非法限制他人人身自由是一种严重剥夺公民身体自由的行为。任何单位和个人不依照法律规定或者不依照法律规定的程序限制他人人身自由都是非法的，应当予以惩处。限制他人人身自由的方式多样，如捆绑、关押、扣留身份证件不让随意外出或者与外界联系等。

根据本条的规定，为催收高利放贷等产生的非法债务而限制他人人身自由，还需要情节严重，才能构成本罪，如采取拘禁方式或者多次、以恶劣手段进行限制人身自由等。如果实施非法限制他人人身自由的行为，只造成一般危害的，可以根据治安管理处罚法第40条的规定，给予治安处罚；如果不是以催收非法债务为目的，实施拘禁他人或者以其他方法非法剥夺他人人身自由的，可以依法按照刑法第238条非法拘禁罪定罪处罚。

需要注意的是，根据刑法第238条第3款的规定，为索取债务非法扣押、拘禁他人的，依照非法拘禁罪的规定处罚。扣押、拘禁属于严重限制他人人身自由的行为，行为人为迫他人履行合法债务，而严重限制他人人身自由的，依照刑法第238条非法拘禁罪定罪处罚。

（二）对“侵入他人住宅”的理解和认定

侵入他人住宅表现为未经住宅内用户同意，非法强行闯入他人住宅，或者无正当理由进入他人住宅，经住宅用户要求其退出仍拒不退出的行为。如果实施侵入他人住宅的行为，只造成一般危害的，可以根据治安管理处罚法第40条的规定，给予治安处罚。

需要注意的是，刑法第245条规定了非法侵入住宅罪。如果行为人侵入他人住宅，具有严重危害性的，则可依法按照刑法第245条非法侵入住宅罪定罪处罚。如果行为人侵入他人住宅的目的是催收非法债务，且具有多次、恶劣手段等严重情节的，则可依法按照本罪规定处罚。

四、对本罪中“恐吓、跟踪、骚扰他人”的理解和认定

这里的“恐吓”有多种形式，如以邮寄恐吓物、子弹等威胁他人人身安全；故意携带、展示管制刀具、枪械；使用凶猛动物；宣扬传播疾病；利用信息网络发送恐吓信息；以统一标记、服装、阵势等方式威吓他人，使他人恐慌、屈服等。总体上，行为手段或者行为方式使他人产生心理恐惧或者形成心理强制，就属于这里的“恐吓”。

这里的“跟踪”为对他人及其亲属实施尾随、守候、贴靠、盯梢等行为，使被害人在内心产生恐惧不安。

这里的“骚扰”有多种形式，如以破坏生活设施、设置生活障碍、贴报喷字、拉挂横幅、燃放鞭炮、播放哀乐、摆放花圈、泼洒污物、断水断电、堵门阻工，以及通过摆场架势示威、聚众哄闹滋扰、拦路闹事、驱赶从业人员、派驻人员据守等方式直接或间接地控制厂房、办公区经营场所等扰乱他人正常生活、工作、生产、经营秩序等。总体上，“骚扰”会对他人造成巨大的心理负担，形成心理强制，影响并限制他人的人身自由、危及人身财产安全，影响其正常的生产生活。

根据本条规定，恐吓、跟踪、骚扰他人的方式催收高利放贷等产生的非法债务，且具有多次、恶劣手段等严重情节的，可以根据本罪定罪处罚。如果实施恐吓、跟踪、骚扰他人的行为只造成一般危害的，可以根据治安管理处罚法第 42 条的规定，给予治安处罚。

五、本罪与寻衅滋事罪的区分

催收非法债务罪和寻衅滋事罪的联系是在客体、客观及主体方面存在重合性；其区别是在客观方面不完全重合，并且主观目的不同。催收非法债务罪与寻衅滋事罪有区别也有联系，如果行为人的行为既符合催收非法债务罪也符合寻衅滋事罪，构成想象竞合，则应从一重罪处断，以寻衅滋事罪定罪处罚。

催收非法债务罪与寻衅滋事罪在客体、客观行为以及主体方面具有重合性。但两罪也存在区别：

第一，客观方面不完全重合。催收非法债务罪的客观行为方面，仅限于刑法第 293 条之一列举的三项情形且情节严重的行为，而寻衅滋事罪的客观行为相对而言更为宽泛。第二，主观方面的目的是界分两罪的关键点。催收非法债务罪和寻衅滋事罪虽然在主观方面都是故意，但是构成催收非法债务罪要求行为人主观上具有催收非法债务的目的，而构成寻衅滋事罪主观上不要求行为人具有某种目的。行为人寻衅滋事的动机多样，如争强逞能等。

在司法实践中，催收高利放贷等产生的非法债务的行为常牵涉多种犯罪。以往对于使用暴力、胁迫方法或恐吓、跟踪、骚扰等手段催收非法债务，情节严重的行为，不构成其他罪名的，实践中多以寻衅滋事罪入罪。但寻衅滋事罪作为一个“兜底”罪名，从其刑罚设置来看，基本刑为处 5 年以下有期徒刑、拘役或者管制，属于重罪。因此，在刑法修正案（十一）中，立法将催收非法债务情节严重的行为进行单独规定，以遏制催收非法债务“黑化”的社会现象，同时实现罪刑均衡。通过《最高人民法院、最高人民检察院关于执行〈中华人民共和国刑法〉

确定罪名的补充规定（七）》，催收非法债务正式成为独立罪名。“催收非法债务罪”的设立能更好地实现刑法惩罚犯罪与保障人权的目的且与我国建立轻罪体系的刑事立法发展趋势也是相符的。

公民通过合法途径催收债务是私人救济的范畴，具备合法性和正当性。但是最近几年以来，职业非法放贷等现象越来越多地发生，使用暴力等方式催收债务，严重干扰了债务人的正常生活秩序，损害了债务人的公民权利，对社会秩序造成负面影响。经过法律的进一步完善，催收非法债务罪将受到法律的惩罚。

【办案依据】

一、刑法规定

第二百九十三条之一 有下列情形之一，催收高利放贷等产生的非法债务，情节严重的，处三年以下有期徒刑、拘役或者管制，并处或者单处罚金：

（一）使用暴力、胁迫方法的；

（二）限制他人人身自由或者侵入他人住宅的；

（三）恐吓、跟踪、骚扰他人的。

二、司法文件

《最高人民法院、最高人民检察院、公安部、司法部关于办理“套路贷”刑事案件若干问题的意见》（2019年2月28日）

为持续深入开展扫黑除恶专项斗争，准确甄别和依法严厉惩处“套路贷”违法犯罪分子，根据刑法、刑事诉讼法、有关司法解释以及最高人民法院、最高人民检察院、公安部、司法部《关于办理黑恶势力犯罪案件若干问题的指导意见》等规范性文件的规定，现对办理“套路贷”刑事案件若干问题提出如下意见：

一、准确把握“套路贷”与民间借贷的区别

……

3. 实践中，“套路贷”的常见犯罪手法和步骤包括但不限于以下情形：

（1）制造民间借贷假象。犯罪嫌疑人、被告人往往以“小额贷款公司”“投资公司”“咨询公司”“担保公司”“网络借贷平台”等名义对外宣传，以低息、无抵押、无担保、快速放款等为诱饵吸引被害人借款，继而以“保证金”“行规”

等虚假理由诱使被害人基于错误认识签订金额虚高的“借贷”协议或相关协议。有的犯罪嫌疑人、被告人还会以被害人先前借贷违约等理由，迫使对方签订金额虚高的“借贷”协议或相关协议。

（2）制造资金走账流水等虚假给付事实。犯罪嫌疑人、被告人按照虚高的“借贷”协议金额将资金转入被害人账户，制造已将全部借款交付被害人的银行流水痕迹，随后便采取各种手段将其中全部或者部分资金收回，被害人实际上并未取得或者完全取得“借贷”协议、银行流水上显示的钱款。

（3）故意制造违约或者肆意认定违约。犯罪嫌疑人、被告人往往会以设置违约陷阱、制造还款障碍等方式，故意造成被害人违约，或者通过肆意认定违约，强行要求被害人偿还虚假债务。

（4）恶意垒高借款金额。当被害人无力偿还时，有的犯罪嫌疑人、被告人会安排其所属公司或者指定的关联公司、关联人员为被害人偿还“借款”，继而与被害人签订金额更大的虚高“借贷”协议或相关协议，通过这种“转单平账”“以贷还贷”的方式不断垒高“债务”。

（5）软硬兼施“索债”。在被害人未偿还虚高“借款”的情况下，犯罪嫌疑人、被告人借助诉讼、仲裁、公证或者采用暴力、威胁以及其他手段向被害人或者被害人的特定关系人索取“债务”。

二、依法严惩“套路贷”犯罪

4. 实施“套路贷”过程中，未采用明显的暴力或者威胁手段，其行为特征从整体上表现为以非法占有为目的，通过虚构事实、隐瞒真相骗取被害人财物的，一般以诈骗罪定罪处罚；对于在实施“套路贷”过程中多种手段并用，构成诈骗、敲诈勒索、非法拘禁、虚假诉讼、寻衅滋事、强迫交易、抢劫、绑架等多种犯罪的，应当根据具体案件事实，区分不同情况，依照刑法及有关司法解释的规定数罪并罚或者择一重处。

5. 多人共同实施“套路贷”犯罪，犯罪嫌疑人、被告人在所参与的犯罪中起主要作用的，应当认定为主犯，对其参与或组织、指挥的全部犯罪承担刑事责任；起次要或辅助作用的，应当认定为从犯。

明知他人实施“套路贷”犯罪，具有以下情形之一的，以相关犯罪的共犯论处，但刑法和司法解释等另有规定的除外：

（1）组织发送“贷款”信息、广告，吸引、介绍被害人“借款”的；

（2）提供资金、场所、银行卡、账号、交通工具等帮助的；

（3）出售、提供、帮助获取公民个人信息的；

（4）协助制造走账记录等虚假给付事实的；

（5）协助办理公证的；

（6）协助以虚假事实提起诉讼或者仲裁的；

（7）协助套现、取现、办理动产或不动产过户等，转移犯罪所得及其产生的收益的；

（8）其他符合共同犯罪规定的情形。

上述规定中的“明知他人实施‘套路贷’犯罪”，应当结合行为人的认知能力、既往经历、行为次数和手段、与同案人、被害人的关系、获利情况、是否曾因“套路贷”受过处罚、是否故意规避查处等主客观因素综合分析认定。

6. 在认定“套路贷”犯罪数额时，应当与民间借贷相区别，从整体上予以否定性评价，“虚高债务”和以“利息”“保证金”“中介费”“服务费”“违约金”等名目被犯罪嫌疑人、被告人非法占有的财物，均应计入犯罪数额。

犯罪嫌疑人、被告人实际给付被害人的本金数额，不计入犯罪数额。

已经着手实施“套路贷”，但因意志以外原因未得逞的，可以根据相关罪名所涉及的刑法、司法解释规定，按照已着手非法占有的财物数额认定犯罪未遂。既有既遂，又有未遂，犯罪既遂部分与未遂部分分别对应不同法定刑幅度的，应当先决定对未遂部分是否减轻处罚，确定未遂部分对应的法定刑幅度，再与既遂部分对应的法定刑幅度进行比较，选择处罚较重的法定刑幅度，并酌情从重处罚；二者在同一量刑幅度的，以犯罪既遂酌情从重处罚。

7. 犯罪嫌疑人、被告人实施“套路贷”违法所得的一切财物，应当予以追缴或者责令退赔；对被害人的合法财产，应当及时返还。有证据证明是犯罪嫌疑人、被告人为实施“套路贷”而交付给被害人的本金，赔偿被害人损失后如有剩余，应依法予以没收。

犯罪嫌疑人、被告人已将违法所得的财物用于清偿债务、转让或者设置其他权利负担，具有下列情形之一的，应当依法追缴：

（1）第三人明知是违法所得财物而接受的；

（2）第三人无偿取得或者以明显低于市场的价格取得违法所得财物的；

（3）第三人通过非法债务清偿或者违法犯罪活动取得违法所得财物的；

（4）其他应当依法追缴的情形。

8. 以老年人、未成年人、在校学生、丧失劳动能力的人为对象实施“套路贷”，或者因实施“套路贷”造成被害人或其特定关系人自杀、死亡、精神失常、为偿还“债务”而实施犯罪活动的，除刑法、司法解释另有规定的外，应当酌情从重处罚。

在坚持依法从严惩处的同时，对于认罪认罚、积极退赃、真诚悔罪或者具有其他法定、酌定从轻处罚情节的被告人，可以依法从宽处罚。

9. 对于“套路贷”犯罪分子，应当根据其所触犯的具体罪名，依法加大财产刑适用力度。符合刑法第三十七条之一规定的，可以依法禁止从事相关职业。

10. 三人以上为实施“套路贷”而组成的较为固定的犯罪组织，应当认定为犯罪集团。对首要分子应按照集团所犯全部罪行处罚。

符合黑恶势力认定标准的，应当按照黑社会性质组织、恶势力或者恶势力犯罪集团侦查、起诉、审判。

第三十九章　组织、领导、参加黑社会性质组织罪

【立案追诉标准】

组织、领导、参加黑社会性质组织案（刑法第294条第1款）

组织、领导或者参加黑社会性质的组织的，应当立案。

本罪为行为犯，只要组织、领导了黑社会性质的组织或者参加了该组织，并不要求再实施其他犯罪行为和造成犯罪结果，原则上就构成犯罪，应当立案追究。

【犯罪构成及刑事责任】

组织、领导、参加黑社会性质组织罪，是指组织、领导或者参加以暴力、威胁或者其他手段，有组织地进行违法犯罪活动，称霸一方，为非作恶，欺压、残害群众，严重破坏经济、社会生活秩序的黑社会性质的组织的行为。1979年刑法没有规定该罪名。后来，类似行为一般按照流氓犯罪集团或者其他犯罪集团处理。因此，在定罪方面有时是根据具体危害后果来定。1997年修正后的刑法明确规定了该罪名，有利于加强对该类犯罪行为的处理。构成本罪需要具备以下四个要件：

1. 客体要件。本罪侵犯的客体是社会治安管理秩序和人民群众的正常生活秩序。

2. 客观要件。客观方面表现为组织、领导、参加黑社会性质组织的行为。黑社会性质组织，是指以暴力、威胁或者其他手段，有组织地进行违法犯罪活动，称霸一方，为非作恶、欺压、残害群众，严重破坏经济、社会生活秩序的反社会组织。所谓组织黑社会性质组织，是指倡导发起、策划组建黑社会性质组织的行

为，具体表现为创建组织，确定其名称宗旨、人员安排、活动方式、组织纪律和行为规则，发展组织成员等。所谓领导黑社会性质组织，是指在黑社会性质组织中处于领导地位，对组织的犯罪活动进行谋划、决策、指挥、协调的行为，以及协调处理组织内部重大问题等行为。参加黑社会性质组织，包括积极参加和一般参加黑社会性质组织；积极参加，是指主动参加黑社会性质组织，并在实施具体犯罪中起主要作用的犯罪分子所实施的行为。参加，是指处于黑社会性质组织底层的一般成员所实施的加入行为。本罪在犯罪形态上属于行为犯，只要行为人实施了上述行为之一的，就构成犯罪既遂。

如果行为人既犯本罪又有其他犯罪行为的，实行数罪并罚。

3. 主体要件。本罪的主体为一般主体，包括黑社会性质组织的组织者、领导者、积极参加者和一般参加者。

4. 主观要件。本罪的主观方面为故意，即明知是黑社会性质组织而决意组织、领导、积极参加或者参加。

根据刑法第 294 条第 1 款的规定：组织、领导黑社会性质的组织的，处 7 年以上有期徒刑，并处没收财产；积极参加的，处 3 年以上 7 年以下有期徒刑，可以并处罚金或者没收财产；其他参加的，处 3 年以下有期徒刑、拘役、管制或者剥夺政治权利，可以并处罚金。

【疑难指导】

对“黑社会性质组织”的理解和认定

2002 年 4 月 28 日颁布的《全国人民代表大会常务委员会关于〈中华人民共和国刑法〉第二百九十四条第一款的解释》对如何认定“黑社会性质组织”进行了规定，刑法第 294 条第 1 款规定的“黑社会性质组织”，应当同时具备以下特征：（1）形成较稳定的犯罪组织，人数较多，有明确的组织者、领导者，骨干成员基本固定；（2）有组织地通过违法犯罪活动或者其他手段获取经济利益，具有一定的经济实力，以支持该组织的活动；（3）以暴力、威胁或者其他手段，有组织地多次进行违法犯罪活动，为非作恶，欺压、残害群众；（4）通过实施违法犯罪活动，或者利用国家工作人员的包庇或者纵容，称霸一方，在一定区域或者行业内，形成非法控制或者重大影响，严重破坏经济、社会生活秩序。

根据上述立法解释规定，我们认为，“黑社会性质组织”除具有上述法定特征外，在实践中还表现为如下特征：（1）具有犯罪集团的一般特征，但内部组织比普通的犯罪集团更为严密稳定。有固定成员和明显的组织者、领导者，内部成员之间有一定分工，有一定的等级和较严格的组织纪律。（2）组织成员大多具有违法犯罪的劣迹，具有强烈的反社会性。（3）带有浓厚的封建色彩意识和陈规陋习。（4）与黑社会联系紧密或已受到黑社会的渗透。（5）犯罪手段主要是暴力、威胁和贿赂，具有疯狂的掠夺性且作案手段凶残。（6）为非作歹、欺压群众，在一定的区域内称王称霸，严重破坏该区域内的社会治安和人民群众的生活秩序。（7）向党政司法机关渗透，竭力寻求靠山，精心编织保护网。（8）组织活动秘密，具有隐蔽性。（9）具有一定的经济条件和实力以及先进的作案工具。

为依法及时、准确、有力地惩治黑社会性质组织犯罪，最高人民法院、最高人民检察院、公安部于2009年12月9日发布《办理黑社会性质组织犯罪案件座谈会纪要》（以下简称《纪要》）。一方面，《纪要》的有关内容和精神与刑法、立法解释及司法解程的规定保持着协调统一。另一方面，《纪要》也充分考虑到了黑社会性质组织犯罪的新特点、新变化，并尽可能地增强可操作性，以满足依法惩治黑社会性质组织犯罪的现实需要。同时，由于司法实践中的适用法律问题纷繁复杂，作为一个旨在为办案提供服务的指导性文件，其内容也不可能面面俱到，只能解决那些最迫切需要解决的问题，当前实践中争议较大的问题主要集中于黑社会性质组织的认定和组织、领导、参加黑社会性质组织罪的适用，因此，《纪要》重点对以上有关问题进行了说明，而对刑法第294条中规定的入境发展黑社会组织罪和包庇、纵容黑社会性质组织罪则较少涉及或未作规定。此外，鉴于当前涉黑犯罪具有表现形式多样隐蔽性不断增强、手法不断翻新等特点，对于黑社会性质组织的存在时间、成员人数等，《纪要》作了原则性的规定。

【办案依据】

一、刑法规定

第二百九十四条第一款　组织、领导黑社会性质的组织的，处七年以上有期徒刑，并处没收财产；积极参加的，处三年以上七年以下有期徒刑，可以并处罚金或者没收财产；其他参加的，处三年以下有期徒刑、拘役、管制或者剥夺政治权利，可以并处罚金。

第二百九十四条第四款、第五款 犯前三款罪又有其他犯罪行为的，依照数罪并罚的规定处罚。

黑社会性质的组织应当同时具备以下特征：

（一）形成较稳定的犯罪组织，人数较多，有明确的组织者、领导者，骨干成员基本固定；

（二）有组织地通过违法犯罪活动或者其他手段获取经济利益，具有一定的经济实力，以支持该组织的活动；

（三）以暴力、威胁或者其他手段，有组织地多次进行违法犯罪活动，为非作恶，欺压、残害群众；

（四）通过实施违法犯罪活动，或者利用国家工作人员的包庇或者纵容，称霸一方，在一定区域或者行业内，形成非法控制或者重大影响，严重破坏经济、社会生活秩序。

二、司法解释

《最高人民法院关于审理黑社会性质组织犯罪的案件具体应用法律若干问题的解释》（2000年12月5日，法释〔2000〕42号）

第二条 刑法第二百九十四条第二款规定的“发展组织成员”，是指将境内、外人员吸收为该黑社会组织成员的行为。对黑社会组织成员进行内部调整等行为，可视为“发展组织成员”。

港、澳、台黑社会组织到内地发展组织成员的，适用刑法第二百九十四条第二款的规定定罪处罚。

第三条 组织、领导、参加黑社会性质的组织又有其他犯罪行为的，根据刑法第二百九十四条第三款的规定，依照数罪并罚的规定处罚；对于黑社会性质组织的组织者、领导者，应当按照其所组织、领导的黑社会性质组织所犯的全部罪行处罚；对于黑社会性质组织的参加者，应当按照其所参与的犯罪处罚。

对于参加黑社会性质的组织，没有实施其他违法犯罪活动的，或者受蒙蔽、胁迫参加黑社会性质的组织，情节轻微的，可以不作为犯罪处理。

第四条 国家机关工作人员组织、领导、参加黑社会性质组织的，从重处罚。

第五条 刑法第二百九十四条第四款规定的“包庇”，是指国家机关工作人员为使黑社会性质组织及其成员逃避查禁，而通风报信，隐匿、毁灭、伪造证据，阻止他人作证、检举揭发，指使他人作伪证，帮助逃匿，或者阻挠其他国家机关工作人员依法查禁等行为。

刑法第二百九十四条第四款规定的“纵容”，是指国家机关工作人员不依法履行职责，放纵黑社会性质组织进行违法犯罪活动的行为。

第六条 国家机关工作人员包庇、纵容黑社会性质的组织，有下列情形之一的，属于刑法第二百九十四条第四款规定的“情节严重”：

（一）包庇、纵容黑社会性质组织跨境实施违法犯罪活动的；

（二）包庇、纵容境外黑社会组织在境内实施违法犯罪活动的；

（三）多次实施包庇、纵容行为的；

（四）致使某一区域或者行业的经济、社会生活秩序遭受黑社会性质组织特别严重破坏的；

（五）致使黑社会性质组织的组织者、领导者逃匿，或者致使对黑社会性质组织的查禁工作严重受阻的；

（六）具有其他严重情节的。

第七条 对黑社会性质组织和组织、领导、参加黑社会性质组织的犯罪分子聚敛的财物及其收益，以及用于犯罪的工具等，应当依法追缴、没收。

三、司法文件

（一）《最高人民法院、最高人民检察院、公安部、司法部关于依法严惩利用未成年人实施黑恶势力犯罪的意见》（2020年3月23日）

一、突出打击重点，依法严惩利用未成年人实施黑恶势力犯罪的行为

（一）黑社会性质组织、恶势力犯罪集团、恶势力，实施下列行为之一的，应当认定为“利用未成年人实施黑恶势力犯罪”：

1. 胁迫、教唆未成年人参加黑社会性质组织、恶势力犯罪集团、恶势力，或者实施黑恶势力违法犯罪活动的；

2. 拉拢、引诱、欺骗未成年人参加黑社会性质组织、恶势力犯罪集团、恶势力，或者实施黑恶势力违法犯罪活动的；

3. 招募、吸收、介绍未成年人参加黑社会性质组织、恶势力犯罪集团、恶势力，或者实施黑恶势力违法犯罪活动的；

4. 雇用未成年人实施黑恶势力违法犯罪活动的；

5. 其他利用未成年人实施黑恶势力犯罪的情形。

黑社会性质组织、恶势力犯罪集团、恶势力，根据刑法和《最高人民法院、最高人民检察院、公安部、司法部关于办理黑恶势力犯罪案件若干问题的指导意见》《最高人民法院、最高人民检察院、公安部、司法部关于办理恶势力刑事案件若干问题的意见》等法律、司法解释性质文件的规定认定。

（二）利用未成年人实施黑恶势力犯罪，具有下列情形之一的，应当从重处罚：

1. 组织、指挥未成年人实施故意杀人、故意伤害致人重伤或者死亡、强奸、绑架、抢劫等严重暴力犯罪的；

2. 向未成年人传授实施黑恶势力犯罪的方法、技能、经验的；

3. 利用未达到刑事责任年龄的未成年人实施黑恶势力犯罪的；

4. 为逃避法律追究，让未成年人自首、做虚假供述顶罪的；

5. 利用留守儿童、在校学生实施犯罪的；

6. 利用多人或者多次利用未成年人实施犯罪的；

7. 针对未成年人实施违法犯罪的；

8. 对未成年人负有监护、教育、照料等特殊职责的人员利用未成年人实施黑恶势力违法犯罪活动的；

9. 其他利用未成年人违法犯罪应当从重处罚的情形。

（三）黑社会性质组织、恶势力犯罪集团利用未成年人实施犯罪的，对犯罪集团首要分子，按照集团所犯的全部罪行，从重处罚。对犯罪集团的骨干成员，按照其组织、指挥的犯罪，从重处罚。

恶势力利用未成年人实施犯罪的，对起组织、策划、指挥作用的纠集者，恶势力共同犯罪中罪责严重的主犯，从重处罚。

黑社会性质组织、恶势力犯罪集团、恶势力成员直接利用未成年人实施黑恶势力犯罪的，从重处罚。

（四）有胁迫、教唆、引诱等利用未成年人参加黑社会性质组织、恶势力犯罪集团、恶势力，或者实施黑恶势力犯罪的行为，虽然未成年人并没有加入黑社会性质组织、恶势力犯罪集团、恶势力，或者没有实际参与实施黑恶势力违法犯罪活动，对黑社会性质组织、恶势力犯罪集团、恶势力的首要分子、骨干成员、纠集者、主犯和直接利用的成员，即便有自首、立功、坦白等从轻减轻情节的，一般也不予从轻或者减轻处罚。

（五）被黑社会性质组织、恶势力犯罪集团、恶势力利用，偶尔参与黑恶势力犯罪活动的未成年人，按其所实施的具体犯罪行为定性，一般不认定为黑恶势力犯罪组织成员。

二、严格依法办案，形成打击合力

（一）人民法院、人民检察院、公安机关和司法行政机关要加强协作配合，对利用未成年人实施黑恶势力犯罪的，在侦查、起诉、审判、执行各阶段，要全面体现依法从严惩处精神，及时查明利用未成年人的犯罪事实，避免纠缠细枝末节。要加强对下指导，对利用未成年人实施黑恶势力犯罪的重特大案件，可以单独或者联合挂牌督办。对于重大疑难复杂和社会影响较大的案件，办案部门应当及时层报上级人民法院、人民检察院、公安机关和司法行政机关。

（二）公安机关要注意发现涉黑涉恶案件中利用未成年人犯罪的线索，落实以审判为中心的刑事诉讼制度改革要求，强化程序意识和证据意识，依法收集、固定和运用证据，并可以就案件性质、收集证据和适用法律等听取人民检察院意见建议。从严掌握取保候审、监视居住的适用，对利用未成年人实施黑恶势力犯罪的首要分子、骨干成员、纠集者、主犯和直接利用的成员，应当依法提请人民检察院批准逮捕。

（三）人民检察院要加强对利用未成年人实施黑恶势力犯罪案件的立案监督，发现应当立案而不立案的，应当要求公安机关说明理由，认为理由不能成立的，应当依法通知公安机关立案。对于利用未成年人实施黑恶势力犯罪的案件，人民检察院可以对案件性质、收集证据和适用法律等提出意见建议。对于符合逮捕条件的依法坚决批准逮捕，符合起诉条件的依法坚决起诉。不批准逮捕要求公安机关补充侦查、审查起诉阶段退回补充侦查的，应当分别制作详细的补充侦查提纲，写明需要补充侦查的事项、理由、侦查方向、需要补充收集的证据及其证明作用等，送交公安机关开展相关侦查补证活动。

（四）办理利用未成年人实施黑恶势力犯罪案件要将依法严惩与认罪认罚从宽有机结合起来。对利用未成年人实施黑恶势力犯罪的，人民检察院要考虑其利用未成年人的情节，向人民法院提出从严处罚的量刑建议。对于虽然认罪，但利用未成年人实施黑恶势力犯罪，犯罪性质恶劣、犯罪手段残忍、严重损害未成年人身心健康，不足以从宽处罚的，在提出量刑建议时要依法从严从重。对被黑恶势力利用实施犯罪的未成年人，自愿如实认罪、真诚悔罪，愿意接受处罚的，应当依法提出从宽处理的量刑建议。

（五）人民法院要对利用未成年人实施黑恶势力犯罪案件及时审判，从严处罚。严格掌握缓刑、减刑、假释的适用，严格掌握暂予监外执行的适用条件。依法运用财产刑、资格刑，最大限度铲除黑恶势力“经济基础”。对于符合刑法第三十七条之一规定的，应当依法禁止其从事相关职业。

（二）《最高人民法院、最高人民检察院、公安部、司法部关于跨省异地执行刑罚的黑恶势力罪犯坦白检举构成自首立功若干问题的意见》（2019年10月21日）

12. 跨省异地执行刑罚的黑恶势力罪犯检举揭发他人犯罪，构成立功或者重大立功的，监狱依法向人民法院提请减刑。对于检举他人犯罪行为基本属实，但未构成立功或者重大立功的，监狱可以根据有关规定给予日常考核奖励或者物质奖励。

（三）《国家监察委员会、最高人民法院、最高人民检察院、公安部、司法部关于在扫黑除恶专项斗争中分工负责、互相配合、互相制约严惩公职人员涉黑涉恶违法犯罪问题的通知》（2019年10月20日）

三、准确适用法律

6. 国家机关工作人员包庇黑社会性质的组织，或者纵容黑社会性质的组织进行违法犯罪活动的，以包庇、纵容黑社会性质组织罪定罪处罚。

国家机关工作人员既组织、领导、参加黑社会性质组织，又对该组织进行包庇、纵容的，应当以组织、领导、参加黑社会性质组织罪从重处罚。国家机关工作人员包庇、纵容黑社会性质组织，该包庇、纵容行为同时还构成包庇罪、伪证罪、妨害作证罪、徇私枉法罪、滥用职权罪、帮助犯罪分子逃避处罚罪、徇私舞弊不移交刑事案件罪，以及徇私舞弊减刑、假释、暂予监外执行罪等其他犯罪的，应当择一重罪处罚。

7. 非国家机关工作人员与国家机关工作人员共同包庇、纵容黑社会性质组织，且不属于该组织成员的，以包庇、纵容黑社会性质组织罪的共犯论处。非国家机关工作人员的行为同时还构成其他犯罪，应当择一重罪处罚。

8. 公职人员利用职权或职务便利实施包庇、纵容黑恶势力、伪证、妨害作证，帮助毁灭、伪造证据，以及窝藏、包庇等犯罪行为的，应酌情从重处罚。事先有通谋而实施支持帮助、包庇纵容等保护行为的，以具体犯罪的共犯论处。

（四）最高人民法院、最高人民检察院、公安部、司法部《关于办理利用信息网络实施黑恶势力犯罪刑事案件若干问题的意见》（2019 年 7 月 23 日）

二、依法严惩利用信息网络实施的黑恶势力犯罪

4. 对通过发布、删除负面或虚假信息，发送侮辱性信息、图片，以及利用信息、电话骚扰等方式，威胁、要挟、恐吓、滋扰他人，实施黑恶势力违法犯罪的，应当准确认定，依法严惩。

5. 利用信息网络威胁他人，强迫交易，情节严重的，依照刑法第二百二十六条的规定，以强迫交易罪定罪处罚。

6. 利用信息网络威胁、要挟他人，索取公私财物，数额较大，或者多次实施上述行为的，依照刑法第二百七十四条的规定，以敲诈勒索罪定罪处罚。

7. 利用信息网络辱骂、恐吓他人，情节恶劣，破坏社会秩序的，依照刑法第二百九十三条第一款第二项的规定，以寻衅滋事罪定罪处罚。

编造虚假信息，或者明知是编造的虚假信息，在信息网络上散布，或者组织、指使人员在信息网络上散布，起哄闹事，造成公共秩序严重混乱的，依照刑法第二百九十三条第一款第四项的规定，以寻衅滋事罪定罪处罚。

8. 侦办利用信息网络实施的强迫交易、敲诈勒索等非法敛财类案件，确因被害人人数众多等客观条件的限制，无法逐一收集被害人陈述的，可以结合已收集的被害人陈述，以及经查证属实的银行账户交易记录、第三方支付结算账户交易记录、通话记录、电子数据等证据，综合认定被害人人数以及涉案资金数额等。

三、准确认定利用信息网络实施犯罪的黑恶势力

9. 利用信息网络实施违法犯罪活动，符合刑法、《指导意见》以及最高人民法院、最高人民检察院、公安部、司法部《关于办理恶势力刑事案件若干问题的意见》等规定的恶势力、恶势力犯罪集团、黑社会性质组织特征和认定标准的，应当依法认定为恶势力、恶势力犯罪集团、黑社会性质组织。

认定利用信息网络实施违法犯罪活动的黑社会性质组织时，应当依照刑法第二百九十四条第五款规定的“四个特征”进行综合审查判断，分析“四个特征”相互间的内在联系，根据在网络空间和现实社会中实施违法犯罪活动对公民人身、财产、民主权利和经济、社会生活秩序所造成的危害，准确评价，依法予以认定。

10. 认定利用信息网络实施违法犯罪的黑恶势力组织特征，要从违法犯罪的起因、目的，以及组织、策划、指挥、参与人员是否相对固定，组织形成后是否持续进行犯罪活动、是否有明确的职责分工、行为规范、利益分配机制等方面综合判断。利用信息网络实施违法犯罪的黑恶势力组织成员之间一般通过即时通讯工具、通讯群组、电子邮件、网盘等信息网络方式联络，对部分组织成员通过信息网络方式联络实施黑恶势力违法犯罪活动，即使相互未见面、彼此不熟识，不影响对组织特征的认定。

11. 利用信息网络有组织地通过实施违法犯罪活动或者其他手段获取一定数量的经济利益，用于违法犯罪活动或者支持该组织生存、发展的，应当认定为符合刑法第二百九十四条第五款第二项规定的黑社会性质组织经济特征。

12. 通过线上线下相结合的方式，有组织地多次利用信息网络实施违法犯罪活动，侵犯不特定多人的人身权利、民主权利、财产权利，破坏经济秩序、社会秩序的，应当认定为符合刑法第二百九十四条第五款第三项规定的黑社会性质组织行为特征。单纯通过线上方式实施的违法犯罪活动，且不具有为非作恶、欺压残害群众特征的，一般不应作为黑社会性质组织行为特征的认定依据。

13. 对利用信息网络实施黑恶势力犯罪非法控制和影响的“一定区域或者行业”，应当结合危害行为发生地或者危害行业的相对集中程度，以及犯罪嫌疑人、被告人在网络空间和现实社会中的控制和影响程度综合判断。虽然危害行为发生地、危害的行业比较分散，但涉案犯罪组织利用信息网络多次实施强迫交易、寻

衅滋事、敲诈勒索等违法犯罪活动，在网络空间和现实社会造成重大影响，严重破坏经济、社会生活秩序的，应当认定为“在一定区域或者行业内，形成非法控制或者重大影响”。

四、利用信息网络实施黑恶势力犯罪案件管辖

14. 利用信息网络实施的黑恶势力犯罪案件管辖依照《关于办理黑社会性质组织犯罪案件若干问题的规定》和《关于办理网络犯罪案件适用刑事诉讼程序若干问题的意见》的有关规定确定，坚持以犯罪地管辖为主、被告人居住地管辖为辅的原则。

15. 公安机关可以依法对利用信息网络实施的黑恶势力犯罪相关案件并案侦查或者指定下级公安机关管辖，并案侦查或者由上级公安机关指定管辖的公安机关应当全面调查收集能够证明黑恶势力犯罪事实的证据，各涉案地公安机关应当积极配合。并案侦查或者由上级公安机关指定管辖的案件，需要提请批准逮捕、移送审查起诉、提起公诉的，由立案侦查的公安机关所在地的人民检察院、人民法院受理。

16. 人民检察院对于公安机关提请批准逮捕、移送审查起诉的利用信息网络实施的黑恶势力犯罪案件，人民法院对于已进入审判程序的利用信息网络实施的黑恶势力犯罪案件，被告人及其辩护人提出的管辖异议成立，或者办案单位发现没有管辖权的，受案人民检察院、人民法院经审查，可以依法报请与有管辖权的人民检察院、人民法院共同的上级人民检察院、人民法院指定管辖，不再自行移交。对于在审查批准逮捕阶段，上级检察机关已经指定管辖的案件，审查起诉工作由同一人民检察院受理。人民检察院、人民法院认为应当分案起诉、审理的，可以依法分案处理。

17. 公安机关指定下级公安机关办理利用信息网络实施的黑恶势力犯罪案件的，应当同时抄送同级人民检察院、人民法院。人民检察院认为需要依法指定审判管辖的，应当协商同级人民法院办理指定管辖有关事宜。

（五）最高人民法院、最高人民检察院、公安部、司法部《关于办理非法放贷刑事案件若干问题的意见》（2019 年 7 月 23 日）

七、有组织地非法放贷，同时又有其他违法犯罪活动，符合黑社会性质组织

或者恶势力、恶势力犯罪集团认定标准的，应当分别按照黑社会性质组织或者恶势力、恶势力犯罪集团侦查、起诉、审判。

黑恶势力非法放贷的，据以认定“情节严重”“情节特别严重”的非法放贷数额、违法所得数额、非法放贷对象数量起点标准，可以分别按照本意见第二条规定中相应数额、数量标准的50%确定；同时具有本意见第三条第一款规定情形的，可以分别按照相应数额、数量标准的40%确定。

（六）《最高人民法院、最高人民检察院、公安部、司法部关于办理实施“软暴力”的刑事案件若干问题的意见》（2019年4月9日）

一、“软暴力”是指行为人为谋取不法利益或形成非法影响，对他人或者在有关场所进行滋扰、纠缠、哄闹、聚众造势等，足以使他人产生恐惧、恐慌进而形成心理强制，或者足以影响、限制人身自由、危及人身财产安全，影响正常生活、工作、生产、经营的违法犯罪手段。

二、“软暴力”违法犯罪手段通常的表现形式有：

（一）侵犯人身权利、民主权利、财产权利的手段，包括但不限于跟踪贴靠、扬言传播疾病、揭发隐私、恶意举报、诬告陷害、破坏、霸占财物等；

（二）扰乱正常生活、工作、生产、经营秩序的手段，包括但不限于非法侵入他人住宅、破坏生活设施、设置生活障碍、贴报喷字、拉挂横幅、燃放鞭炮、播放哀乐、摆放花圈、泼洒污物、断水断电、堵门阻工，以及通过驱赶从业人员、派驻人员据守等方式直接或间接地控制厂房、办公区、经营场所等；

（三）扰乱社会秩序的手段，包括但不限于摆场架势示威、聚众哄闹滋扰、拦路闹事等；

（四）其他符合本意见第一条规定的“软暴力”手段。

通过信息网络或者通讯工具实施，符合本意见第一条规定的违法犯罪手段，应当认定为“软暴力”。

三、行为人实施“软暴力”，具有下列情形之一，可以认定为足以使他人产生恐惧、恐慌进而形成心理强制或者足以影响、限制人身自由、危及人身财产安全或者影响正常生活、工作、生产、经营：

（一）黑恶势力实施的；

（二）以黑恶势力名义实施的；

（三）曾因组织、领导、参加黑社会性质组织、恶势力犯罪集团、恶势力以及因强迫交易、非法拘禁、敲诈勒索、聚众斗殴、寻衅滋事等犯罪受过刑事处罚后又实施的；

（四）携带凶器实施的；

（五）有组织地实施的或者足以使他人认为暴力、威胁具有现实可能性的；

（六）其他足以使他人产生恐惧、恐慌进而形成心理强制或者足以影响、限制人身自由、危及人身财产安全或者影响正常生活、工作、生产、经营的情形。

由多人实施的，编造或明示暴力违法犯罪经历进行恐吓的，或者以自报组织、头目名号、统一着装、显露纹身、特殊标识以及其他明示、暗示方式，足以使他人感知相关行为的有组织性的，应当认定为“以黑恶势力名义实施”。

由多人实施的，只要有部分行为人符合本条第一款第（一）项至第（四）项所列情形的，该项即成立。

虽然具体实施“软暴力”的行为人不符合本条第一款第（一）项、第（三）项所列情形，但雇佣者、指使者或者纠集者符合的，该项成立。

四、“软暴力”手段属于《刑法》第二百九十四条第五款第（三）项“黑社会性质组织行为特征”以及《指导意见》第14条“恶势力”概念中的“其他手段”。

（七）最高人民法院、最高人民检察院、公安部、司法部《关于办理黑恶势力刑事案件中财产处置若干问题的意见》（2019年4月9日）

为认真贯彻中央关于开展扫黑除恶专项斗争的重大决策部署，彻底铲除黑恶势力犯罪的经济基础，根据刑法、刑事诉讼法及最高人民法院、最高人民检察院、公安部、司法部《关于办理黑恶势力犯罪案件若干问题的指导意见》（法发〔2018〕1号）等规定，现对办理黑恶势力刑事案件中财产处置若干问题提出如下意见：

一、总体工作要求

1. 公安机关、人民检察院、人民法院在办理黑恶势力犯罪案件时，在查明黑恶势力组织违法犯罪事实并对黑恶势力成员依法定罪量刑的同时，要全面调查黑恶势力组织及其成员的财产状况，依法对涉案财产采取查询、查封、扣押、冻结等措施，并根据查明的情况，依法作出处理。

前款所称处理既包括对涉案财产中犯罪分子违法所得、违禁品、供犯罪所用的本人财物以及其他等值财产等依法追缴、没收，也包括对被害人的合法财产等依法返还。

2. 对涉案财产采取措施，应当严格依照法定条件和程序进行。严禁在立案之前查封、扣押、冻结财物。凡查封、扣押、冻结的财物，都应当及时进行审查，防止因程序违法、工作瑕疵等影响案件审理以及涉案财产处置。

3. 对涉案财产采取措施，应当为犯罪嫌疑人、被告人及其所扶养的亲属保留必需的生活费用和物品。

根据案件具体情况，在保证诉讼活动正常进行的同时，可以允许有关人员继续合理使用有关涉案财产，并采取必要的保值保管措施，以减少案件办理对正常办公和合法生产经营的影响。

4. 要彻底摧毁黑社会性质组织的经济基础，防止其死灰复燃。对于组织者、领导者一般应当并处没收个人全部财产。对于确属骨干成员或者为该组织转移、隐匿资产的积极参加者，可以并处没收个人全部财产。对于其他组织成员，应当根据所参与实施违法犯罪活动的次数、性质、地位、作用、违法所得数额以及造成损失的数额等情节，依法决定财产刑的适用。

5. 要深挖细查并依法打击黑恶势力组织进行的洗钱以及掩饰、隐瞒犯罪所得、犯罪所得收益等转变涉案财产性质的关联犯罪。

二、依法采取措施全面收集证据

6. 公安机关侦查期间，要根据《公安机关办理刑事案件适用查封、冻结措施相关规定》（公通字〔2013〕30号）等有关规定，会同有关部门全面调查黑恶势力及其成员的财产状况，并可以根据诉讼需要，先行依法对下列财产采取查询、查封、扣押、冻结等措施：

（1）黑恶势力组织的财产；

（2）犯罪嫌疑人个人所有的财产；

（3）犯罪嫌疑人实际控制的财产；

（4）犯罪嫌疑人出资购买的财产；

（5）犯罪嫌疑人转移至他人名下的财产；

（6）犯罪嫌疑人涉嫌洗钱以及掩饰、隐瞒犯罪所得、犯罪所得收益等犯罪涉及的财产；

（7）其他与黑恶势力组织及其违法犯罪活动有关的财产。

7. 查封、扣押、冻结已登记的不动产、特定动产及其他财产，应当通知有关登记机关，在查封、扣押、冻结期间禁止被查封、扣押、冻结的财产流转，不得办理被查封、扣押、冻结财产权属变更、抵押等手续。必要时可以提取有关产权证照。

8. 公安机关对于采取措施的涉案财产，应当全面收集证明其来源、性质、用途、权属及价值的有关证据，审查判断是否应当依法追缴、没收。

证明涉案财产来源、性质、用途、权属及价值的有关证据一般包括：

（1）犯罪嫌疑人、被告人关于财产来源、性质、用途、权属、价值的供述；

（2）被害人、证人关于财产来源、性质、用途、权属、价值的陈述、证言；

（3）财产购买凭证、银行往来凭据、资金注入凭据、权属证明等书证；

（4）财产价格鉴定、评估意见；

（5）可以证明财产来源、性质、用途、权属、价值的其他证据。

9. 公安机关对应当依法追缴、没收的财产中黑恶势力组织及其成员聚敛的财产及其孳息、收益的数额，可以委托专门机构评估；确实无法准确计算的，可以根据有关法律规定及查明的事实、证据合理估算。

人民检察院、人民法院对于公安机关委托评估、估算的数额有不同意见的，可以重新委托评估、估算。

10. 人民检察院、人民法院根据案件诉讼的需要，可以依法采取上述相关措施。

三、准确处置涉案财产

11. 公安机关、人民检察院应当加强对在案财产审查甄别。在移送审查起诉、提起公诉时，一般应当对采取措施的涉案财产提出处理意见建议，并将采取措施的涉案财产及其清单随案移送。

人民检察院经审查，除对随案移送的涉案财产提出处理意见外，还需要对继续追缴的尚未被足额查封、扣押的其他违法所得提出处理意见建议。

涉案财产不宜随案移送的，应当按照相关法律、司法解释的规定，提供相应的清单、照片、录像、封存手续、存放地点说明、鉴定、评估意见、变价处理凭证等材料。

12. 对于不宜查封、扣押、冻结的经营性财产，公安机关、人民检察院、人民法院可以申请当地政府指定有关部门或者委托有关机构代管或者托管。

对易损毁、灭失、变质等不宜长期保存的物品，易贬值的汽车、船艇等物品，或者市场价格波动大的债券、股票、基金等财产，有效期即将届满的汇票、本票、支票等，经权利人同意或者申请，并经县级以上公安机关、人民检察院或者人民法院主要负责人批准，可以依法出售、变现或者先行变卖、拍卖，所得价款由扣押、冻结机关保管，并及时告知当事人或者其近亲属。

13. 人民检察院在法庭审理时应当对证明黑恶势力犯罪涉案财产情况进行举证质证，对于既能证明具体个罪又能证明经济特征的涉案财产情况相关证据在具体个罪中出示后，在经济特征中可以简要说明，不再重复出示。

14. 人民法院作出的判决，除应当对随案移送的涉案财产作出处理外，还应当在判决书中写明需要继续追缴尚未被足额查封、扣押的其他违法所得；对随案移送财产进行处理时，应当列明相关财产的具体名称、数量、金额、处置情况等。涉案财产或者有关当事人人数较多，不宜在判决书正文中详细列明的，可以概括叙述并另附清单。

15. 涉案财产符合下列情形之一的，应当依法追缴、没收：

（1）黑恶势力组织及其成员通过违法犯罪活动或者其他不正当手段聚敛的财产及其孳息、收益；

（2）黑恶势力组织成员通过个人实施违法犯罪活动聚敛的财产及其孳息、收益；

（3）其他单位、组织、个人为支持该黑恶势力组织活动资助或者主动提供的财产；

（4）黑恶势力组织及其成员通过合法的生产、经营活动获取的财产或者组织成员个人、家庭合法财产中，实际用于支持该组织活动的部分；

（5）黑恶势力组织成员非法持有的违禁品以及供犯罪所用的本人财物；

（6）其他单位、组织、个人利用黑恶势力组织及其成员违法犯罪活动获取的财产及其孳息、收益；

（7）其他应当追缴、没收的财产。

16. 应当追缴、没收的财产已用于清偿债务或者转让、或者设置其他权利负担，具有下列情形之一的，应当依法追缴：

（1）第三人明知是违法犯罪所得而接受的；

（2）第三人无偿或者以明显低于市场的价格取得涉案财物的；

（3）第三人通过非法债务清偿或者违法犯罪活动取得涉案财物的；

（4）第三人通过其他方式恶意取得涉案财物的。

17. 涉案财产符合下列情形之一的，应当依法返还：

（1）有证据证明确属被害人合法财产；

（2）有证据证明确与黑恶势力及其违法犯罪活动无关。

18. 有关违法犯罪事实查证属实后，对于有证据证明权属明确且无争议的被害人、善意第三人或者其他人员合法财产及其孳息，凡返还不损害其他利害关系人的利益，不影响案件正常办理的，应当在登记、拍照或者录像后，依法及时返还。

四、依法追缴、没收其他等值财产

19. 有证据证明依法应当追缴、没收的涉案财产无法找到、被他人善意取得、价值灭失或者与其他合法财产混合且不可分割的，可以追缴、没收其他等值财产。

对于证明前款各种情形的证据，公安机关或者人民检察院应当及时调取。

20. 本意见第19条所称“财产无法找到”，是指有证据证明存在依法应当追缴、没收的财产，但无法查证财产去向、下落的。被告人有不同意见的，应当出示相关证据。

21. 追缴、没收的其他等值财产的数额，应当与无法直接追缴、没收的具体财产的数额相对应。

五、其他

22. 本意见所称孳息，包括天然孳息和法定孳息。

本意见所称收益，包括但不限于以下情形：

（1）聚敛、获取的财产直接产生的收益，如使用聚敛、获取的财产购买彩票中奖所得收益等；

（2）聚敛、获取的财产用于违法犯罪活动产生的收益，如使用聚敛、获取的财产赌博赢利所得收益、非法放贷所得收益、购买并贩卖毒品所得收益等；

（3）聚敛、获取的财产投资、置业形成的财产及其收益；

（4）聚敛、获取的财产和其他合法财产共同投资或者置业形成的财产中，与聚敛、获取的财产对应的份额及其收益；

（5）应当认定为收益的其他情形。

23. 本意见未规定的黑恶势力刑事案件财产处置工作其他事宜，根据相关法律法规、司法解释等规定办理。

24. 本意见自2019年4月9日起施行。

（八）最高人民法院、最高人民检察院、公安部、司法部《关于办理“套路贷”刑事案件若干问题的意见》（2019年2月28日）

二、依法严惩“套路贷”犯罪

……

10. 三人以上为实施“套路贷”而组成的较为固定的犯罪组织，应当认定为犯罪集团。对首要分子应按照集团所犯全部罪行处罚。

符合黑恶势力认定标准的，应当按照黑社会性质组织、恶势力或者恶势力犯罪集团侦查、起诉、审判。

三、依法确定“套路贷”刑事案件管辖

11. “套路贷”犯罪案件一般由犯罪地公安机关侦查，如果由犯罪嫌疑人居住地公安机关立案侦查更为适宜的，可以由犯罪嫌疑人居住地公安机关立案侦查。犯罪地包括犯罪行为发生地和犯罪结果发生地。

“犯罪行为发生地”包括为实施“套路贷”所设立的公司所在地、“借贷”协议或相关协议签订地、非法讨债行为实施地、为实施“套路贷”而进行诉讼、仲裁、公证的受案法院、仲裁委员会、公证机构所在地，以及“套路贷”行为的预备地、开始地、途经地、结束地等。

“犯罪结果发生地”包括违法所得财物的支付地、实际取得地、藏匿地、转移地、使用地、销售地等。

除犯罪地、犯罪嫌疑人居住地外，其他地方公安机关对于公民扭送、报案、控告、举报或者犯罪嫌疑人自首的“套路贷”犯罪案件，都应当立即受理，经审查认为有犯罪事实的，移送有管辖权的公安机关处理。

黑恶势力实施的“套路贷”犯罪案件，由侦办黑社会性质组织、恶势力或者恶势力犯罪集团案件的公安机关进行侦查。

12. 具有下列情形之一的，有关公安机关可以在其职责范围内并案侦查：

（1）一人犯数罪的；

（2）共同犯罪的；

（3）共同犯罪的犯罪嫌疑人还实施其他犯罪的；

（4）多个犯罪嫌疑人实施的犯罪存在直接关联，并案处理有利于查明案件事实的。

13. 本意见自2019年4月9日起施行。

（九）最高人民法院、最高人民检察院、公安部、司法部《关于办理恶势力刑事案件若干问题的意见》（2019年4月9日）

一、办理恶势力刑事案件的总体要求

1. 人民法院、人民检察院、公安机关和司法行政机关要深刻认识恶势力违法犯罪的严重社会危害，毫不动摇地坚持依法严惩方针，在侦查、起诉、审判、执行各阶段，运用多种法律手段全面体现依法从严惩处精神，有力震慑恶势力违法犯罪分子，有效打击和预防恶势力违法犯罪。

2. 人民法院、人民检察院、公安机关和司法行政机关要严格坚持依法办案，确保在案件事实清楚，证据确实、充分的基础上，准确认定恶势力和恶势力犯罪集团，坚决防止人为拔高或者降低认定标准。要坚持贯彻落实宽严相济刑事政策，根据犯罪嫌疑人、被告人的主观恶性、人身危险性、在恶势力、恶势力犯罪集团中的地位、作用以及在具体犯罪中的罪责，切实做到宽严有据，罚当其罪，实现政治效果、法律效果和社会效果的统一。

3. 人民法院、人民检察院、公安机关和司法行政机关要充分发挥各自职能，分工负责，互相配合，互相制约，坚持以审判为中心的刑事诉讼制度改革要求，严格执行“三项规程”，不断强化程序意识和证据意识，有效加强法律监督，确保严格执法、公正司法，充分保障当事人、诉讼参与人的各项诉讼权利。

二、恶势力、恶势力犯罪集团的认定标准

4. 恶势力，是指经常纠集在一起，以暴力、威胁或者其他手段，在一定区域或者行业内多次实施违法犯罪活动，为非作恶，欺压百姓，扰乱经济、社会生活秩序，造成较为恶劣的社会影响，但尚未形成黑社会性质组织的违法犯罪组织。

5. 单纯为牟取不法经济利益而实施的“黄、赌、毒、盗、抢、骗”等违法犯罪活动，不具有为非作恶、欺压百姓特征的，或者因本人及近亲属的婚恋纠纷、家庭纠纷、邻里纠纷、劳动纠纷、合法债务纠纷而引发以及其他确属事出有因的违法犯罪活动，不应作为恶势力案件处理。

6. 恶势力一般为3人以上，纠集者相对固定。纠集者，是指在恶势力实施的违法犯罪活动中起组织、策划、指挥作用的违法犯罪分子。成员较为固定且符合恶势力其他认定条件，但多次实施违法犯罪活动是由不同的成员组织、策划、指挥，也可以认定为恶势力，有前述行为的成员均可以认定为纠集者。

恶势力的其他成员，是指知道或应当知道与他人经常纠集在一起是为了共同实施违法犯罪，仍按照纠集者的组织、策划、指挥参与违法犯罪活动的违法犯罪分子，包括已有充分证据证明但尚未归案的人员，以及因法定情形不予追究法律责任，或者因参与实施恶势力违法犯罪活动已受到行政或刑事处罚的人员。仅因临时雇佣或被雇佣、利用或被利用以及受蒙蔽参与少量恶势力违法犯罪活动的，一般不应认定为恶势力成员。

7. “经常纠集在一起，以暴力、威胁或者其他手段，在一定区域或者行业内多次实施违法犯罪活动”，是指犯罪嫌疑人、被告人于2年之内，以暴力、威胁或者其他手段，在一定区域或者行业内多次实施违法犯罪活动，且包括纠集者在内，至少应有2名相同的成员多次参与实施违法犯罪活动。对于“纠集在一起”时间明显较短，实施违法犯罪活动刚刚达到“多次”标准，且尚不足以造成较为恶劣影响的，一般不应认定为恶势力。

8. 恶势力实施的违法犯罪活动，主要为强迫交易、故意伤害、非法拘禁、敲诈勒索、故意毁坏财物、聚众斗殴、寻衅滋事，但也包括具有为非作恶、欺压百姓特征，主要以暴力、威胁为手段的其他违法犯罪活动。

恶势力还可能伴随实施开设赌场、组织卖淫、强迫卖淫、贩卖毒品、运输毒品、制造毒品、抢劫、抢夺、聚众扰乱社会秩序、聚众扰乱公共场所秩序、交通秩序以及聚众“打砸抢”等违法犯罪活动，但仅有前述伴随实施的违法犯罪活动，且不能认定具有为非作恶、欺压百姓特征的，一般不应认定为恶势力。

9. 办理恶势力刑事案件，“多次实施违法犯罪活动”至少应包括1次犯罪活动。对于反复实施强迫交易、非法拘禁、敲诈勒索、寻衅滋事等单一性质的违法行为，单次情节、数额尚不构成犯罪，但按照刑法或者有关司法解释、规范性文件的规定累加后应作为犯罪处理的，在认定是否属于“多次实施违法犯罪活动”时，可将已用于累加的违法行为计为1次犯罪活动，其他违法行为单独计算违法活动的次数。

已被处理或者已作为民间纠纷调处，后经查证确属恶势力违法犯罪活动的，均可以作为认定恶势力的事实依据，但不符合法定情形的，不得重新追究法律责任。

10. 认定“扰乱经济、社会生活秩序，造成较为恶劣的社会影响”，应当结合侵害对象及其数量、违法犯罪次数、手段、规模、人身损害后果、经济损失数额、违法所得数额、引起社会秩序混乱的程度以及对人民群众安全感的影响程度等因素综合把握。

11. 恶势力犯罪集团，是指符合恶势力全部认定条件，同时又符合犯罪集团法定条件的犯罪组织。

恶势力犯罪集团的首要分子，是指在恶势力犯罪集团中起组织、策划、指挥作用的犯罪分子。恶势力犯罪集团的其他成员，是指知道或者应当知道是为共同实施犯罪而组成的较为固定的犯罪组织，仍接受首要分子领导、管理、指挥，并参与该组织犯罪活动的犯罪分子。

恶势力犯罪集团应当有组织地实施多次犯罪活动，同时还可能伴随实施违法活动。恶势力犯罪集团所实施的违法犯罪活动，参照《指导意见》第十条第二款的规定认定。

12. 全部成员或者首要分子、纠集者以及其他重要成员均为未成年人、老年人、残疾人的，认定恶势力、恶势力犯罪集团时应当特别慎重。

三、正确运用宽严相济刑事政策的有关要求

13. 对于恶势力的纠集者、恶势力犯罪集团的首要分子、重要成员以及恶势力、恶势力犯罪集团共同犯罪中罪责严重的主犯，要正确运用法律规定加大惩处力度，对依法应当判处重刑或死刑的，坚决判处重刑或死刑。同时要严格掌握取保候审，严格掌握不起诉，严格掌握缓刑、减刑、假释，严格掌握保外就医适用条件，充分利用资格刑、财产刑等法律手段全方位从严惩处。对于符合刑法第三十七条之一规定的，可以依法禁止其从事相关职业。

对于恶势力、恶势力犯罪集团的其他成员，在共同犯罪中罪责相对较小、人身危险性、主观恶性相对不大的，具有自首、立功、坦白、初犯等法定或酌定从宽处罚情节，可以依法从轻、减轻或免除处罚。认罪认罚或者仅参与实施少量的犯罪活动且只起次要、辅助作用，符合缓刑条件的，可以适用缓刑。

14. 恶势力犯罪集团的首要分子检举揭发与该犯罪集团及其违法犯罪活动有关联的其他犯罪线索，如果在认定立功的问题上存在事实、证据或法律适用方面的争议，应当严格把握。依法应认定为立功或者重大立功的，在决定是否从宽处罚、如何从宽处罚时，应当根据罪责刑相一致原则从严掌握。可能导致全案量刑明显失衡的，不予从宽处罚。

恶势力犯罪集团的其他成员如果能够配合司法机关查办案件，有提供线索、帮助收集证据或者其他协助行为，并在侦破恶势力犯罪集团案件、查处“保护伞”等方面起到较大作用的，即使依法不能认定立功，一般也应酌情对其从轻处罚。

15. 犯罪嫌疑人、被告人同时具有法定、酌定从严和法定、酌定从宽处罚情节的，量刑时要根据所犯具体罪行的严重程度，结合被告人在恶势力、恶势力犯罪集团中的地位、作用、主观恶性、人身危险性等因素整体把握。对于恶势力的纠集者、恶势力犯罪集团的首要分子、重要成员，量刑时要体现总体从严。对于在共同犯罪中罪责相对较小、人身危险性、主观恶性相对不大，且能够真诚认罪悔罪的其他成员，量刑时要体现总体从宽。

16. 恶势力刑事案件的犯罪嫌疑人、被告人自愿如实供述自己的罪行，承认指控的犯罪事实，愿意接受处罚的，可以依法从宽处理，并适用认罪认罚从宽制度。对于犯罪性质恶劣、犯罪手段残忍、社会危害严重的犯罪嫌疑人、被告人，虽然认罪认罚，但不足以从轻处罚的，不适用该制度。

四、办理恶势力刑事案件的其他问题

17. 人民法院、人民检察院、公安机关经审查认为案件符合恶势力认定标准的，应当在起诉意见书、起诉书、判决书、裁定书等法律文书中的案件事实部分明确表述，列明恶势力的纠集者、其他成员、违法犯罪事实以及据以认定的证据；符合恶势力犯罪集团认定标准的，应当在上述法律文书中明确定性，列明首要分子、其他成员、违法犯罪事实以及据以认定的证据，并引用刑法总则关于犯罪集团的相关规定。被告人及其辩护人对恶势力定性提出辩解和辩护意见，人民法院可以在裁判文书中予以评析回应。

恶势力刑事案件的起诉意见书、起诉书、判决书、裁定书等法律文书，可以在案件事实部分先概述恶势力、恶势力犯罪集团的概括事实，再分述具体的恶势力违法犯罪事实。

18. 对于公安机关未在起诉意见书中明确认定，人民检察院在审查起诉期间发现构成恶势力或者恶势力犯罪集团，且相关违法犯罪事实已经查清，证据确实、充分，依法应追究刑事责任的，应当作出起诉决定，根据查明的事实向人民法院提起公诉，并在起诉书中明确认定为恶势力或者恶势力犯罪集团。人民检察院认为恶势力相关违法犯罪事实不清、证据不足，或者存在遗漏恶势力违法犯罪事实、遗漏同案犯罪嫌疑人等情形需要补充侦查的，应当提出具体的书面意见，连同案卷材料一并退回公安机关补充侦查；人民检察院也可以自行侦查，必要时可以要求公安机关提供协助。

对于人民检察院未在起诉书中明确认定，人民法院在审判期间发现构成恶势力或恶势力犯罪集团的，可以建议人民检察院补充或者变更起诉；人民检察院不同意或者在七日内未回复意见的，人民法院不应主动认定，可仅就起诉指控的犯罪事实依照相关规定作出判决、裁定。

审理被告人或者被告人的法定代理人、辩护人、近亲属上诉的案件时，一审判决认定黑社会性质组织有误的，二审法院应当纠正，符合恶势力、恶势力犯罪集团认定标准，应当作出相应认定；一审判决认定恶势力或恶势力犯罪集团有误的，应当纠正，但不得升格认定；一审判决未认定恶势力或恶势力犯罪集团的，不得增加认定。

19. 公安机关、人民检察院、人民法院应当分别以起诉意见书、起诉书、裁判文书所明确的恶势力、恶势力犯罪集团，作为相关数据的统计依据。

20. 本意见自2019年4月9日起施行。

【指导性案例】

一、最高人民检察院指导性案例第18号

郭某先参加黑社会性质组织、故意杀人、故意伤害案①

（2014年8月28日最高人民检察院第十二届检察委员会第二十六次会议决定，2014年9月10日发布）

【关键词】

第二审程序刑事抗诉　故意杀人　罪行极其严重　死刑立即执行

【要旨】

死刑依法只适用于罪行极其严重的犯罪分子。对故意杀人、故意伤害、绑架、爆炸等涉黑、涉恐、涉暴刑事案件中罪行极其严重，严重危害国家安全和公共安全、严重危害公民生命权，或者严重危害社会秩序的被告人，依法应当判处死刑，人民法院未判处死刑的，人民检察院应当依法提出抗诉。

【相关法律规定】

《中华人民共和国刑法》第二百三十二条、第二百三十四条、第二百九十四条；《中华人民共和国刑事诉讼法》第二百一十七条、第二百二十五条第一款第二项。

【基本案情】

被告人郭某先，男，四川省人，1972年出生，无业。1997年9月因犯盗窃罪被判有期徒刑五年六个月，2001年12月刑满释放。

2003年5月7日，李某荣（另案处理，已判刑）等人在四川省××县“经典歌城”唱歌结账时与该歌城老板何某发生纠纷，被告人郭某先受李某荣一方纠集，

---

① 《郭某先参加黑社会性质组织、故意杀人、故意伤害案》，载最高人民检察院网站，https：//www. spp. gov. cn/jczdal/201608/t20160811_163174. shtml，最后访问时间：2022年4月25日。

伙同李某荣、王某鹏、王某军（另案处理，均已判刑）打砸“经典歌城”，郭某先持刀砍人，致何某重伤、顾客吴某斌轻伤。

2008年1月1日，闵某金（另案处理，已判刑）与王某军在四川省××县××乡××坪发生交通事故，双方因闵某金摩托车受损赔偿问题发生争执。王某军电话通知被害人兰某、李某秀等人，闵某金电话召集郭某先及闵某勇、陈某（另案处理，均已判刑）等人。闵某勇与其朋友代安某、兰在某先到现场，因代安某、兰在某与争执双方均认识，即进行劝解，事情已基本平息。后郭某先、陈某等人亦分别骑摩托车赶至现场。闵某金向郭某先指认兰某后，郭某先持菜刀欲砍兰某，被路过并劝架的被害人蓝某宇（殁年26岁）阻拦，郭某先遂持菜刀猛砍蓝某宇头部，致蓝某宇严重颅脑损伤死亡。兰某、李某秀等见状，持木棒击打郭某先，郭某先持菜刀乱砍，致兰某重伤，致李某秀轻伤。后郭某先搭乘闵某勇所驾摩托车逃跑。

2008年5月，郭某先负案潜逃期间，应同案被告人李某（犯组织、领导黑社会性质组织罪、故意伤害罪等，被判处有期徒刑十四年）的邀约，到四川省绵阳市安县参加了同案被告人王某华（犯组织、领导黑社会性质组织罪、故意伤害罪等罪名，被判处有期徒刑二十年）组织、领导的黑社会性质组织，充当打手。因王某华对胡某不满，让李某安排人教训胡某及其手下。2009年5月17日，李某见胡某两名手下范某、张某辉在安县花荄镇姜记烧烤店吃烧烤，便打电话叫来郭某先。经指认，郭某先蒙面持菜刀砍击范某、张某辉，致该二人轻伤。

【诉讼过程】

2009年7月28日，郭某先因涉嫌故意伤害罪被四川省绵阳市安县公安局刑事拘留，同年8月18日被逮捕，经查犯罪嫌疑人郭某先还涉嫌王某华等人黑社会性质组织系列犯罪案件。四川省绵阳市安县公安局侦查终结后，移送四川省绵阳市安县人民检察院审查起诉。该院受理后，于2010年1月3日报送四川省绵阳市人民检察院审查起诉。2010年7月19日，四川省绵阳市人民检察院对王某华等人参与的黑社会性质组织系列犯罪案件向绵阳市中级人民法院提起公诉，其中指控该案被告人郭某先犯参加黑社会性质组织罪、故意伤害罪和故意杀人罪。

2010年12月17日，绵阳市中级人民法院一审认为，被告人郭某先1997年因犯盗窃罪被判处有期徒刑，2001年12月26日刑满释放后，又于2003年故意伤害他人，2008 年故意杀人、参加黑社会性质组织，均应判处有期徒刑以上刑罚，系累犯，应当从重处罚。依法判决：被告人郭某先犯参加黑社会性质组织罪，处有期徒刑两年；犯故意杀人罪，处死刑，缓期二年执行，剥夺政治权利终身；犯故意伤害罪，处有期徒刑五年；数罪并罚，决定执行死刑，缓期二年执行，剥夺政治权利终身。

2010 年 12 月 30 日，四川省绵阳市人民检察院认为一审判决对被告人郭某先量刑畸轻，依法向四川省高级人民法院提出抗诉。2012 年 4 月 16 日，四川省高级人民法院二审判决采纳抗诉意见，改判郭某先死刑立即执行。2012 年 10 月 26 日，最高人民法院裁定核准四川省高级人民法院对被告人郭某先的死刑判决。2012 年 11 月 22 日，被告人郭某先被执行死刑。

【抗诉理由】

一审宣判后，四川省绵阳市人民检察院经审查认为原审判决对被告人郭某先量刑畸轻，依法向四川省高级人民法院提出抗诉；四川省人民检察院支持抗诉。抗诉和支持抗诉理由是：一审判处被告人郭某先死刑，缓期二年执行，量刑畸轻。郭某先 1997 年因犯盗窃罪被判有期徒刑五年六个月，2001 年 12 月刑满释放后，不思悔改，继续犯罪。于 2003 年 5 月 7 日，伙同他人打砸××县“经典歌城”，并持刀行凶致一人重伤，一人轻伤，其行为构成故意伤害罪。负案潜逃期间，于 2008 年 1 月 1 日在××县××乡××坪持刀行凶，致一人死亡，一人重伤，一人轻伤，其行为构成故意杀人罪和故意伤害罪。此后，又积极参加黑社会性质组织，充当他人打手，并于 2009 年 5 月 17 日受该组织安排，蒙面持刀行凶，致两人轻伤，其行为构成参加黑社会性质组织罪和故意伤害罪。根据本案事实和证据，被告人郭某先的罪行极其严重、犯罪手段残忍、犯罪后果严重，主观恶性极大，根据罪责刑相适应原则，应当依法判处其死刑立即执行。

【终审判决】

四川省高级人民法院二审认为，本案事实清楚，证据确实、充分，原审被告人郭某先犯参加黑社会性质组织罪、故意杀人罪、故意伤害罪，系累犯，主观恶性极深，依法应当从重处罚。检察机关认为“原判对郭某先量刑畸轻”的抗诉理由成立。据此，依法撤销一审判决关于原审被告人郭某先量刑部分，改判郭某先犯参加黑社会性质组织罪，处有期徒刑两年；犯故意杀人罪，处死刑；犯故意伤害罪，处有期徒刑五年；数罪并罚，决定执行死刑，并剥夺政治权利终身。经报最高人民法院核准，已被执行死刑。

二、最高人民检察院指导性案例第84号林某彬等人组织、领导、参加黑社会性质组织案①

（2020年9月28日最高人民检察院第十三届检察委员会第五十二次会议决定，2020年12月8日发布）

【关键词】

认罪认罚　黑社会性质组织犯罪　宽严相济　追赃挽损

【要旨】

认罪认罚从宽制度可以适用于所有刑事案件，没有适用罪名和可能判处刑罚的限定，涉黑涉恶犯罪案件依法可以适用该制度。认罪认罚从宽制度贯穿刑事诉讼全过程，适用于侦查、起诉、审判各个阶段。检察机关办理涉黑涉恶犯罪案件，要积极履行主导责任，发挥认罪认罚从宽制度在查明案件事实、提升指控效果、有效追赃挽损等方面的作用。

【基本案情】

被告人林某彬，男，1983年8月生，北京某投资有限公司法定代表人，某金融服务外包（北京）有限公司实际控制人。

胡某某等其他51名被告人基本情况略。

被告人林某彬自2013年9月至2018年10月，以实际控制的北京某投资有限公司、某金融服务外包（北京）有限公司，通过招募股东、吸收业务员的方式，逐步形成了以林某彬为核心，被告人增某、胡某凯等9人为骨干，被告人林某强、杨某明等9人为成员的黑社会性质组织。该组织以老年人群体为主要目标，专门针对房产实施系列“套路贷”犯罪活动，勾结个别公安民警、公证员、律师以及

---

① 《林某彬等人组织、领导、参加黑社会性质组织案》，载最高人民检察院网站，https：//www. spp. gov. cn/jczdal/202012/t20201208_488442. shtml，最后访问时间：2022年4月25日。

暴力清房团伙，先后实施了诈骗、敲诈勒索、寻衅滋事、虚假诉讼等违法犯罪活动，涉及北京市朝阳区、海淀区等 11 个区、72 名被害人、74 套房产，造成被害人经济损失人民币 1.8 亿余元。

林某彬黑社会性质组织拉拢公安民警被告人庞某天入股，利用其身份查询被害人信息，利用其专业知识为暴力清房人员谋划支招。拉拢律师被告人李某杰以法律顾问身份帮助林某彬犯罪组织修改“套路贷”合同模板、代为应诉，并实施虚假诉讼处置房产。公证员被告人王某等人为获得费用提成或收受林某彬黑社会性质组织给予的财物，出具虚假公证文书。

在北京市人民检察院第三分院主持下，全案52 名被告人中先后有36 名签署了《认罪认罚具结书》。2019 年 12 月 30 日，北京市第三中级人民法院依法判决，全部采纳检察机关量刑建议。林某彬等人上诉后，2020 年 7 月 16 日，北京市高级人民法院二审裁定驳回上诉，维持原判。

【检察履职情况】

1. 通过部分被告人认罪认罚，进一步查清案件事实，教育转化同案犯。在案件侦查过程中，检察机关在梳理全案证据基础上，引导侦查机关根据先认罪的胡某凯负责公司财务、熟悉公司全部运作的情况，向其讲明认罪认罚的法律规定，促使其全面供述，查清了林某彬黑社会性质组织诈骗被害人房产所实施的多个步骤，证实了林某彬等人以房产抵押借款并非民间借贷，而是为骗取被害人房产所实施的“套路贷”犯罪行为，推动了全案取证工作。审查起诉阶段，通过胡某凯认罪认罚以及根据其供述调取的微信股东群聊天记录等客观证据，对股东韩某军、庞某天等被告人进行教育转化。同时开展对公司业务人员的教育转化工作，后业务人员白某金、吴某等被告人认罪认罚。审查起诉阶段共有 12 名被告人签署了《认罪认罚具结书》。通过被告人的供述及据此补充完善的相关证据，林某彬黑社会性质组织的人员结构、运作模式、资金分配等事实更加清晰。庭前会议阶段，围绕定罪量刑重点，展示全案证据，释明认定犯罪依据，促成 14 名被告人认罪认罚，在庭前会议结束后签署了《认罪认罚具结书》。开庭前，又有 10 名被告人表示愿意认罪认罚，签署了《认罪认罚具结书》。

2. 根据被告人在犯罪中的地位和作用以及认罪认罚的阶段，坚持宽严相济刑事政策，依法确定是否从宽以及从宽幅度。一是将被告人划分为“三类三档”。“三类”分别是公司股东及业务员、暴力清房人员、公证人员，“三档”是根据每一类被告人在犯罪中的地位和作用确定三档量刑范围，为精细化提出量刑建议提供基础。二是是否从宽以及从宽幅度坚持区别对待。一方面，坚持罪责刑相适应，对黑社会性质组织的组织者、领导者林某彬从严惩处，建议法庭依法不予从宽；对积极参加者，从严把握从宽幅度。另一方面，根据被告人认罪认罚的时间先后、对查明案件事实所起的作用、认罪悔罪表现、退赃退赔等不同情况，提出更具针对性的量刑建议。

3. 发挥认罪认罚从宽制度的积极作用，提升出庭公诉效果。出庭公诉人通过讯问和举证质证，继续开展认罪认罚教育，取得良好庭审效果。首要分子林某彬当庭表示愿意认罪认罚，在暴力清房首犯万某春当庭否认知晓“套路贷”运作流程的情况下，林某彬主动向法庭指证万某春的犯罪事实，使万某春的辩解不攻自破。在法庭最后陈述阶段，不认罪的被告人受到触动，也向被害人表达了歉意。

4. 运用认罪认罚做好追赃挽损，最大限度为被害人挽回经济损失。审查起诉阶段，通过强化对认罪认罚被告人的讯问，及时发现涉案房产因多次过户、抵押而涉及多起民事诉讼，已被法院查封或执行的关键线索，查清涉案财产走向。审判阶段，通过继续推动认罪认罚，不断扩大追赃挽损的效果。在庭前会议阶段，林某彬等多名被告人表示愿意退赃退赔；在庭审阶段，针对当庭认罪态度较好，部分退赔已落实到位或者明确表示退赔的被告人，公诉人向法庭建议在退赔到位时可以在检察机关量刑建议幅度以下判处适当的刑罚，促使被告人退赃退赔。全案在起诉时已查封、扣押、冻结涉案财产的基础上，一审宣判前，被告人又主动退赃退赔人民币 400 余万元。

【指导意义】

1. 对于黑社会性质组织犯罪等共同犯罪案件，适用认罪认罚从宽制度有助于提升指控犯罪质效。检察机关应当注重认罪认罚从宽制度的全流程适用，通过犯罪嫌疑人、被告人认罪认罚，有针对性地收集、完善和固定证据，同时以点带面促使其他被告人认罪认罚，完善指控犯罪的证据体系。对于黑社会性质组织等涉案人数众多的共同犯罪案件，通过对被告人开展认罪认罚教育转化工作，有利于分化瓦解犯罪组织，提升指控犯罪的效果。

2. 将认罪认罚与追赃挽损有机结合，彻底清除有组织犯罪的经济基础，尽力挽回被害人损失。检察机关应当运用认罪认罚深挖涉案财产线索，将退赃退赔情况作为是否认罚的考察重点，灵活运用量刑建议从宽幅度激励被告人退赃退赔，通过认罪认罚成果巩固和扩大追赃挽损的效果。

3. 区别对待，准确贯彻宽严相济刑事政策。认罪认罚从宽制度可以适用于所有案件，但“可以”适用不是一律适用，被告人认罪认罚后是否从宽，要根据案件性质、情节和对社会造成的危害后果等具体情况，坚持罪责刑相适应原则，区分情况、区别对待，做到该宽则宽，当严则严，宽严相济，罚当其罪。对犯罪性质恶劣、犯罪手段残忍、危害后果严重的犯罪分子，即使认罪认罚也不足以从宽处罚的，依法可不予以从宽处罚。

【相关规定】

《中华人民共和国刑法》第二百六十六条、第二百七十四条、第二百九十三条、第二百九十四条、第三百零七条之一

《中华人民共和国刑事诉讼法》第十五条、第一百七十三条、第一百七十四条、第一百七十六条

最高人民法院、最高人民检察院、公安部、国家安全部、司法部《关于适用认罪认罚从宽制度的指导意见》

最高人民法院、最高人民检察院、公安部、司法部《关于办理“套路贷”刑事案件若干问题的意见》

第四十章　入境发展黑社会组织罪

【立案追诉标准】

入境发展黑社会组织案（刑法第 294 条第 2 款）

根据刑法第 294 条第 2 款的规定，境外的黑社会组织的人员到中华人民共和国境内发展组织成员的，应当立案。

本罪是行为犯，只要境外的黑社会组织的人员到中华人民共和国境内发展组织成员的，原则上就构成犯罪，应当立案追究。

【犯罪构成及刑事责任】

入境发展黑社会组织罪，是指境外的黑社会组织的人员到我国境内发展组织成员的行为。本罪是 1997 年修订后的刑法新增加的罪名，构成本罪需要具备以下四个要件：

1. 客体要件。本罪侵犯的客体是社会的公共秩序。其行为对象是黑社会组织。

2. 客观要件。本罪在客观方面表现为境外的黑社会组织的人员到我国境内发展组织成员的行为。“发展组织成员”，是指将境内、外人员吸收为该黑社会组织成员的行为，以及对黑社会组织成员进行内部调整等行为。其犯罪形式和活动范围是指在我国内地发展黑社会组织。

3. 主体要件。本罪的主体是特殊主体，即境外黑社会组织的人员。

4. 主观要件。本罪的主观方面表现为故意，即明知我国法律禁止并取缔一切黑社会组织，仍然在我国大陆发展其组织成员。

根据刑法第 294 条第 2 款的规定：犯本罪，处三年以上十年以下有期徒刑。

【办案依据】

一、刑法规定

第二百九十四条第二款 境外的黑社会组织的人员到中华人民共和国境内发展组织成员的，处三年以上十年以下有期徒刑。

第二百九十四条第四款、第五款 犯前三款罪又有其他犯罪行为的，依照数罪并罚的规定处罚。

黑社会性质的组织应当同时具备以下特征：

（一）形成较稳定的犯罪组织，人数较多，有明确的组织者、领导者，骨干成员基本固定；

（二）有组织地通过违法犯罪活动或者其他手段获取经济利益，具有一定的经济实力，以支持该组织的活动；

（三）以暴力、威胁或者其他手段，有组织地多次进行违法犯罪活动，为非作恶，欺压、残害群众；

（四）通过实施违法犯罪活动，或者利用国家工作人员的包庇或者纵容，称霸一方，在一定区域或者行业内，形成非法控制或者重大影响，严重破坏经济、社会生活秩序。

二、司法解释

《最高人民法院关于审理黑社会性质组织犯罪的案件具体应用法律若干问题的解释》（2000 年 12 月 5 日，法释〔2000〕42 号）

（详见本书第三十九章组织、领导、参加黑社会性质组织罪司法解释）

三、司法文件

最高人民法院、最高人民检察院、公安部、司法部《关于办理利用信息网络实施黑恶势力犯罪刑事案件若干问题的意见》（2019 年 7 月 23 日）

（详见本书第三十九章组织、领导、参加黑社会性质组织罪司法文件）

第四十一章　包庇、纵容黑社会性质组织罪

【立案追诉标准】

包庇、纵容黑社会性质组织案（刑法第 294 条第 3 款）

根据刑法第 294 条第 3 款的规定，国家机关工作人员包庇黑社会性质的组织，或者纵容黑社会性质的组织进行违法犯罪活动的，应当立案。

本罪是行为犯，只要国家机关工作人员实施了包庇黑社会性质的组织、纵容黑社会性质的组织进行违法犯罪活动的行为，原则上就构成犯罪，应当立案追究。

【犯罪构成及刑事责任】

包庇、纵容黑社会性质组织罪，是指国家机关工作人员包庇黑社会性质组织，或者纵容黑社会性质的组织进行违法犯罪活动的行为。本罪是 1997 年修订后的刑法新增加的罪名，1979 年刑法没有规定该罪名。构成本罪需要具备以下四个要件：

1. 客体要件。本罪侵犯的客体是双重客体，包括社会治安管理秩序和司法机关的正常活动与信誉。

2. 客观要件。本罪在客观方面表现为国家机关工作人员包庇黑社会性质的组织，纵容其进行违法犯罪活动的行为。“包庇”，是指国家机关工作人员为了使黑社会性质组织及其成员逃避追查，为其通风报信，帮助逃匿；或者隐匿、毁灭、伪造证据；或者阻挠其他国家机关工作人员依法进行查处的行为。“纵容”，是指国家机关工作人员不依法履行职责，放纵黑社会性质组织进行违法犯罪活动的行为。

3. 主体要件。本罪的主体是特殊主体，只有国家机关工作人员才能成为本罪的主体。其中以公安、司法机关人员居多。

4. 主观要件。本罪的主观方面表现为故意，包括直接故意和间接故意，即明知道是黑社会性质的组织而故意进行包庇和纵容。过失行为不构成本罪。

根据刑法第294条第3款的规定：犯本罪的，处五年以下有期徒刑；情节严重的，处五年以上有期徒刑。

【办案依据】

一、刑法规定

第二百九十四条第三款 国家机关工作人员包庇黑社会性质的组织，或者纵容黑社会性质的组织进行违法犯罪活动的，处五年以下有期徒刑；情节严重的，处五年以上有期徒刑。

第二百九十四条第四款、第五款 犯前三款罪又有其他犯罪行为的，依照数罪并罚的规定处罚。

黑社会性质的组织应当同时具备以下特征：

（一）形成较稳定的犯罪组织，人数较多，有明确的组织者、领导者，骨干成员基本固定；

（二）有组织地通过违法犯罪活动或者其他手段获取经济利益，具有一定的经济实力，以支持该组织的活动；

（三）以暴力、威胁或者其他手段，有组织地多次进行违法犯罪活动，为非作恶，欺压、残害群众；

（四）通过实施违法犯罪活动，或者利用国家工作人员的包庇或者纵容，称霸一方，在一定区域或者行业内，形成非法控制或者重大影响，严重破坏经济、社会生活秩序。

二、司法解释

《最高人民法院关于审理黑社会性质组织犯罪的案件具体应用法律若干问题的解释》（2000年12月5日，法释〔2000〕42号）

（详见本书第三十九章组织、领导、参加黑社会性质组织罪司法解释）

三、司法文件

最高人民法院、最高人民检察院、公安部、司法部《关于办理利用信息网络实施黑恶势力犯罪刑事案件若干问题的意见》（2019年7月23日）

（详见本书第三十九章组织、领导、参加黑社会性质组织罪司法文件）

第四十二章 传授犯罪方法罪

【立案追诉标准】

传授犯罪方法案（刑法第 295 条）

根据刑法第 295 条的规定，传授犯罪方法的，应予立案。

本罪是行为犯，只要行为人实施了传授犯罪方法的行为，原则上就构成犯罪，应当立案追究。

【犯罪构成及刑事责任】

传授犯罪方法罪，是指用语言文字、动作、图像或者其他方法，故意向他人传授施犯罪的具体经验和技能的行为。构成本罪需要具备以下四个要件：

1. 客体要件。本罪侵犯的客体是社会治安管理秩序。行为对象是没有犯罪意图的自然人，其中既包括达到刑事责任年龄具有刑事责任能力的自然人，也包括未达到刑事责任年龄不具有刑事责任能力的人。

2. 客观要件。本罪在客观方面表现为故意使用语言、文字、动作、图像或者其他方法，向他人传授实施犯罪的具体经验和技能的行为。传授，就是把技巧、方法教给他人，使他人掌握。传授的方式有多种，包括口头传授、书面传授与动作示范传授、公开传授与秘密传授、直接传授与间接传授等，但传授的内容必须是犯罪方法。犯罪方法，是指实现犯罪目的的手段、途径、步骤、技术等，既包括实施犯罪的方法，也包括实施犯罪创造条件的方法，如制造犯罪工具的方法等。被传授人是否学到犯罪技术以及是否利用传授的犯罪方法去进行犯罪，不影响本罪的成立。

3. 主体要件。本罪的主体是一般主体，凡达到刑事责任年龄、具备刑事责任能力的人都可成为本罪的主体。

4. 主观要件。本罪在主观方面表现为故意，包括直接故意和间接故意，即行为人明知其传授犯罪方法的行为会发生危害社会的结果，仍希望或放任这一结果的发生。其犯罪动机如何不影响本罪的成立。

根据刑法第 295 条的规定：犯本罪，处五年以下有期徒刑、拘役或者管制；情节严重的，处五年以上十年以下有期徒刑；情节特别严重的，处十年以上有期徒刑或者无期徒刑。

【疑难指导】

一、对本罪中“传授”的理解和认定

（一）“传授”的含义

传授，是指向他人讲解、教授学问和技艺，即利用口头讲解、身体示范、录制示范影像等各种方式，将某类方法、手段、技艺教授给其他人的行为。传授态度方面，包括主动为之和被动传授。实践中存在行为人主动向他人传授方法和技艺的情形，也同样存在行为人因自身生命健康、财产安全受到胁迫，非基于传授者本人意愿，即外在力量推动而被动实施传授行为的情形。行为人传授犯罪方法的形式是多种多样的，既有口头传授的，也有书面传授的；既有公开传授的，也有秘密传授的；既有当面直接传授的，也有间接转达传授的；既有用语言、动作传授的，也有通过实际实施犯罪而传授的。

（二）“传播”行为是否可以被评价为“传授”行为

于传授对象而言，包括特定一人和特定多数人，是否包括不特定多数人，即“传播”行为是否可以被评价为“传授”行为，在实践中存在争议。学界存在这样一种观点，认为行为人实施“传播”犯罪方法的行为不成立传授犯罪方法罪，传授的对象应当是特定的，现行刑法设置的“传授犯罪方法罪”，其犯罪行为模式在用语表述上之所以设定为“传授”，包含着传授对象的“特定性”因素，这也是传授犯罪方法罪的本质特征所在，如果行为人传达犯罪方法的对象是不特定的，随时有增加的可能性，对应的应当是“传播”，而非“传授”。据此观点，行为人

在互联网上向不特定的多数人传播犯罪方法，不应以传授犯罪方法罪论处。

虽然刑法将“传授”和“传播”两词语设定在不同罪名中，如传播淫秽物品罪与传授犯罪方法罪，可见两者间存在区别，但是于本罪而言，“传授”一词可以包含“传播”行为。首先，考察两者词义，拆分“传授”一词，传即传播，授即教授，也就是说，传授一词本身包含传播的含义，传播也可能是传授的一部分。[①]传授犯罪方法罪中的“传授”，是指将犯罪的方法教予他人，并未限定于特定对象。其次，相比向特定人员传授，“传播”犯罪方法行为的社会危害性更大，对潜在的犯罪人员较难防范，因此需要对行为人实施的“传播”犯罪方法行为进行规制，基于社会危害性考量，行为人实施“传播”犯罪方法行为构成传授犯罪方法罪。但是，值得注意的是，在论及社会危害性时，存在与罪刑法定原则相背离的危险。如果仅考量社会危害性，刑事违法性概念被淹没在社会危害性的概念之中，法律标准被忽视会对司法实践造成严重打击。[②] 对于将“传播”行为纳入“传授”行为范围内，是否会忽视法律标准的问题，在此从刑事违法性角度出发进行回应，于本罪构成要件而言，行为人实施相应传授行为即可成立传授犯罪方法罪，“传授”行为的完成不受接受者数量的影响。[③] 传播行为是传授行为一种新的方式，究其实质，与传统的传授行为无异。

因此，将“传授”范围扩大解释到包括“传播”，没有超出国民预测可能性，具备法律解释合理性，未违背刑法中罪刑法定原则。传授对象包括特定人员和不特定多数人，“传授”一词对传授对象数量并无限定。

二、“传授”行为的类型化

（一）利用言语、文字对特定人员进行传授

传授者和他人沟通，讲解技巧、方法，或者将方法用书面形式表现，供他人传阅，通过言语、文字对特定人员传授方法和技艺的方式，这种形式占据主要部

---

① 李怀胜：《网络传授黑客技术的刑法学思索——以“黑客学校”现象为背景》，载《中国刑事法杂志》2009 年第 10 期。

② 刘远：《刑事违法性概念初论》，载《法学论坛》2007 年第 4 期。

③ 传授犯罪方法罪属于以危害行为的完成作为犯罪客观要件齐备标准的犯罪，只要行为人实施了向他人传授犯罪方法的行为就可以构成传授犯罪方法罪。

分，属于一般方式。行为人既可采取面对面的方式进行传授，亦可通过第三人转达，利用通讯工具、互联网等途径将用于犯罪的方法、手段、技艺教授给特定人员。公开进行传授或秘密传授，一人传授一人或特定多人，多人传授一人或特定多人等形式不影响传授行为的完成。①

需要说明的是，利用互联网通讯软件，如QQ、微信、微博等工具，可以对特定人员进行传授。行为人通过建立聊天群、微博私信、网络视频等方式，传授他人犯罪方法。例如，行为人在QQ群内发布利用漏洞盗窃的方法，群成员根据方法实施犯罪，是目前较为普遍的网络传授方式。

（二）行为人亲身演示、示范犯罪方法

传授者通过实际实施犯罪，进行现场演示向特定人员传授犯罪方法；录制示范视频发送给特定人员等方式，完成传授行为。这种传授方式一般运用于技术型犯罪，如制造毒品罪、伪造假币罪所规制的制造和伪造行为，都具有一定的技术含量，毒品的制造工艺，需要精细化的技术手段，制毒原料的配比、制作的流程把控，都要求制毒的行为人具备一定的技术和经验。在制造毒品案例中，传授者会去制毒工厂传授他人制毒方法，或者是通过视频方式将示范过程送达他人。行为人实施技术类型犯罪要求掌握一定的犯罪技术、技巧，这种技术、技巧与普通持凶器杀人之类的犯罪方法有显著区别。因此，对于需要一定技术含量的犯罪方法，传授者会采取亲身示范的方式，这在绝大部分技术型犯罪案例中得以体现。

（三）通过言语、文字、录制视频等方式传播犯罪方法

“传播”犯罪方法行为，主要体现在报刊、电视、广播、互联网等媒体传授方式中。行为人通过编辑犯罪方法发布于网站、微博中；开设网络直播教授；录制视频上传网络等形式向他人传达方法，这种方式受众范围广泛，被传授对象不特定、不确定。传统方式中虽然也存在一对多或多对多的形式，但是不论是口头讲解还是影像观摩，都可以确定被传授人员的范围，而互联网技术打破了传授行为

---

① 李璐、严海杰：《传授犯罪方法罪之“传授”再探究》，载《人民法院报》2013年6月26日，第6版。

的地域、空间属于传播犯罪方法行为。

综上可得，实践中传授行为方式多样，行为人只需最终完成传授行为，采用何种方式，不影响传授行为的成立，互联网时代下“传播”行为亦可包含在“传授”行为内。同时，在网络环境下，存在信息接受者的不特定性以及传授者与接受者之间联系的非直接性等特点，传授者对他人接受其传授的内容全部持积极追求的心态，并不切合实际，因此传授者的主观状态包括故意和放任。[①] 于犯罪目的而言，行为人可单纯实施传授他人犯罪方法的行为，不带其他目的；也可基于提高销量、构建犯罪团伙等目的而实施传授犯罪方法行为，即实践中不要求传授者具备特定目的。

三、对本罪中“犯罪方法”的理解和认定

“犯罪方法”是行为人传授的内容，是界定传授犯罪方法罪适用范围的重要因素。解释“犯罪方法”，重点在于解释“犯罪”一词，“方法”是一种手段和行为方式，和“犯罪”进行组合，指的是为实现犯罪目的，行为人实施犯罪行为时所采取的具体方法。[②]“犯罪方法”分为以下三种类型：

（一）本质上不属于犯罪方法的方法

这里所谓“本质上不属于犯罪方法的方法”包含两种情形：

第一种情形，所传授之“犯罪方法”十分离谱，正常人根本不可能相信，刑法理论中认定一种行为是否应当纳入犯罪圈进行处罚，所考量的因素是行为所造成的社会危害性、所侵害的法益。如果行为人传授他人一种无法侵害法益的行为，即所谓的不能犯中所涉及的方法（不能犯的行为），不能犯所实施的行为并不属于犯罪行为，无侵害法益的可能性，故而不能犯中所涉及的方法不属于本罪规制之“犯罪方法”。

第二种情形，“犯罪方法”具备成功可能性的假象，被传授者相信利用此“犯罪方法”可以达成犯罪目的，继而实施相应犯罪行为，而实际上被传授者利用此

---

① 中华人民共和国最高人民法院刑事审判第一、二、三、四、五庭主办：《中国刑事审判指导案例（05卷）》增订第3版，法律出版社2017年版，第170页。

② 左坚卫等：《传授犯罪方法罪中若干问题探究》，载《河南省政法管理干部学院学报》2003年第2期。

“犯罪方法”无法实现犯罪目的。这种“犯罪方法”与上述不能犯所涉及的方法存在区别，被传授者在实施相应犯罪过程中可能侵害传授犯罪方法罪保护的法益，而不能犯的行为不可能侵害法益。

在第二种情形下，必须根据每个案件的不同情况加以具体分析，不应局限于仅考量犯罪结果的实现，即在传授行为未产生具体危险时就可以对传授者定罪。故而，论及法益侵害程度，传授行为只需具备破坏社会管理秩序的危险性即可。传授的内容，虽在科学层面认定为无法达成犯罪目的，但是被传授者根据接收到的方法实施相关犯罪行为，在一定程度上具备侵害社会管理秩序的危险性，此时可对行为人论以传授犯罪方法罪。在此，如何判定被传授者实施的行为具有侵害社会管理秩序法益的危险性，需根据传授者传授何种类型的犯罪方法、被传授者具体实施的犯罪行为类型予以认定。

（二）中性方法的认定

现实生活中某些方法和手段可以通过正常渠道获得，既可用于日常生活，也可作为犯罪手段，这就是“中性方法”。例如，传授开锁技巧就是典型的中性方法。

所谓中性方法的中性性质，是有条件的，在特定范围、场所内属于中性方法。因此，认定行为人构成传授犯罪方法罪需着重考察行为人实施传授行为的具体场景，如果行为人在犯罪场景下进行传授，所传授的“中性方法”即属于犯罪方法。传授真正的中性方法不构成犯罪，行为人没有明知他人犯罪的可能性，刑法也没有明确禁止传授中性方法的行为，因此，这种行为本身不属于犯罪行为，不以犯罪论处。相反，在一个行为人被认定为构成传授犯罪方法罪的场景中，不会存在真正的“中性方法”，即此时行为人所传授的方法已经不属于“中性方法”，而是“犯罪方法”。例如，开锁公司对开锁人员传授的开锁技巧，就是中性方法；如果开锁技术在犯罪场景下向盗窃分子传授，开锁行为就不再是中性行为，传授的开锁技术属于犯罪手法，客观上属于传授犯罪方法的行为。

（三）单纯用于犯罪的方法

实践中，有一些技能、方法的应用范围只能是犯罪，如伪造货币、扒窃技术等，行为人传授这种方法的行为，必然构成传授犯罪方法罪。但是，值得注意的是，刑法中存在大量的数额犯，当行为人传授的犯罪方法涉及此类犯罪时，如果所传授的方法客观上无法达到犯罪数额要求，即单纯用于犯罪的手段、方法不符合犯罪本身的要求，是否属于本罪所规制的“犯罪方法”。

虽然传授犯罪方法行为与被传授者实施犯罪行为相关联，但是传授行为既被认定为独立犯罪，必有自身独立、固定的客体，不会随行为人传授的犯罪方法性质而转移，考虑法益层面，传授行为对社会管理秩序的破坏与被传授者个人所实施的犯罪行为关系不大。故而对于传授特定多人“犯罪方法”的行为，所造成的法益侵害程度与被传授者的数量无关，即一个人盗窃5000元和五个人盗窃5000元，整体的犯罪性质、对社会治安造成的危害，是没有区别的，在侵害社会秩序法益层面不考虑人数的寡众。因此，从不法层面而言，传授者所传授的方法，在数额上已达到盗窃罪数额标准，此时的盗窃方法属于“不法层面的犯罪方法”，是一人单独造成，还是多人累计的结果，属于有责性阶层考量的因素，只涉及个人责任承担问题，而在不法阶层，传授者所传授的内容已经可以被认定为“犯罪方法”。

四、对本罪既遂与未遂的区分

传授犯罪方法罪是否存在既遂与未遂之分，在刑法理论上存在一定的争论。第一种观点认为，传授犯罪方法罪具有既遂与未遂之分，即认为传授犯罪方法的行为实行完毕为既遂，没有实行完毕就是未遂；第二种观点认为，传授犯罪方法罪虽然存在未遂，但只有未实行终了的未遂，而没有实行终了的未遂；第三种观点认为，传授犯罪方法罪属于行为犯，行为人只要已经实施传授犯罪方法的行为，就应当认为已经齐备了构成传授犯罪方法罪的全部要件而构成犯罪既遂，没有既遂与未遂之分。

在刑法理论中，作为划分本罪既遂与未遂标准的不同观点，概括起来主要有以下几种：一是“犯罪目的实现说”，认为犯罪目的是区分既遂与未遂的界限；二是“犯罪结果发生说”，认为应当将犯罪结果是否发生作为认定犯罪既遂与未遂的界限；三是“构成要件齐备说”，认为犯罪构成要件是否齐备才是划分既遂与未遂的标准。上述几种观点都是从不同的角度来区分犯罪既遂与未遂的界限，都具有一定的道理。我们认为，要相对准确地划分犯罪既遂与未遂的界限，上述几种见解中以“构成要件齐备说”比较恰当。

按照"构成要件齐备说"的观点，刑法第295条规定的传授犯罪方法罪属于以特定的危害行为的完成作为犯罪既遂要件的犯罪，如果该罪行为人在实施犯罪过程中没有将特定的危害行为实施完毕，就不能认为犯罪已经既遂，如行为人在实施传授犯罪方法时，由于自己主观上的认识错误或者客观上的因素，如设备、工具的纰漏等，导致犯罪行为没有实施完毕，应认定为犯罪未遂。

五、本罪与教唆犯罪的区分

教唆犯罪，就是通过教唆行为来唤起他人实施犯罪的意图，从而达到教唆人所希望达到的犯罪目的。这种犯罪人在西方刑法学中被称为间接正犯。我国1979年刑法没有具体规定传授犯罪方法罪，有关传授犯罪方法的行为主要包括在教唆犯罪里面。从犯罪的客观表现形式上看，传授犯罪方法罪与教唆犯罪具有极其相似的一面。但由于两者分属于不同的犯罪，必然有不同的犯罪构成要件，必须加以正确区分。传授犯罪方法罪与教唆犯罪的主要区别是：

第一，犯罪客体不同。传授犯罪方法罪作为独立的犯罪，有其特定的和统一的直接客体，即社会管理秩序；而教唆犯罪不是独立的罪名没有特定的、统一的直接客体，它取决于被教唆者所犯之罪侵犯的客体。

第二，客观方面不同。首先，传授犯罪方法罪在客观方面表现为把犯罪方法传授给他人的"传授"过程，即教给被传授人怎样实施某种犯罪的行为；而教唆犯罪在客观方面则表现为故意地引起他人产生实施犯罪的意图的行为，即要被教唆人去实施犯罪的行为，并不要求教唆人具体传授犯罪方法。其次，两者虽然都可以表现为用人体动作进行，但是，传授犯罪方法罪的传授行为可以是现场直接实施某种犯罪的行为；而教唆犯罪是通过人体动作教唆，采用手势、眼神等就可以达到犯罪目的，不一定需要直接实施犯罪行为。例如，传授人用现场扒窃作案的方式向他人传授扒窃方法时，如果传授人用真实的现场扒窃作案进行传授，又符合盗窃罪的构成要件，属于刑法上的想象的数罪，应当构成传授犯罪方法罪而不是盗窃罪。

第三，犯罪主体有所不同。构成传授犯罪方法罪，行为人必须达到完全刑事责任年龄规定的条件，也就是说，已满14周岁不满16周岁传授犯罪方法的不能负刑事责任；而对于教唆犯罪来说，根据刑法第29条的规定，已满14周岁不满16

周岁的人，在教唆他人实施了刑法第 17 条第 2 款规定的“故意杀人、故意伤害致人重伤或者死亡、强奸、抢劫、贩卖毒品、放火、爆炸投毒罪”的，也构成教唆犯罪的主体。

第四，主观方面不同。一是两者故意的具体形式有所不同：传授犯罪方法罪如前所述只能由直接故意构成，而教唆犯罪则既可以由直接故意构成也可以由间接故意构成；二是两者的故意内容不同：传授犯罪方法罪的故意内容是把犯罪方法传授给他人，而教唆犯罪的故意内容则是激起本无犯意的人产生并实行犯罪意图。

【办案依据】

刑法规定

第二百九十五条 传授犯罪方法的，处五年以下有期徒刑、拘役或者管制；情节严重的，处五年以上十年以下有期徒刑；情节特别严重的，处十年以上有期徒刑或者无期徒刑。

【指导性案例】

最高人民检察院指导性案例第 105 号
李某诈骗、传授犯罪方法牛某等人诈骗案[①]

（2021 年 2 月 26 日最高人民检察院第十三届检察委员会第六十三次会议决定，2021 年 3 月 2 日公布）

【关键词】

涉嫌数罪　听证　认罪认罚从宽　附条件不起诉　家庭教育指导　社会支持

【要旨】

对于一人犯数罪符合起诉条件，但根据其认罪认罚等情况，可能判处一年有期徒刑以下刑罚的，检察机关可以依法适用附条件不起诉。对于涉罪未成年人存

① 《李某诈骗、传授犯罪方法牛某等人诈骗案》，载最高人民检察院网站，https://www.spp.gov.cn/jczdal/202103/t20210303_510511.shtml，最后访问时间：2022 年 4 月 25 日。

在家庭教育缺位或者不当问题的，应当突出加强家庭教育指导，因案因人进行精准帮教。通过个案办理和法律监督，积极推进社会支持体系建设。

【相关规定】

《中华人民共和国刑法》第二百六十六条、第二百九十五条

《中华人民共和国刑事诉讼法》第一百七十三条、第二百七十七条、第二百八十二条

《人民检察院刑事诉讼规则》第十八条、第四百五十七条、第四百六十三条、第四百八十条

《未成年人刑事检察工作指引（试行）》第一百七十七条、第一百八十八条

《关于适用认罪认罚从宽制度的指导意见》第十九条、第二十三条、第二十六条、第二十七条、第二十八条、第二十九条、第三十条、第三十一条

【基本案情】

被附条件不起诉人李某，男，作案时 16 周岁，高中学生。

被附条件不起诉人牛某，男，作案时 17 周岁，高中学生。

被附条件不起诉人黄某，男，作案时 17 周岁，高中学生。

被附条件不起诉人关某，男，作案时 16 周岁，高中学生。

被附条件不起诉人包某，男，作案时 17 周岁，高中学生。

2018 年 11 月至 2019 年 3 月，李某利用某电商超市 7 天无理由退货规则，多次在某电商超市网购香皂、洗发水、方便面等日用商品，收到商品后上传虚假退货快递单号，骗取某电商超市退回购物款累计 8445. 53 元。后李某将此犯罪方法先后传授给牛某、黄某、关某、包某，并收取 1200 元“传授费用”。得知这一方法的牛某、黄某、关某、包某以此方法各自骗取某电商超市 15598. 86 元、8925. 19 元、6617. 71 元、6206. 73 元。

涉案五人虽不是共同犯罪，但犯罪对象和犯罪手段相同，案件之间存在关联，为便于查明案件事实和保障诉讼顺利进行，公安机关采纳检察机关建议，对五人依法并案处理。

【检察机关履职过程】

（一）适用认罪认罚从宽制度，发挥惩教结合优势。审查逮捕期间，检察机关

依法分别告知五名未成年犯罪嫌疑人及其法定代理人认罪认罚从宽制度的法律规定，促其认罪认罚。五名犯罪嫌疑人均表达了认罪认罚的意愿，并主动退赃，取得了被害方某电商超市的谅解。检察机关认为五人虽利用网络实施诈骗，但并非针对不特定多数人，系普通诈骗犯罪，且主观恶性不大，犯罪情节较轻，无逮捕必要，加上五人均面临高考，因而依法作出不批准逮捕决定。审查起诉阶段，检察机关通知派驻检察院的值班律师向五人及其法定代理人提供法律帮助，并根据五人犯罪情节，认罪悔罪态度，认为符合附条件不起诉条件，提出适用附条件不起诉的意见，将帮教方案和附带条件作为具结书的内容一并签署。

（二）召开不公开听证会，依法决定附条件不起诉。司法实践中，对犯数罪可否适用附条件不起诉，因缺乏明确的法律规定而很少适用。本案中，李某虽涉嫌诈骗和传授犯罪方法两罪，但综合全案事实、社会调查情况以及犯罪后表现，依据有关量刑指导意见，李某的综合刑期应在一年以下有期徒刑，对其适用附条件不起诉制度，有利于顺利进行特殊预防、教育改造。为此，检察机关专门针对李某涉嫌数罪是否可以适用附条件不起诉召开不公开听证会，邀请了未成年犯管教干部、少年审判法官、律师、心理咨询师、公益组织负责人等担任听证员。经听证评议，听证员一致认为应对李某作附条件不起诉，以最大限度促进其改恶向善、回归正途。通过听证，李某认识到自己行为的严重性，李某父母认识到家庭教育中存在的问题，参加听证的各方面代表达成了协同帮教意向。2019 年 12 月 23 日，检察机关对李某等五人依法作出附条件不起诉决定，考验期为六个月。

（三）开展家庭教育指导，因人施策精准帮教。针对家庭责任缺位导致五人对法律缺乏认知与敬畏的共性问题，检察官会同司法社工开展了家庭教育指导，要求五人及其法定代理人在监督考察期间定期与心理咨询师沟通、与检察官和司法社工面谈，并分享法律故事、参加预防违法犯罪宣讲活动。同时，针对五人各自特点分别设置了个性化附带条件：鉴于李某父母疏于管教，亲子关系紧张，特别安排追寻家族故事、追忆成长历程以增强家庭认同感和责任感，修复家庭关系；鉴于包某性格内向无主见、极易被误导，安排其参加“您好陌生人”志愿服务队，以走上街头送爱心的方式锻炼与陌生人的沟通能力，同时对其进行“朋辈群体干扰场景模拟”小组训练，通过场景模拟，帮助其向不合理要求勇敢说“不”；鉴于黄某因达不到父母所盼而缺乏自信，鼓励其发挥特长，担任禁毒教育、网络安全等普法活动主持人，使其在学习法律知识的同时，增强个人荣誉感和家庭认同感；鉴于牛某因单亲家庭而自卑，带领其参加照料空巢老人、探访留守儿童等志愿活动，通过培养同理心增强自我认同，实现“爱人以自爱”；鉴于关某沉迷网络游戏挥霍消费，督促其担任家庭记账员，激发其责任意识克制网瘾，养成良好习惯。

（四）联合各类帮教资源，构建社会支持体系。案件办理过程中，引入司法社工全流程参与精准帮教。检察机关充分发挥“3+1”（检察院、未管所、社会组织和涉罪未成年人）帮教工作平台优势，并结合法治进校园“百千万工程”，联合团委、妇联、教育局共同组建“手拉手法治宣讲团”，要求五人及法定代理人定期参加法治教育讲座。检察机关还与辖区内广播电台、敬老院、图书馆、爱心企业签订观护帮教协议，组织五人及法定代理人接受和参与优秀传统文化教育或实践。2020 年 6 月 22 日，检察机关根据五人在附条件不起诉考察期间的表现，均作出不起诉决定。五人在随后的高考中全部考上大学。

【指导意义】

（一）办理未成年人犯罪案件，对于涉嫌数罪但认罪认罚，可能判处一年有期徒刑以下刑罚的，也可以适用附条件不起诉。检察机关应当根据涉罪未成年人的犯罪行为性质、情节、后果，并结合犯罪原因、犯罪前后的表现等，综合评估可能判处的刑罚。“一年有期徒刑以下刑罚”是指将犯罪嫌疑人交付审判，法院对其可能判处的刑罚。目前刑法规定的量刑幅度均是以成年人犯罪为基准设计，检察机关对涉罪未成年人刑罚的预估要充分考虑“教育、感化、挽救”的需要及其量刑方面的特殊性。对于既可以附条件不起诉也可以起诉的，应当优先适用附条件不起诉。存在数罪情形时，要全面综合考量犯罪事实、性质和情节以及认罪认罚等情况，认为并罚后其刑期仍可能为一年有期徒刑以下刑罚的，可以依法适用附条件不起诉，以充分发挥附条件不起诉制度的特殊功能，促使涉罪未成年人及早摆脱致罪因素，顺利回归社会。

（二）加强家庭教育指导，提升考察帮教效果。未成年人犯罪原因往往关联家庭，预防涉罪未成年人再犯，同样需要家长配合。检察机关在办理附条件不起诉案件中，不仅要做好对涉罪未成年人自身的考察帮教，还要通过家庭教育指导，争取家长的信任理解，引导家长转变家庭教育方式，自愿配合监督考察，及时解决问题少年背后的家庭问题，让涉罪未成年人知法悔过的同时，在重温亲情中获取自新力量，真正实现矫治教育预期目的。

（三）依托个案办理整合帮教资源，推动未成年人检察工作社会支持体系建设。检察机关办理未成年人犯罪案件，要在社会调查、人格甄别、认罪教育、不公开听证、监督考察、跟踪帮教等各个环节，及时引入司法社工、心理咨询师等各种专门力量，积极与教育、民政、团委、妇联、关工委等各方联合，依托党委、政府牵头搭建的多元化协作平台，做到专业化办案与社会化支持相结合，最大限度地实现对涉罪未成年人的教育、感化和挽救。

第四十三章 非法集会、游行、示威罪

【立案追诉标准】

非法集会、游行、示威案（刑法第 296 条）

有下列情形之一，并且严重破坏社会秩序的，应予立案：

（1）举行集会、游行、示威，未依照法律规定申请或者申请未获许可，又拒不服从解散命令；

（2）举行集会、游行、示威，未按照主管机关许可的起止时间、地点、路线进行，又拒不服从解散命令。

【犯罪构成及刑事责任】

非法集会、游行、示威罪，是指举行集会、游行、示威，未依照法律规定申请或者申请未获批准许可，或者虽经批准许可，但未按照主管机关许可的起止时间、地点、线路进行，又拒不服从解散命令，严重破坏社会秩序的行为。1979 年刑法没有规定该罪名。1989 年全国人民代表大会常务委员会颁布的集会游行示威法以附属刑法的形式首先将该类行为入罪。1997 年修订后的刑法明确规定了该罪名。构成本罪需要具备以下四个要件：

1. 客体要件。本罪侵犯的客体是国家对集会、游行、示威的管理秩序。行为对象是不特定多数人的游行队伍。

2. 客观要件。本罪在客观表现为三种形式：一是未依照法律规定申请；二是申请未获许可；三是未按照主管机关许可的起止时间、地点路线进行，具有拒不服从解散命令的情节。本罪属于后果犯，必须是行为造成了严重的后果才以犯罪论处。所谓严重后果，按照刑法的规定，就是达到了严重破坏社会秩序的程度。

3. 主体要件。本罪的主体是特殊主体，只有违法举行集会、游行、示威的负责人和直接责任人员才能构成本罪。

4. 主观要件。本罪在主观方面表现为故意，包括直接故意和间接故意，即行为人明知自己的行为是违法的，并且明知自己的违法行为会造成严重破坏社会秩序的结果，却希望或者放任这种危害结果的发生。

根据刑法第296条的规定：犯本罪的，对负责人和直接责任人员，处五年以下有期徒刑、拘役、管制或者剥夺政治权利。

【疑难指导】

对本罪中“严重破坏社会秩序”的理解和认定

构成本罪，不仅要求行为人非法举行集会、游行、示威且拒不服从解散命令，还要求行为造成社会秩序严重破坏的结果。未发生严重破坏社会秩序的危害结果的，不以本罪论处。所谓严重破坏社会秩序，是指造成社会秩序、交通秩序混乱，致使生产、工作、生活和教学、科研无法正常进行，如致使国家机关、企事业单位和社会团体的工作无法正常进行；致使工厂、企业生产停工，造成交通瘫痪；或者造成恶劣的政治影响；等等。

【办案依据】

一、刑法规定

第二百九十六条 举行集会、游行、示威，未依照法律规定申请或者申请未获许可，或者未按照主管机关许可的起止时间、地点、路线进行，又拒不服从解散命令，严重破坏社会秩序的，对集会、游行、示威的负责人和直接责任人员，处五年以下有期徒刑、拘役、管制或者剥夺政治权利。

二、司法文件

最高人民检察院、公安部《关于公安机关管辖的刑事案件立案追诉标准的规定（一）》（2008年6月25日）

第三十八条 ［非法集会、游行、示威案（刑法第二百九十六条）］ 举行集会、游行、示威，未依照法律规定申请或者申请未获许可，或者未按照主管机关许可的起止时间、地点、路线进行，又拒不服从解散命令，严重破坏社会秩序的，应予立案追诉。

三、其他法规

《中华人民共和国集会游行示威法》（2009年8月27日）

第二条　在中华人民共和国境内举行集会、游行、示威，均适用本法。

本法所称集会，是指聚集于露天公共场所，发表意见、表达意愿的活动。

本法所称游行，是指在公共道路、露天公共场所列队行进、表达共同意愿的活动。

本法所称示威，是指在露天公共场所或者公共道路上以集会、游行、静坐等方式，表达要求、抗议或者支持、声援等共同意愿的活动。

文娱、体育活动，正常的宗教活动，传统的民间习俗活动，不适用本法。

第二十八条　举行集会、游行、示威，有违反治安管理行为的，依照治安管理处罚法有关规定予以处罚。

举行集会、游行、示威，有下列情形之一的，公安机关可以对其负责人和直接责任人员处以警告或者十五日以下拘留：

（一）未依照本法规定申请或者申请未获许可的；

（二）未按照主管机关许可的目的、方式、标语、口号、起止时间、地点、路线进行，不听制止的。

第二十九条　举行集会、游行、示威，有犯罪行为的，依照刑法有关规定追究刑事责任。

携带武器、管制刀具或者爆炸物的，依照刑法有关规定追究刑事责任。

未依照本法规定申请或者申请未获许可，或者未按照主管机关许可的起止时间、地点、路线进行，又拒不服从解散命令，严重破坏社会秩序的，对集会、游行、示威的负责人和直接责任人员依照刑法有关规定追究刑事责任。

包围、冲击国家机关，致使国家机关的公务活动或者国事活动不能正常进行的，对集会、游行、示威的负责人和直接责任人员依照刑法有关规定追究刑事责任。

占领公共场所、拦截车辆行人或者聚众堵塞交通，严重破坏公共场所秩序、交通秩序的，对集会、游行、示威的负责人和直接责任人员依照刑法有关规定追究刑事责任。

第四十四章　非法携带武器、管制刀具、爆炸物参加集会、游行、示威罪

【立案追诉标准】

非法携带武器、管制刀具、爆炸物参加集会、游行、示威案（刑法第297条）

违反法律规定，携带武器、管制刀具或者爆炸物参加集会、游行、示威行为的，应予以立案追诉。

【犯罪构成及刑事责任】

非法携带武器、管制刀具、爆炸物参加集会、游行示威罪，是指违反法律规定地带武器、管制刀具或者爆炸物参加集会、游行示威，尚未造成严重后果的行为。本罪是现行刑法新增加的罪名。构成本罪需要具备以下四个要件：

1. 客体要件。本罪侵犯的客体是社会治安管理秩序。行为对象包括武器、管制刀具、爆炸物和集会、游行、示威活动。

2. 客观要件。本罪在客观方面表现为三个要素：一是违反法律规定；二是携带武器、管制刀具、爆炸物；三是参加集会、游行示威。携带武器管制刀具或者爆炸物，既包括本人随身携带，也包括利用他人身份运输工具夹带，既可以是秘密携带，也可以是公开携带，但必须是行为人具有支配武器、管制刀具、爆炸物的能力。这里的集会、游行、示威，包括合法和不合法。

3. 主体要件。本罪的主体是一般主体，凡达到刑事责任年龄、具备刑事责任能力的人都可以作为本罪的主体。

4. 主观要件。本罪在主观方面表现为故意，包括直接故意和间接故意，即明知举行集会、游行、示威时不得携带武器、管制刀具或者爆炸物仍然故意为之，过失不构成本罪。至于犯罪动机如何，不影响本罪的成立。

根据刑法第 297 条的规定：犯本罪的，处三年以下有期徒刑、拘役、管制或者剥夺政治权利。

【疑难指导】

一、对“违反法律规定”及“携带”的理解和认定

本罪规定，行为人“违反法律规定”，携带武器、管制刀具或爆炸物参加集会、游行、示威的行为。这里的“违反法律规定”，是指违反集会游行示威法等法律。《中华人民共和国集会游行示威法》第 5 条规定：“集会、游行、示威应当和平地进行，不得携带武器、管制刀具和爆炸物，不得使用暴力或者煽动使用暴力。”

本罪中的“携带”，既包括随身藏带，也包括利用他人身体、容器、运输工具夹带武器、管制刀具或者爆炸物参加集会、游行、示威的。无论行为人对这些物品是非法持有还是合法持有，均构成本罪。至于集会、游行、示威是合法举行还是非法举行，不影响本罪的成立。本罪是行为犯，只要行为人携带了法律禁止携带的物品参加集会、游行、示威，就可以构成本罪，并不要求造成什么严重后果。

二、对“武器”“管制刀具”“爆炸物”的理解和认定

“武器”，是指直接可用于杀伤人体的发火器械及弹药。“管制刀具”，根据 1983 年颁布的《公安部对部分刀具实行管制的暂行规定》是指匕首、三棱刀（包括机械加工用的三棱刮刀）、带有自锁装置的弹簧刀（跳刀）以及其他类似的单刀、双刃刀、三棱尖刀等；匕首，是指国家法律、法规规定限定特定人员配置，用于特定范围和特殊用途，禁止民间私自生产、运输、贩卖、购买、持有的刀具。“爆炸物”，是指具有爆发力和破坏性，可以瞬间造成人畜伤亡、物品毁坏的危险物品。

【办案依据】

一、刑法规定

第二百九十七条 违反法律规定，携带武器、管制刀具或者爆炸物参加集会、游行、示威的，处三年以下有期徒刑、拘役、管制或者剥夺政治权利。

二、司法文件

（一）最高人民检察院、公安部《关于公安机关管辖的刑事案件立案追诉标准的规定（一）》（2008年6月25日）

第三十九条 ［非法携带武器、管制刀具、爆炸物参加集会、游行、示威案（刑法第二百九十七条）］ 违反法律规定，携带武器、管制刀具或者爆炸物参加集会、游行、示威的，应予立案追诉。

（二）《公安部关于将陶瓷类刀具纳入管制刀具管理问题的批复》（2010年4月7日）

北京市公安局：

你局《关于将陶瓷类刀具纳入管制刀具管理范围的请示》（京公治字〔2010〕282号）收悉。现批复如下：

陶瓷类刀具具有超高硬度、超高耐磨、刃口锋利等特点，其技术特性已达到或超过了部分金属刀具的性能，对符合《管制刀具认定标准》（公通字〔2007〕2号）规定的刀具类型、刀刃长度和刀尖角度等条件的陶瓷类刀具，应当作为管制刀具管理。

三、其他法规

（一）《中华人民共和国集会游行示威法》（2009年8月27日）

第二十九条 举行集会、游行、示威，有犯罪行为的，依照刑法有关规定追究刑事责任。

携带武器、管制刀具或者爆炸物的，依照刑法有关规定追究刑事责任。

未依照本法规定申请或者申请未获许可，或者未按照主管机关许可的起止时间、地点、路线进行，又拒不服从解散命令，严重破坏社会秩序的，对集会、游行、示威的负责人和直接责任人员依照刑法有关规定追究刑事责任。

包围、冲击国家机关，致使国家机关的公务活动或者国事活动不能正常进行的，对集会、游行、示威的负责人和直接责任人员依照刑法有关规定追究刑事责任。

占领公共场所、拦截车辆行人或者聚众堵塞交通，严重破坏公共场所秩序、交通秩序的，对集会、游行、示威的负责人和直接责任人员依照刑法有关规定追究刑事责任。

（二）《中华人民共和国集会游行示威法实施条例》（2011年1月8日）

第五条　《集会游行示威法》第五条所称武器是指各种枪支、弹药以及其他可用于伤害人身的器械；管制刀具是指匕首、三棱刀、弹簧刀以及其他依法管制的刀具；爆炸物是指具有爆发力和破坏性能，瞬间可以造成人员伤亡、物品毁损的一切爆炸物品。

前款所列武器、管制刀具、爆炸物，在集会、游行、示威中不得携带，也不得运往集会、游行、示威的举行地。

第二十五条　依照《集会游行示威法》第二十九条、第三十条的规定，需要依法追究刑事责任的，由举行地主管公安机关依照刑事诉讼法规定的程序办理。

第四十五章 破坏集会、游行、示威罪

【立案追诉标准】

破坏集会、游行、示威案（刑法第 298 条）

扰乱、冲击或者以其他方法破坏依法举行集会、游行、示威，造成公共秩序混乱的，应予立案追诉。

【犯罪构成及刑事责任】

破坏集会、游行、示威罪，是指扰乱、冲击或者以其他方法破坏依法举行的集会、游行、示威，造成集会、游行、示威正常秩序混乱的行为。1979 年刑法没有规定该罪名。1997 年修订后的刑法鉴于社会的变化，将该类危害行为规定为扰乱社会秩序方面犯罪是比较恰当的。构成本罪需要具备以下四个要件：

1. 客体要件。本罪侵犯的客体是公民集会、游行、示威的政治自由权利和社会公共秩序。本罪的行为对象是依法举行的集会、游行、示威。

2. 客观要件。本罪在客观方面首先表现为扰乱、冲击或者以其他方法破坏依法举行的集会、游行、示威的行为；其次是造成公共秩序混乱的危害结果。所谓其他方法，是指除扰乱和冲击外的其他具有干扰性、阻碍性的破坏集会、游行、示威的方法。

3. 主体要件。本罪的主体是一般主体，既可以是依法举行集会、游行、示威的参加者，也可以是非法参加者或者其他旁观者；既可以是中国公民，也可以是外国人和无国籍人。

4. 主观要件。本罪在主观方面表现为故意，并且是直接故意，即明知破坏依法举行的集会、游行、示威会造成危害社会的后果，并且希望这种结果发生的心理态度，犯罪动机如何不影响本罪的成立。

根据刑法第 298 条的规定：犯本罪的，处五年以下有期徒刑、拘役、管制或者剥夺政治权利。

【疑难指导】

一、对“依法举行的集会、游行、示威”的理解和认定

“依法举行的集会、游行、示威”，是指依照集会、游行、示威法律规定提出申请并获得许可，按照主管部门许可的起止时间、地点、路线进行的集会、游行、示威。对非法举行的集会、游行、示威进行扰乱、冲击的，不构成本罪。

根据集会游行示威法的有关规定，“依法举行的集会、游行、示威”，在法律上和事实上都应予以保障。各人民政府不仅不得干预，而且要采取各种措施予以保障。主管公安机关应当根据实际需要，派出一定数量的公安民警在许可举行集会、游行、示威的地点或路线维持秩序，疏导交通。任何人不得以暴力、胁迫或者其他非法手段进行扰乱、冲击和破坏。由于集会、游行、示威的规模往往比较大，加之围观群众比较多，对之进行干扰、冲击或破坏，不仅侵犯了他人合法的自由和权利，而且极易导致交通堵塞、公共秩序混乱，因此，法律禁止上述破坏行为，对其情节严重者，依本罪予以处罚。

二、对破坏集会、游行、示威的具体表现的理解和认定

破坏集会、游行、示威具体表现为两个方面：第一，必须是破坏依法举行的集会、游行、示威。“破坏”，是指采用扰乱、冲击或者以其他方法进行捣乱，致使依法举行的集会、游行、示威不能正常进行。“扰乱”，是指针对集会、游行、示威的秩序起哄、闹事，破坏其正常秩序的行为。“冲击”，主要是指冲散、冲入、扰乱依法举行的集会、游行、示威队伍，使集会、游行、示威不能正常进行的行为。“其他方法”，是指扰乱、冲击方法以外的其他具有干扰性、阻碍性和破坏性的方法。例如，堵塞集会、游行、示威队伍行进停留的通道、场所等。第二，必须造成公共场所混乱。这里主要是指造成集会、游行、示威行经地或举行地的场

所秩序或交通秩序混乱的；使依法举行的集会、游行、示威无法进行的；因之发生骚乱或者打、砸、抢事件的；等等。

具体而言，破坏集会、游行、示威具体表现应包括如下三点：第一，集会、游行、示威必须是依法举行，即集会、游行、示威必须是负责人向有关主管机关提出申请并得到许可后举行。如果对非法举行的集会、游行、示威进行干扰、冲击等破坏行为，则不能构成本罪，但可能构成其他犯罪。第二，行为人实施了破坏行为。所谓破坏行为，主要是指对依法举行的集会、游行、示威进行扰乱和冲击，但其他方式的破坏行为，如设置障碍、堵塞拦截等，也可构成本罪。第三，上述破坏行为必须引起一定的危害后果，即“造成公共秩序混乱”。如果实施了破坏行为，引起一定的危害不大，并未引起混乱，则不构成本罪。上述三点，必须同时具备，缺一不可。

【办案依据】

一、刑法规定

第二百九十八条 扰乱、冲击或者以其他方法破坏依法举行的集会、游行、示威，造成公共秩序混乱的，处五年以下有期徒刑、拘役、管制或者剥夺政治权利。

二、司法文件

《最高人民检察院、公安部关于公安机关管辖的刑事案件立案追诉标准的规定（一）》（2008年6月25日）

第四十条 ［破坏集会、游行、示威案（刑法第二百九十八条）］ 扰乱、冲击或者以其他方法破坏依法举行的集会、游行、示威，造成公共秩序混乱的，应予立案追诉。

三、其他法规

《中华人民共和国集会游行示威法》（2009年8月27日）

第三十条 扰乱、冲击或者以其他方法破坏依法举行的集会、游行、示威的，公安机关可以处以警告或者十五日以下拘留；情节严重，构成犯罪的，依照刑法有关规定追究刑事责任。

第四十六章 侮辱国旗、国徽、国歌罪

【立案追诉标准】

侮辱国旗、国徽、国歌案（刑法第 299 条）

根据刑法第 299 条第 1 款的规定，在公共场合，故意以焚烧、损毁、涂划、玷污、践踏等方式侮辱中华人民共和国国旗、国徽的，或者在公共场合，故意篡改中华人民共和国国歌歌词、曲谱，以歪曲、贬损方式奏唱国歌，或者以其他方式侮辱国歌，情节严重的，应当立案。

侮辱国旗、国旗罪是行为犯，只要行为人实施了侮辱国旗、国徽的行为，不论是否造成严重后果或者恶劣影响，原则上就构成犯罪，应当立案追究。但是，对于情节显著轻微危害不大的，可以按照刑法第 13 条的规定，不以犯罪论处，可以由公安机关根据国旗法、国徽法和治安管理处罚法等有关规定给予处罚。

侮辱国歌罪需达到情节严重。对于“情节严重”，需要结合行为人的主观恶性、侮辱行为的具体方式、在场人数、传播范围、造成的社会后果等综合判断。

【犯罪构成及刑事责任】

侮辱国旗、国徽、国歌罪，是指在公众场合，故意以焚烧、毁损、涂划、玷污、践踏等方式，侮辱中华人民共和国国旗、国徽，或者在公共场合，故意篡改中华人民共和国国歌歌词、曲谱，以歪曲、贬损方式奏唱国歌，或者以其他方式侮辱国歌的行为。该罪名在1979年刑法中没有规定，1997年修订后的刑法则将其纳入其中。构成本罪需要具备以下四个要件：

1. 客体要件。本罪侵犯的客体是国家对国旗、国徽、国歌的管理制度和国家的尊严。本罪的行为对象是中华人民共和国国旗、国徽、国歌，不包括外国国旗、国徽、国歌。

2. 客观要件。本罪在客观方面表现为在公众场合故意以焚烧、毁损、涂划、玷污、践踏等方式，侮辱中华人民共和国国旗、国徽或者在公共场合侮辱国歌的，情节严重的行为。

3. 主体要件。本罪的主体是一般主体，凡是达到刑事责任年龄具有刑事责任能力的自然人，包括中国人、外国人和无国籍人，都可以构成。

4. 主观要件。本罪在主观方面表现为直接故意，间接故意和过失不构成犯罪，即行为人明知是国旗、国徽、国歌，明知自己侮辱国旗、国徽、国歌的行为会损害国家的尊严和妨害社会管理秩序，而希望这种结果的发生。

根据刑法第299条的规定：犯本罪的，处三年以下有期徒刑、拘役、管制或者剥夺政治权利。

【办案依据】

一、刑法规定

第二百九十九条 在公共场合，故意以焚烧、毁损、涂划、玷污、践踏等方式侮辱中华人民共和国国旗、国徽的，处三年以下有期徒刑、拘役、管制或者剥夺政治权利。

在公共场合，故意篡改中华人民共和国国歌歌词、曲谱，以歪曲、贬损方式奏唱国歌，或者以其他方式侮辱国歌，情节严重的，依照前款的规定处罚。

二、其他法规

（一）《中华人民共和国国歌法》（2017年9月1日）

第十五条 在公共场合，故意篡改国歌歌词、曲谱，以歪曲、贬损方式奏唱国歌，或者以其他方式侮辱国歌的，由公安机关处以警告或者十五日以下拘留；构成犯罪的，依法追究刑事责任。

（二）《中华人民共和国国徽法》（2020年10月17日）

第十八条 在公共场合故意以焚烧、毁损、涂划、玷污、践踏等方式侮辱中华人民共和国国徽的，依法追究刑事责任；情节较轻的，由公安机关处以十五日以下拘留。

（三）《中华人民共和国国旗法》（2020年10月17日）

第二十三条 在公众场合故意以焚烧、毁损、涂划、玷污、践踏等方式侮辱中华人民共和国国旗的，依法追究刑事责任；情节较轻的，由公安机关处以十五日以下拘留。

第四十七章　侵害英雄烈士名誉、荣誉罪

【立案追诉标准】

侵害英雄烈士名誉、荣誉案（刑法第299条之一）

侮辱、诽谤或者以其他方式侵害英雄烈士的名誉、荣誉，损害社会公共利益，情节严重的行为，应予以立案。

【犯罪构成及刑事责任】

本罪是指侮辱、诽谤或者以其他方式侵害英雄烈士的名誉、荣誉，损害社会公共利益，情节严重的行为。本条为2020年刑法修正案（十一）第35条增设。构成本罪需要具备以下四个要件：

1. 客体要件。本罪侵犯的客体是英雄烈士的名誉、荣誉以及社会公共利益。

2. 客观要件。本罪客观上表现为侮辱、诽谤或者以其他方式侵害英雄烈士的名誉、荣誉，损害社会公共利益，情节严重的行为。

3. 主体要件。本罪的主体是一般主体，即凡是达到法定刑事责任年龄、具有刑事责任能力的人，均可构成本罪。

4. 主观要件。本罪的主观方面是故意。

根据刑法第299条之一的规定：犯本罪的，处三年以下有期徒刑、拘役、管制或者剥夺政治权利。

【办案依据】

一、刑法规定

第二百九十九条之一　侮辱、诽谤或者以其他方式侵害英雄烈士的名誉、荣誉，损害社会公共利益，情节严重的，处三年以下有期徒刑、拘役、管制或者剥夺政治权利。

二、其他法规

《中华人民共和国民法典》（2020年5月28日）

第一百八十五条　侵害英雄烈士等的姓名、肖像、名誉、荣誉，损害社会公共利益的，应当承担民事责任。

第九百九十四条　死者的姓名、肖像、名誉、荣誉、隐私、遗体等受到侵害的，其配偶、子女、父母有权依法请求行为人承担民事责任；死者没有配偶、子女且父母已经死亡的，其他近亲属有权依法请求行为人承担民事责任。

三、其他法规

（一）《中华人民共和国英雄烈士保护法》（2018年4月27日）

第二十六条　以侮辱、诽谤或者其他方式侵害英雄烈士的姓名、肖像、名誉、荣誉，损害社会公共利益的，依法承担民事责任；构成违反治安管理行为的，由公安机关依法给予治安管理处罚；构成犯罪的，依法追究刑事责任。

第二十七条　在英雄烈士纪念设施保护范围内从事有损纪念英雄烈士环境和氛围的活动的，纪念设施保护单位应当及时劝阻；不听劝阻的，由县级以上地方人民政府负责英雄烈士保护工作的部门、文物主管部门按照职责规定给予批评教育，责令改正；构成违反治安管理行为的，由公安机关依法给予治安管理处罚。

亵渎、否定英雄烈士事迹和精神，宣扬、美化侵略战争和侵略行为，寻衅滋事，扰乱公共秩序，构成违反治安管理行为的，由公安机关依法给予治安管理处罚；构成犯罪的，依法追究刑事责任。

（二）《烈士褒扬条例》（2019年8月1日）

第二条　公民在保卫祖国和社会主义建设事业中牺牲被评定为烈士的，依照本条例的规定予以褒扬。烈士的遗属，依照本条例的规定享受抚恤优待。

第八条 公民牺牲符合下列情形之一的，评定为烈士：

（一）在依法查处违法犯罪行为、执行国家安全工作任务、执行反恐怖任务和处置突发事件中牺牲的；

（二）抢险救灾或者其他为了抢救、保护国家财产、集体财产、公民生命财产牺牲的；

（三）在执行外交任务或者国家派遣的对外援助、维持国际和平任务中牺牲的；

（四）在执行武器装备科研试验任务中牺牲的；

（五）其他牺牲情节特别突出，堪为楷模的。

现役军人牺牲，预备役人员、民兵、民工以及其他人员因参战、参加军事演习和军事训练、执行军事勤务牺牲应当评定烈士的，依照《军人抚恤优待条例》的有关规定评定。

第四十八章 聚众淫乱罪

【立案追诉标准】

聚众淫乱案（刑法第 301 条第 1 款）

组织、策划、指挥 3 人以上进行淫乱活动或者参加聚众淫乱活动 3 次以上的，应予立案。

《最高人民检察院、公安部关于公安机关管辖的刑事案件立案追诉标准的规定（一）》（2008 年 6 月 25 日）

【犯罪构成及刑事责任】

聚众淫乱罪，是指组织、策划、指挥 3 人以上共同进行猥亵、性交的行为或者多次参加 3 人以上共同猥亵性交的行为。1979 年刑法没有规定本罪名，但类似犯罪行为却被包含在流氓罪这一口袋罪中。1997 年修正后的刑法设置了专门罪名来惩罚该类犯罪行为。构成本罪需要具备以下四个要件：

1. 客体要件。本罪侵犯的客体是双重客体，包括社会公共管理秩序和社会主义道德观念。

2. 客观要件。本罪在客观方面表现为组织策划、指挥 3 人以上共同进行聚众淫乱的行为。所谓聚众，是指 3 人以上，既可以是男性多人，也可以是女性多人，还可以是男女混杂多人。参与聚众淫乱活动的人应当是自愿的，不能是强迫的。如果以暴力胁迫或者其他方法强迫妇女参加聚众淫乱活动，则应视具体情况认定为强奸妇女罪或者强制猥亵，侮辱妇女罪。

3. 主体要件。本罪的主体是一般主体，凡是达到刑事责任年龄、具有刑事责任能力的自然人均可成为本罪的主体。但根据刑法的规定，本罪只处罚聚众淫乱的首要分子或者积极参加者。

4. 主观要件。本罪在主观方面表现为故意，并且是直接故意，即行为人明知自己的行为会产生破坏公共秩序的危害后果，而积极追求这种结果的发生。

根据刑法第301条第1款的规定：犯本罪，对首要分子或者多次参加者，处五年以下有期徒刑、拘役或者管制。

【疑难指导】

一、对本罪中“聚众”的理解和认定

按照文义解释，“聚众”的“聚”是指集聚在一起的，“众”是指多人的意思。通常是指三人以上，这才会有“三人为众”的说法。我国刑法并没有关于“聚众”的定义，也没有关于聚众犯罪的概念，通说观点认为，所谓“聚众”即纠集众人，是指在首要分子故意发动、组织、指挥、策划下，纠集特定或特定的男女多人聚集在一定地点的行为。[①]

目前，我国对聚众犯罪没有一个明确的定义，但是学界对于聚众犯罪定义的说法还是有很深刻的讨论的，本书列举十位学者的十种观点。第一种，何秉松认为，聚众犯罪实际上就是共同犯罪。[②] 第二种，高格认为，聚众犯罪是指聚集、纠合众多人进行犯罪，也可以说是一种以聚众作为犯罪构成必备要件的共同犯罪。[③] 第三种，吴明夏，认为聚众犯罪是行为人聚集多人一同实行犯罪的共同犯罪形式，它是以聚众作为犯罪构成的必要要件。[④] 第四种，李宇先认为，聚众犯罪就是指首要分子聚集多人一起实施以“聚众”作为构成犯罪的必要条件，以刑法分则为特别规定的共同犯罪。[⑤] 第五种，高铭暄认为，聚众犯罪是聚集特定或者不特定的多

---

① 贾宇：《扰乱公共秩序办案一本通》，中国长安出版社2006年版。
② 何秉松：《刑法教科书》，中国法制出版社1995年版，第302页。
③ 高格：《刑法问题专论》，吉林大学出版社1996年版，第138页。
④ 吴明夏：《新刑法通释》（上），人民出版社1998年版，第149页。
⑤ 李宇先：《聚众犯罪研究》，湖南人民出版社2004年版，第8页。

人实施犯罪，这些众多的人之所以能够聚集在一起实施犯罪，是由于其中的首要分子组织、策划、指挥的结果。[①] 第六种，陈兴良认为，聚众犯罪是法律规定以聚众作为构成犯罪必备条件的犯罪。[②] 第七种，姜伟认为，聚众犯罪是法律明文规定以聚众作为构成要件的犯罪形态。[③] 第八种，张正新、金泽刚认为，聚众犯罪是我国刑法明文规定的以聚众的行为方式实施的犯罪。[④] 第九种，李文凯认为，刑法第97条的聚众犯罪，是指在首要分子的作用下，三人以上纠合在一起并以此方式实施的一种法定犯罪类型。[⑤] 第十种，刘德法认为，聚众犯罪是指刑法分则明文规定的，在首要分子的作用下以聚众的行为方式实施的一种犯罪类型。[⑥] 综合以上十种观点，本书对其进行了划分，前四种的聚众犯罪是共同犯罪的表现形式之一，后六种观点为区别于共同犯罪的特殊的犯罪形式。对此，本书对聚众犯罪进行划分：第一，以聚众犯罪是否只处罚首要分子，可以分为必要共犯的聚众犯罪和任意共犯的聚众犯罪；第二，以聚众犯是否同类，可以分为普通的聚众犯罪和特殊的聚众犯罪；第三，以聚众犯罪者是否有组织，可以划分为有组织的和无组织的聚众犯罪。综上，聚众淫乱罪中的“聚众”是有必要共犯的“聚众”、是普通的“聚众”、是有组织的“聚众”。

实践中需要注意的是，构成本罪的仅限于聚众淫乱的“首要分子”和“多次参加者”，所谓“首要分子”，是指召集、唆使、首倡聚众淫乱活动的人；所谓“多次参加者”，指首要分子以外的参加聚众淫乱活动至少达3次以上。其他偶尔参加聚众淫乱活动的，应依治安管理处罚法的规定追究责任，不以犯罪论处。

二、对本罪中“淫乱”的理解和认定

所谓“淫乱”，是指不受任何限制或者约束肆意寻求性满足的性行为外，除最普通的男女性交行为，还应当囊括其他能够刺激、满足身体或者心理的行为。淫

---

① 高铭暄：《中国刑法学》，中国人民大学出版社1989年版，第196页。

② 陈兴良：《共同犯罪论》，中国社会科学出版社1992年版，第150页。

③ 姜伟：《犯罪形态通论》，法制出版社1999年版，第240页。

④ 张正新、金泽刚：《论我国刑法中的聚众犯罪》，载《法商研究》1997年第5期。

⑤ 李文凯：《聚众犯罪的构成特征及司法认定》，载《河南省政法管理干部学院学报》2008年第4期。

⑥ 刘德法：《聚众犯罪理论与实务研究》，中国法制出版社2011年版，第33页。

乱行为应当至少具备如下特点：一是必须刺激或者能够满足实施者内心或者心理上的行为，这是基本前提。二是能够引起一般大众对于性观念和行为的羞耻或者变态感。三是必须违反践踏中华民族长期遗留保存下来的伦理价值观。

实践中，对于“淫乱”的认定还需要注意以下两个问题：第一，这种行为并不限于性行为，也包括其他刺激、兴奋、满足性欲的行为。譬如聚众进行男女自慰、口交、彼此帮助对方手淫等。从社会现实层面来说，公众对于聚众淫乱，尤其是“淫乱”的理解不甚一致，我国也没有关于聚众淫乱罪的司法解释，实际上，并非所有的聚众淫乱都是以发生性行为为前提，很多聚众淫乱并没有实际发生性行为，但确实属于淫乱行为；第二，这种行为并不限于男女异性之间，同性人聚众从事淫乱行为的，也构成本罪。从理论上本罪的众人并不必然以同时含有男女二性为必要。

三、对本罪中“公然性”的理解和认定

聚众淫乱罪属于涉性犯罪，是我国刑法分则体系中特有的罪名，包含两种犯罪行为类型：公然进行的聚众淫乱行为和私密进行的聚众淫乱行为。与强奸罪、强制猥亵、侮辱罪等暴力性犯罪相比，聚众淫乱罪有其自身特点，参与者意志自由，没有直接的受害人，因此，聚众淫乱罪被视为典型的无被害人犯罪，这也就排除了对参与者个人法益保护的可能性。“换句话说，这些犯罪不是因为侵犯到公民的性自由或性权利而被犯罪化，而是基于社会秩序的考虑而进行的‘道德化立法’，这是中国刑法之性管制有别于西方国家的一大特色。”[①]

所谓“公然”，是指毫不避讳地当众进行，或者采用其他方式使公众能够看到或者听到的方式进行。这里的“众”作众人聚集场所的解释，是否是公共场所在所不问，如果没有被别人发现的可能，即使在广场上、大街上等公共场合进行淫乱活动的，也不能视为“公然”。关于“公然”的认定，第一，应该发生在公共场合。公共场合，是指任何人有权利进入的场所、地点，只有在公共场合发生的聚众淫乱行为才有可能侵犯到了公共秩序。第二，在发生聚众淫乱的公共场合，其他在场人数应该为二人及其以上，这个数字是刑法对于多数人数的认定，符合

① 姜涛：《刑法中的聚众淫乱罪该向何处去》，载《法学》2010 年第 6 期。

通说观点。如果聚众淫乱行为发生在公共场合但确实空无一人，也就没有侵犯公共秩序的对象。聚众淫乱罪分为公然性聚众淫乱和私密性聚众淫乱，在公然性聚众淫乱行为之下，将整个性行为暴露在公共场合，公众看到后羞耻心、尴尬症或者还想积极参与的心态变得不正常，也就侵犯到了公共秩序。然而，私密性聚众淫乱从根本上杜绝了性行为传播到外界并让其他人知道的可能性或者故意性，多人基于自愿，自由处分自己的身体权利很难被认为侵犯到了他人合法权益，即使需要法律介入也不可能是刑法来介入。

综上所述，关于聚众淫乱行径的犯罪与否的处置，应当根据不同的情况采取不同的对应措施，以达到公平公正的效果。秘密性质的聚众淫乱行径应当做非犯罪化处理，反之，公然性质的应当按照犯罪行径立案处理。秘密性质聚众淫乱行径未使法益受到侵犯，不符合犯罪实质，所以不能按照犯罪行径处理；而公然性质的聚众淫乱行为不仅对社会道德构成了伤害，还造成了法益侵害，就应当入罪了。

四、本罪与引诱未成年人聚众淫乱罪的区分

刑法第301条第2款为引诱未成年人聚众淫乱罪，是指引诱未成年人参加聚众淫乱活动的行为。从该款法条的表述来看，其并没有规定独立的法定刑。因而现行很多学者认为该法条属于聚众淫乱罪的加重情节。但是最高人民法院在有关罪名的解释中却将该款单独成罪，可见其并非聚众淫乱罪的加重情节。两罪之间的区别在于如下几点：

犯罪主体不同。聚众淫乱罪的犯罪主体为首要分子与多次参加者；而引诱未成年人聚众淫乱罪的犯罪主体为“引诱者”，该“引诱者”不一定要构成聚众淫乱罪，换言之，“引诱者”不一定要参与到具体的聚众淫乱活动中。

犯罪客观行为不同。聚众淫乱罪的客观行为在于聚集三人以上实施淫乱活动，或者多次参与淫乱活动；但是引诱未成年人聚众淫乱罪的客观行为在于“引诱”未成年人参加聚众淫乱活动，即该罪的重点在于引诱。“引诱”是一种非暴力、非强迫的手段，所以如果行为人利用暴力等手段迫使未成年人参加淫乱活动，则可能涉及强奸等其他犯罪。

如果行为人既引诱了未成年人参与了聚众淫乱罪，又是组织、策划者或者多次参加，因为“引诱”行为没办法被“聚众”或者“多次参加”所包括，所以本书认为其构成了两个罪，应该予以数罪并罚。而如果引诱者又与未成年人发生了性关系，而未成年人又是未满 14 周岁的，则行为人则又构成强奸罪。

五、本罪与组织卖淫罪的区分

刑法第 358 条规定，组织卖淫罪，是指招募、雇佣、强迫、引诱、容留等方式，纠集、控制多人从事卖淫活动的行为。对于其中的犯罪主体而言，本罪与组织卖淫罪中都存在着组织者，也都实施了纠集多人进行性活动的行为。二者的区别在于：

本罪的主体，除了起组织作用的首要分子以外，还包括多次参加者；组织卖淫者的主体只能是组织者，参与卖淫嫖娼的行为，不构成犯罪。

在主观上，本罪是为了寻求下流的精神刺激、满足性的畸形需求；而组织卖淫罪的行为人主要是通过他人的卖淫活动非法营利。

第三，本罪的首要分了组织的行为，是 ·种较为临时、随意性的聚众活动；而组织卖淫罪的组织者是有较强的组织纪律的，是一种持续、有预谋的组织行为。

因为刑法并没有具体规定聚众淫乱罪的主观目的，所以其并不排斥以营利为目的的聚众淫乱行为。如果行为人聚集了多名卖淫女进行性交易行为；或者多人与一名卖淫女进行性交易行为，实质上也构成了聚集淫乱罪。但是如果是组织卖淫的组织者安排了这样一场多人卖淫行为，因一行为触犯两个罪名，本书认为构成想象竞合，以组织卖淫罪论处。

六、本罪与组织淫秽表演罪

刑法第 365 条规定，组织淫秽表演罪，是指组织他人进行淫秽性表演的行为。这些淫秽性的表演，包括脱衣舞、裸体舞、性交演示、手淫或者口淫表演等。组织淫秽表演罪与聚众淫乱罪，在客观上都表现为男女多人公然在一起进行性交展示、众人在一起公然地进行淫乱活动，具有一定的集群特征，且都有一定的组织性质，因而具有一定的相似。二者的区别在于：

从行为方式上，组织淫秽表演罪的目的在于表演，试图通过这样一种表演的方式给观众看到、听到，简言之，其核心内容在于表演。而聚众淫乱罪在行为方式上则主要表现为多人的淫乱活动，这种淫乱活动并非表演。

从处罚主体上，组织淫秽表演罪只处罚组织者，对于表演者以及观众都不予以处罚，而聚众淫乱罪不仅处罚组织者，还处罚多次参与者。

但是，如果以聚众淫乱来作为淫秽表演的内容。比如一大群男男女女，再加上几条狗，十几只猪，在舞台上疯狂苟合，以此招徕取悦观众。[①] 对于这种行为如何认定？本书认为，对于组织者应构成组织淫秽表演罪，而对于表演者，则构成聚众淫乱罪。假如组织者也是表演者，则应予以数罪并罚。

七、本罪中的罪数问题

行为人出于聚众淫乱的意图，通过播放淫秽音像制品，发动、拉拢、唆使他人自愿进行淫乱活动的，该行为人既是聚众淫乱罪的首要分子，同时也是组织播放淫秽音像制品罪的犯罪主体，属于牵连犯，应以其中一重罪论处。

在聚众淫乱的过程中，如果首要分子或者多次参加者，采用了暴力、胁迫或者其他手段强制妇女参加，并且强行与该妇女发生性行为或强制猥亵妇女的，应以聚众淫乱罪和强奸罪、强制猥亵妇女罪并罚。

容留他人卖淫的，并且与多名卖淫人群体淫乱的，应以组织卖淫罪、容留卖淫罪与聚众淫乱罪并罚。

【办案依据】

一、刑法规定

第三百零一条第一款　聚众进行淫乱活动的，对首要分子或者多次参加的，处五年以下有期徒刑、拘役或者管制。

二、司法文件

《最高人民检察院、公安部关于公安机关管辖的刑事案件立案追诉标准的规定（一）》（2008 年 6 月 25 日）

第四十一条　［聚众淫乱案（刑法第三百零一条第一款）］组织、策划、指挥三人以上进行聚众淫乱活动或者参加聚众淫乱活动三次以上的，应予立案追诉。

三、其他法规

《中华人民共和国治安管理处罚法》（2012 年 10 月 26 日）

第六十九条　有下列行为之一的，处十日以上十五日以下拘留，并处五百元

① 刘宪权主编：《刑法学》（第二版），上海人民出版社，第 810 页。

以上一千元以下罚款：

（一）组织播放淫秽音像的；

（二）组织或者进行淫秽表演的；

（三）参与聚众淫乱活动的。

明知他人从事前款活动，为其提供条件的，依照前款的规定处罚。

第四十九章 引诱未成年人聚众淫乱罪

【立案追诉标准】

引诱未成年人聚众淫乱案（刑法第301条第2款）

引诱未成年人参加聚众淫乱活动的，应予立案。

《最高人民检察院、公安部关于公安机关管辖的刑事案件立案追诉标准的规定（一）》（2008年6月25日）

【犯罪构成及刑事责任】

引诱未成年人聚众淫乱罪，是指通过语言、动作等手段．诱惑未成年的男女参加聚众淫乱活动的行为。本罪是1997年修订后的刑法新规定的罪名。构成本罪需要具备以下四个要件：

1. 客体要件。本罪侵犯的客体是复杂客体，包括社会公共秩序和未成年人的身心健康。行为对象是未成年人。这里的未成年人，是指不满18周岁的未成年男女。

2. 客观要件。本罪在客观方面表现为引诱未成年人参加聚众淫乱活动。所谓引诱，是指通过语言表演、示范，收听观看淫秽音像制品等手段，拉拢、腐蚀、诱惑未成年人参加聚众淫乱活动。

3. 主体要件。本罪的主体是一般主体，凡是达到刑事责任年龄、具备刑事责任能力的人都可成为本罪的主体。

4. 主观要件。本罪在主观方面表现为故意，包括直接故意和间接故意，即行为人具有聚众淫乱的目的。过失行为不构成本罪。

根据刑法第301条第1款的规定：犯本罪，处五年以下有期徒刑、拘役或者管制，并且从重处罚。

【疑难指导】

一、对本罪中“未成年人”的理解和认定

民法典对未成年人的概念界定为不满18周岁的自然人。未成年人保护法中也规定未成年人是指未满18周岁的公民。刑法分则对未成年人规定得更加细致，提出了“未成年”、“儿童”以及“幼女”三种表述。在刑法之中的规定如“奸淫不满14周岁的幼女的……”“引诱不满14周岁幼女卖淫的……”，通过这一表述能够推导得出，在刑法的规定中，年龄不满十四周岁的女性被定义为幼女。我国是联合国《儿童权利公约》的签约国，联合国《儿童权利公约》指出，年龄不满十八岁的任何人都属于儿童这一概念的范畴，即联合国对儿童的定义与我国对未成年人的定义相似。

综上所述，结合我国法律规定与联合国公约，未成年人是指所有未满18周岁的公民，儿童、幼女等概念均涵盖其中。

二、对本罪中“引诱”的理解和认定

所谓“引诱”，是指通过语言、表演、示范、收听观看淫秽音像制品的等手段，拉拢、腐蚀、诱惑未成年人参加聚众淫乱活动。就本罪而言，勾引诱惑本无意参加聚众淫乱的不满18周岁的人参加聚众淫乱，具有教唆的性质，引诱的方式，在实践中常常表现为以淫秽下流的语言，观看淫秽色情音像制品，宣讲性体验、性感受甚至直接进行性表演等方式，刺激、拉拢、腐蚀、勾引未成年人参与淫乱活动。

应注意的是，“引诱”尽管含有“骗”的因素，但不能等同于“诱骗”。就引诱而言，被引诱者在引诱者的引诱下参与聚众淫乱活动是出于其本心自愿的，不同于“诱奸”行为。如果行为人在聚众淫乱活动中，诱奸幼女的则构成强奸幼女，犯强奸罪。

参加，是指未成年人到了聚众淫乱的现场。未成年人实际从事聚众淫乱活动的构成参加，未成年人实际并未进行聚众淫乱活动而只是观看他人从事聚众淫乱

活动的，也应认定构成本罪。

三、本罪是否要求行为人明知

引诱未成年人聚众淫乱罪是否要求明知对方是未成年人，司法实践中有不同的看法。

本书认为，从构成本罪的主观特征来看，本罪在主观方面必须具有构成犯罪的故意，既然是故意犯罪，就要求行为人对自己的犯罪对象有一个明确的认识，这个认识就是行为人必须明知引诱对象是未成年人，才能构成引诱未成年人聚众淫乱罪。但实践中的情况往往是复杂的，因为决定未成年人是否发育成熟的外貌标志不是年龄，而是未成年人的外貌身体特征，这对于行为人了解未成年人的确切年龄是一种障碍。

有些未成年人虽不满 18 周岁，但发育早熟体形较大貌似成年，加之隐瞒实际年龄，行为人确实不知对方是未成年人而加以引诱，这种情况应当分情况处理。对于行为人所引诱的个别未成年人发育早熟、貌似成年或者本人隐瞒实际年龄，行为人确实不知道其真实年龄而误加引诱的，由于行为人主观上缺乏犯罪的故意，不构成本罪。构成其他罪的，按其他罪处罚。对于无法具体判断行为人是否知道所引诱的是未成年人，但从整个刑事案件来看，可以判断行为人主观上应当知道是未成年人而加以引诱，可以认定行为人已经明知对方是未成年人，应当按照本罪论处。

四、本罪与非罪的区分

区分引诱未成年人聚众淫乱罪与非罪的界限，要注意把握下面几点：首先，在客观表现方式上，构成本罪要求被引诱的未成年人参加的是聚众淫乱活动，如果不是聚众淫乱活动或奸淫行为不具有聚众性，如行为人引诱未成年人与自己进行淫乱活动，则不构成本罪，但可能构成其他犯罪。其次，从行为对象上区分，本罪的行为对象为未成年人。如果行为人引诱成年男女参加聚众淫乱活动的，不构成本罪。如果行为人引诱成年男女并提供场所聚众淫乱的，则可以构成聚众淫乱罪。

五、本罪与引诱幼女卖淫罪的区别

引诱幼女卖淫罪，是指引诱不满 14 周岁的幼女卖淫的行为。本罪与引诱幼女卖淫罪在行为对象、行为方式、犯罪主体和主观方面都具有很相似的地方。两者的区别主要表现在：

行为对象不完全相同。本罪的行为对象是未成年男女，即不满 18 周岁的男女；引诱幼女卖淫罪的对象是不满 14 周岁的幼女，不包括男性在内。

客观表现形式也有区别。本罪的行为内容主要是进行精神刺激方面的淫乱活动；引诱幼女卖淫罪的行为内容主要是“卖身”。

目的和意图不同。本罪行为人在主观方面一般不具有非法牟利的因素；引诱幼女卖淫罪的行为人在主观上都具有非法牟利的目的。

刑罚的严厉程度不同。刑法规定本罪的最高刑为有期徒刑 5 年；刑法规定引诱幼女卖淫罪的最高刑为有期徒刑 15 年。

【办案依据】

一、刑法规定

第三百零一条第二款 引诱未成年人参加聚众淫乱活动的，依照前款的规定从重处罚。

二、司法文件

《最高人民检察院、公安部关于公安机关管辖的刑事案件立案追诉标准的规定（一）》（2008 年 6 月 25 日）

第四十一条 ［聚众淫乱案（刑法第三百零一条第一款）］ 组织、策划、指挥三人以上进行聚众淫乱活动或者参加聚众淫乱活动三次以上的，应予立案追诉。

第五十章　盗窃、侮辱、故意毁坏尸体、尸骨、骨灰罪

【立案追诉标准】

盗窃、侮辱、故意毁坏尸体、尸骨、骨灰案（刑法第 302 条）

根据刑法第 302 条的规定，盗窃、侮辱、故意毁坏尸体、尸骨、骨灰的，应当立案。

本罪是行为犯，只要行为人实施了盗窃、侮辱、故意毁坏尸体、尸骨、骨灰的行为，原则上就构成犯罪，应当立案追究。

【犯罪构成及刑事责任】

盗窃、侮辱、故意毁坏尸体、尸骨、骨灰罪，是指采用秘密窃取的方法非法占有尸体、尸骨、骨灰，或者采用猥亵、奸淫破坏、抛弃或者其他方法毁坏、侮辱尸体、尸骨、骨灰的行为。本罪是 1997 年修订后的刑法新增加的罪名，1979 年刑法中没有规定该罪。2015 年 8 月 29 日第十二届全国人民代表大会常务委员会第十六次会议通过的刑法修正案（九）对本罪作了以下修改：一是增加了犯罪的行为方式，原刑法只规定了盗窃、侮辱两种行为方式，刑法修正案（九）增加了故意毁坏的行为方式；二是增加的犯罪对象，原刑法规定的犯罪对象只有尸体，这是局限于传统的形式，现代社会已经完全超越了这种形式，所以，刑法修正案（九）增加了尸骨和骨灰两种行为对象。所以，本罪名也相应地由原来的盗窃、侮

辱尸体罪改为盗窃、侮辱、故意毁坏尸体、尸骨、骨灰罪。构成本罪需要具备以下四个要件：

1. 客体要件。本罪侵犯的客体是复杂客体，包括正常的社会风尚和他人所应享有的社会尊严。行为对象是尸体、尸骨、骨灰，既包括尸体、尸骨、骨灰的全部，也包括其中的一部分。

2. 客观要件。本罪在客观方面表现为采用秘密窃取的方法非法占有尸体，或者采用威胁、奸淫、破坏、抛弃或者其他方法毁坏侮辱尸体、尸骨、骨灰的行为。盗窃，是指行为人以出卖、结阴亲等为目的，秘密窃取尸体、尸骨、骨灰的行为；侮辱，是指以各种方法公然贬损尸体、尸骨、骨灰，如奸污女尸、抠摸尸体阴部、使尸体裸露、将尸体扔至公共场所等。故意损坏，是指对尸体、尸骨、骨灰进行破坏、肢解、分割等方式。以书面、文字等方式侮辱死者名誉的，不成立本罪；依法对尸体进行解剖、检查等行为的，不成立本罪。只要行为人实施了盗窃、侮辱或者故意毁坏的行为之一的，即构成本罪。同时具有两项行为的，也只构成一罪，不实行数罪并罚。

3. 主体要件。本罪的主体是一般主体，凡是达到刑事责任年龄具有刑事责任能力的自然人都可以成为本罪的主体。

4. 主观要件。本罪在主观方面表现为故意，包括直接故意和间接故意。犯罪动机和目的多种多样，但不影响本罪的成立。

根据刑法第 302 条的规定：犯本罪，处三年以下有期徒刑、拘役或者管制。

【疑难指导】

一、对“盗窃”行为的理解和认定

本罪的“盗窃”，即行为人违反死者生前意愿，或本人生前未表示同意，违反对死者的尸体、尸骨、骨灰具有处分权的主体（包括单位）的意愿，将他人的尸体、尸骨、骨灰转移至自己或第三者支配的行为。

第一，行为人的转移行为必须违反了死者生前意愿或对死者的尸体、尸骨、骨灰具有处分权的主体的意愿，如果行为人在死者生前得到了死者的授权，或即使未取得死者生前授权，但在死者去世后得到了能对死者的尸体、尸骨、骨灰有处分权的主体的授权，则行为人取得尸体、尸骨、骨灰的行为就不构成盗窃尸体、尸骨、骨灰罪。

第二，盗窃尸体、尸骨、骨灰的行为是排除有处分权的主体对尸体、尸骨、骨灰的支配，同时，建立新的支配关系，若仅排除他人对尸体、尸骨、骨灰的支配，则不是盗窃行为，有可能构成其他犯罪。例如，行为人将死者尸体从悬崖边推下，该行为虽然排除了他人对死者尸体的支配，但行为人与该尸体间也未建立新的支配关系，对此情形，不能认定为盗窃尸体罪，可结合具体情形认定为故意毁坏尸体罪。

第三，盗窃的目的没有限制，即使行为人的盗窃行为是为了满足对社会有益的科学研究的目的，但若该行为违反了死者的生前意愿或处分权人的意愿，仍不能阻却盗窃尸体、尸骨、骨灰罪的成立。

实践中有两点值得注意：一是公开“盗窃”也应认定为本罪的“盗窃”。本罪的“盗窃”与盗窃罪中的“盗窃”存在密切关联，因而，理解本罪之“盗窃”行为，可从盗窃罪之“盗窃”行为的理解入手。根据我国刑法理论通说，盗窃，即秘密窃取公私财物。但在国外刑法理论中，盗窃罪并不以秘密窃取为要件，即，承认公开盗窃的存在。我国刑法学界，有学者也明确提出“盗窃行为并不限于秘密窃取”。本书赞同该主张，认为盗窃行为不应限定为秘密窃取，公开盗窃的行为也可被认定为盗窃罪。二是本罪中“盗窃”既遂的标准应采取“控制说”为宜。我国通说一般认为盗窃罪以“失控说”为既遂判断依据，但本罪宜采取“控制说”。具体而言，有尸体、尸骨和骨灰的处分权人的，应以脱离相关处分权人的控制，行为人取得对尸体、尸骨和骨灰的控制为标准。例如，行为人潜入死者家属房间内盗取死者的骨灰，拿到骨灰盒后为方便逃离，便将骨灰盒简单包裹后扔至户外较偏僻的角落里，不管行为人事后是否捡得该骨灰盒，均应认定行为人已构成盗窃骨灰罪既遂。对没有处分权人的尸体、尸骨和骨灰的盗窃行为，由于没有处分权人的“控制”，也就没有所谓的“失控”，在此情形下，行为人实际取得了对盗窃的尸体、尸骨和骨灰控制的，即为犯罪行为既遂。例如，某位没有任何亲属的流浪汉在寒冬深夜冻死街头，路人甲欲摘取其器官出售，便将流浪汉的尸体带至其住处实施解剖。在本案中，甲现实地取得了对该尸体的控制时，即为本罪盗窃既遂。当然，此处的“取得”不能狭义理解为场所等的转移，而应理解为行为人事实上取得或控制了尸体、尸骨、骨灰。

二、对“侮辱”行为的理解和认定

侮辱尸体、尸骨、骨灰，即行为人对尸体、尸骨、骨灰实施凌辱、贬损、丑化等行为。“侮辱”是否以“公然”实施为要件，学界尚存争议。本书认为，本罪的侮辱行为不以“公然”实施为要件。理由如下：一是将侮辱尸体、尸骨、骨灰的行为规定为犯罪，旨在保护本罪的客体，即公众对民族习俗的维护与信仰，这种对民族习俗的维护与信仰不以侮辱行为的公然性为要件，纵使侮辱尸体、尸骨、骨灰的行为不具有公然性，但一旦侮辱行为侵害了本罪的客体，就有用刑法规制的必要。二是与侮辱罪不同，侮辱尸体、尸骨、骨灰罪中的“侮辱”行为容纳了通常不具有公然性的奸淫、猥亵等手段，若要求本罪的侮辱行为以公然实施为必要，则不当缩小了本罪的处罚范围。

侮辱尸体、尸骨、骨灰的行为方式，包括暴力侮辱和非暴力的动作或行为侮辱。前者如以侮辱尸体为目的对尸体、尸骨、骨灰实施暴力分割、践踏、悬挂、抽打等行为，后者如以非暴力的方式对尸体、尸骨、骨灰做出带有侮辱性的动作或行为，如故意使尸体裸露于公共场所。值得注意的是，以言辞或文字、图画等形式实施侮辱死者名誉的行为，不构成本罪。具体来说，侮辱尸体、尸骨和骨灰的行为，大致可分为以下三类：第一，对尸体、尸骨、骨灰进行亵渎、玷污。该类行为一般通过暴露、践踏、奸淫、鞭打等方式对尸体、尸骨、骨灰进行贬损，此外，将污秽之物投掷或涂抹在死者尸体、尸骨或骨灰上的行为也构成对尸体、尸骨、骨灰的亵渎、玷污。第二，故意违反当地殡葬习俗或特定民族或宗教的葬习处理尸体、尸骨、骨灰。第三，采取其他形式实施侮辱尸体、尸骨和骨灰的行为。如以毁坏尸体为手段实施侮辱、丑化尸体等行为,[①] 或将尸体遗弃在公共场所

---

① 应注意，《中华人民共和国刑法修正案（九）》将故意毁坏尸体、尸骨、骨灰的行为单列出来，作为与盗窃、侮辱尸体、尸骨、骨灰的行为并列的一种犯罪手段。若行为人仅实施毁坏尸体、尸骨、骨灰的行为，则应认定为故意毁坏尸体、尸骨、骨灰罪，而如果行为人故意毁坏尸体、尸骨、骨灰为手段实施相应的侮辱行为，则宜认定为侮辱尸体、尸骨、骨灰罪，具体定罪，需考察行为人的主观动机。

展示等。侮辱尸体、尸骨、骨灰罪的既遂应以行为人的行为是否导致被国家确认的、公众对民族习俗的维护与信仰受到现实的侵害为标准，即使行为人主观上认为其实施的侮辱行为尚未结束，但客观上已经造成了现实的侵害结果时，仍为既遂。

三、对“故意损坏”行为的理解和认定

故意毁坏尸体、尸骨、骨灰，是指行为人故意非法地毁灭或损坏尸体、尸骨、骨灰的行为。毁坏的方法一般包括砸毁、分解、压毁、焚烧、解剖等。对故意毁坏尸体、尸骨、骨灰罪中“毁坏”行为的界定，既应考虑毁坏对象的特殊性，也应考虑毁坏行为与盗窃、侮辱行为，特别是与侮辱行为的互补性与协调性。

相较于盗窃、侮辱尸体、尸骨、骨灰的行为，故意毁坏行为一般表现为使用物理或化学的方式对尸体、尸骨、骨灰的结构或质量的完整性造成现实毁坏或毁坏的紧迫危险。如行为人为毁坏尸体，将尸体沉入河中，该种行为可能并未直接造成尸体的毁坏，但有造成尸体毁坏的现实紧迫危险，仍应认定为故意毁坏尸体罪。而所谓质量的完整性，主要是针对骨灰实施的犯罪行为而言。

本书认为，骨灰是尸体的一种转换形式，在火葬制度广泛推广的背景下，尸体多以骨灰这样的转换形式存在，骨灰仅是改变了尸体的外在形状，其所承载的人格利益与尸体并无本质区别。与尸体和尸骨外在结构的完整性不同，骨灰的“完整性”体现的是成分构成或质量的完整性，使骨灰成分减轻或质量减少的行为均破坏了骨灰的完整性。如恶意将骨灰抛洒的行为，即故意毁坏骨灰的行为。

四、对“其他手段”的理解和认定

在盗窃、侮辱、故意毁坏尸体、尸骨、骨灰罪明示了三种手段行为的前提下，司法实践中还存在抢劫、抢夺、遗弃尸体、尸骨、骨灰等行为。如何评价抢劫、抢夺、遗弃等手段行为，对以这些手段实施的行为如何定罪，是本罪必须正视的问题：

第一，抢劫、抢夺行为与盗窃行为之间存在密切联系，三者均是取得型犯罪的手段，均是将他人所有或占有之物，转移至自己或第三者支配，因此，从立法目的及罪名体系的安排考量，完全可将抢劫、抢夺尸体、尸骨、骨灰的行为评价为盗窃行为。

第二，遗弃行为“预设”于本罪法条之中。在我国现行立法体例下，遗弃行为完全可被纳入侮辱或者故意毁坏行为中予以评价。遗弃行为的直接后果是导致尸体、尸骨、骨灰无法得到妥善处理，如果遗弃行为只是侮辱的手段行为，则遗弃行为可构成侮辱尸体、尸骨、骨灰罪；若行为人遗弃行为的目的是想放弃对尸体等的处置，则其遗弃行为客观上会造成毁坏尸体、尸骨、骨灰的效果，不管这种效果是否为行为人有意为之，但客观上只要实现了这样的效果，行为人的遗弃行为即可被评价为故意毁坏尸体、尸骨、骨灰罪。

五、对“尸体、尸骨、骨灰”的理解和认定

所谓“尸体”，是指自然人死亡后所遗留的躯体，尚未死亡的被害人的身体，不是尸体。尸体，依国家判例解释除整具遗体外，还可以包括已经成形的死胎、尸体的部分及成为其内容的物。但需要注意的是，孕妇腹中的死亡胎儿，即使具有人的形体，也不是尸体。有部分国外通说、判例认为“除了尸体的一部分之外，尸体还包括具有人体形状的死胎。”① 但根据我国立法传统来看，由于已成型的死胎从未转化为人，只是母体的一部分，因此，其不属于尸体。

所谓“尸骨”，是指人死后留下的遗骨；“骨灰”，是指人的尸体经焚烧后，骨骼所化成的灰。刑法修正案（九）在本罪的犯罪对象中新增了尸骨、骨灰，将尸骨、骨灰与尸体做同等保护。对于盗窃骨灰或者倾洒骨灰的行为，都是依照治安管理处罚法第65条的规定，即故意破坏、污损他人坟墓或者毁坏、丢弃他人尸骨、骨灰的，处5日以上10日以下拘留；情节严重的，处10日以上15日以下拘留，可以并处1000元以下罚款。实践中，涉及盗窃、侮辱、故意毁坏他人尸骨、骨灰的案件层出不穷，囿于尸骨、骨灰在人们心中的意义和分量同尸体一样重要，是人们寄托哀思的重要对象，所以理应受到法律的同等保护。

六、一罪认定中的问题

本罪是选择性罪名，只要实施盗窃、侮辱、故意毁坏尸体、尸骨、骨灰行为之一，或针对尸体、尸骨、骨灰对象之一，即可构成本罪，实施两种以上行为或针对两种以上对象的，也只能为一罪而不实行并罚。行为人实施杀人、强奸致人

---

① 西田典之：《日本刑法各论》，刘明祥、王昭武译，武汉大学出版社2005年版，第282页。

死亡行为，犯罪既遂后，为消灭罪证，实施故意毁坏或藏匿尸体行为的，仅认定为故意杀人罪或强奸罪，毁坏或隐匿尸体的行为只是杀人、强奸致人死亡行为的后续行为，此后续行为已被杀人、强奸致人死亡行为所吸收，不再被单独评价为犯罪。

行为人以放火、爆炸或其他危害公共安全的方法实施故意毁坏尸体、尸骨、骨灰行为的，应成立故意毁坏尸体、尸骨、骨灰罪与放火罪、爆炸罪或以其他危险方法危害公共安全罪的想象竞合犯，择一重罪处罚。当然，行为人实施的上述行为必须以危害公共安全为前提，没有危害公共安全的，应成立故意毁坏尸体、尸骨、骨灰罪。

七、与故意损毁文物罪、盗掘古文化遗址、古墓葬罪的区分

由于犯罪对象及犯罪客体的差异，本罪与故意毁损文物罪，盗掘古文化遗址、古墓葬罪在一般情形下较容易区分，但应注意以下情形：

行为人意图盗窃或毁坏古文化遗址、古墓葬中具有文物价值的尸体、尸骨、骨灰，但由于主观认识错误，误将一般的尸体、尸骨、骨灰当成具有文物价值的尸体、尸骨、骨灰并实施了盗窃或毁坏行为，此种情形属于抽象的事实认识错误，可借助法定符合说理论解决。根据法定符合说，在主观认识是重罪，而客观事实是轻罪的情况下，若行为人对重罪的主观认识包含了对轻罪的主观认识，应认定为轻罪的既遂。在行为人意欲盗窃或毁坏具有文物价值的尸体、尸骨、骨灰，却盗窃、毁坏了一般尸体、尸骨、骨灰的情况下，由于具有文物价值的尸体、尸骨、骨灰从性质上仍属于尸体、尸骨、骨灰，因此，此类行为应认定为盗窃、故意毁坏尸体、尸骨、骨灰罪。

行为人意图盗窃或毁坏一般的尸体、尸骨，但误将具有文物价值的尸体、尸骨当成一般的尸体、尸骨并实施盗窃或毁坏行为的，此种情形仍属于抽象的事实认识错误，根据法定符合说，在客观事实是重罪，主观认识是轻罪的案件中，如果重罪的客观事实能够被评价为轻罪的客观事实，应认定为轻罪的既遂犯。因此，对此种情形应认定为盗窃、故意毁坏尸体、尸骨、骨灰罪。如果行为人意图盗窃或毁坏一般的尸体、尸骨、骨灰，但在着手犯罪时发现盗窃的对象是具有文物价值的尸体、尸骨、骨灰，仍继续实施盗窃或毁坏行为的，此时行为人故意的内容和行为的性质均发生了变化，其行为应成立故意损毁文物罪或盗掘古文化遗址、古墓葬罪。

【办案依据】

刑法规定

第三百零二条 盗窃、侮辱、故意毁坏尸体、尸骨、骨灰的，处三年以下有期徒刑、拘役或者管制。

第五十一章 赌博罪

【立案追诉标准】

赌博案（刑法第 303 条第 1 款）

以营利为目的，聚众赌博或者以赌博为业的，应予立案。

【犯罪构成及刑事责任】

赌博罪，是指以营利为目的，聚众赌博或者以赌博为业的行为。本罪在 1979 年刑法中即有规定，1997 年刑法在修订时作了修改。构成本罪需要具备以下四个要件：

1. 客体要件。本罪所侵犯的客体是社会道德风尚和社会管理秩序。行为对象是聚众赌博。

2. 客观要件。本罪在客观方面表现为聚众赌博或者以赌博为业的行为。聚众赌博，是指为赌博提供场所、赌具，组织、招引他人参与赌博，从中抽头渔利的行为。这种人俗称“赌头”。至于行为人本人是否参加赌博，不影响本罪的成立。所谓以赌博为业，是指以赌博为常业，并以赌博所得为其生活或者挥霍的基本或主要来源的行为。这种人俗称“赌棍”。赌博者是否具有正当职业，可以不问。

3. 主体要件。本罪的主体是一般主体，凡是年满 16 周岁，具有刑事责任能力的自然人均可成为本罪主体。

4. 主观要件。本罪在主观方面表现为故意，并且是直接故意，即行为人具有营利目的，但是不要求行为人一定赢得钱财。只要主观上具有营利目的，即使实际上赔钱，也不影响本罪的成立。

根据刑法第303条第1款的规定：犯本罪，处三年以下有期徒刑、拘役或者管制，并处罚金。

【疑难指导】

一、对“聚众赌博”的理解和认定

“聚众赌博”一般是指以公开或者秘密的方式，为赌博活动提供场所、赌具，组织、招引多人进行赌博，本人从中抽头渔利，这种人俗称“赌头”。[①] 组织赌博的行为人在客观上是否参加赌博活动，与构成本罪无关。在具体认定中，根据《最高人民法院、最高人民检察院关于办理赌博刑事案件具体应用法律若干问题的解释》第1条的规定，以营利为目的，符合“聚众赌博”要件之行为有：第一，组织3人以上赌博，抽头渔利数额累积达到5000元以上的；第二，组织3人以上赌博，赌资数额累计达到5万元以上的；第三，组织3人以上赌博，参赌人数累计达到20人以上的；第四，组织中华人民共和国公民10人以上赴境外赌博，从中收取回扣、介绍费的。上述司法解释第3条还规定，中华人民共和国公民在我国领域外周边地区聚众赌博、开设赌场，以吸引中华人民共和国公民为主要客源，构成赌博罪的，可以依照刑法规定追究刑事责任。

根据上述司法解释，赌博罪中的聚众赌博之行为主体仅包括组织者而不包括单纯参加者。聚众犯罪的犯罪行为是复杂危害行为，整体上由聚众行为和其他直接危害行为构成；其中的“聚众”一般是指在首要分子的组织、策划、指挥下，聚集特定或不特定的多人同时同地参加犯罪活动；“众”泛指三个以上的参加者，并非特指三个以上的犯罪人员。[②] 需要注意的是，在聚众犯罪中，被聚的“众”实施的既可以是犯罪行为，也可以是违法行为。[③] 聚集起来的“众”进行犯罪活动的如聚众持械劫狱罪；聚集起来的“众”实施违法活动的如本罪，根据刑法第

---

① 赵桂民著：《扰乱公共秩序和司法活动犯罪司法适用（下）》，法律出版社2006版，第641页。

② 张正新、金泽刚：《论我国刑法中的聚众犯罪》，载《法商研究》1997年第5期。

③ 吴仁碧：《论我国刑法中的聚众犯罪》，载《西南政法大学学报》2009年第12期。

303 条对赌博罪的规定，“聚众赌博”形式的赌博犯罪仅仅是将“聚众”行为入罪，而不是将聚众后实行的参与赌博活动行为入罪。根据司法解释，组织者入罪，而对于赌博活动中的一般参加者，则作为一般违法行为用治安管理处罚法予以规制。其相较于刑法中规定的其他聚众犯罪而言，仅聚众行为是犯罪行为，而聚众之后其他人的参赌行为则未触犯刑法规定，不视为犯罪行为。单纯的参赌行为除构成“以赌博为业”情形外，其余由治安管理处罚法第 70 条加以规制[①]，认定为违法行为而不是犯罪行为。

二、对“以赌博为业”的理解和认定

何谓以“赌博为业”一般存在以下几种观点：1. “是指行为人赌博成性，以赌博为常业，在较长时间内，赌博活动成为其个人生活的主要内容，输赢金额在其经济生活中占据主要地位，并以赌博收入作为其生活或挥霍的主要来源。”[②] 2. 以赌博为业，即嗜赌成性，惯常性从事赌博活动，并且将赌博所获利益作为生活或者供其挥霍的主要来源，将赌博作为“事业”，或者行为人有正当职业，但是长期在业余时间参与赌博，并且赌博所获利益之数额远高于其正当职业之收入，俗称“赌棍”，属于常业犯范畴。虽然多次参加赌博，但不是以此为生活或者挥霍的主要来源地，不以犯罪论处。[③]

本书认为，综合以上三种观点，以“赌博为业的”行为主要特征包含两个方面：第一，以赌博为常态，这种常态不仅仅是“职业”上的常态（赌博或许还不能被称为职业），因为行为人可能有其他正当职业，并不是专职于赌博，而是赌博成为其生活中不可或缺的一部分，长年累月参与赌博已经成为一种惯常状态，也就是上述观点中的“常业”。二、以赌博所获利益作为生活主要来源，此特征之内含之意在于行为人以赌博作为营利的手段，并且在赌博金额方面达到数额较大之标准。

在实践中需要注意的是，所谓“以赌博为业”，是指以赌博为常业，并以赌博

---

① 治安管理处罚法第 70 条规定：参与赌博赌资较大的，处五日以下拘留或者五百元以下罚款；情节严重的，处十日以上十五日以下拘留，并处五百元以上三千元以下罚款。

② 李希慧：《妨害社会管理秩序罪新论》，武汉大学出版社 2001 年版，第 182 页。

③ 赵桂民：《扰乱公共秩序和司法活动犯罪司法适用（下）》，法律出版社 2006 版，第 644 页。

所得作为生活主要来源。而这里所说的“常业”是否属于国外理论上的常业犯，应当具体分析。集合犯的具体表现形式一般来说有常习犯、常业犯和职业犯等。不论是常习犯还是常业犯，都以反复实施同类的一定犯罪行为作为要件。而我国刑法上的以赌博为业，一般的赌博行为仅是违反治安管理处罚法的违法行为而不是犯罪行为，刑法是将反复实施此单纯赌博行为之行为类型化为赌博犯罪行为之一种类型，从性质上来说是单纯的一罪，与国外理论上的常业犯不同。

三、本罪与诈骗罪的区分

赌博罪，是指以营利为目的，聚众赌博、开设赌场或者以赌博为业的行为。诈骗罪，是指以非法占有为目的，用虚构事实或者隐瞒真相的方法，骗取数额较大的公私财物的行为。[①] 两罪在构成要件上存在以下三点区别：

第一，两罪的犯罪客体不同，赌博罪的客体为以劳动取得财产的社会经济生活方式和秩序，属于扰乱社会公共秩序类犯罪；而诈骗罪的客体为公私财物的所有权，属于侵害财产权利类犯罪。

第二，客观方面行为方式不同，赌博罪是利用偶然之事实决定输赢，并以此输赢结果获取财物，整个赌博过程具有偶然性特征，行为人不能操控赌博结果；而诈骗罪则是行为人通过虚构事实、隐瞒真相的方法营造“假象”，被害人基于这个“假象”向行为人交付财物。赌博罪与诈骗罪的取财方式都为平和方式，不存在暴力因素，但两者的不同之处在于赌博罪中交付财物的一方知晓事实的真相，同时也清楚自己参与的不确定的偶然活动会有导致自己财产损失的危险而仍然自愿交付财物，诈骗罪之中被害人并不清楚了解自己与行为人之间的真正关系以及双方之间的行为会产生对自己财产造成危害的结果，前者赌运，后者是行骗，本质上并不相同。

第三，主观上目的差异，赌博罪是以营利为目的，通过具有偶然性的事实而赢得财物或者是通过组织赌博活动、提供赌博场所、工具而收取费用，此营利目的的存在是财物交付方亦知晓认可的，而诈骗罪以非法占有为目的，利用虚构事实，隐瞒真相来取得对方财物。

---

① 刘宪权：《刑法学》，上海人民出版社 2005 年版，第 644 页。

综上，赌博罪与诈骗罪的界限在于主观目的不同，前者是以营利为目的，后者是非法占有；客观行为不同，前者是以偶然性事实决定输赢获取财物，后者则是以虚构事实、隐瞒真相的方式骗取被害人财物。

四、本罪与抢劫罪的区分

抢劫罪，是指以非法占有为目的，以暴力或当场实施暴力相威胁，或者以其他使被害人不能反抗、不知反抗的方法，迫使其当场交出财物或者夺走其财物的行为。抢劫罪与赌博罪的区别在于以下两点：一是主观目的不同，抢劫罪是以非法占有为目的，而赌博是以营利为目的；二是客观行为不同，抢劫罪是行为人采用暴力、胁迫或者其他与暴力、胁迫程度相当，使被害人陷入不能反抗、不知反抗、不敢反抗之境地，而实施当场劫取财物的行为。赌博是财物所有人自愿处分财物的行为，而抢劫则是行为人通过暴力、胁迫以及其他方式迫使被害人交付财物或者阻止被害人反抗，劫取财物的行为。

在赌博过程中确实存在一些与抢劫相关的情形，如一些赌徒输光自己的赌资之后愤懑不平，对输赢结果不满，于是采用比较激烈的方式企图抢回赌资。根据《最高人民法院关于审理抢劫、抢夺刑事案件适用法律若干问题的意见》（法发〔2005〕8号）第7条第2款规定："抢劫赌资、犯罪所得赃款赃物的，以抢劫罪定罪，但行为人仅以其所输赌资或所赢赌债为抢劫对象，一般不以抢劫罪定罪处罚。构成其他犯罪的，依照刑法的相关规定处罚。"实践中需要注意的，对于赌博参与者"抢劫"赌资的行为应区分具体情况加以认定：

第一，行为人未使用暴力、胁迫或者程度相当于暴力、胁迫程度使被害人处于不能反抗、不知反抗、不敢反抗境地而夺回自己输掉的赌资的，可以认为是赌博行为的延续，不构成抢劫罪；即使是使用抢劫的方式，只要是抢劫的对象是行为人自己输掉的赌资，一般不宜以抢劫罪定罪，可能构成其他犯罪；但是如果参赌者采用暴力的手段或胁迫手法抢劫他人赌资的，应当认定为抢劫罪。

第二，行为人如果趁赌资持有人不注意抢赌资的则可认定为抢夺罪；如果抢夺的赌资数额较小，一般可不以犯罪论处。

第三，如果行为人夺取的赌资是对所有权存在争议的赌资，也就是所谓"黑吃黑"的行为，那么这种行为一般不能简单直接认定为抢夺罪，因为抢夺罪的客体是财产所有权，而在所有权不明确的情况下，认定行为的性质是抢夺犯罪还是一般意义上的自助行为（财物在实际上应归属于行为人的情况下）难以界定，刑法应慎重介入。此时，若先前的赌博已构成赌博罪的，可以理解为是赌博罪的延续，定赌博罪一罪即可。

五、本罪与贪污贿赂罪的区分

某些领导干部、国家公职人员、国有企业负责人等参与赌博、热衷赌博，主要原因就在于赌博也可能成为受贿、索贿的一种手段。陪这类人员去赌场的人一般都有所求，他们会故意把钱输给这些官员或为其提供赌资。而那些参与境外赌博的领导干部，其赌资来源往往不是贪污、受贿所得就是挪用的公款。《最高人民法院、最高人民检察院关于办理赌博刑事案件具体应用法律若干问题的解释》第 7 条规定“通过赌博或者为国家工作人员赌博提供资金的形式实施行贿、受贿行为，构成犯罪的，依照刑法关于贿赂犯罪的规定定罪处罚”。该解释只规定了赌博活动中涉及的行贿、受贿处理，对于赌博活动中涉及的贪污，挪用公款的，则未予规定，本书认为对这些行为不应做同样处理。理由是依刑法学原理，这些行为与赌博行为之间不存在牵连关系，应分别定罪量刑，实行数罪并罚。

六、本罪共同犯罪行为的认定

《最高人民法院、最高人民检察院关于办理赌博刑事案件具体应用法律若干问题的解释》第 4 条明确规定：“明知他人实施赌博犯罪活动，而为其提供资金、计算机网络、通讯、费用结算等直接帮助的，以赌博罪的共犯论处。”在认定赌博罪共犯时还需要注意以下两点问题：

第一，必须有共同的赌博犯罪故意，即要有证据证明行为人明知他人在实施赌博犯罪。行为人的认识状态是明知，认识内容是他人在实施赌博犯罪。在此要说明的是，这里的意思的联络和沟通可以是双向的，也可以是单向的，即使他人不知情也不影响赌博罪的成立。换言之，赌博罪共犯可能是片面共犯，但不限于片面共犯。

第二，行为人必须提供资金、计算机网络、费用结算等直接帮助。计算机网络帮助主要是指互联网接入、服务器托管、网络存储空间等条件和服务。所谓直接帮助，是指对于赌博犯罪的发生和发展来说，这种帮助有直接的促进作用，并不是可有可无。依此认为，对于那些在赌场组织赌博行为，没有参与抽头分红的受雇人员，由于他们的帮助行为不具有直接促进作用，一般不应以赌博罪共犯处罚。

【办案依据】

一、刑法规定

第三百零三条第一款　以营利为目的，聚众赌博或者以赌博为业的，处三年以下有期徒刑、拘役或者管制，并处罚金。

二、司法解释

《最高人民法院、最高人民检察院关于办理赌博刑事案件具体应用法律若干问题的解释》（2005年5月11日，法释〔2005〕3号）

为依法惩治赌博犯罪活动，根据刑法的有关规定，现就办理赌博刑事案件具体应用法律的若干问题解释如下：

第一条　以营利为目的，有下列情形之一的，属于刑法第三百零三条规定的“聚众赌博”：

（一）组织3人以上赌博，抽头渔利数额累计达到5000元以上的；

（二）组织3人以上赌博，赌资数额累计达到5万元以上的；

（三）组织3人以上赌博，参赌人数累计达到20人以上的；

（四）组织中华人民共和国公民10人以上赴境外赌博，从中收取回扣、介绍费的。

第二条　以营利为目的，在计算机网络上建立赌博网站，或者为赌博网站担任代理，接受投注的，属于刑法第三百零三条规定的“开设赌场”。

第三条　中华人民共和国公民在我国领域外周边地区聚众赌博、开设赌场，以吸引中华人民共和国公民为主要客源，构成赌博罪的，可以依照刑法规定追究刑事责任。

第四条　明知他人实施赌博犯罪活动，而为其提供资金、计算机网络、通讯、费用结算等直接帮助的，以赌博罪的共犯论处。

第五条　实施赌博犯罪，有下列情形之一的，依照刑法第三百零三条的规定从重处罚：

（一）具有国家工作人员身份的；

（二）组织国家工作人员赴境外赌博的；

（三）组织未成年人参与赌博，或者开设赌场吸引未成年人参与赌博的。

第六条 未经国家批准擅自发行、销售彩票，构成犯罪的，依照刑法第二百二十五条第（四）项的规定，以非法经营罪定罪处罚。

第七条 通过赌博或者为国家工作人员赌博提供资金的形式实施行贿、受贿行为，构成犯罪的，依照刑法关于贿赂犯罪的规定定罪处罚。

第八条 赌博犯罪中用作赌注的款物、换取筹码的款物和通过赌博赢取的款物属于赌资。通过计算机网络实施赌博犯罪的，赌资数额可以按照在计算机网络上投注或者赢取的点数乘以每一点实际代表的金额认定。

赌资应当依法予以追缴；赌博用具、赌博违法所得以及赌博犯罪分子所有的专门用于赌博的资金、交通工具、通讯工具等，应当依法予以没收。

第九条 不以营利为目的，进行带有少量财物输赢的娱乐活动，以及提供棋牌室等娱乐场所只收取正常的场所和服务费用的经营行为等，不以赌博论处。

三、司法文件

（一）《最高人民检察院、公安部关于公安机关管辖的刑事案件立案追诉标准的规定（一）》（2008年6月25日）

第四十三条 ［赌博案（刑法第三百零三条第一款）］ 以营利为目的，聚众赌博，涉嫌下列情形之一的，应予立案追诉：

（一）组织三人以上赌博，抽头渔利数额累计五千元以上的；

（二）组织三人以上赌博，赌资数额累计五万元以上的；

（三）组织三人以上赌博，参赌人数累计二十人以上的；

（四）组织中华人民共和国公民十人以上赴境外赌博，从中收取回扣、介绍费的；

（五）其他聚众赌博应予追究刑事责任的情形。

以营利为目的，以赌博为业的，应予立案追诉。

赌博犯罪中用作赌注的款物、换取筹码的款物和通过赌博赢取的款物属于赌资。通过计算机网络实施赌博犯罪的，赌资数额可以按照在计算机网络上投注或者赢取的点数乘以每一点实际代表的金额认定。

（二）《最高人民法院、最高人民检察院关于办理受贿刑事案件适用法律若干问题的意见》（2007年7月8日）

五、关于以赌博形式收受贿赂的认定问题

根据《最高人民法院、最高人民检察院关于办理赌博刑事案件具体应用法律若干问题的解释》第七条规定，国家工作人员利用职务上的便利为请托人谋取利益，通过赌博方式收受请托人财物的，构成受贿。

实践中应注意区分贿赂与赌博活动、娱乐活动的界限。具体认定时，主要应当结合以下因素进行判断：（1）赌博的背景、场合、时间、次数；（2）赌资来源；（3）其他赌博参与者有无事先通谋；（4）输赢钱物的具体情况和金额大小。

（三）《最高人民法院关于审理抢劫、抢夺刑事案件适用法律若干问题的意见》（2005年6月8日）

九、关于抢劫罪与相似犯罪的界限

1. 冒充正在执行公务的人民警察、联防人员，以抓卖淫嫖娼、赌博等违法行为为名非法占有财物的行为定性

行为人冒充正在执行公务的人民警察“抓赌”、“抓嫖”，没收赌资或者罚款的行为，构成犯罪的，以招摇撞骗罪从重处罚；在实施上述行为中使用暴力或者暴力威胁的，以抢劫罪定罪处罚。行为人冒充治安联防队员“抓赌”、“抓嫖”、没收赌资或者罚款的行为，构成犯罪的，以敲诈勒索罪定罪处罚；在实施上述行为中使用暴力或者暴力威胁的，以抢劫罪定罪处罚。

（四）《最高人民法院、最高人民检察院、公安部关于开展集中打击赌博违法犯罪活动专项行动有关工作的通知》（2005年1月10日）

……对具有教唆他人赌博、组织未成年人聚众赌博或者开设赌场吸引未成年人参与赌博以及国家工作人员犯赌博罪等情形的，应当依法从严处理。对实施贪污、挪用公款、职务侵占、挪用单位资金、挪用特定款物、受贿等犯罪，并将犯罪所得的款物用于赌博的，分别依照刑法有关规定从重处罚；同时构成赌博罪的，应依照刑法规定实行数罪并罚。要充分运用没收财产、罚金等财产刑，以及追缴

违法所得、没收用于赌博的本人财物和犯罪工具等措施，从经济上制裁犯罪分子，铲除赌博犯罪行为的经济基础。要坚持惩办与宽大相结合的刑事政策，区别对待，宽严相济，最大限度地分化瓦解犯罪分子。对主动投案自首或者有检举、揭发赌博违法犯罪活动等立功表现的，可依法从宽处罚。

要严格区分赌博违法犯罪活动与群众正常文娱活动的界限，对不以营利为目的，进行带有少量财物输赢的娱乐活动，以及提供棋牌室等娱乐场所并只收取固定的场所和服务费用的经营行为等，不得以赌博论处。对参赌且赌资较大的，可由公安机关依法给予治安处罚；符合劳动教养条件的，依法给予劳动教养[①]；违反党纪政纪的，由主管机关予以纪律处分。要严格依法办案，对构成犯罪的，绝不姑息手软，严禁以罚代刑，降格处理；对不构成犯罪或者不应当给予行政处理的，不得打击、处理，不得以禁赌为名干扰群众的正常文娱生活。

（五）《最高人民法院关于对设置圈套诱骗他人参赌又向索还钱财的受骗者施以暴力或暴力威胁的行为应如何定罪问题的批复》（1995年11月6日）

行为人设置圈套诱骗他人参赌获取钱财，属赌博行为，构成犯罪的，应当以赌博罪定罪处罚。参赌者识破骗局要求退还所输钱财，设赌者又使用暴力或者以暴力相威胁，拒绝退还的，应以赌博罪从重处罚；致参赌者伤害或者死亡的，应以赌博罪和故意伤害罪或者故意杀人罪，依法实行数罪并罚。

四、其他法规

（一）《娱乐场所管理条例》（2020年11月29日）

第二条 本条例所称娱乐场所，是指以营利为目的，并向公众开放、消费者自娱自乐的歌舞、游艺等场所。

第十三条 国家倡导弘扬民族优秀文化，禁止娱乐场所内的娱乐活动含有下列内容：

（一）违反宪法确定的基本原则的；

（二）危害国家统一、主权或者领土完整的；

（三）危害国家安全，或者损害国家荣誉、利益的；

---

① 劳动教养已于2013年12月28日被全国人大常委会废止。

（四）煽动民族仇恨、民族歧视，伤害民族感情或者侵害民族风俗、习惯，破坏民族团结的；

（五）违反国家宗教政策，宣扬邪教、迷信的；

（六）宣扬淫秽、赌博、暴力以及与毒品有关的违法犯罪活动，或者教唆犯罪的；

（七）违背社会公德或者民族优秀文化传统的；

（八）侮辱、诽谤他人，侵害他人合法权益的；

（九）法律、行政法规禁止的其他内容。

第十四条 娱乐场所及其从业人员不得实施下列行为，不得为进入娱乐场所的人员实施下列行为提供条件：

（一）贩卖、提供毒品，或者组织、强迫、教唆、引诱、欺骗、容留他人吸食、注射毒品；

（二）组织、强迫、引诱、容留、介绍他人卖淫、嫖娼；

（三）制作、贩卖、传播淫秽物品；

（四）提供或者从事以营利为目的的陪侍；

（五）赌博；

（六）从事邪教、迷信活动；

（七）其他违法犯罪行为。

娱乐场所的从业人员不得吸食、注射毒品，不得卖淫、嫖娼；娱乐场所及其从业人员不得为进入娱乐场所的人员实施上述行为提供条件。

第四十三条 娱乐场所实施本条例第十四条禁止行为的，由县级公安部门没收违法所得和非法财物，责令停业整顿3个月至6个月；情节严重的，由原发证机关吊销娱乐经营许可证，对直接负责的主管人员和其他直接责任人员处1万元以上2万元以下的罚款。

第四十五条 娱乐场所违反本条例规定，有下列情形之一的，由县级公安部门没收违法所得和非法财物，并处违法所得2倍以上5倍以下的罚款；没有违法所得或者违法所得不足1万元的，并处2万元以上5万元以下的罚款；情节严重的，责令停业整顿1个月至3个月：

（一）设置具有赌博功能的电子游戏机机型、机种、电路板等游戏设施设备的；

（二）以现金、有价证券作为奖品，或者回购奖品的。

（二）《中华人民共和国治安管理处罚法》（2012年10月26日）

第七十条 以营利为目的，为赌博提供条件的，或者参与赌博赌资较大的，处五日以下拘留或者五百元以下罚款；情节严重的，处十日以上十五日以下拘留，并处五百元以上三千元以下罚款。

第五十二章　开设赌场罪

【立案追诉标准】

> 开设赌场案（刑法第 303 条第 2 款）
>
> 行为人开设赌场，应予立案。
>
> 《最高人民检察院、公安部关于公安机关管辖的刑事案件立案追诉标准的规定（一）》（2008 年 6 月 25 日）

【犯罪构成及刑事责任】

开设赌场罪，是指以营利为目的，为赌博提供场所的行为。本罪是刑法修正案（六）第 18 条增加的罪名。1979 年刑法中，本罪是作为赌博罪的一种行为方式被统一规定在赌博罪中。构成本罪需要具备以下四个要件：

1. 客体要件。本罪侵犯的客体是社会管理秩序。行为对象是参与赌博的人。

2. 客观要件。本罪在客观方面表现为开设赌场，为赌博提供专门的场所。这里的开设赌场，是指行为人采用各种方式为赌博提供活动场所，包括租用房屋、利用自家房屋，或者利用娱乐场所、会馆、宾馆等场所等进行赌博。其开设方式一般是秘密的或者半秘密、半公开的，不可能是全公开的。因为赌博毕竟是法律所禁止的行为。行为人开设赌场获取非法利益的形式是采取所谓“抽头”“提成”“交管理费”的行为方式。

3. 主体要件。本罪的主体是一般主体，即达到法定刑事责任年龄、具有刑事责任能力的自然人都可以构成本罪。

4. 主观要件。本罪在主观方面表现为故意，并且是直接故意，即行为人主观上具有明确的犯罪目的。间接故意和过失都不构成本罪。

根据刑法第303条第2款的规定：犯本罪的，处五年以下有期徒刑、拘役或者管制，并处罚金；情节严重的，处五年以上十年以下有期徒刑，并处罚金。

【疑难指导】

一、对“开设赌场”的理解和认定

所谓“开设赌场”，是指以营利为目的，为赌博活动提供场所及用具等便利条件，供赌博参与人在其中进行赌博活动而获取利益的行为。[①] 刑法修正案（十一）并未对开设赌场的行为构成要件进行修改，以营利为目的仍为开设赌场的主观目的要件。一般来说，行为人开设赌场进行非法营利的行为包括两种形式：一、赌场经营者直接参赌，俗称“坐庄”。如自行或者雇佣专门人员与参赌者共同赌博、设置老虎机等赌博类游乐设施；二、赌场经营者不直接作为赌博的参与方，而是以收取使用费、场地费、抽头渔利等形式营利。从行为方式上看，开设赌场与聚众赌博有一定相似之处，区分点在于对赌场的理解，即行为人是否具有专门用于赌博的场所。聚众赌博在人员和场所上都具有不特定性，只要是达到了聚集众人进行赌博活动的标准，即可入罪，而不必考虑是否集中于某一特定场所，甚至是赌一场换个地方也有可能。而对于开设赌场罪来说，赌场是必备要件。

在实践中，相较聚众赌博而言，开设赌场之特点在于场所的相对特定性，专门性、持续性，并且行为人对整个赌博活动具有明显的控制性。[②] 具体包括：1. 行为人对赌博场所的控制性、支配性。既然是开设赌场，行为人对自己经营的场所必然是具有控制性，而这些场所与聚众赌博形式的“流动性”作案不同，具备相对稳定性，一般是常设的专门用于赌博的场所。当然，对于赌博场所是否必须为行为人所拥有不作限定，实践中存在赌场经营者租赁场所开设赌场的情况。2. 人员的相对固定性。行为人一般都雇有专门人员维持赌场日常的经营活动，有

---

① 贾建平：《“开设赌场”适用中的若干问题研究》，载《吉林公安高等专科学校学报》2008年第1期。

② 李连华、鞠佳佳：《开设赌场与聚众赌博的界限》，载《中国检察官》2009年第4期。

具体的分工，组织关系较为明确，甚至是以较为固定的组织工作为常态。当然也有小型的赌场可能开设赌场的经营者自身便充当工作人员。而聚众赌博则属于“一次性”的组织、聚集关系，聚集者对其他人员没有控制性。3. 经营方式、规则上的相对确定性。行为人提供场所、赌具，一般具有预先设定好的规则，而行为人营利的方式一般也具有确定性。总而言之，赌场开设者更像一个经营者，对自己开办的场所具有掌控的能力，此控制、支配力贯穿于赌博活动的始终。

二、对网上开设赌场相关问题的理解和认定

（一）对“网上开设赌场”行为的理解和认定

关于网上开设赌场，2005 年 5 月最高人民法院、最高人民检察院联合发布的《关于办理赌博刑事案件具体应用法律若干问题的解释》（以下简称《解释》）第 2 条规定“以营利为目的，在计算机网络上建立赌博网站，或者为赌博网站担任代理，接受投注的，属于刑法第三百零三条规定的‘开设赌场’。2010 年发布的《最高人民法院、最高人民检察院、公安部关于办理网络赌博犯罪案件适用法律若干问题的意见》（以下简称《意见》）将《解释》规定的“在计算机网络上建立赌博网站”，进一步区分为“建立赌博网站并接受投注”和“建立赌博网站并提供给他人组织赌博”。同时，《意见》沿用《解释》为赌博网站担任代理并接受投注的，属于“开设赌场”的规定。

需要注意的是，实践中有的行为人并不参与赌博网站的建立和赌博活动的具体组织，也不充当赌博网站的代理人，而是通过入资等方式从中分成获利。该行为虽在形式上与《解释》规定的开设赌场行为有所不同，但符合刑法规定的开设赌场罪的本质。因此，《意见》规定，参与赌博网站利润分成的行为也属于刑法规定的“开设赌场”。关于赌博网站的认定有两点值得注意：一是纯粹为了从事赌博违法犯罪活动而建立的网站当然属于赌博网站，只有部分网页从事赌博违法犯罪活动的网站也属于赌博网站。二是赌博网站不仅可以利用计算机网络，也可以利用有线或无线互联网、移动通讯终端等传输赌博数额、数据。

另外，建立赌博网站或者为赌博网站担任代理并且接受投注的，才属于刑法规定的“开设赌场”的行为。如果仅建立赌博网站或者仅为赌博网站担任代理，但不接受投注，则不属于刑法规定的“开设赌场”行为。这里的“不接受投注”

是指没有接受投注的意图。如果建立了赌博网站或者为赌博网站担任代理，并且意图接受投注，由于意志以外的原因或者自动中止接受投注，则可以认定为开设赌场罪的未遂或中止。

（二）对“网上开设赌场”犯罪“情节严重”的理解与认定

为统一司法尺度，《意见》从抽头渔利赌资数额、参赌人数违法所得数额和社会危害等方面来衡量行为人开设赌场的行为是否属于刑法规定的“情节严重”。

为避免扩大或缩小打击范围，参照《解释》的规定，结合司法实践《意见》规定，在以抽头渔利、赌资数额或参赌人数为标准来衡量开设赌场行为是否属于刑法规定的“情节严重”的情形下，开设赌场“情节严重”的相应数额是《解释》规定的聚众赌博罪的起刑点的6倍，即开设赌场抽头渔利数额累计达到3万元以上的，或者赌资数额累计达到30万元以上的，或者参赌人数累计达到120人以上的，属于刑法规定的开设赌场中的“情节严重”。

对于“建立赌博网站并提供给他人组织赌博”“参与赌博网站利润分成”两类开设赌场行为，由于行为人不直接抽头渔利或参赌获利，难以以抽头渔利数额或其行为所涉及的赌资数额、参赌人数为标准来衡量其行为的社会危害程度。由于这两类行为的行为人从开设赌场中非法获利，且非法获利的性质与前述抽头渔利的性质相类似，因此《意见》规定，对这两类行为，以违法所得数额为标准来衡量其是否属于开设赌场“情节严重”，违法所得数额标准与抽头渔利数额标准相同，即建立赌博网站并提供给他人组织赌博或者参与赌博网站利润分成，并且违法所得数额3万元以上的，属于开设赌场“情节严重”。

网络赌博犯罪泛滥的主要原因之一是其“金字塔”型组织结构。实践中，国外赌博网站一般在境内先设立总代理，再由总代理向下发展及代理，各级代理通过赌博网站组织赌博。赌博网站的代理越多，参赌人数赌资数额越大，社会危害越大。鉴于《解释》曾规定“为赌博网站担任代理，接受投注的”，属于刑法第303条规定的“开设赌场”，《意见》规定．为赌博网站招募下级代理，由下级代理接受投注的，属于开设赔场“情节严重”。

未成年人是使用互联网的重要群体，又处于心理、身体成长期，自制力相对较差，比成年人更容易陷入网络赌博陷阱。为保护未成年人的身心健康，《意见》

规定，招揽未成年人参与网络赌博的，属于开设赌场“情节严重”。

另外，针对网上开设赌场的共犯来说，起刑点的数量或者数额达到规定标准的5倍以上，应当认定为刑法第303条第2款规定的“情节严重”，此项内容将在“对‘网上开设赌场’中‘共犯’的认定和处罚”中详细论述。

（三）对“网上开设赌场”中“共犯”的认定和处罚

通常开设赌场的“共同犯罪”，是指二人以上共同策划或进行分工，故意实施开设赌场犯罪活动。这种共犯有共同的犯意和共同的实行行为，在司法实践中比较容易认定。在信息网络和电子商务越来越发达的新情况下，较难认定的是，如何认定网络通信或资金支付、结算服务的提供者的共同犯罪行为并确定相关人员的刑事责任问题。鉴于这种行为对网络赌博帮助很大，是形成网络赌博人员流信息流、资金流的重要因素，《意见》结合司法实践，在《解释》第4条相关规定的基础上进一步明确了网上开设赌场共犯的行为方式。

实践中，赌博网站的运营通常包括以下四个环节：一是赌博网站的程序开发和技术维护环节。赌博网站的经营者往往不自行开发赌博网站的程序，而是雇他人为其开发程序并提供相关技术维护或向他人购买程序并由对方提供相关技术维护。二是将赌博网站的服务器接入到网络环节。为了将赌博网站的服务器接入到网络中，赌博网站的经营者往往雇他人为其提供互联网接入、服务器托管、网络存储空间、通讯运输通道等服务。三是赌博网站的推广环节。赌博网站常通过雇佣他人在其他网站上刊登宣传赌博网站的广告，提供赌博网站的链接或者雇佣他人发展会员。不同于赌博网站的代理，受雇为赌博网站发展会员者本人并不组织或参与赌博，仅通过为赌博网站发展会员的方式获取非法利益。赌博网站一般根据受雇者帮助其发展会员的人数向其支付费用。四是赌资支付结算环节。赌博活动最终都需要通过各种资金流转渠道，实现赌资的支付结算流转。这四个环节的犯罪活动往往由不同的人员负责，形成分工合作的利益链条，对开设赌场犯罪的发生和进行有直接促进作用，是网络赌博犯罪活动泛滥的原因之一。只有对上述四个环节的犯罪活动予以惩治，才能切断网上开设赌场的利益链条，遏制网络赌博犯罪活动的泛滥。因此，《意见》规定，明知是赌博网站，而为其提供下列服务或者帮助的，属于开设赌场罪的共同犯罪，依照刑法第303条第2款的规定处罚：

第一项规定主要是考虑到开设赌场罪主犯“抽头渔利 3 万元以上的”即属于“情节严重”，而为赌博网站提供帮助的共犯通常不直接抽头渔利，仅收取服务费用，社会危害性小于其主犯。因此《意见》规定：为赌博网站提供互联网接入、服务器托管网络存储空间通讯传输通道、投放广告、发展会员、软件开发技术支持等服务，收取服务费数额 2 万元以上的，依照刑法第 303 条第 2 款的规定处罚。

第二项“为赌博网站提供资金支付结算服务，收取服务费数额在 1 万元以上或者帮助收取赌资 20 万元以上的”的规定表明，对于为赌博网站提供资金支付结算服务的帮助行为，可以“收取服务费数额”或“帮助收取赌资数额”为标准来确定其起刑点。在同样以收取服务费数额为标准的情况下，《意见》之所以规定提供资金支付结算服务的起刑点比前项规定的提供互联网接入、服务器托管等服务的起刑点低，主要是因为考虑到在实践中，第三方支付平台通常收取赌资数额的 1%至 7%作为服务费，若支付平台收取了 1 万元的服务费，则其帮助赌博网站支付或结算了约 100 万元至 700 万元的赌资。若对为赌博网站提供资金支付结算服务的行为规定过高的起刑点，则难以有效惩治该类犯罪活动。

第三项“为 10 个以上赌博网站投放与网址、赔率等信息有关的广告或者为赌博网站投放广告累计 100 条以上的”的规定表明，对于为赌博网站投放广告的行为，除了以收取服务费数额为标准确定起刑点以外，还以赌博网站数量或广告数量为标准确定其起刑点。为赌博网站投放广告，只要符合前述条件之一，即可构成开设赌场罪。

同时《意见》参照以往司法解释和相关规定指出，网上开设赌场共犯的起刑点与“情节严重”的标准之间为 1∶5 的比例关系，即达到前述规定标准 5 倍以上的，属于刑法第 303 条第 2 款规定的“情节严重”。

(四) 对“网上开设赌场”中共犯“明知”的理解和认定

从犯罪的主观方面来看，开设赌场罪是故意犯罪，要求行为人对自己实施开设赌场的行为在主观上是明知的。开设赌场犯罪的共犯之间并非必须事前有通谋，在实行赌博犯罪的过程中形成共同犯罪故意的，同样构成共犯。只是认定这种共犯时，需要注意两点：一是必须有证据证明行为人明知他人在实施开设赌场犯罪，这是行为人主观上存在沟通故意的前提。行为人的认知状态是明知，认知内容是他人在实施开设赌场犯罪。二是行为人的上述帮助行为对于开设赌场犯罪的发生和进行来说，有直接的促进作用，成为开设赌场顺利进行或者赌博得逞的环节。在司法实践中，犯罪分子往往以自己并不“明知”是为开设赌场提供帮助为由规避打击，致使查证行为人的主观明知成为一个难题。为解决这一问题，《意见》在总结网上开设赌场共同犯罪案件侦查起诉和审判实践经验的基础上，提出对帮助他人开设赌场行为，有四种情形之一，结合犯罪嫌疑人、被告人的供述和其他证据，经综合审查判断，可以认定其“明知”他人开设赌场而为其提供帮助，但有证据证明确实不知道的除外：

第一项“收到行政主管机关书面等方式的告知后，仍然实施上述行为的”，是指行为人收到行政主管机关书面等方式告知，其在为开设赌场的行为提供服务，而后仍继续提供该服务。一般情况下，行政主管机关应以书面方式告知行为人，但告知的方式并不限于书面方式。只要有证据证明该告知内容能够为行为人所知晓即可。

第二项“为赌博网站提供互联网接入、服务器托管、网络存储空间、通讯传输通道、投放广告、软件开发技术支持、资金支付结算等服务，收取服务费明显异常的”，是通过服务费用的明显超常来认定主观上的“明知”。实践中，为赌博网站提供服务所收取的服务费一般高于提供同类服务的正常费用，但也有的犯罪分子为吸引赌博网站雇佣其提供服务，主动降低服务费数额。故收取服务费的明显异常包括高于正常数额和低于正常数额两种情形。

第三项“在执法人员调查时通过销毁、修改数据、账本等方式故意规避调查或者向犯罪嫌疑人通风报信的”，参考了《最高人民法院、最高人民检察院、公安部关于办理制毒物品犯罪案件适用法律若干问题的意见》的有关规定，将具有故意逃避调查、故意销毁数据等异常情况的认定为明知。值得注意的是，开设赌场的帮助犯规避调查的方式通常是销毁、修改数据账本，但不限于上述列出的方式。

第四项则是为了应对实践中复杂多变的案件情况而规定的兜底条款，以防止因列举不全面使行为人逃避惩治。

（五）对“网上开设赌场”中网络赌博反狙击的参赌人数、赌资数额和网站代理的认定

网络赌博中“参赌人数”“网站代理”的认定方式，是由网络赌博行为的特

殊性决定的。与开设赌场的普通方式不同，网上开设赌场的犯罪分子给参赌人、下级代理提供的是赌博网站的账户和密码，而非物理场所和有形的赌具，因而网络赌博参赌人数通常与赌博网站上的会员账号数相同。因此，《意见》规定，赌博网站的会员账号数可以认定为“参赌人数”，但如果查明一个账号多人使用或者多个账号一人使用的，则应当按照实际使用的人数计算参赌人数。有证据证明犯罪嫌疑人在赌博网站上的账号设置有下级账号的，应当认定其为赌博“网站代理”。

有些赌博网站并不留存投注记录，每一场赌博结束后所有数据立即消除，认定赌博的证据是银行的相关记录。因此，《意见》又规定，可将向开设赌场犯罪中用于转入、转出赌资的银行账户数量认定为参赌人数。但如果查实一个账户多人使用或多个账户一人使用的，则应当按照实际使用的人数计算参赌人数。

赌资包括三种形式的款物，即赌博犯罪中用作赌注的款物、换取筹码的款物和通过赌博赢取的款物。网络赌博中赌资的计算方式，也是由网络赌博行为的特殊性决定的。在网络赌博中，为了方便参赌人投注，用作投注的对象往往只是“点数”，而不是实际的资金。只有在结算时才按照每一点数实际代表的金额来计算输赢数额，然后再发生真实的资金转移关系。网络赌博中，“点数”相当于现场赌博中的筹码。因此，《意见》重申《解释》的有关规定，赌资数额可以按照在网络上投注或者赢取的点数乘以每一点实际代表的金额认定。用这种计算方法计算网络赌博的赌资数额，能够客观反映并准确计算网络赌博中真实的投注或者赢取款物数额。

实践中，开设赌场的行为人通常使用专门银行账户流转赌资，故《意见》又规定，对于开设赌场犯罪中用于接收、流转赌资的银行账户内的资金，犯罪嫌疑人、被告人不能说明合法来源的，可以认定为赌资。需要注意的是，鉴于实践中很多参赌人员使用自己日常生活使用的资金账户进行投注，上述规定仅适用于开设赌场者的资金账户，并不适用于参赌者的资金账户。

（六）关于网络赌博犯罪案件的管辖

网络赌博案件的地域管辖，应当坚持以犯罪地管辖为主、被告人居住地管辖为辅的原则。“犯罪地”包括赌博网站服务器所在地、网络接入地，赌博网站建立者，管理者所在地，以及赌博网站代理人、参赌人实施网络赌博行为地等。值得注意的是，“赌博网站建立者、管理者所在地”是指赌博网站建立者、管理者实施网络赌博行为地，而非行为人实施网络赌博行为后的实际所在地。此外，网络赌博活动中，参赌人必须会利用赌博网站上传、下载或传输信息。仅静态浏览赌博网站的网页，不属于实施网络赌博的行为。因此，仅仅被动接受信息的网络用户所在地不是《意见》规定的“参赌人实施网络赌博行为地”。

实践中，网络赌博犯罪行为往往涉及多个省（自治区、直辖市），而且共同作案人往往也来自不同居住地。依照刑事诉讼法和前述规定，所涉及地域的有关司法机关对这些网络赌博犯罪案件均有管辖权，从而在实际办案中可能造成有管辖权的司法机关之间的管辖争议或者互相推诿，从而影响及时追赃、缉捕犯罪嫌疑人，影响及时起诉和审判。为解决这一问题，《意见》规定，公安机关对侦办跨区域网络赌博犯罪案件的管辖权有争议的，应本着有利于查清犯罪事实、有利于诉讼的原则，认真协商解决。经协商无法达成一致的，报共同的上级公安机关指定管辖。对即将侦查终结的跨省（自治区、直辖市）重大网络赌博案件，必要时可由公安部商最高人民法院和最高人民检察院指定管辖。人民法院和检察院对进入起诉或审判诉讼程序而没有管辖权的案件，受案单位可报请上级机关指定管辖，而不再移送其他司法机关管辖。

（七）关于利用赌博机开设赌场案件的法律适用问题

1. 关于利用赌博机组织赌博的性质认定。设置具有退币退分、退钢珠等赌博功能的电子游戏设施设备，并以现金、有价证券等贵重款物作为奖品或者以回购奖品方式给予他人现金、有价证券等贵重款物（以下简称设置赌博机）组织赌博活动的，应当认定为刑法第 303 条第 2 款规定的“开设赌场”行为。

2. 关于利用赌博机开设赌场的定罪处罚标准。设置赌博机组织赌博活动，具有下列情形之一的，应当按照刑法第 303 条第 2 款规定的开设赌场罪定罪处罚：设置赌博机 10 台以上的；设置赌博机 2 台以上，容留未成年人赌博的；在中小学校附近设置赌博机 2 台以上的；违法所得累计达到 5000 元以上的；赌资数额累计达到 5 万元以上的；参赌人数累计达到 20 人以上的；因设置赌博机被行政处罚后，2 年内再设置赌博机 5 台以上的；因赌博、开设赌场犯罪被刑事处罚后，5 年内再设置赌博机 5 台以上的；其他应当追究刑事责任的情形。

设置赌博机组织赌博活动，具有下列情形之一的，应当认定为刑法第 303 条第 2 款规定的“情节严重”：数量或者数额达到第 2 条第 1 款第 1 项至第 6 项规定标准六倍以上的；因设置赌博机被行政处罚后，2 年内再设置赌博机 30 台以上的；因赌博、开设赌场犯罪被刑事处罚后，5 年内再设置赌博机 30 台以上的；其他情节严重的情形。可同时供多人使用的赌博机，台数按照能够独立供一人进行赌博活动的操作基本单元的数量认定。在两个以上地点设置赌博机，赌博机的数量、违法所得、赌资数额、参赌人数等均合并计算。[①]

3. 关于共犯的认定。明如他人利用赌博机开设赌场，具有下列情形之一的，以开设赌场罪的共犯论处：提供赌博机、资金、场地、技术支持、资金结算服务的；受雇参与赌场经营管理并分成的；为开设赌场者组织客源，收取回扣、手续费的；参与赌场管理并领取高额固定工资的；提供其他直接帮助的。[②]

4. 关于生产、销售赌博机的定罪量刑标准。以提供给他人开设赌场为目的，违反国家规定，非法生产、销售具有退币、退分、退钢珠等赌博功能的电子游戏设施设备或者其专用软件，情节严重的，依照刑法第 225 条的规定，以非法经营罪定罪处罚。实施前款规定的行为，具有下列情形之一的，属于非法经营行为“情节严重”：个人非法经营数额在 5 万元以上，或者违法所得数额在 1 万元以上的；单位非法经营数额在 50 万元以上，或者违法所得数额在 10 万元以上的；虽来达到上述数额标准，但 2 年内因非法生产、销售赌博机行为受过 2 次以上行政处罚，又进行同种非法经营行为的；其他情节严重的情形。具有下列情形之一的，属于非法经营行为“情节特别严重”：个人非法经营数额在 25 万元以上，或者违法所得数额在 5 万元以上的；单位非法经营数额在 250 万元以上，或者违法所得数额在 50 万元以上的。[③]

---

① 参见：《最高人民法院、最高人民检察院、公安部关于办理利用赌博机开设赌场案件适用法律若干问题的意见》。

② 参见：《最高人民法院、最高人民检察院、公安部关于办理利用赌博机开设赌场案件适用法律若干问题的意见》。

③ 参见：《最高人民法院、最高人民检察院、公安部关于办理利用赌博机开设赌场案件适用法律若干问题的意见》。

5. 关于赌资的认定。赌资包括：当场查获的用于赌博的款物；代币、有价证券、赌博积分等实际代表的金额；在赌博机上投注或赢取的点数实际代表的金额。

6. 关于赌博机的认定。对于涉案的赌博机，公安机关应当采取拍照、摄像等方式及时固定证据，并予以认定。对于是否属于赌博机难以确定的，司法机关可以委托地市级以上公安机关出具检验报告。司法机关根据检验报告，并结合案件具体情况作出认定。必要时，人民法院可以依法通知检验人员出庭作出说明。

7. 关于宽严相济刑事政策的把握。办理利用赌博机开设赌场的案件，应当贯彻宽严相济刑事政策，重点打击赌场的出资者、经营者。对受雇用为赌场从事接送参赌人员、望风看场、发牌坐庄、兑换筹码等活动的人员，除参与赌场利润分成或者领取高额固定工资的外，一般不追究刑事责任，可由公安机关依法给予治安管理处罚。对设置游戏机，单次换取少量奖品的娱乐活动，不以违法犯罪论处。

8. 关于国家机关工作人员渎职犯罪的处理。负有查禁赌博活动职责的国家机关工作人员，徇私枉法、包庇、放纵开设赌场违法犯罪活动，或者为违法犯罪分子通风报信、提供便利，帮助犯罪分子逃避处罚，构成犯罪的，依法追究刑事责任。国家机关工作人员参与利用赌博机开设赌场犯罪的，从重处罚。

三、本罪与聚众赌博行为的区分

根据2006年6月29日第十届全国人民代表大会常务委员会第二十二次会议通过的刑法修正案（六）第18条的规定，赌博罪是指以营利为目的，聚众赌博或者以赌博为业的行为。与1979年刑法第303条相比较，可以明显地看出，修订后的刑法是将原赌博罪中开设赌场的行为从赌博罪中分离出来，1997年设立了独立的罪名，以加大对开设赌场行为的打击力度。在行为性质、犯罪侵犯的客体犯罪目的等方面，开设赌场罪与1979年刑法规定的赌博罪并没有发生多大变化，但新设立的开设赌场罪与修正后的赌博罪却存在很多不同之处，其中最主要的是将聚众赌博与专门开设赌场进行赌博的行为做了区分。因此，司法实践中要注意对开设赌场行为构成的犯罪与聚众赌博行为构成的犯罪进行区分。从刑法修正案（六）的规定以及实践中的表现形式看，两者的区别主要表现在：

第一，从参与人员上加以区分。聚众赌博中的参与人员一般具有稳定性，即经常都是相互熟悉的一群人之间进行赌博；而开设赌场中的参与人员一般不具有稳定性，很多参与赌博的人并不一定与开设赌场的人认识熟悉。

第二，从公开程度上加以区分。聚众赌博因为是一群人之间的赌博行为，一般不会对社会上公开，在社会上知晓的范围也不会很大；而开设赌场则可能扩散到较大的知晓范围。

第三，从有无经营目的上加以区分。聚众赌博是直接通过赌博获取非法利益，不具有经营的目的；而开设赌场则是利用赌博来进行经营，通过经营间接获取赌博利润。

第四，从专门化程度上加以区分。由于开设赌场是一种经营形式，所以需要具备经营上的专业化程度，在赌博工具、赌博场所等方面都有所讲究；而聚众赌博则不一定具备这些条件，有的可能长期聚众赌博，但赌博的条件却非常简陋。

第五，从规模上加以区分，由于聚众赌博人员具有稳定性、非经营性特点，一般来说，聚众赌博的规模都要远远小于开设赌场的规模。

四、本罪与非法经营罪的区别

在《意见》制定过程中，有的提出明知他人开设赌场而为其提供支付结算服务的，可依据刑法修正案（七）修正后的非法经营罪处罚，而不必再列举前述第二项规定。但是，由于“明知他人开设赌场而为其提供费用结算服务的”还包括经行政许可、有资质从事网络支付业务的金融机构人员实施该行为的情形，非法经营罪并不能包括这一情形。所以，《意见》规定为赌博网站提供资金支付结算服务，收取服务费数额 1 万元以上或者帮助收取赌资 20 万元以上的，可以开设赌场罪的共犯处罚。

同时，考虑到中国人民银行发布的《非金融机构支付服务管理办法》规定，从事网络支付业务的金融机构必须通过严格的资质条件考核，任何非金融机构不得擅自从事网络支付业务。因此，未经国家行政审批部门许可而从事网络支付业务，为赌博犯罪活动提供网络支付服务的，既符合刑法修正案（七）规定的非法从事资金支付结算条件而构成非法经营罪，又可以开设赌场罪的共犯处罚。对此种行为触犯数罪名的竞合犯，应择一重罪处断，即以其行为所对应的法定刑较重的重罪处罚。

【办案依据】

一、刑法规定

第三百零三条第二款 开设赌场的，处五年以下有期徒刑、拘役或者管制，并处罚金；情节严重的，处五年以上十年以下有期徒刑，并处罚金。

二、司法文件

（一）《最高人民法院、最高人民检察院、公安部关于办理利用赌博机开设赌场案件适用法律若干问题的意见》（2014年3月26日）

各省、自治区、直辖市高级人民法院，人民检察院，公安厅、局，解放军事法院、军事检察院，新疆维吾尔自治区高级人民法院生产建设兵团分院，新疆生产建设兵团人民检察院、公安局：

为依法惩治利用具有赌博功能的电子游戏设施设备开设赌场的犯罪活动，根据《中华人民共和国刑法》、《最高人民法院、最高人民检察院关于办理赌博刑事案件具体应用法律若干问题的解释》等有关规定，结合司法实践，现就办理此类案件适用法律问题提出如下意见：

一、关于利用赌博机组织赌博的性质认定

设置具有退币、退分、退钢珠等赌博功能的电子游戏设施设备，并以现金、有价证券等贵重款物作为奖品，或者以回购奖品方式给予他人现金、有价证券等贵重款物（以下简称设置赌博机）组织赌博活动的，应当认定为刑法第三百零三条第二款规定的“开设赌场”行为。

二、关于利用赌博机开设赌场的定罪处罚标准

设置赌博机组织赌博活动，具有下列情形之一的，应当按照刑法第三百零三条第二款规定的开设赌场罪定罪处罚：

（一）设置赌博机10台以上的；

（二）设置赌博机2台以上，容留未成年人赌博的；

（三）在中小学校附近设置赌博机2台以上的；

（四）违法所得累计达到5000元以上的；

（五）赌资数额累计达到5万元以上的；

（六）参赌人数累计达到20人以上的；

（七）因设置赌博机被行政处罚后，两年内再设置赌博机5台以上的；

（八）因赌博、开设赌场犯罪被刑事处罚后，五年内再设置赌博机5台以上的；

（九）其他应当追究刑事责任的情形。

设置赌博机组织赌博活动，具有下列情形之一的，应当认定为刑法第三百零三条第二款规定的“情节严重”：

（一）数量或者数额达到第二条第一款第项至第六项规定标准六倍以上的；

（二）因设置赌博机被行政处罚后，两年内再设置赌博机30台以上的；

（三）因赌博、开设赌场犯罪被刑事处罚后，五年内再设置赌博机30台以上的；

（四）其他情节严重的情形。

可同时供多人使用的赌博机，台数按照能够独立供一人进行赌博活动的操作基本单元的数量认定。

在两个以上地点设置赌博机，赌博机的数量、违法所得、赌资数额、参赌人数等均合并计算。

三、关于共犯的认定

明知他人利用赌博机开设赌场，具有下列情形之一的，以开设赌场罪的共犯论处：

（一）提供赌博机、资金、场地、技术支持、资金结算服务的；

（二）受雇参与赌场经营管理并分成的；

（三）为开设赌场者组织客源，收取回扣、手续费的；

（四）参与赌场管理并领取高额固定工资的；

（五）提供其他直接帮助的。

四、关于生产、销售赌博机的定罪量刑标准

以提供给他人开设赌场为目的，违反国家规定，非法生产、销售具有退币、退分、退钢珠等赌博功能的电子游戏设施设备或者其专用软件，情节严重的，依照刑法第二百二十五条的规定，以非法经营罪定罪处罚。

实施前款规定的行为，具有下列情形之一的，属于非法经营行为“情节严重”：

（一）个人非法经营数额在五万元以上，或者违法所得数额在一万元以上的；

（二）单位非法经营数额在五十万元以上，或者违法所得数额在十万元以上的；

（三）虽未达到上述数额标准，但两年内因非法生产、销售赌博机行为受过二次以上行政处罚，又进行同种非法经营行为的；

（四）其他情节严重的情形。

具有下列情形之一的，属于非法经营行为“情节特别严重”：

（一）个人非法经营数额在二十五万元以上，或者违法所得数额在五万元以上的；

（二）单位非法经营数额在二百五十万元以上，或者违法所得数额在五十万元以上的。

五、关于赌资的认定

本意见所称赌资包括：

（一）当场查获的用于赌博的款物；

（二）代币、有价证券、赌博积分等实际代表的金额；

（三）在赌博机上投注或赢取的点数实际代表的金额。

六、关于赌博机的认定

对于涉案的赌博机，公安机关应当采取拍照、摄像等方式及时固定证据，并予以认定。对于是否属于赌博机难以确定的，司法机关可以委托地市级以上公安机关出具检验报告。司法机关根据检验报告，并结合案件具体情况作出认定。必要时，人民法院可以依法通知检验人员出庭作出说明。

七、关于宽严相济刑事政策的把握

办理利用赌博机开设赌场的案件，应当贯彻宽严相济刑事政策，重点打击赌场的出资者、经营者。对受雇佣为赌场从事接送参赌人员、望风看场、发牌坐庄、兑换筹码等活动的人员，除参与赌场利润分成或者领取高额固定工资的以外，一般不追究刑事责任，可由公安机关依法给予治安管理处罚。对设游戏机，单次换取少量奖品的娱乐活动，不以违法犯罪论处。

八、关于国家机关工作人员渎职犯罪的处理

负有查禁赌博活动职责的国家机关工作人员，徇私枉法，包庇、放纵开设赌场违法犯罪活动，或者为违法犯罪分子通风报信、提供便利、帮助犯罪分子逃避处罚，构成犯罪的，依法追究刑事责任。

国家机关工作人员参与利用赌博机开设赌场犯罪的，从重处罚。

（二）《最高人民法院、最高人民检察院、公安部关于办理网络赌博犯罪案件适用法律若干问题的意见》（2010年8月31日）

一、关于网上开设赌场犯罪的定罪量刑标准

利用互联网、移动通讯终端等传输赌博视频、数据，组织赌博活动，具有下列情形之一的，属于刑法第三百零三条第二款规定的“开设赌场”行为：

（一）建立赌博网站并接受投注的；

（二）建立赌博网站并提供给他人组织赌博的；

（三）为赌博网站担任代理并接受投注的；

（四）参与赌博网站利润分成的。

实施前款规定的行为，具有下列情形之一的，应当认定为刑法第三百零三条第二款规定的“情节严重”：

（一）抽头渔利数额累计达到3万元以上的；

（二）赌资数额累计达到30万元以上的；

（三）参赌人数累计达到120人以上的；

（四）建立赌博网站后通过提供给他人组织赌博，违法所得数额在3万元以上的；

（五）参与赌博网站利润分成，违法所得数额在3万元以上的；

（六）为赌博网站招募下级代理，由下级代理接受投注的；

（七）招揽未成年人参与网络赌博的；

（八）其他情节严重的情形。

二、关于网上开设赌场共同犯罪的认定和处罚

明知是赌博网站，而为其提供下列服务或者帮助的，属于开设赌场罪的共同

犯罪，依照刑法第三百零三条第二款的规定处罚：

（一）为赌博网站提供互联网接入、服务器托管、网络存储空间、通讯传输通道、投放广告、发展会员、软件开发、技术支持等服务，收取服务费数额在2万元以上的；

（二）为赌博网站提供资金支付结算服务，收取服务费数额在1万元以上或者帮助收取赌资20万元以上的；

（三）为10个以上赌博网站投放与网址、赔率等信息有关的广告或者为赌博网站投放广告累计100条以上的。

实施前款规定的行为，数量或者数额达到前款规定标准5倍以上的，应当认定为刑法第三百零三条第二款规定的“情节严重”。

实施本条第一款规定的行为，具有下列情形之一的，应当认定行为人“明知”，但是有证据证明确实不知道的除外：

（一）收到行政主管机关书面等方式的告知后，仍然实施上述行为的；

（二）为赌博网站提供互联网接入、服务器托管、网络存储空间、通讯传输通道、投放广告、软件开发、技术支持、资金支付结算等服务，收取服务费明显异常的；

（三）在执法人员调查时，通过销毁、修改数据、账本等方式故意规避调查或者向犯罪嫌疑人通风报信的；

（四）其他有证据证明行为人明知的。

如果有开设赌场的犯罪嫌疑人尚未到案，但是不影响对已到案共同犯罪嫌疑人、被告人的犯罪事实认定的，可以依法对已到案者定罪处罚。

三、关于网络赌博犯罪的参赌人数、赌资数额和网站代理的认定

赌博网站的会员账号数可以认定为参赌人数，如果查实一个账号多人使用或者多个账号一人使用的，应当按照实际使用的人数计算参赌人数。

赌资数额可以按照在网络上投注或者赢取的点数乘以每一点实际代表的金额认定。

对于将资金直接或间接兑换为虚拟货币、游戏道具等虚拟物品，并用其作为筹码投注的，赌资数额按照购买该虚拟物品所需资金数额或者实际支付资金数额认定。

对于开设赌场犯罪中用于接收、流转赌资的银行账户内的资金，犯罪嫌疑人、被告人不能说明合法来源的，可以认定为赌资。向该银行账户转入、转出资金的银行账户数量可以认定为参赌人数。如果查实一个账户多人使用或多个账户一人使用的，应当按照实际使用的人数计算参赌人数。

有证据证明犯罪嫌疑人在赌博网站上的账号设置有下级账号的，应当认定其为赌博网站的代理。

（三）《最高人民检察院、公安部关于公安机关管辖的刑事案件立案追诉标准的规定（一）》（2008 年 6 月 25 日）

第四十四条 ［开设赌场案（刑法第三百零三条第二款）］ 开设赌场的，应予立案追诉。

在计算机网络上建立赌博网站，或者为赌博网站担任代理，接受投注的，属于本条规定的“开设赌场”。

【指导性案例】

一、最高人民法院指导性案例第 105 号

洪某强、洪某沃、洪某泉、李某荣开设赌场案①

（最高人民法院审判委员会讨论通过，2018 年 12 月 25 日发布）

【关键词】

刑事 开设赌场罪 网络赌博 微信群

【裁判要点】

以营利为目的，通过邀请人员加入微信群的方式招揽赌客，根据竞猜游戏网站的开奖结果等方式进行赌博，设定赌博规则，利用微信群进行控制管理，在一段时间内持续组织网络赌博活动的，属于刑法第三百零三条第二款规定的“开设赌场”。

【相关法条】

《中华人民共和国刑法》第 303 条第 2 款

---

① 《洪某强、洪某沃、洪某泉、李某荣开设赌场案》，载最高人民法院网站，https://www.court.gov.cn/shenpan-xiangqing-137101.html，最后访问时间：2022 年 4 月 25 日。

【基本案情】

2016年2月14日，被告人李某荣、洪某沃、洪某泉伙同洪某1、洪某2（均在逃）以福建省南安市英都镇阀门基地旁一出租房为据点（后搬至福建省南安市英都镇环江路大众电器城五楼的套房），雇佣洪某3等人，运用智能手机、电脑等设备建立微信群（群昵称为“寻龙诀”，经多次更名后为“（新）九八届同学聊天”）拉拢赌客进行网络赌博。洪某1、洪某2作为发起人和出资人，负责幕后管理整个团伙；被告人李某荣主要负责财务、维护赌博软件；被告人洪某沃主要负责后勤；被告人洪某泉主要负责处理与赌客的纠纷；被告人洪某强为出资人，并介绍了陈某某等赌客加入微信群进行赌博。该微信赌博群将启动资金人民币300000元分成100份资金股，并另设10份技术股。其中，被告人洪某强占资金股6股，被告人洪某沃、洪某泉各占技术股4股，被告人李某荣占技术股2股。

参赌人员加入微信群，通过微信或支付宝将赌资转至庄家（昵称为“白龙账房”、“青龙账房”）的微信或者支付宝账号计入分值（一元相当于一分）后，根据“PC蛋蛋”等竞猜游戏网站的开奖结果，以押大小、单双等方式在群内投注赌博。该赌博群24小时运转，每局参赌人员数十人，每日赌注累计达数十万元。截至案发时，该团伙共接受赌资累计达3237300元。赌博群运行期间共分红2次，其中被告人洪某强分得人民币36000元，被告人李某荣分得人民币6000元，被告人洪某沃分得人民币12000元，被告人洪某泉分得人民币12000元。

【裁判结果】

江西省赣州市章贡区人民法院于2017年3月27日作出（2016）赣0702刑初367号刑事判决：一、被告人洪某强犯开设赌场罪，判处有期徒刑四年，并处罚金人民币五万元。二、被告人洪某沃犯开设赌场罪，判处有期徒刑四年，并处罚金人民币五万元。三、被告人洪某泉犯开设赌场罪，判处有期徒刑四年，并处罚金人民币五万元。四、被告人李某荣犯开设赌场罪，判处有期徒刑四年，并处罚金人民币五万元。五、将四被告人所退缴的违法所得共计人民币66000元以及随案移送的6部手机、1台笔记本电脑、3台台式电脑主机等供犯罪所用的物品，依法予以没收，上缴国库。宣判后，四被告人均未提出上诉，判决已发生法律效力。

【裁判理由】

法院生效裁判认为，被告人洪某强、洪某沃、洪某泉、李某荣以营利为目的，通过邀请人员加入微信群的方式招揽赌客，根据竞猜游戏网站的开奖结果，以押大小、单双等方式进行赌博，并利用微信群进行控制管理，在一段时间内持续组织网络赌博活动的行为，属于刑法第三百零三条第二款规定的“开设赌场”。被告人洪某强、洪某沃、洪某泉、李某荣开设和经营赌场，共接受赌资累计达3237300元，应认定为刑法第三百零三条第二款规定的“情节严重”，其行为均已构成开设赌场罪。

（生效裁判审判人员：杨菲、宋征鑫、蔡慧）

二、最高人民法院指导性案例第106号谢某军、高某、高某樵、杨某彬开设赌场案[①]

（最高人民法院审判委员会讨论通过，2018年12月25日发布）

【关键词】

刑事　开设赌场罪　网络赌博　微信群　微信群抢红包

【裁判要点】

以营利为目的，通过邀请人员加入微信群，利用微信群进行控制管理，以抢红包方式进行赌博，在一段时间内持续组织赌博活动的行为，属于刑法第三百零三条第二款规定的“开设赌场”。

【相关法条】

《中华人民共和国刑法》第303条第2款

【基本案情】

2015年9月至2015年11月，向某（已判决）在杭州市萧山区活动期间，分别伙同被告人谢某军、高某、高某樵、杨某彬等人，以营利为目的，邀请他人加入其建立的微信群，组织他人在微信群里采用抢红包的方式进行赌博。期间，被告人谢某军、高某、高某樵、杨某彬分别帮助向某在赌博红包群内代发红包，并

① 《谢某军、高某、高某樵、杨某彬开设赌场案》，载最高人民法院网站，https：//www.court.gov.cn/shenpan-xiangqing-137111.html，最后访问时间：2022年4月25日。

根据发出赌博红包的个数，从抽头款中分得好处费。

【裁判结果】

浙江省杭州市萧山区人民法院于2016年11月9日作出（2016）浙0109刑初1736号刑事判决：一、被告人谢某军犯开设赌场罪，判处有期徒刑三年六个月，并处罚金人民币25000元。二、被告人高某犯开设赌场罪，判处有期徒刑三年三个月，并处罚金人民币20000元。三、被告人高某樵犯开设赌场罪，判处有期徒刑三年三个月，并处罚金人民币15000元。四、被告人杨某彬犯开设赌场罪，判处有期徒刑三年，并处罚金人民币10000元。五、随案移送的四被告人犯罪所用工具手机6只予以没收，上缴国库；尚未追回的四被告人犯罪所得赃款，继续予以追缴。宣判后，谢某军、高某樵、杨某彬不服，分别向浙江省杭州市中级人民法院提出上诉。浙江省杭州市中级人民法院于2016年12月29日作出（2016）浙01刑终1143号刑事判决：一、维持杭州市萧山区人民法院（2016）浙0109刑初1736号刑事判决第一项、第二项、第三项、第四项的定罪部分及第五项没收犯罪工具、追缴赃款部分。二、撤销杭州市萧山区人民法院（2016）浙0109刑初1736号刑事判决第一项、第二项、第三项、第四项的量刑部分。三、上诉人（原审被告人）谢某军犯开设赌场罪，判处有期徒刑三年，并处罚金人民币25000元。四、原审被告人高某犯开设赌场罪，判处有期徒刑二年六个月，并处罚金人民币20000元。五、上诉人（原审被告人）高某樵犯开设赌场罪，判处有期徒刑二年六个月，并处罚金人民币15000元。六、上诉人（原审被告人）杨某彬犯开设赌场罪，判处有期徒刑一年六个月，并处罚金人民币10000元。

【裁判理由】

法院生效裁判认为，以营利为目的，通过邀请人员加入微信群，利用微信群进行控制管理，以抢红包方式进行赌博，设定赌博规则，在一段时间内持续组织赌博活动的行为，属于刑法第三百零三条第二款规定的“开设赌场”。谢某军、高某、高某樵、杨某彬伙同他人开设赌场，均已构成开设赌场罪，且系情节严重。谢某军、高某、高某樵、杨某彬在共同犯罪中地位和作用较轻，均系从犯，原判未认定从犯不当，依法予以纠正，并对谢某军予以从轻处罚，对高某樵、杨某彬、高某均予以减轻处罚。杨某彬犯罪后自动投案，并如实供述自己的罪行，系自首，依法予以从轻处罚。谢某军、高某樵、高某到案后如实供述犯罪事实，依法予以从轻处罚。谢某军、高某樵、杨某彬、高某案发后退赃，二审审理期间杨某彬的家人又代为退赃，均酌情予以从轻处罚。

（生效裁判审判人员：钱安定、胡荣、张茂鑫）

三、最高人民法院指导性案例第146号陈某豪、陈某娟、赵某海开设赌场案[①]

（最高人民法院审判委员会讨论通过，2020年12月29日发布）

【关键词】

刑事　开设赌场罪　“二元期权”　赌博网站

【裁判要点】

以“二元期权”交易的名义，在法定期货交易场所之外利用互联网招揽“投资者”，以未来某段时间外汇品种的价格走势为交易对象，按照“买涨”“买跌”确定盈亏，买对涨跌方向的“投资者”得利，买错的本金归网站（庄家）所有，盈亏结果不与价格实际涨跌幅度挂钩的，本质是“押大小、赌输赢”，是披着期权交易外衣的赌博行为。对相关网站应当认定为赌博网站。

【相关法条】

《中华人民共和国刑法》第303条

【基本案情】

2016年6月，北京×汇联创教育科技有限公司（以下简称“×汇公司”）设立，负责为×汇网站的经营提供客户培训、客户维护、客户发展服务，幕后实际控制人周某坤。周某坤利用上海麦曦商务咨询有限公司聘请讲师、经理、客服等工作人员，并假冒上海哲荔网络科技有限公司等在智付电子支付有限公司的支付账户，接收全国各地会员注册交易资金。

×汇网站以经营“二元期权”交易为业，通过招揽会员以“买涨”或“买跌”的方式参与赌博。会员在×汇网站注册充值后，下载安装市场行情接收软件和×汇网站自制插件，选择某一外汇交易品种，并选择1M（分钟）到60M不等的到期

① 《陈某豪、陈某娟、赵某海开设赌场案》，载最高人民法院网站，https://www.court.gov.cn/fabu-xiangqing-283901.html，最后访问时间：2022年4月25日。

时间，下单交易金额，并点击“买涨”或“买跌”按钮完成交易。买定离手之后，不可更改交易内容，不能止损止盈，若买对涨跌方向即可盈利交易金额的76%-78%，若买错涨跌方向则本金全亏，盈亏情况不与外汇实际涨跌幅度挂钩。×汇网站建立了等级经纪人制度及对应的佣金制度，等级经纪人包括SB银级至PB铂金三星级六个等级。截止案发，×汇网站在全国约有10万会员。

2017年1月，陈某豪受周某坤聘请为顾问、市场总监，从事日常事务协调管理，维系×汇网站与高级经纪人之间的关系，出席“培训会”“说明会”并进行宣传，发展会员，拓展市场。2016年1月，陈某娟在×汇网站注册账号，通过发展会员一度成为PB铂金一星级经纪人，下有17000余个会员账号。2016年2月，赵某海在×汇网站注册账号，通过发展会员一度成为PB铂金级经纪人，下有8000余个会员账号。经江西大众司法鉴定中心司法会计鉴定，2017年1月1日至2017年7月5日，陈某娟从×汇网站提款180975.04美元，赵某海从×汇网站提款11598.11美元。2017年7月5日，陈某豪、陈某娟和赵某海被抓获归案。陈某豪归案后，于2017年8月8日退缴35万元违法所得。

【裁判结果】

江西省吉安市中级人民法院于2019年3月22日作出（2018）赣08刑初21号刑事判决，以被告人陈某豪犯开设赌场罪，判处有期徒刑三年，并处罚金人民币五十万元，驱逐出境；被告人陈某娟犯赌博罪，判处有期徒刑二年，并处罚金人民币三十万元；被告人赵某海犯赌博罪，判处有期徒刑一年十个月，并处罚金人民币二十万元；继续追缴被告人陈某娟和赵某海的违法所得。宣判后，陈某豪、陈某娟提出上诉。江西省高级人民法院于2019年9月26日作出（2019）赣刑终93号刑事判决，以上诉人陈某豪犯开设赌场罪，改判有期徒刑二年六个月，并处罚金人民币五十万元，驱逐出境；上诉人陈某娟犯开设赌场罪，判处有期徒刑二年，并处罚金人民币三十万元；被告人赵某海犯开设赌场罪，判处有期徒刑一年十个月，并处罚金人民币二十万元；继续追缴陈某娟和赵某海的违法所得。

【裁判理由】

法院生效裁判认为，根据国务院2017年修正的《期货交易管理条例》第一条、第四条、第六条规定，期权合约是指期货交易场所统一制定的、规定买方有权在将来某一时间以特定价格买入或者卖出约定标的物的标准化合约。期货交易应当在期货交易所等法定期货交易场所进行，禁止期货交易场所之外进行期货交易。未经国务院或者国务院期货监督管理机构批准，任何单位或者个人不得以任何形式组织期货交易。简言之，期权是一种以股票、期货等品种的价格为标的，在法定期货交易场所进行交易的金融产品，在交易过程中需完成买卖双方权利的转移，具有规避价格风险、服务实体经济的功能。

×汇“二元期权”的交易方法是下载市场行情接收软件和×汇网站自制插件，会员选择外汇品种和时间段，点击“买涨”或“买跌”按钮完成交易，买对涨跌方向即可盈利交易金额的76%-78%，买错涨跌方向则本金即归网站（庄家）所有，盈亏结果与外汇交易品种涨跌幅度无关，实则是以未来某段时间外汇、股票等品种的价格走势为交易对象，以标的价格走势的涨跌决定交易者的财产损益，交易价格与盈亏幅度事前确定，盈亏结果与价格实际涨跌幅度不挂钩，交易者没有权利行使和转移环节，交易结果具有偶然性、投机性和射幸性。因此，×汇“二元期权”与“押大小、赌输赢”的赌博行为本质相同，实为网络平台与投资者之间的对赌，是披着期权外衣的赌博行为。

被告人陈某豪在×汇公司担任中国区域市场总监，从事日常事务协调管理，维护公司与经纪人关系，参加各地说明会、培训会并宣传×汇“二元期权”，发展新会员和开拓新市场，符合《最高人民法院最高人民检察院公安部关于办理网络赌博犯罪案件适用法律若干问题的意见》（以下简称《意见》）第二条规定的明知是赌博网站，而为其提供投放广告、发展会员等服务的行为，构成开设赌场罪，其非法所得已达到《意见》第二条规定的“收取服务费数额在2万元以上的”5倍以上，应认定为开设赌场“情节严重”。但考虑到其犯罪事实、行为性质、在共同犯罪中的地位作用和从轻量刑情节，对其有期徒刑刑期予以酌减，对罚金刑依法予以维持。陈某娟、赵某海面向社会公众招揽赌客参加赌博，属于为赌博网站担任代理并接受投注行为，且行为具有组织性、持续性、开放性，构成开设赌场罪，并达到“情节严重”。原判认定陈某娟、赵某海的罪名不当，二审依法改变其罪名，但根据上诉不加刑原则，维持一审对其量刑。

（生效裁判审判人员：陈建平、汤媛媛、尧宇华）

第五十三章　组织参与国（境）外赌博罪

【立案追诉标准】

组织参与国（境）外赌博案（刑法第303条第3款）

组织中华人民共和国公民参与国（境）外赌博，数额巨大或者有其他严重情节的，应予立案。

【犯罪构成及刑事责任】

组织参与国（境）外赌博罪，是刑法修正案（十一）新增加的罪名，用于规制组织中国公民出境赌博的犯罪行为。构成本罪需要具备以下四个要件：

1. 客体要件。本罪侵犯的客体是国家形象和经济安全。

2. 客观要件。本罪客观上表现为组织中华人民共和国公民参与国（境）外赌博，数额巨大或者有其他严重情节的行为。

3. 主体要件。本罪的主体是一般主体，即凡是达到法定刑事责任年龄、具有刑事责任能力的人，均可以构成本罪。

4. 主观要件。本罪的主观方面是故意。

根据刑法第303条第3款的规定：犯本罪的，处五年以下有期徒刑、拘役或者管制，并处罚金；情节严重的，处五年以上十年以下有期徒刑，并处罚金。

【疑难指导】

一、对本罪中所保护法益的理解和认定

本罪所保护的法益主要是国家形象和经济安全，而不是国家对社会风尚的管

理秩序。因为国家对社会风尚管理秩序的影响范围仅限于我国领域范围。刑法目前规定的赌博罪和开设赌场罪也只能规制我国领域范围内的赌博和开设赌场行为，并不能规制国（境）外的赌博和开设赌场行为，因为在某些国家和地区这些行为都是合法行为。事实上，行为人在赌博合法化的国（境）外聚众赌博或开设赌场，并不构成任何犯罪，因为其没有侵犯我国对社会风尚的管理秩序。而行为人组织、招揽我国公民参与国（境）外赌博，由于真正的赌博行为发生在国（境）外，实际上并不会破坏我国对社会风尚的管理秩序，之所以将其规定为犯罪，主要是因为其组织大量国民出国赌博和导致大量资金外流，危害了国家形象和经济安全。

本书认为，之所以要准确认识本罪所保护的法益，主要在于法益对犯罪的行为类型和性质认定具有限定、指引作用。特别是组织参与国（境）外赌博罪与赌博罪、开设赌场罪在客观行为方面有很多交织的情形，准确认识法益，有助于准确定性。

二、对本罪中“数额巨大或者有其他严重情节”的理解与认定

根据刑法的规定，组织参与国（境）外赌博罪是情节犯，需要达到“数额巨大或者有其他严重情节”才能构成犯罪。由此，与赌博罪、开设赌场罪相比，本罪的入罪门槛要比前两罪高。本书认为，之所以这样设置的原因在于：本罪在客观上属于聚众赌博的预备行为或开设赌场的帮助行为。一般而言，其社会危害性要比实行行为小，由此在入罪门槛上应比实行行为高，这是罪责刑相适应原则的体现。

至于本罪“数额巨大或者有其他严重情节”的入罪标准，本书认为，可以参照开设赌场罪“情节严重”的认定标准。2010 年发布的《最高人民法院、最高人民检察院、公安部关于办理网络赌博犯罪案件适用法律若干问题的意见》和 2014 年发布的《最高人民法院、最高人民检察院、公安部关于办理利用赌博机开设赌场案件适用法律若干问题的意见》将赌资数额、参赌人数、违法所得等作为网上开设赌场和利用赌博机开设赌场两种行为“情节严重”的标准。本罪可以参照开设赌场罪“情节严重”的认定标准分别设置组织线下跨境赌博和线上跨境赌博的认定标准。具体标准应由后续的司法解释作出。在没有作出前，可以参照开设赌场罪“情节严重”的认定标准进行适用。

三、对“依照前款的规定处罚”的理解和认定

依照刑法修正案（十一）第36条第3款的规定，组织中国公民参与国（境）外赌博，数额巨大或者有其他严重情节的，依照前款的规定处罚。该条前款是关于开设赌场罪的构成要件及其法定刑的规定，就其法定刑的配置而言，具体设置了两档：一是关于开设赌场罪基本犯的处罚规定，具体为五年以下有期徒刑、拘役或者管制，并处罚金；二是关于开设赌场罪的情节加重犯的处罚规定，具体为情节严重的，处五年以上十年以下有期徒刑，并处罚金。从形式上看，刑法对开设赌场罪设置了两个情节及其相应的两档法定刑，而对组织参与国（境）外赌博罪仅仅规定了一个情节。对此，本书认为，该条中的“依照前款的规定处罚”，是指组织参与国（境）外赌博罪包括两个犯罪情节及其相应的法定刑。

第一，从立法技术来看，刑法分则中不乏类似的立法例。例如，以刑法第253条之一规定的“侵犯公民个人信息罪”为例，该条共有4款。其中，第1款规定了两个情节，同时相应地设置了两档法定刑，即“违反国家有关规定，向他人出售或者提供公民个人信息，情节严重的，处三年以下有期徒刑或者拘役，并处或者单处罚金；情节特别严重的，处三年以上七年以下有期徒刑，并处罚金”。该条第3款规定，“窃取或者以其他方法非法获取公民个人信息的，依照第一款的规定处罚”。实践中，对于第3款规定的窃取或者以其他方法非法获取公民个人信息的行为，应根据具体案情分别认定为情节严重或者情节特别严重，适用不同的法定刑，对此，理论界和实务界不存在争议。

在教义学上，刑法第303条第3款中“依照前款的规定处罚”，宜作同样的解释。亦即该前款中关于开设赌场罪的规定存在两个情节和两档法定刑，那么，对于组织参与国（境）外赌博的，也可以根据情节适用两档不同的法定刑。换言之，组织参与国（境）外赌博罪的规定暗含着一个情节加重犯，即包括数额特别巨大或者有其他特别严重情节。由此，对于组织参与国（境）外赌博，数额巨大或者具有其他严重情节的，依照开设赌场罪的第一档法定刑进行处罚；组织参与国（境）外赌博，数额特别巨大或者具有其他特别严重情节的，依照开设赌场罪的第二档法定刑进行处罚。

第二，对组织、招揽参与跨境赌博行为从严处罚符合我国的司法实际。从本

次立法修正情况来看，基于从严处罚赌博类犯罪的考虑，调高了开设赌场罪基本情节的法定刑上限和加重情节的法定刑下限。从教义学上看，将组织参与国（境）外赌博罪的规定作包括两个情节及其相应法定刑的解释完全符合从严处罚跨境赌博犯罪的刑事政策趋向。

第三，对组织参与国（境）外赌博罪从严处罚亦与我国立法意旨相符合。这在一定程度上代表了立法者的意旨："根据本款规定，构成犯罪的，依照前款的规定处罚，也就是按照开设赌场罪规定的刑罚予以处罚，即处五年以下有期徒刑、拘役或者管制，并处罚金；情节严重的，处五年以上十年以下有期徒刑，并处罚金。"这里所说的"情节严重的"，并不是一般意义上的情节严重，而是要根据该罪的入罪条件，达到比入罪条件更为严重的情节，主要是指组织中国公民前往国（境）外参与赌博，数额特别巨大或者有其他特别严重情节的情况。

四、本罪与聚众赌博型赌博罪的区分

本罪与赌博罪在客观行为方面存在一定交织，如组织行为。本罪在客观上表现为组织我国公民参与国（境）外赌博，而赌博罪也有组织他人聚众赌博的客观表现。此外，对于跨境赌博行为，目前的司法解释也有按照赌博罪（聚众赌博）来处理的规定。如根据 2005 年发布的《最高人民法院、最高人民检察院关于办理赌博案件适用法律若干问题的解释》第 1 条第 4 项的规定，"组织中华人民共和国公民 10 人以上赴境外赌博，从中收取回扣、介绍费的"属于聚众赌博。

应该看到，在本罪还没设立之前，组织我国公民跨境赌博的违法犯罪活动一直存在，也有刑事处罚的必要，司法解释将其认定为犯罪是现实需要，但将其认定为赌博罪（聚众赌博）涉嫌违反罪刑法定，因为境外聚众赌博可能并不构成犯罪。司法解释实际上是将组织、招揽行为直接认定为聚众赌博行为，属于类推解释。因为组织、招揽行为只是"聚众"，并没有"赌博"。在"赌博"有可能不构成犯罪的情况下，"聚众赌博"当然不能直接评价为犯罪，犹如皮之不存、毛将焉附。而刑法修正案（十一）将组织、招揽我国公民赴境外赌博的行为独立出来规定为犯罪，就解决了司法解释存在的问题，这也是刑法第 303 条第 3 款独立设罪的原因和意义所在。

那么，如何对两罪进行界分认定？本书认为，以两罪所保护的法益为指引，以两罪的构成要件为依据，即能做出准确的区分。如上述行为人组织、招揽我国公民赴境外赌博，从中收取费用的，应认定为组织参与（国）境外赌博罪，而不应再以赌博罪（聚众赌博）进行认定。因为该行为主要侵犯的是我国的国家形象和经济安全，而不是我国对国内社会风尚的管理秩序。对于赌博罪，其规制范围应限定在我国境内聚众赌博或以赌博为业的行为。

五、本罪与开设赌场罪的区分

事实上在本罪设立之前，司法解释将境外赌场人员组织、招揽我国公民赴境外赌博行为认定为开设赌场行为也涉嫌违反罪刑法定。因为组织、招揽人员只是开设赌场中的一环，并不是开设赌场的实行行为，其最多是开设赌场的帮助行为，可以将其认定为开设赌场的共犯。但问题是在境外开设赌场同样也有可能不构成犯罪，如此一来，共犯就失去了入罪的前提和基础，组织、招揽我国公民赴境外赌博行为并不能直接构成犯罪。现在将组织、招揽他人赴境外赌博的行为专门独立出来规定为犯罪，也解决了司法解释关于将该行为认定为开设赌场罪存在的问题。

总之，随着本罪的独立化，组织、招揽我国公民赴境外赌博就不需要再按照司法解释的规定分别认定为赌博罪或开设赌场罪，而以本罪认定处理即可。由此，也从整体上厘清了各类应该打击的赌博犯罪行为，形成了较为科学合理的赌博犯罪规制体系。

【办案依据】

刑法规定

第三零三条第三款 组织中华人民共和国公民参与国（境）外赌博，数额巨大或者有其他严重情节的，依照前款的规定处罚。

第五十四章　故意延误投递邮件罪

【立案追诉标准】

故意延误投递邮件案（刑法第 304 条）

邮政工作人员严重不负责任，故意延误投递邮件，涉嫌下列情形之一的，应予立案追诉：

（1）造成直接经济损失 2 万元以上的；

（2）延误高校录取通知书或者其他重要邮件投递，致使他人失去高校录取资格或者造成其他无法挽回的重大损失的；

（3）严重损害国家声誉或者造成其他恶劣社会影响的；

（4）其他致使公共财产、国家和人民利益遭受重大损失的情形。

《最高人民检察院、公安部关于公安机关管辖的刑事案件立案追诉标准的规定（一）》（2008 年 6 月 25 日）

【犯罪构成及刑事责任】

故意延误投递邮件罪，是指邮政工作人员故意延误投递邮件致使公共财产国家和人民利益遭受重大损失的行为。1979 年刑法没有规定该罪名，1997 年刑法将 1979 年刑法中规定的妨害邮电通信罪作了分离，将故意延误投递邮件的行为列入妨害社会管理秩序中。构成本罪需要具备以下四个要件：

1. 客体要件。本罪侵犯的直接客体是国家对邮政通信的管理秩序。行为对象是邮件，即通过邮政企业寄递的函件邮包、汇款通知、印刷品等。

2. 客观要件。本罪在客观方面表现为故意拖延耽误，不按照国务院邮政主管部门规定的时限投递邮件，并且造成公共财产、国家和人民利益遭受重大损失的行为。

3. 主体要件。本罪的主体为特殊主体，只有邮政工作人员才能构成本罪。

4. 主观要件。本罪在主观方面表现为故意，包括直接故意和间接故意。过失行为不构成本罪。

根据刑法第 304 条的规定：犯本罪，处二年以下有期徒刑或者拘役。

【疑难指导】

一、对“邮政工作人员”的理解和认定

该罪的条文虽然明确地规定了其犯罪主体为“邮政工作人员”，但缺乏相关的立法解释或司法解释来限定“邮政工作人员”的具体范围。众所周知，我国自改革开放以来，从曾经单一的国家垄断邮政企业模式，发展到今天的数十家大型私人快递公司以及数千家私人物流公司与国有邮政企业并存的模式。可以断定，这些私人快递公司、物流企业的从业人员的人数极其庞大，且仍处于高速增长的阶段。这些快递、物流公司是否属于“邮政企业”？这些快递、物流公司的从业人员是否符合该罪规定的“邮政工作人员”的主体条件？这两个问题由于缺乏相关的司法解释，因而均无法得出有力的回答。但是，可以尝试从邮政法的规定中寻求间接的佐证。现行的邮政法第 84 条，明确规定了邮政企业仅限定于中国邮政集团公司及其分支机构。通过该规定，可以认为，“邮政工作人员”仅限定于中国邮政集团公司及其分支机构的工作人员。然而，仅有间接的证据难以完全适用于以定罪量刑为目的的刑法之中，故仍需等待相关的立法或司法解释。

虽然可以通过间接证明的方式，解决有关“邮政工作人员”的定性问题，但却仍未解决有关“工作人员”的具体定性问题，即不能确定“邮政工作人员”具体指的是从事哪些职务的人员。通过查阅全国人大法制委编写的有关刑法条文的

说明文件[①]，可以得知，故意延误投递邮件罪的犯罪主体应该包含邮政企业及其分支机构中从事投递、押运、营业以及其他工作的人员。对此，可以针对“邮政工作人员”的犯罪主体作广泛的理解，即一切从属于邮政企业的工作人员，无须考虑其具体的职务，均可成为该罪的犯罪主体。

另外，有关该罪犯罪主体的定性方面，还存在着其他的问题。我国交通运输部 2015 年 12 月实施的邮政普遍服务监督管理办法中第 31 条规定，其他单位可以依照法律规定，接受邮政企业有关邮政普遍服务业务的委托。此处所规定的“委托”应当如何理解？如果从身份上看（身份说），上述受委托人员难以称得上是邮政工作人员，因为其并非在邮政企业工作；但如果从职务上看（职务说），这些受委托人员实际承担着邮件投递工作，确实又是为邮政工作的人员，本书认为，应当认为采职务说较为合理。综上，本罪的主体是邮政工作人员，具体是指负有投递邮件责任的为邮政企业工作的人员，在外延上包括邮政企业中负有投递邮件责任的工作人员以及受委托负有投递邮件职责的人员，但一般不包括邮政管理部门中的工作人员和快递企业的工作人员。

二、对“严重不负责任”的理解和认定

该罪的条文规定，邮政工作人员“严重不负责任”是构成该罪的客观方面的前提条件。通过观察我国刑法全文，除了“故意延误投递邮件罪”之外，另有 11 条罪名的条文中也包含了“严重不负责任”的犯罪客观方面的构成要件，较为典型的有：“环境监管失职罪”“传染病防治失职罪”“商检失职罪”等。这些罪名，无一例外，都是由 1979 年刑法第 187 条有关“国家工作人员玩忽职守犯罪”中具体地分离出来的[②]。由此可以推断，该 12 条罪名条文中的“严重不负责任”作为客观构成要件，应当属于“玩忽职守犯罪”的客观方面的特征之一。与此同时，“玩忽职守犯罪”又是典型的过失类犯罪。因此可以推断，“严重不负责任”属于过失类犯罪的客观构成要件之一。

1979 年刑法中并未体现现行刑法中有关“故意延误投递邮件罪”的具体内

① 全国人大常委会《中华人民共和国刑法条文说明、立法理由及相关规定》，北京大学出版社 2009 年版。

② 李兰英、雷堂：《论严重不负责任》，载《河北师范大学学报》2000 年第 4 期。

容，反倒是体现在1986年颁布的邮政法第39条的规定之中：邮政工作人员不履职责，并导致严重后果的，依照1979年刑法第187条有关“国家工作人员玩忽职守犯罪”的规定追究刑事责任。对于1986年邮政法中这一规定，其可被视为1979年刑法体系下的附属刑法。虽然，有关我国刑法体系中是否存在附属刑法的问题，在刑法学界中还存在着争议。但是，按照目前刑法学界通说的观点，仍应承认我国存在着事实上的附属刑法。在此基础之上，可以推测，现行刑法中“故意延误投递邮件罪”作为1979年刑法体系中的附属刑法，也应当是由1979年刑法中的第187条“国家工作人员玩忽职守犯罪”具体地分离出来的。因此，“故意延误投递邮件罪”的客观方面应当与其他“玩忽职守犯罪”的客观方面相类似，即“不履行或不正确履行职务，并最终导致了严重的后果”。

三、本罪与私自开拆、隐匿、毁弃邮件、电报罪的区分

私自开拆、隐匿、毁弃邮件、电报罪，是指邮电工作人员利用职务上的便利，私自开拆、隐匿、毁弃邮件、电报的行为。本罪与私自开拆、隐匿、毁弃邮件、电报罪在行为对象，客观行为方式和犯罪主观方面都具有很多相似之处。两者的区别主要表现在：

第一，侵犯的同类客体不同。本罪侵犯的客体是社会管理秩序；私自开拆、隐匿、毁弃邮件、电报罪侵犯的客体是公民的人身民主权利。

第二，行为方式有区别。本罪主要表现为故意不履行工作范围内的职责，而私自开拆、隐匿、毁弃邮件、电报罪则主要表现为利用职务之便。

第三，犯罪形态不同。本罪是结果犯，必须是致使公共财产、国家和人民利益遭受重大损失的行为才构成犯罪；私自开拆、隐匿、毁弃邮件、电报罪是行为犯，只要实施了该行为，符合该罪的构成要件，就构成犯罪，不需要考虑是否产生危害结果。

四、本罪与侵犯通信自由罪的区分

侵犯通信自由罪，是指故意隐匿、毁弃或者非法开拆他人信件，侵犯公民通信自由权利，情节严重的行为。本罪与侵犯通信自由罪之间最大的区别是犯罪主体不同。本罪的主体是特殊主体，即只有邮电工作人员才能构成；侵犯通信自由罪的主体是一般主体，只有普通公民才能构成。如果邮电工作人员故意隐匿、毁弃或者非法开拆他人信件，侵犯公民通信自由权利，则可能构成私自开拆、隐匿毁弃邮件、电报罪或者本罪。两者侵犯的同类客体也不同。本罪侵犯的同类客体是社会管理秩序；侵犯通信自由罪侵犯的同类客体是公民的通信自由和通信秘密的权利。

【办案依据】

一、刑法规定

第三百零四条 邮政工作人员严重不负责任，故意延误投递邮件，致使公共财产、国家和人民利益遭受重大损失的，处二年以下有期徒刑或者拘役。

二、司法文件

《最高人民检察院、公安部公安机关管辖的刑事案件立案追诉标准的规定（一）》（2008年6月25日）

第四十五条 〔故意延误投递邮件案（刑法第三百零四条）〕邮政工作人员严重不负责任，故意延误投递邮件，涉嫌下列情形之一的，应予立案追诉：

（一）造成直接经济损失二万元以上的；

（二）延误高校录取通知书或者其他重要邮件投递，致使他人失去高校录取资格或者造成其他无法挽回的重大损失的；

（三）严重损害国家声誉或者造成其他恶劣社会影响的；

（四）其他致使公共财产、国家和人民利益遭受重大损失的情形。

三、其他法规

《中华人民共和国邮政法》（2015年4月24日）

第二十条 邮政企业寄递邮件，应当符合国务院邮政管理部门规定的寄递时限和服务规范。

第七十条 邮政企业从业人员故意延误投递邮件的，由邮政企业给予处分。

第八十二条 违反本法规定，构成犯罪的，依法追究刑事责任。

第八十四条 本法下列用语的含义：

邮政企业，是指中国邮政集团公司及其提供邮政服务的全资企业、控股企业。

寄递，是指将信件、包裹、印刷品等物品按照封装上的名址递送给特定个人或者单位的活动，包括收寄、分拣、运输、投递等环节。

快递，是指在承诺的时限内快速完成的寄递活动。

邮件，是指邮政企业寄递的信件、包裹、汇款通知、报刊和其他印刷品等。

快件，是指快递企业递送的信件、包裹、印刷品等。

信件，是指信函、明信片。信函是指以套封形式按照名址递送给特定个人或者单位的缄封的信息载体，不包括书籍、报纸、期刊等。

包裹，是指按照封装上的名址递送给特定个人或者单位的独立封装的物品，其重量不超过五十千克，任何一边的尺寸不超过一百五十厘米，长、宽、高合计不超过三百厘米。

平常邮件，是指邮政企业在收寄时不出具收据，投递时不要求收件人签收的邮件。

给据邮件，是指邮政企业在收寄时向寄件人出具收据，投递时由收件人签收的邮件。

邮政设施，是指用于提供邮政服务的邮政营业场所、邮件处理场所、邮筒（箱）、邮政报刊亭、信报箱等。

邮件处理场所，是指邮政企业专门用于邮件分拣、封发、储存、交换、转运、投递等活动的场所。

国际邮递物品，是指中华人民共和国境内的用户与其他国家或者地区的用户相互寄递的包裹和印刷品等。

邮政专用品，是指邮政日戳、邮资机、邮政业务单据、邮政夹钳、邮袋和其他邮件专用容器。

主要参考文献

一、著作类

1. 高明暄主编:《当代刑法前沿问题研究》，人民法院出版社 2019 年版。

2. 高明暄、马克昌主编:《刑法学》，北京大学出版社 2019 年版。

3. 张明楷:《刑法分则的解释原理》，中国人民大学出版社 2011 年版。

4. 张明楷:《刑法学》，法律出版社 2021 年版。

5. 黄泽林:《网络犯罪的刑法适用》，重庆出版社 2005 年版。

6. 谢望原:《伪造、变造犯罪研究》，中国人民公安大学出版社 2010 年版。

7. 周光权:《刑法各论》，中国人民大学出版社 2016 年版。

8. 黎宏:《刑法各论》，法律出版社 2016 年版。

9. 李立众:《刑法一本通》（第十五版），法律出版社 2021 年版。

10.《最新执法办案实务丛书》编写组:《立案证据定罪量刑标准与法律适用》，中国法制出版社 2021 年版。

11. 陈兴良、曲新久:《案例刑法学教程》（下卷），中国政法大学出版社 1994 版。

12. 时延安、陈冉、敖博:《刑法修正案（十一）评注与案例》，中国法制出版社 2021 版。

13. 郎胜主编:《中华人民共和国刑法释义》，法律出版社 2015 年版。

14. 刘家琛主编:《〈刑法（分则）〉及配套规定新释新解》，人民法院出版社 2002 年版。

15. 喻海松:《网络犯罪二十讲》，法律出版社 2018 年版。

16. ［日］野村稔著:《刑法总论》，全理其等译，法律出版社 2001 年版。

17. 张明楷：《未遂犯论》，中国法律出版社、日本国成文堂 1997 年联合出版。

18. 中华人民共和国最高人民法院刑事审判第一、二、三、四、五庭主办：《中国刑事审判指导性案例（05 卷）》增订第 3 版，法律出版社 2017 年版。

19. 贾宇：《扰乱公共秩序办案一本通》，中国长安出版社 2006 年版。

20. ［日］西田典之：《日本刑法各论》，刘明祥、王昭武译，《武汉大学出版社》2005 年版。

21. 赵桂民著：《扰乱公共秩序和司法活动犯罪司法适用（下）》，法律出版社 2006 年版。

22. 李洁：《刑法学》，中国人民大学出版社 2008 年版。

二、论文类

1. 陈浩、魏国勇：《法条竞合视野下〈刑法〉第 290 条的个案分析》，载《中国检察官》2011 年第 1 期。

2. 庄伟：《聚众扰乱社会秩序罪中的“医闹”》行为法律探析，载《法制博览》2020 年第 5 期。

3. 邱景昱：《我国刑法中“扰乱”型社会初探》，载《法制博览》2018 年第 5 期。

4. 袁建伟、赵静：《投放危险虚假物质罪研究》，载《法治研究》2008 年第 6 期。

5. 呼威霖“投放危险虚假物质罪研究——以张某投放虚假危险物质案为例”，西南政法大学硕士学位论文，2011 年。

6. 金鸿浩：《编造、故意传播虚假信息罪实务反思与探讨》，载《中国刑事法杂志》2021 年第 03 期。

7. 黎宏：《疫情背景下的编造、故意传播虚假信息类行为的处理》，载《上海政法学院学报》2021 年 02 期。

8. 苏青：《网络谣言的刑法规制：基于〈刑法修正案（九）〉的解读》，载《当代法学》2017 年第 1 期。

9. 彭文华：《〈刑法修正案（十一）〉关于高空抛物规定的理解与适用》，载《苏州大学学报》2021 年第 1 期。

10. 张明楷:《高空抛物案的刑法学分析》，载《法学评论》2020 年第 3 期。

11. 郭铸满:《论聚众斗殴罪中“聚众”的若干问题》，载《法制与社会》2021 年第 7 期。

12. 高蕴嶙:《“持械”聚众斗殴认定三步法》，载《检察日报》2020 年 2 月 2 日，第 7 版。

13. 童德华:《寻衅滋事罪的建构理性与司法经验》，载《暨南学报》2021 年第 7 期。

14. 章阳标:《催收非法债务罪设定的合理性与规范适用》，载《人民法院报》2021 年 5 月 20 日，第 6 版。

15. 曹波，杨婷:《非法催收不予保护债务入刑的正当根据与规范诠释》，载《天津法学》2020 年第 4 期。

16. 陈兴良:《论黑社会性质组织的组织特征》，载《中国刑事法杂志》2020 年第 2 期。

17. 姜雅琪:“包庇、纵容黑社会性质组织罪研究”，西南科技大学硕士学位论文，2020 年。

18. 牛忠志:《包庇黑社会性质组织罪与纵容黑社会性质组织罪是并列罪名》，载《法学论坛》2010 年第 3 期。

19. 周萍:“论传授犯罪方法罪的适用范围”，南京师范大学硕士论文，2020 年。

20. 邱可嘉:《再论侮辱国歌的刑法规制——以体系解释为切入点》，载《河北法学》2018 年第 8 期。

21. 王钢:《刑法新增罪名的合宪性审查——以侵害英雄烈士名誉、荣誉罪为例》，载《比较法研究》2021 年第 4 期。

22. 刘艳红:《法秩序统一原理下侵害英雄烈士名誉、荣誉罪的保护对象研究》，载《法律科学（西北政法大学学报）》2021 年第 5 期。

23. 曲新久:《〈刑法修正案（十一）〉罪名拟制与适用研究》，载《中国刑事法杂志》2021 年第 3 期。

24. 孟庆华、刘东平:《我国组织型犯罪的若干问题及其立法构建》，载《法学论坛》2014 年第 4 期。

25. 李红梅、王顺安：《论组织、利用会道门、邪教组织、利用迷信致人重伤、死亡罪及其适用的困境》，载《新疆社科论坛》2018 年第 4 期。

26. 谢向英：“彻查刑法中的“聚众”与“淫乱”这两组词群——以聚众淫乱罪为主线”，华东政法大学硕士学位论文，2013 年。

27. 张博阳：“聚众淫乱罪客观要件研究”，中南林业科技大学硕士论文，2017 年。

28. 赵桂玉：《刑法规范与道德边界视角下的聚众淫乱罪法益研究》，载《黑龙江省政法管理干部学院学报》2020 年第 5 期。

29. 艾恬：“性侵未成年人犯罪及其法律完善研究”，江西财经大学硕士学位论文，2021 年。

30. 高丽丽：《盗窃、侮辱、故意毁坏尸体、尸骨、骨灰罪疑难问题研析》，载《政法论丛》2016 年第 4 期。

31. 黄丽娜：“赌博犯罪相关问题研究”，华东政法大学硕士学位论文，2011 年。

32. 胡乙：“赌博罪立法问题探析”，东北师范大学硕士学位论文，2019 年。

33. 杨伟斌：“论赌博罪”，复旦大学硕士学位论文，2010 年。

34. 周尧杰：《网络开设赌场案件若干问题研究》，载《上海公安学院学报》2021 年第 2 期。

35. 王刚：《非典型网络开设赌场行为的刑法适用》，载《山东警察学院学报》2019 年第 168 期。

36. 钱叶六、李鉴振：《组织参与国（境）外赌博罪内涵诠释》，载《检察日报》2020 年 9 月 16 日，第 3 版。

37. 徐剑：《故意延误投递邮件罪若干问题探析——兼论牵连犯等罪数问题》，载《法律适用》2017 年第 7 期。

38. 林策：《故意延迟投递邮件罪的分析与立法建议》，载《理论观察》2019 年第 5 期。

39. 丁胜明：《公务行为合法性认识错误问题的教义学分析》，载《法学》

2016 年第 4 期。

40. 李想：《袭警罪的刑事政策、立法范式及司法适用》，载《江苏警官学院学报》2021 年第 3 期。

41. 韩光军、杨新红：《诈骗罪与招摇撞骗罪竞合关系之论证》，载《湖北社会科学》2008 年第 4 期。

42. 郑昕：《伪造自己合法证书是否构成犯罪》，载《人民司法》2011 年第 20 期。

43. 张曙光：《论持有型犯罪的“附加条件”》，载《法学家》2015 年第 4 期。

44. 王华伟：《网络语境中共同犯罪与罪量要素》，载《中国刑事法杂志》2019 年第 2 期。

45. 吴春妹、贾晓文：《疫情防控期间适用妨害公务罪的相关问题》，载《中国检察官》2020 年第 3 期。

46. 张永强：《袭警罪的规范演进与理解适用》，载《重庆大学学报（社会科学版）》2021 年第 7 期。

47. 左家盛：《暴力袭警之刑法解读》，载《政治与法律》2007 年第 6 期。

48. 李翔：《袭警罪的立法评析与司法适用》，载《上海政法学院学报（法治论丛）》2021 年第 3 期。

49. 仇晓敏、孙越：《伪造、变造、买卖国家机关公文、证件、印章罪有关问题辨析》，载《人民司法》2019 年第 1 期。

50. 姜翔：《司法实践中伪造、变造国家机关公文、证件、印章罪若干问题研究》，载《西南政法大学学报》2013 年第 6 期。

51. 程方园、胡帅：《假章假证类犯罪案件疑难问题实证研究》，载《河南工程学院学报（社会科学版）》2019 年第 9 期。

52. 杨新京：《浅析〈刑法修正案（九）〉对身份证件类犯罪的修改》，载《中国检察官》2015 年第 21 期。

53. 陈家林、刘洋：《论盗用身份证件罪的客观方面》，载《广西大学学报（哲学社会科学版）》2016 年第 4 期。

54. 魏昌东、张涛：《使用虚假身份证件、盗用身份证件罪法教义学解构》，载《首都师范大学学报（社会科学版）》2018 年第 6 期。

55. 蒋铃:《刑法中“违反国家规定”的理解和适用》，载《中国刑事法杂志》2012 年第 7 期。

56. 杨志龙:“使用虚假身份证件罪司法认定研究”，兰州大学硕士毕业论文，2018 年。

57. 侯艳芳:《冒名顶替上学问题的刑法回应》，载《新疆师范大学学报（哲学社会科学版）》2021 年第 3 期。

58. 吴瑞:《浅议非法持有国家绝密、机密、文件、资料、物品罪的认定》，载《保密科学技术》2013 年第 4 期。

59. 杨恺:“论持有型犯罪中的‘说明’”，南昌大学硕士学位论文，2013 年。

图书在版编目（CIP）数据

扰乱公共秩序罪立案追诉标准与疑难指导／孟睿，王桂欣著；国家检察官学院职务犯罪研究所编．—北京：中国法制出版社，2022.7

刑法常见罪名立案追诉标准与疑难指导／缪树权主编

ISBN 978-7-5216-2759-6

Ⅰ．①扰…　Ⅱ．①孟…　②王…　③国…　Ⅲ．①扰乱公共秩序罪-立案-标准-中国　Ⅳ．①D924.364

中国版本图书馆 CIP 数据核字（2022）第 118484 号

策划编辑：陈兴　谢雯　　　责任编辑：谢雯　　　封面设计：周黎明

扰乱公共秩序罪立案追诉标准与疑难指导

RAOLUAN GONGGONG ZHIXUZUI LI’AN ZHUISU BIAOZHUN YU YINAN ZHIDAO

著者/孟睿　王桂欣

编者/国家检察官学院职务犯罪研究所

经销/新华书店

印刷/三河市紫恒印装有限公司

开本/730 毫米×1030 毫米　16 开　　　印张/31.25　字数/ 390 千

版次/2022 年 7 月第 1 版　　　2022 年 7 月第 1 次印刷

中国法制出版社出版

书号 ISBN 978-7-5216-2759-6　　　定价：109.00 元

北京市西城区西便门西里甲 16 号西便门办公区

邮政编码：100053　　　传真：010-63141600

网址：http：//www.zgfzs.com　　　**编辑部电话：010-63141833**

市场营销部电话：010-63141612　　　**印务部电话：010-63141606**